世界は不正に満ちている

磯前順一
酒井直樹
汪暉
平野克弥

階層、平等、新たな人文知

法政大学出版局

世界は不正に満ちている——階層、平等、新たな人文知◉目次

はじめに――世界にときめきを、ふたたび！

磯前順一

自らの影とともに生きることを辛抱強く学ばねばなりません。そして内に宿る暗闇を注意深く観察しなければなりません。

――村上春樹

アンデルセン文学賞受賞スピーチ「影と生きる」、二〇一六年

崩れゆく世界で

窓の外に眼をやると、どんよりとした空が広がる。灰色の雲に覆われた空が限りなく続く。世界がきらめかなくなったのはいつの頃からだろうか。音楽を聴いても、本を読んでも、人に会っても、心がときめくということがなくなってしまった。

若い頃、世界から疎外されていると感じていた。だれと居ても、どこに居てもだ。他人の目にはどう映っていたかは分からない。自分がアウトサイダーであると感じていたことを隠そうとしていたから、多分そうは見えなかったろう。でも、何かの機会で誰かに眼をつけられていじめられることはないか、うまくいったらいったで妬まれて仲間外れになるのではないか。いつも他人の眼を恐れて、びくびくしていた。

しかし、正直なところ、アウトサイダーであることが、自分の生きる誇りでもあった。イギリスのＳＦ小説家、

H・G・ウェルズの警句に「盲人の国では片目の人間が王である」という言葉がある。今から見ると差別用語のコードに引っかかる迂闊な表現ということになるが、その言わんとすることは、人間は多かれ少なかれ無自覚に生きる存在だが、それでも少しでも状況に対して自覚的に生きることが大切だというメッセージとして読み解くことができる。おそらく、出来の悪いアウトサイダーであった私も、ご多分に漏れずそこに自己のささやかな存在理由を見出して生きてきたのであろう。

そして、いつかどこかで、誰かに、たぶん自分に似たようなアウトサイダーに出会えるかもしれないという一縷の希望は信じていたように覚えている。だから、本を読み、音楽を聴いた。夏目漱石の本に、ジミ・ヘンドリックスのギターに同じ匂いを感じた。その文章を読み、音楽を聴くと、その言葉や音の向こう側に同じように物事を感じる人がいるように思われたからである。漠然と苦しんでいた自分の世界に、彼らが言葉で、あるいは音を通して形を与えてくれた。何が問題なのか、何に苦しんでいたのか。彼らの表現行為を通して、少しずつ苦しみの正体に近づいていった。

私は本を閉じて、目をつぶる。手にしていた本は、ミヒャエル・エンデの童話『モモ』(一九七三年)。そこに登場するのは、時間泥棒。灰色の世界がどんどん広がっていき、今にも世界を呑み込まんとする話である。エンデは、ときめきを失った世界を次のように描写している。

> 気分はますますゆううつになり、心のなかはますますからっぽになり、自分に対しても、世のなかにたいしても、……おおよそなにも感じなくなってしまう。なにもかも灰色で、どうでもよくなり、世の中はすっかりとおのいてしまって、じぶんとはなんのかかわりもないと思えてくる。怒ることもなければ、感激することもなく、よろこぶことも悲しむこともできなくなり、笑うことも泣くこともわすれてしまう。そうなると心のなかはひえきってもう人も物もいっさい愛することができない。(大島かおり訳、岩波少年文庫、三六〇頁)

まったく、現代の世界の有り様ではないか。私たち人間の政治に対する無関心、「どうせ何をやっても無駄」という、小さなため息。他人に対する無関心、「親切にしたものが馬鹿を見る」という、猜疑心。そして、何よりも自分自身に対する無関心。「どうせ碌なことはない」という、世界に対する不信感。こんな感覚はいつごろから始まったのだろう。三つの契機をあげることができる。災害、感染症、戦争である。順次見ていくことにしよう。

震災と不条理な現実

まず、近年の日本列島の災害を代表するのが、東日本大震災である。以下、そこで目にした光景とは、陳腐な言い方だが、やはり言葉に尽くせぬものであった。潰れた数多くの自動車。二階に突き刺さった漁船。田んぼに横転したセスナ機。その間を埋めた瓦礫の山。そこから突き出た人間の手足。木の枝に引っ掛かった遺体。それは、日本の社会が成り立つために、どれほど地方の人たちを犠牲にしてきたのかという現実を突きつけるものとなった。テレビの画面でも、当初は津波に呑み込まれていく人びと、流される車にとじ込められる人々が映し出されていた。しかし翌日には、そうした画像は流されないように編集されていたと記憶している。そんな残酷な光景さえ、被災地ではありふれた出来事であったことを、日本社会が否認するかのように、それ以上、残虐な光景が自分たちの心のなかに入ってこないように防御したのだ。人間は壊れやすく脆い存在だから、やむえないこととも言える。むしろ問題は、自分たちの安定した生活が、そうした人々の犠牲の上に成り立っていることを認めない、その姿勢にある。

亡くなった人たちの生命だけではない。残された遺族たちの苦しみも含めて、現実の重みに耐えきれず、私たちは目をつぶることにしてしまったのだろう。震災さえなければ、いまだ生きていたはずの人たちの生命にもたらされた突然の切断。人間の有意義な生にとって意味づけることのできない不条理。だから人は不安におびえる。あの震災は一体何だったのだろうか。どのように受け止めたらよかったのだろうか。だが、あの日の出来事に意味を持たせることなど、人間に可能なことなのだろうか。自分の住む世界が得体のしれない、理解しがたいものに他ならないことを感知して。

現在の日本社会の抱える最大の不安と言えば、原発である。自分たちの呼吸する空気は汚染されていないのだろうか。線量計や政府の検査は本当に信頼に足るものなのだろうか。そもそも信頼とは何なのだろうか。数字を示されて、私たちは判断できるような確かな根拠を持っているのだろうか。基準値とは正しいものなのだろうか。

汚染を示す基準値が、いきなり政府によって数字を一桁あげられてしまったことを私たちは記憶している。福島第一原発事故のときに、年間被ばく量の上限が国際基準の一ミリシーベルトだったのが、二〇ミリシーベルトに変更されてしまった。こんなに簡単に、客観的と言われてきた数値が変わり得るものなのか。めまいのするような出来事だった。

ダメだと言っても、いまさら他の場所に行けないから、仕方なく不確かな数字を信じたふりをしているだけなのではないか。それだけではない。原発作業員の被ばく線量の上限が一〇〇ミリシーベルトから、一時的に二五〇ミリに引き上げられている。そして、二〇一六年からは、とうとう二五〇ミリが恒常的な上限に固定された。

原子力が制御不能なエネルギーだということは、今度の福島の出来事を待つまでもなく、実際には分かっていたはずだ。広島・長崎への原発投下、ビキニ島での日本漁民の被ばく。原子力の暴発がもたらす被害の甚大さは身をもって知っていた。ただ、それを戦争のための武器から、平和利用のために操作することができるならば、大きな利便が人間の生活にもたらされると信じ込もうとしてきた。

比較にならないぐらいのエネルギー量が使用可能になり、中東諸国などの石油エネルギーに依存しなくて済む。火力発電に依存しなくて済むために、地球温暖化を防ぐこともできる。かつてのような停電の不安にもさらされない。オール電化はエコロジカルだとされ、冷蔵庫や洗濯機などの電化製品、コンピューターやスマホなどＩＴ時代の仕事やコミュニケーションに必要な商品が人間の生活を豊かにしていく。原発が作動しなくなれば、社会は光のない世界へと、ふたたび沈み込んでいく。家のなかでも、街でも。

しかし、核燃料の廃棄物はどうしたらよいのだろうか。実のところ原子力は、最終処分をいまだにどうしてよいのか分からない。放射能が未処理のままに残ることを前提としたエネルギー・システムである。原子力発電所が止まるとき、私たちの生活を支えるほとんどの活動が停止する。そして、原子力は冷却できなくなり、爆発する。人々は被爆して汚染される。

今回、こうした起こるはずがないと言われてきたことが起きてしまった。いいや、そうではない。起こる可能性を、私たちはある程度は承知していたのだ。それにもかかわらず、「起こらないはずだ」と信じ込もうとしていたにすぎない。それは、注意深くあれば直せることなのか。人類が賢くなれば修正できることなのか。いいや、たとえ私たちの多くが被ばくしても、人類が滅んでも直りはしないだろう。

マルクスの言葉を覚えているだろうか。人間の意識は経済構造に規定される。つまり、人間の思惟あるいは存在はその経済活動によって規定されている。思惟が存在を規定するのではない。その逆である。今で言えば、消費主義的な資本主義経済に人間の生活様式も思惟形式も規定されているのだ。経済の拡大、コンピューターや機械による生活のオートメーション化。その一方で、肝心の人間を雇用する条件が劣悪化していく。

なぜならば、資本主義とは資本が増殖するための自己運動に他ならないからである。人間は自身の労働によってその存在が疎外される。一部の人間を除けば、私たちの仕事は他人と取り換えのきく、機械の歯車にすぎない。一人一人の、かけがえのない生命が、いくらでも代わりのきく部品へと貶められてしまう。

機械に社会の運営を任せた人間は、どんどん物を考えなくなる。オートメーション化するほど、人間はますます判断力を要する状況に立ち会わなくて済む。物事を考えなくても、いや、考えない方が楽な状況のもとに現代人は生きている。だから、現実の自明性を疑うような問いに自分が直面させられるような本は現代では読まれない。ただ、知識を増やして、自分が安心できるような情報だけを満載した本が出版業界を席巻する。

生物的な快楽。食べる快楽とセックスする快楽など。テレビの番組はドラマが少なくなり、グルメ番組と旅番組が多くなる。インターネットの世界では、ポルノが氾濫する。どれほどレイプ物が多いことか。相手の意志を蹂躙して、その内部に侵入する欲望の虜になっていく。なぜならば、私たちは自分が世界の外に排除されていると信じこまされているため、どうにかして世界の内部に入る扉をこじ開けたくてたまらないのだ。

エアコンの技術改良によって、部屋のなかはどんどん涼しくなる。しかし、地球の温暖化はますます悪化している。外気を犠牲にして内部を冷却する。そう、誰かが、どこかがその代償を引き受けなければならない。私たちが涼しくなれば、地球は危機に瀕する。熱帯の高温、ストーム、洪水、ハリケーン。タガの外れた地球の気候。原子力のエネルギーは東京へ、そのリスクは福島へ。そこに文明の本質があるように思える。

文明化とは、自然からの人間の遊離を意味する。繁栄を望むことで、破滅を招くのだ。死と生の欲動のはざま、エロスとタナトスのせめぎ合う場としての人間。だから、私たちは身体を理性で統御しようとする、あるいは欲望に憑依されやすい身体を忘れ去ろうとする。あたかも自分が十全な理性を持った存在であると信じ込もうとして。しかし、生を選ぶことで、死が誘われるのだ。そうでなければ、今日における自殺の多さをどのように説明したらよいのだろうか。

今でも多くの人は、津波と原発事故を自然災害と人工災害と区別する。自然が引き起こした災害と、人間の作った原発が引き起こした災害。そのとおりだろう。そこから、津波と地震は止むを得ないが、原発は許せないという結論が引き出される。でも、それはどうなのだろうか。

そもそも、津波とは、人間が高地から低地に進出したときに起こった災害である。漁業あるいは水稲栽培の本格的な開始。さらに谷地田から、平野の新田開発へと、水利のよい低地を求めて進出していった。私たちは文明が進むとともに、自然を管理しつつ、徐々に海辺の領域へと進出していった。やはり、文明化がもたらした災いと言えるのではないか。その文明化の極致が、自分でエネルギーを作り出した原発ではないのか。それもまた、自然の領域に対する人間の進出なのだから。プロメテウスが凍える人類のために神から盗み取ってくれた火が、今や原子炉の火に転じてしまった。どう受け止めたらよいだろう。

感染症とヴァーチャル化する公共圏

二番目に挙げた要因である感染症とは、近年の例で言えば、新型コロナウイルスのことが思い出される。それは、人間が接触するような近さで暮らす共同生活の様式を根本から変えた。接触することで感染するこの病を防ぐために、ＩＴの技術が活用された。身体が接触しないでも共同性が成り立つようにと、公共圏がヴァーチャルな空間として再編されていった。職場の会議や打ち合わせ、一時は飲み会までもが感染を防ぐためにズームでおこなわれた。それまでスマホなど私的空間で営まれたヴァーチャルな交流が、一挙に公的な場にまで拡大されていた。

国際会議などが特に当てはまるが、招聘のための交通費や宿泊費がかなり軽減される。国内の会議もまた同じである。予算の削減が大幅に可能になったぶん、会議がおこないやすくなったというメリットが生まれたのは確かである。世界各地がズームで結ばれたことで、地球はさらに小さくなったとも言えよう。

しかし、その便利さの代償も、人間が支払わされていることを、私たちは自覚しているのだろうか。ヴァーチャルな空間とは、日本語で言えば仮想空間のことである。身体活動を脱落させた自意識だけが広がる世界とも言える。主体の、観念への収縮。意識の世界は、無限に広がる抽象性を特質とする。それは他者を思いやる想像力にもなるが、眼前に相手がいても、自己幻想を押し付けるナルシシズムに陥りかねない。

ＳＮＳの世界にみられる、他者に対する思いやりや共感の感情、同時に相手を徹底して否定する憎悪の感情。両者が共存する空間がヴァーチャルな世界である。ただ、これまでと決定的に違う点がある。痛みの不在である。そこでは、人間はその代価を払わずに、気楽に他人に同情をする。そんな自分に酔う。同時に、他人に痛みを与えているることを自覚せずに、手軽に他人を傷つける。まるで現実と無関係の漫画を楽しんでいるみたいに。

それは、従来の日常世界から身体性が脱落したことで、個人の感情の振れ幅が極端に、無制限に拡大したものと言えるのではないか。その拡大する自己意識を支えるのが、匿名の世界である。身体性と同時に、私たちは自分の名前をこの空間で脱落させることが可能になった。だから、社会に対する責任を負わず、「自由」に発言をすることができる。

他者に対する共感の感情も憎悪の感情も、個人として責任を取らないままに、たやすく吐き出すことができる。人間は無責任なままでの発言を気楽に、「自由」におこなうことに慣らされていく。だから、私たちは民主主義における自由の理念を、自分の欲望を放縦に貫徹することだと曲解してしまう。

そこで何がおこるのか。主体性の放棄である。もちろん、身体と意識からなる個人としての単位、主体は、人間が生きているかぎり、無くなるものではない。しかし、能動的に自己を形成していく主体性は、個人の責任が脱落していくときに、同時に見失われていく。

条件を求められず発言を許される気ままさにすぎないために、公共圏における互いの活動は互いの一時的な感情による監視に委ねられる。ヘイト・スピーチ、ハラスメント、いじめなどが、「世人」とハイデガーが名づけた、顔のない人間による活動によって、次々と産み落とされていく。

本来、公共圏は社会的権利を伴うため、参加するには資格が求められた。古代ギリシャにおける市民は、実のところ家父長だけであった。戦前の日本社会では実際には男子の長男だけであった。それは、実のところ公共圏に参加する主権者の資格が、他者を差別することで一部の者だけに与えられるものであることを物語る。国民国家の「国民」や「市民」——政治に参加する有資格者——は、限定された人間に与えられた特権であり、その特権を支えるためにシャドー・ワークを背負わされた人間たちの公共圏からの排除と一体になって成り立つものなのだ。

それに対して、現代の民主主義では、日本では戦後の民主主義は国民主権という理念のもと、全員が政治的な公共領域に参加する権利を有するという建前を前面に押し出していく。そこでは納税という経済的な義務は生じるが、主体的な判断能力は問われない。そして個人の意見は選挙などを通して、一般意志へと変換されて、大きな力を発揮していく。個人としての意見の未熟さと無力さと表裏一体の、茫漠とした顔のない一般意志。私たちが後者を望むならば、そこで私たちは国民になれる。おそらく、「主体性なき主体」というのが、現代の民主主義の行き着く姿なのだ。

果たして、こうした常態にある個々人を「主権者」とみなしてよいものだろうか。私には、「国民」という曖昧模糊とした一般意志、あるいは大文字の他者こそが主権者であるように思われる。カール・シュミットや、その影響を受けたアガンベンが、主権者の単位が個人なのか国家なのかに言及しないのは、戦後日本のような国民主権を言明した政治体制のもとでも、個人を越えた「国民（nation）」自体が主体の単位に他ならないことを見抜いていたからではないのだろうか。

そこにおいては、主権者が国王であろうが国民であろうが、基本的に変わりはないのではないか。主体性を持たない個人が主権者であっても、それを当人が使いこなせていない以上、個人は主権者として機能していないことになる。

自分で己れを支えるすべを知らないとき、人間は国民など大文字の他者に溶け込もうとする。主体を形成する道は二つある。一つは自分の内部に孤独を抱え込むこと。もう一つは孤独を追い払うこと。前者であれば、人間は個人になることができる。後者であれば、人間は大文字の他者の一部に呑み込まれていく。現代の民主主義社会が求めるのは、実のところ後者にすぎない。そこで人間は、個人としての責任主体を放棄する自由を享受する。自分の欲望を放縦に貫くために、民主主義的な語彙をうろ覚えのままに身にまとう。

中身のない人間は、自分の空虚さにつねに怯える。怯えているという自分の状況に気づくことにさえ、恐怖を感じてしまう。「アイデンティティ」という言葉の通り、何かに「同一化」して自分を充たそうとする。学者であれば、学界、学閥、名誉など。一般の若者であれば、ネットを通して他人とつながろうとする。他人にとって自分が理解不能な他者などではなく、理解可能な仲間なのだということを証明し続けるためにだ。

だから、自分にも友人が、仲間がいること、孤独ではないことを確かめようとする。しかし、目の前にいる互いを無視して、それぞれにスマホをいじるカップルあるいは友達同士。彼らは誰とつながろうとしているのだろうか。目の前の相手はそこにいるにもかかわらず。

そこではスマホは、私たちを見つめる不特定多数の眼差しとして機能する。その眼差しを恐れながらも、あるいは恐れるからこそ、自分もその眼差しの一部となって、他人の私生活を監視するようなそぶりを見せることになる。自分が匿名の世間によって監視されていると感じるから、他人の逸脱した行為には不寛容になる。自分もまた匿名の一般意志を装って、他人を監視したくなるのだ。そして、民主主義という名目下での相互監視が、自分がその理念を理解しようともしないままに続いていく。

戦争と悪

最後に、現代社会に見られる三番目の特徴が戦争である。戦争とは、私たちの死の衝動を示している。逸脱なのではない。それも人間の本質を構成する重要な要素なのだ。フロイトがエロスとタナトスが相まって人間の主体が構成されると指摘したように、人間にはいつまでも生きていたいという欲望があると同時に、自分の命を消滅させてしまいたいという欲望もある。生が終わると、生きることに伴う苦しみから解放されると思い込みたいわけだ。

私が私であることへの不快、小説家の埴谷雄高の言う「自同律の不快」からの解放なのだ。だとすれば、戦争とは新たな交流を生み出す暴力的なかたちでの「交通」（マルクス）であり、同時に人類規模で起きる集団自殺、あるいは人口調節とも言える。ロシアやアメリカの大統領といった政治家がどれほど甚大な政治権力を持っていようが、個人の悪意だけで戦争は起こせるものではない。

むしろ、国家という主権者に潜む破壊衝動に、彼らのような権力者が突き動かされていると理解すべきである。戦争を、晩年のデリダが「自己免疫」による自己破壊と呼んだことは記憶に新しい。自己を防衛する力は、みずからを破壊する両義的な力なのである。

今回のウクライナに対するロシアの軍事的侵略は、虐殺や強姦などが、戦争状態に置かれた兵士の暴力衝動から生じるものであることを、私たちに改めて思い知らせる。私たち他国民はテレビで、あたかもそこにいるようにこの惨劇を目の当たりにしたような気持ちになる。だから、テレビの前で同情の涙を流す。しかし、そこに流れる映像は現実そのものではない。東日本大震災のときの映像と同じように。

なによりも、それが映像である以上、匂いがない。爆弾の焼け焦げた、そしておびただしい血が流れた匂い。死体がむき出しに放置された戦地の凍てついた空気。それでもテレビやインターネットの画面を通して、現実を見たような気持ちになる。善意の涙が流れる。自分のかかわり方が不問にされたままに。だが、そこにあるのはテレビゲームにも似たような、ヴァーチャル化された空間として人工的に編集された映像である。

戦争はグローバル化していく国際経済のなかで、自国の利益拡大のために優勝劣敗の本音がむき出しになった状態を指す。資本主義のグローバル化は均等に行き渡った経済的な豊かさを社会にもたらさない。逆に、不均等な格差をいたるところにもたらした。それが資本主義の自己増殖の行き着いた現在の姿である。

しかし、再度確認すれば、マルクスの言うように、戦争が交通の一形態として新たな交流をもたらしてきたことも偽らざる現実である。おぞましいことだが、領土の拡大が新しい交流をもたらし、強姦が新しい血の混合をもたらす。古くはアレクサンダー帝王の遠征がヘレニズム文化をもたらし、アメリカの奴隷制があたらしいアフリカン・アメリカン文化、さらにはアメリカに新しいアイデンティティを生み出したように。過去の洪水が多くの人の命を奪い去ると同時に、土地の肥沃化をもたらし、津波が人間と自然の境界線を変えていったようにである。

戦争や自然災害が、人間の社会に新たな交通を暴力的なかたちで生み出してきたことは否定できない。こうした過去の歴史における人間や自然の暴力の動きは、確かに合理主義的な進歩史観に支えられた人間の歴史の一貫性を挫くものとなる。だが、見方を変えれば、人間には善と悪に見えるこの両側面が、人間の歴史を推進してきた両義的なエネルギーなのだ。

しかし、この両義的な歴史を、善のみならず悪も潜む人間のエネルギーを語るものとして、自分自身の問題として引き受けることは、自己をもっぱら善良な存在として位置づける人間には困難な事態を引き寄せる。そこでフロイトの言うところ、認識の否認がおこる。あくまで、自分が善良な存在であるという認識に固執するために、その認識の否定はエネルギーを逆流させ、自身の意識では理解できない、身体的な痛みとして「症状（symptom）」を引き起こす。これこそが、現代社会に起きている症状である。言うまでもなく、症状とはその意味するところの原因を適切に読み取らないかぎり、けっして治癒しないものである。

ウクライナの戦争報道の仕方を思い出してみよう。そこで起こっている残虐な行為は、今回のロシア兵に限ってのことのように報道されている。しかし、アジア・太平洋戦争中での、中国などでの日本兵の同様の行為がなぜ言及されないのだろうか。それだけではない。アメリカ兵や韓国兵のベトナムでの残虐行為。コソボやクロアチアの行為、さらにはナチスのユダヤ人に対する行為。戦争状態が等しく戦場にいる兵士たちに引き起こす、いわゆる非人間的な行為は、なぜ人間に広汎に引き起こされる共通した傾向として報道されないのだろう。

なぜ、一部の「野蛮」な国や「凶悪」な人間だけが、倫理的な社会や善良な人間を脅かす暴力を有しているという認識が、私たち「合理的」な社会に属する者たちの認識には成り立ってしまうのであろうか。ロシアや中国、あるいは北朝鮮という社会主義国家がメディアに対して検閲をおこなっていることは、私たちリベラル民主主義と呼ばれる社会体制に住む人間にはよく知られている。

それは紛れのない事実である。しかし、だからと言って、リベラル民主主義の社会が検閲のない社会であることの保証をするものではない。オブラートに包まれた被災地の現状、原発の汚染に関する曖昧な情報、東電のスポンサーのもとでのテレビ番組の報道規制。原発ビジネスのもとで働く地元民が、当然のごとく原発反対を意志表明できない状況。これがリベラル民主主義の実体ではないか。

スクリーンに映し出されるヴァーチャルな幻想としての、みんなの自由と平等。それは現在の自分を捉える欲望の自由な実現欲求にすぎず、後の世代という他者に向けての、あるいは異なる社会や地域の人間たちを念頭に置いた、自由と平等ではけっしてない。そこで語られる自由とは、他者なき「私」の、あるいは「私たち」の自由であって、私と同じ主体に属さない人たち――それを本書では他者と呼んでいる――を念頭に置いた無限なる他者への想像力のなかでの自由と平等ではない。

リベラル民主主義という嘘

なぜなら、リベラル民主主義の「リベラル」すなわち「自由」とは、自分の欲望を他者の欲望と自由競争に置くことであるからだ。そこで、自分の欲望の質が問われることはない。己の欲望との向き合い方も問われることもない。それぞれの欲望を前提とした放縦な競争の結果、「私たち」が作る社会あるいは公共圏の主権者の世界から零れ落ちていく人間が出るのも、その自由の結果であるとする。それが、リベラリズムの意味する自由主義経済の論理である。自由とは、必ずや格差を引き起こすものなのだ。

他者の犠牲を作り出しながら、享受する私たちの自由。それが果たして、自由で平等な社会と言えるのだろうか。その他者たちの存在、そこまで過酷な状況に追いやられている他者たちの存在をメディアに映らないように企業や政府の力で規制していく社会が、誰にも自由な発言が許されている社会だとは到底思えない。

すでに判断する単位とされる個人という主権者が、自由主義経済という謎めいた他者に同化された主体の一部になっている以上、自由であるはずの主権者が行使する権利や判断がすでに資本主義という謎めいた他者の欲望の実現でしかない。それはもはや主権者という名の、非主権者でしかない。実のところ、主権者は国家であり、社会であり、資本主義経済なのだ。

その自己欺瞞こそが、みずから、あるいはアメリカによって民主主義的だと信じ込んできた戦後日本社会の行き着いた、ありのままの姿なのではないのか。私たちは加害者を名乗ることも心良しとしないが、その一方で被害者だと自分を認めることも良しとしない。もちろん、自分を被害者に準えることはしばしばあるが、本当に抑圧された状況にある人に対して、上から目線の連帯を一方的に唱えているにすぎない。

たとえば、今回のウクライナ侵攻で、ソ連による満州進軍を重ね合わせた報道番組があったことを、寡聞にして私は知らない。あるいは、日本に置かれた米軍基地周辺での殺人や強姦などの犯罪を重ね合わせた報道があったことも記憶にない。本当の意味で、私たちはいつでも自分が侵犯されかねない脆弱な被害者である現実を認識することにも耐えられない。

自分が被差別部落の人びとと同じ社会で抑圧された弱者だと言った非常勤大学教師が、ヨーロッパの大使館勤務の恵まれた家に生まれ、自分の意志では被差別部落など訪れやしないことを私は知っている。旧帝国大を出た彼は、自分の家庭環境や教育環境に比べて「自分」が、被差別部落民と同じように社会的に差別されているという共通点を、一方的にアカデミズムのなかに見出したにすぎない。実際のところは、自分がアカデミズムを離れて、社会の底辺層の暮らしをかみしめる勇気も想像力もない。

ウクライナの人たちと同じ「被害者」であった過去を直視すること耐えられない日本社会の人たち。それは、同時に中国大陸の戦地において、普通の日本国民のなかから徴兵された兵士たちが、日本軍の用意した慰安婦の身体を求め、中国人女性たちを蹂躙してきた「加害者」である過去の否定と表裏一体をなす。加害者であることを受け入れらない私たちは、想像力のなかで被害者に身をやつすことはできても、本当に自分が惨めな被害者だという過去を引き受けることはできない。日本人という主体の記憶に、混乱をもたらすからである。

そこで残された想像力の行方は、是認しがたい加害者の言動に眉をひそめる一方で、自分もいささか被害者なのだという自己憐憫に浸りながら、決して社会の公共圏からは落ちこぼれないように自分に配慮する。彼の本音は、「私は被害者だ」だということではない。「被害者たちみたいに落ちぶれたくない」という、自己防衛から来る恐怖心なのだ。本当の落ちこぼれは、公共圏の外にいる人たちだという安心感を確保しながら、自分をまんざらでもない善人と認識するものなのだ。言語表現の内容と、その現実での効用が異なるのは、言語学者のオースチンが言語行為論でデリダとともに明らかにしている通りである。

本稿で述べてきたように、現代の神話に同化されていく私たちの心、自分の暴力性を否認する心、他者の痛みを想像することのできない想像力の貧困さ、学問を自分自身の心の闇への、あるいは社会の闇への批判的介入の試みと考えず、社会の秩序の上位に適応していくための手段と考える研究者、他者どころか自分自身の痛みに対する感受性を欠落させたビジネスマンたちが増大している現象、それ自体が人文学の危機と対応するものである。学問の危機的な現状は、冒頭で述べた、ときめくことのなくなった日々の暮らしと無関係な事態ではない。

それは根本的な問いを抱える力、社会に違和感を抱える力の喪失なのだ。政府の財政的な支援の有無は、二次的な問題にすぎない。自分の研究が他者や社会とどのようにかかわるのかという問いを持たずに、政府から無条件にお金がもらえると信じているところに、その研究者たちの想像力の根本的な貧困さがある。政府の税金は、社会を構成する人々の労働の賜物であり、研究者が無条件に使えるお金ではない。

なぜ、それが分からないのだろうか。自分の欲望を他者に向かって安易に拡張してしまう自他の区別のなさ。やはり他者の存在に対する無感覚さ。他者とは、自分が理解できない部分を持つ存在なのだという感覚が欠落しているという批判が市井の人たちから出されたとしても致し方がないだろう。

だから、学界や学閥など、自分の属する研究集団のルールは遵守できても、そのルールの外側にいる人たち、異なる研究分野や学統、そして考え方を異にする学者たちと対話しようとする意志は見られない現実が生まれる。みんな、境界線の内部で、その内部の共同体に均質化されることで、自分の居場所を確保したい一心なのだ。

ましてや、言語を異にする研究者とまでは議論をしようと思わない。人文学においては日本語がある程度の経済的な基盤を持った社会背景に有するがゆえに、今日お題目のように唱えられる国際化は、あくまでも日本語の世界の拡張として捉えられているからである。むろん、外国の研究者と対話することもある。しかし、それはおもに日本語でおこなわれ、その成果を自分の母語の世界で公表することで事足れりとされてしまう。

外国語で書くことはあっても、それは自国の世界に対して「外国語」で発表したという、「国内」における国際化という評価のためにすぎない。そこでは外国人もまた、日本語を前提とした翻訳者にすぎず、かれらもまたこうした評価を得るために日本で活動する共犯者なのだ。

学問のときめきを、ふたたび

私の考える国際化とは、そういったものではない。日本語の通じない状況のもとで、他者の言語世界のなかに入り込み、自分の母語である日本語と溶け合った融即状態からの剝離を促す行為である。母語との関係性が相対化されない国際化は、国民国家を単位とするインターナショナルではあっても、トランスナショナルやイン・ビトゥイーンと呼ばれる国境線自体を脱構築するものにはならない。むしろ、理解不能な他者との出会いに戸惑うことで、国境線がより一層強化される結果がもたらされる。

自分の世界の自明性を解体していくことこそが、国際化、すなわち国民国家という境界線を越えて他者と向き合うことなのだ。その他者とは、自分に都合のよい甘言を言う他人ではなく、自分の世界の自明性を揺るがす他性を持った存在である。自分の社会的地位を保全するために、差別されている「被害者」たちとの同一性を主張する研究者が、なぜ自分の属する学閥や学界との関係を決して問い直そうとしないのかも、これで理解することができよう。夏目漱石の小説『道草』には次のようなくだりがある。

或日彼は誰も宅にゐない時を見計らつて、不細工な布袋竹の先へ一枚糸を着けて、餌と共に池の中に投げ込んだら、すぐ糸を引く気味の悪いものに脅かされた。彼は水の底に引つ張り込まなければ已まない其強い力が二の腕迄伝つた時、彼は恐ろしくなつて、すぐ竿を放り出した。さうして翌日静かに水面に浮いてゐる一尺余りの緋鯉を見出した。彼は独り怖がつた。

庭の池が人間の心だとするならば、その心に何が住むのか私たちはよく分かっていない。この池が世界だとすれば、この世界がどのようにできているのか、どこに危うさがあるのか、何が潜んでいるのか、世界の住人である私たちにも分からない。そもそも世界とは、明確な実体どころか、像さえも結べない認識不能な場なのだ。それが意識の閾外から、人間の意識のあり方を規定するように働く。それは、私たちを暗い闇のなかへと引きずり込んでいく。

そこで人間は、文字通り理解しがたい「謎めいた他者」が自分の存在を、さらには自分が属する社会のあり方まで規定していることをはじめて実感する。それが言説というものの正体に他ならない。そのとき、一生懸命に否認していた恐れや不安が自分に向かって逆流してくる。自分たちの社会と信じていたものの、自分の存在として信じていたものの自明性が崩れる瞬間である。

学問とはその不安に向き合う力であり、それを言語化していく扱う意志なのだ。それは人々の声にならない声に耳を傾け、自分のあり方に疑問を突き付ける書物を繙き、対話を通して他者と語らうことである。あらかじめ正解のある答えをもらうためではない。自分ならではの経験と言葉を通して、現実に向き合うためにこそ、心のなかに余白の空間を切り開く行為なのだ。

そのひたむきな姿勢こそが、自分自身や社会に対するすでに埋め込まれたイメージに異議提出し、自分や社会のあり方を新たな方向へと再構想することを可能とする。社会とは、アレントの言う「人間関係の網の目」としての「複数性」、他者性としての人間の相互関係が積み重なった場であり、その不均質な関係の空間こそが公共圏ということになる。理念としてはあり得ても、現実には決して平等でも対等な空間でもない。

だとしたら、社会とは「共約不能なものの共約性」であり、「翻訳不能なものを翻訳する」空間に他ならない。翻訳不能性を翻訳しようとみずからの意志が作動するとき、世界はふたたび翻訳不能性、謎めいた存在となる。それが理解を促す動因となることで、ときめきを取り戻す可能性を私たちは手に入れる。

では、そこからどのような転移・逆転移を個別に紡ぎ出していくのか。恋人たちが百組いれば、そこに百通りのストーリーがあるように、その結末を一様に語ることはできない。あくまで、それは「経験あるいは翻訳の不能なものの経験」にとどまるものだからである。しかし、その余白に満ちた存在が世界であり人間であるからこそ、私たちは世界に、そして何より自分自身の可能性にときめくことができるのだと思う。

制度によって形骸化されたその内部に、戸惑いと不安を作り出す余白を穿つのだ。そうすれば〈敵／友〉に回収されない、確かな信頼関係を少なくとも自分の周囲に作ることが可能になる。その声は遠く離れたやはり孤立した人々に、「孤独のメッセージ」として届く可能性をわずかであれ、秘めることになる。たとえ本人は知らなくても。

簡単に社会から抹殺されてはならない。肉体だけでなく、精神も。なぜならば、今の世界では殺されたという事実さえ、否認されてしまう時代なのだ。それが資本主義に制圧された国際化の現状である。しかし、国際化とは日本から外国に逃亡することでもなく、外国から日本を礼賛しに来ることでもない。その隙間に身を置くことなのだ。絶望から希望が生れ来る瞬間は、そこに訪れる。

＊　＊　＊

本書の内容を紹介しよう。本書は三部構成をとる。第一部は「内閉する現代社会――平等と民主主義の理念の再定位に向けて」、第二部は「到来しつつある人文学――地域研究を越えて」、第三部は「第三部　新たな主体性のために――平等をめぐる対話」。第一部が本書の研究主題だとすれば、第二部はそのための方法論の批判的吟味をなす。そして、第三部において来るべき社会の人間関係を構想する。それに先立って、総論として企画者の磯前順一による「「謎めいた他者」論――公共圏・人文学・民主主義」を置く。

「第一部　内閉する現代社会――平等と民主主義の理念の再定位に向けて」は、こうした現代社会の混迷を深める状況を、「引きこもりの国民主義」と「否認」という視点から現在の日本社会の「平等」および「民主主義」の観念の批判的俯瞰として展開する。酒井直樹「第一章　恥と主体的技術――ひきこもりの国民主義と内向する社会」、汪暉「第二章　もうひとつの平等と民主主義――現代中国の社会変革の道」、磯前「第三章　他者なき戦後日本の民主主義――「来るべき社会」を構想するために」という三つの論文からなる。

「第二部　到来しつつある人文学――地域研究を越えて」は、地域研究の限界を超えて、新しい人文学として地域研究が再編されていく視点を模索する。磯前順一「第四章　戦後日本の国民国家と植民地主義――西川長夫「主体の死」より」から始まり、酒井直樹「第五章　地域研究の現在――近代国際世界とパックス・アメリカーナ」、そして平野克弥「第六章　形式的包摂、人種主義、そして脱植民地的知の地平――ハルトゥーニアン『マルクス・アフター・マルクス』から考える」と配する。酒井は日米関係を植民地関係として捉え、そこに今日の国際化を唱える日本研究の置かれた政治的文脈を読み込んでいく。磯前は、その前提となる国民国家のポストコロニアル的性質を国民国家論の論客、西川長夫の議論から導き出し、平野克弥は資本主義国家の持つ形式的包摂の働きから植民地支配における人種主義の役割をあぶり出す。

そして「第三部　新たな主体性のために──平等をめぐる対話」では、酒井直樹・汪暉・磯前順一・平野克弥に加えて、会議の主催者である翰林大学の徐禎完所長を含めた五者による「討論　理念としての平等」を、第一部と第二部の総括として収めた。そこでは平等と民主主義から見た現代世界の問題点、各報告では十分に語れずに終わった課題をもとに、さらなる志向の方向性を示す論点を提示するようにそれぞれが心掛けた。終章は本書全体の内容を承けた、磯前の「汪暉との対話──到来する社会、その新しい主体化と複数性」である。二〇一九年一月に京都に滞在した汪暉と磯前が、一月一七日の阪神・淡路大震災メモリアル・デーに神戸を訪れた際に取り交わした対話を基調として編集したものである。

結局のところ、平等や民主主義という言葉が既得権益の確保や自己の欲望の肯定のために用いられるという、現代社会の倒錯した皮肉な状況を踏まえて、その向こうにどのような希望をいかに見出していくのか。それが本書の一貫したテーマであった。そこで見出したもののひとつが、二〇一八年に一〇五歳で亡くなった老マルクス主義歴史家、藤間生大「絶望からの希望」という視点であったように思われる。

絶望のない希望は空想に過ぎない。逆に、絶望こそが希望を養う土壌になると考える。それは社会の苦しみを見にまとうが故に、その言葉は「地の塩」たる人々の血と汗の結晶にならざるを得ないからである。私たちの思考は、この歴史の手垢と欲にまみれた平等と民主主義という言葉を経験に基づき批判的に読み解く作業とともに、いま改めて仕切り直しとなるのだ。その意味で戦後の日本社会もまた弁証法的に止揚されなければならない。一時期、論じられていたような「終わる」とか「続ける」といった問題ではないのだ。止揚していくべき事柄なのだ。

＊　＊　＊

謝辞　本書は、二〇一七年度大韓民国政府（教育部）の財源による韓国研究財団の支援を得て翰林大学校日本学研究所が遂行する人文韓国プラス（HK+）支援事業「ポスト帝国の文化権力と東アジア」（2017S1A6A3A01079517）の一環として、二〇一九年四月二六・二七日に韓国ソウルで翰林大学日本学研究所主催としておこなわれた会議、「到来する社会、その新たな主体化と複数性——ポスト帝国と公共性」を中心とする記録をふまえたものである。それを四つの報告とそのあとにおこなわれたシンポジウムとして再構成した。

会議を組織してくださった翰林大学同研究所の徐禎完所長、および私たちに声をかけてくださった全成坤教授、会議を準備してくださった当時の所員の皆さんに感謝の気持ちを伝えたい。また、日本側での原稿翻訳・編集において作業を担当してくださった村島健司、ゴウランガ・チャラン・プラダン、大村一真、小田龍哉、藤本憲正の各氏に感謝の気持ちを伝えたい。韓国招聘など、様々な約束が実現できなくなってしまったこと、申し訳なく思っている。最後に、座礁しかけた本書の企画を快く引き受けてくださった法政大学出版局の高橋浩貴さんに心からの御礼を申し上げたい。

総論　「謎めいた他者」論——公共圏・人文学・民主主義

磯前順一

第一節　複数性の公共圏

主体性なき主体——「他者の欲望」と丸山眞男の国民国家論

今日は「謎めいた他者（mysterious Others）」という主題でお話をさせていただきます。まずは、「主体（subject）」という言葉を議論の俎上に上げたいと思います。主体ができるのは、初めから他者との関係においてであるというは有名な話です。その代表的な論者が、私が尊敬してやまない酒井直樹さんです。酒井さんが言っているのは、「共形象（co-figuration）」という言葉ですね。自分という「主体性（subjectivity）」ができる時には、かならず「他者」の存在も措定されるということです。たとえば、あなたたち韓国人という国民が想像されるから、私たち日本人という国民も想像可能になるということです。韓国人という表象が成り立たなくなってしまうと、日本人という表象も崩れてしまう。良くも悪くも、そういう理解ですね。

酒井さんの言う共形象というのは、一九九七年に出た『日本思想という問題——翻訳と主体』など、当初は一対一の関係を軸として主体と他者を想定していた印象があります。でも、最近は変わってきていて、たとえば酒井さんと私で編集した雑誌の西川長夫追悼号に収めた論文「パックス・アメリカーナの終焉とひきこもりの国民主義」

のなかでは、[1]日本と韓国とアメリカと、最低限、三角関係として捉えないと近代の東アジアは理解できないと言っていきます。私はそのくだりを読んで、ルネ・ジラールのような他者の欲望を主体が模倣する図式へと酒井さんの主体と他者の関係論は変化を遂げつつあるのかなと思っています。[2]

いずれにせよ、他者と対になった主体論の図式のもと、酒井さんは丸山眞男に対する批判を展開していったわけです。[3]その議論というは、どうやったら対等な人間関係を構築できるのか、民主主義ができるのかという主題をめぐるものとして受け取ることが可能でしょう。酒井さんからすれば、丸山の言う民主主義とはあくまで国民国家を前提とする「国民主義民主主義」に他ならなかったわけですが、同時にそれは戦後日本の国民国家の象徴たる天皇制に対する問いになってくるわけです。丸山眞男にとっては主体性を確立することが何よりも大切なことでしたから、天皇制を冠に抱く国民主義や民主主義のもとで、どのようにして国民という主体を確立するかということを論じていたわけです。

この議論で肝腎なことは、主体性というものは歴史的な産物であるということです。ここに来る前に立ち寄った中国での天皇制をめぐる会議でもそうだったのですが、日本人だからそういうふうに考えるんだとか、韓国人はやっぱり日本人が嫌いなんだとか、そういった文化本質主義的な物の言い方にはやはり慎重になったほうが良いのではないかと言ってきました。どうしても、天皇制をめぐる議論など、社会の中核に立ち戻ると、私たちの議論というのは感情的になりがちです。歴史の当事者、往々にして被害者と加害者という立場から、ステレオ・タイプのイメージで他者と同時に自分をも捉えてしまいがちなんですよ。それこそ酒井さんが言う「共形象」の働きなのですが、感情的になると、こうした二項対立的な発想から距離が取れなくなってしまうのです。

文化本質論は、私の職場である日文研がかつて推進してきた立場でもありました。文化本質論というのは、日本文化論とか韓国文化論と呼ばれる立場のことです。「日本」や「韓国」という名前で相手の集団を括って、そこに歴史的変化に左右されることのない、永遠の本質を見出そうとする試みです。それは本来、論じる者の視点に過ぎないものですが、そこに共形象化の作用が起きて、相手だけでなく、同時に自分の属する社会をひと括りにしてしまいます。実のところ、自分の立場を明確にしたいために、相手を引き合いに出したと言ったほうが良いかもしれません。誰だって一番関心があるのは、自分自身なのですから。

文化本質論は実に素朴なもので、自分の歴史的視点を本質論にすり替えてしまっていることなど誰でも見破りそうなものですが、実際にはそうは行きません。文化本質論に対する批判が本格化してから三十年以上が経ちます。しかし、現実に巷に溢れる書物には依然として文化本質論の立場から書かれたものが沢山あるのが現状です。その国の国民からすれば、いまだ魅力的な主題なのです。

その理由は、文化本質論が取り扱っている主題が自己のアイデンティティをどう立ち上げるかという問題、ひいては共形象で対とされている他者をどのように規定するかということに密接に関係しているからだと思います。議論を肯定するにせよ否定するにせよ、自己評価の問題を避けることができず、勢い感情論に陥ってその成り行きを客観視できなくなるためです。

ジラールの欲望の模倣という観点にのっとるならば、欲望は三者関係を基礎とするがゆえに、日本文化論もまた韓国文化論だけでなく、アメリカ文化論とも切り離せないものです。それと同時に、いずれの国民性や社会に関する議論であれ、それが本質論であるかぎり、文化には優劣があり、進化階梯の異なる場所に互いが収まることが議

(1)『思想』一〇九五号、岩波書店、二〇一五年。
(2) René Girard, *La violence et le sacré*, Paris: Éditions Bernard Grasset, 1972.(ルネ・ジラール『暴力と聖なるもの』古田幸男訳、法政大学出版局、一九八二年)
(3) 酒井直樹「丸山真男と戦後日本」『丸山真男を読む』情況出版編集部編、情況出版、一九九七年。

論の前提とされています。第二次世界大戦以降の米・日・韓の関係であれば、アメリカという帝国の眼差しのもとに、実質的な植民地である日本と韓国が並ぶことになるのは言うまでもないことです。それが酒井さんの言う、東アジアにおける「パックス・アメリカーナ」です。

そして、日本でも韓国でもどちらが早くアメリカ的価値観を実現するかという考え方を推進する役割を、各国の文化本質論が果たしてきたのです。このような雰囲気のなか、一九八七年に創立されたのが日文研でした。それはアメリカに追いつくぞと言いながら、アメリカの提示する民主主義や近代の指標を丸々取り入れた、アメリカ的近代化の価値観を肯定するものでした。日文研がこうした価値観にたいして確信犯的なイデオローグであったかと言えば、それは少し的をはずした見方かもしれません。その内部に属してきた私からすれば、そのイデオロギーを相対化することができなかったため、皮肉なことに経済的な豊かさを享受してきた研究機関だったといったほうが事態を正確に捉えていると思います。

日本社会がアメリカの価値観に対してそうでしかあり得なかったように、そこから生まれた研究所もまたその価値観を体現するものでしかあり得ませんでした。自分たちが確信犯であったと思っていない、無意識のイデオローグであるところにこそ、アメリカ的価値観がどれだけ根深く主体の次元へと浸透していたのかが分かります。

誤解のないように断っておきますが、アメリカが正しいと言いたいのではありません。アメリカに起きた日文研バッシングとは、小さな鏡に己のカリカチュアライズされた姿を映し出したものなのです。日文研バッシングは日本バッシングと同様に、日文研創立時の一九八〇年代、日本のバブル経済期に起きました。日本がアメリカの経済を今にも追い抜こうとした状態から発生したのです。その件で、時の大統領のロナルド・レーガンが日本の総理大臣である中曽根康弘に、アメリカに有利な経済政策に転換するように注文を出したことを今でも私は覚えています。

中曽根は抵抗することなくその要求を呑みましたから、戦後の日本が、その当時も独立した主権を持っていない現実を突きつけられた気がして、私はショックを受けました。ご存知かと思いますが、中曽根は日文研の設立を推進してくれた、日文研にとっての恩人なのです。当時、日文研は多くのアメリカの有力大学に日本研究の提携を持ちかけましたが、ほとんどの大学からけんもほろろに蹴られたことは、内部では有名なエピソードです。

では、現在の日文研のアメリカにおける評価はどうなんでしょうか。正直なところ、今は日文研の動向を気にする学者など誰もいません。有名大学の教授たちも、よい休暇先として日文研に安心して滞在しに来ます。もはや本国で親日派としてバッシングされる恐れがないからでしょう。それは日文研が開かれた研究所になったからでしょうか。残念ながら、そうではないでしょう。その母体をなす日本社会が国際的な力を失ったために、日本との緊張関係が失われたからです。その緊張関係を失うと同時に、日本を研究する価値もなくなったのです。それが今日のアメリカにおける日本研究並びに日本研究者の地位の零落でもあります。

力が接近しているように思えたからこそ、アメリカの大学は日文研を日本の文化本質論の象徴としてバッシングした。日本がアメリカ以上にアメリカ的価値のよき推進者であることは許せないからです。こうした話を、アメリカの有名大学の教授の前で私は口にしたことがあります。彼は激怒して、私に言いました。「僕たちは君たちに日文研の考え方の間違いを教えてあげたんだ」、と。実際のところ、アメリカの日本研究と言っても単一なものではありません。白人のマジョリティからなる近代化論もあれば、アジアからの移民の立場から白人中心主義を批判する研究もあります。彼の発言はこうしたアメリカの日本研究の思想的対立を無視することで、理性的なアメリカ人と非理性的な日本人という図式を前提として物を言う点で、きわめて乱暴な議論です。

一方で、彼らがその思想的立場の違いにもかかわらず、確かに彼のように、日本にたいしては上下関係を前提とした物の言い方をすることは今でも残念ながら稀ではありません。私たちは教えてあげているんだ。それがアメリカの言い方だとすれば、もっと問題なのは、教えてもらうことでアメリカを背景とした物言いをし、日本国内での自分の地位を優位なものにしようとする日本の研究者が絶えないことです。文字どおり、両者は共犯者なのです。教えたい者と、教えられたい者、それがお互い問題なのですから、救いようはありません。一世代前の言い方を借りれば、それが「文明化」であり「宣教《ミッション》」なのです。「宣教《ミッション》」とは、自分の信条の正しさを前提として、相手を自分と同じように改宗させることなのですから、きわめて傲慢ですよね。もちろん、『ミッション・インポッシブル』という映画のタイトルが暗示するように、長い目で見れば、あらゆる宣教は不成功に終わる運命にあるのです。

他方、日文研には多くの東アジアの研究者も滞在しました。日文研による財政負担による招聘です。彼らの目的はアメリカ的な近代化、あるいは日本的な欧米化の道を学ぶことでした。自分たちが侵略された過去がいまでも清算されていないと承知しつつも、そのような形でしか、近代化に接することのできない困難な状況が当時の東アジアにはあったのだと思います。心中は複雑でも、アメリカの研究者エズラ・ヴォーゲルの著書の題名にあるように『ジャパンアズナンバーワン』[4]（一九七九年）と評された日本の経済的繁栄は、戦後の植民地化を脱却するためには無視することのできないものでした。

そうした日本の価値が零落するのが、日本のバブルが破綻した一九九〇年代でした。アジア諸国も、日本を経ずにアメリカ的な価値観に触れることができるようになる。経済成長と共に、アメリカに優秀な人材を派遣することもできるようになる。そこで、東アジアにおけるアメリカの代理人としての日本の役割は終わりを告げたのです。日本政府がこうした状況に危機感を覚えて、日文研の存在にたいしてノーを突きつけたのは、二〇〇〇年代に入ってのことです。研究集団であるはずの日文研よりも、日本政府のほうが一足先に日本文化本質論の限界を感じていたのです。

ジラールの話に戻りましょう。彼は他者の欲望の「模倣」という表現をとりました。それを、デリダの言う「反復」という言葉と結び合わせて、欲望の反復と呼んでもよいかもしれません。反復と言っても様々な関係の反復があるわけですが、ここでは被害者－加害者関係の反復というものを考えてみましょう。それは個人的な関係だけでなく、戦争や植民地支配をめぐる国家や社会の間の関係として成り立つものですね。

そこでは、次のような関係が反復される可能性が強いと言われています。被害者は、加害者にやられたことを反復し、自分より弱い相手を見つけては新しい被害者を作り出す。そして、自分がいつのまにか加害者になってしまう。被害を被った体験がトラウマとなって主体に憑依してしまい、その主体が自分の被った暴力を無意識裡に反復してしまうというのです。[5] 例えば、家庭内暴力を振るわれてきた子供が、成長して家庭をもつと今度は自分が暴力を家族に振るってしまうとかです。「あの子の暴れ方はお父さんにそっくりだ」とかいう言葉を、私も聞いたことがあります。

その関係に憑依されていることを自覚しない限り、その反復の連鎖のなかからは脱出することはできません。しかも根が深いことに、本人は自分は被害者だという意識のもとに暴力を行使していることもあるのが現実です。先の家庭内暴力の例を再度取り上げるならば、当人は相手のためだと思って暴力を振るっていたり、相手も殴られて当たり前だと思っていることですね。

こうした欲望の反復関係のなかで、どのようにしてそれを断ち切る主体性を確立するのか。そこで、丸山は社会が天皇主権の下に均質化されてしまうような「天皇制ファシズム」体制——今なら天皇制全体主義と呼ばれたのでしょうかね——に再び陥らないように、一人一人の「国民」の主体性がきちんと確立される複数性の社会を目指そうと考えたんだと思います。

でも、その結果はどうだったのでしょう。現在の日本社会のあり方からして、その試みは見事な失敗だったと思います。ただし、丸山の失敗というのではなく、戦後日本社会の失敗だったと、その主語は明確にすべきでしょう

（4）Ezra F. Vogel, "*Japan as number one: lessons for America*", Cambridge: Harvard University Press, 1979.（エズラ・ヴォーゲル『ジャパンアズナンバーワン——アメリカへの教訓』広中和歌子・木本彰子訳、TBSブリタニカ、一九七九年）

（5）宮地尚子『環状島＝トラウマの地政学』みすず書房、二〇〇七年。

ね。これ以上、社会や国民の責任を誰かに背負わせるべきではないでしょう。丸山は単にその見取り図を示しただけなのですから。

丸山が言うような主体化という行為は、その主体化のあり方に大きな幅を含むものであったのだと思います。丸山をはじめ、かつて知識人と呼ばれた人々には確かに実践可能だったのかもしれませんが、一般人と呼ばれるような方にはなかなか難しいことでした。彼らは時に「庶民」、時に「民衆」、時に「大衆」と呼ばれてきた人々ですよね。スピヴァックが用いてきた「サバルタン」という学術語のほうが意味が的確ですかね。サバルタンとは「従属する人々」という意味ですからね。

丸山だけでなく、戦後ほどなくして始まった「主体性論争」では、いずれの立場を取るにせよ、主体化の担い手は知識人だけではなく、あらゆる国民がその担い手として想定されていたと思うんですね。そうしないと、天皇制というような全体主義に無責任に判断の主体を委ねてしまうと、戦前の体制から危惧したのでしょう。こうした丸山の拠り所は啓蒙主義という思想的な立場にあったのだと思います。文字どおり、人間は蒙を啓かれていかなければならない。そのためには、合理的な理性を身につける必要がある。その先導役を知識人が務め、理性を国民一人一人に広げていくと考えたのでしょう。

このときの主体性というのは、天皇の眼差しがなくても、きちんと自分で自身のことを陶冶することのできる主体のあり方を指します。そうした成熟した判断力を備えた個々の国民に支えられた社会あるいは国家が、丸山が考えた近代の国民国家なのです。国民国家というのは、その論理から言って、国家あるいは社会を構成する成員すなわち国民が成熟した主体構築をおこなって、その合理的な主体性にもとづいて初めて円滑に機能するものなのです。

こうした主体的な個人によって構築された社会は、アレントの言う「公共圏」(『人間の条件』一九五八年)という視点と重なり合うものとなります。成熟した主体の複数性を前提とするその共存形式は、個人主義に基礎を置くリベラル民主主義を掲げる戦後の日本社会の理念と、現実ではなく理念の次元において、合致するものであったと言ってよいでしょう。

その理念が、あるいは現実の日本社会がそのように進歩していくという信念が崩れたのが、先に述べたバブル経済崩壊後の一九九〇年代に入ってからだと思います。ラカン派の精神分析家である立木康介さんは、この時期に始まる主体のあり方を「主体化なき主体（subject without subjectivity）」と呼んでいます。(6) スピヴァックの言う「アイデンティティなき立場（position without identity）」、すなわち「他者に開かれた主体性」とは真逆の意味ですね。ここで、主体と主体性を区別しておく必要があります。いろいろな定義がありますが、「主体（subject）」とは身心の単位を指すものとしておきましょう。

欧米の単語で言う"Subject"とは、漢字では文章の「主語」として、認識行為の「主観」とも訳せるものです。その意味で、認識および身体実践とともに能動的な行為の主体です。他方で、"be subject to"という形容詞としては、「〜の影響下におかれた」という表現にみられるように、受動的な状態を指します。主体は現実に対して自分の意志のもとに、能動的に関わることもできるし、逆に様々な思想や感情の影響下に置かれてしまうこともあります。

その単位は人間個人に求めることもできますし、ある程度の共通性が見られる場合には、会社から国家にいたる多様な集団に求めることもできます。ナショナリズムという思想と感情を共にする集団が成り立てば、それは国民国家と呼ばれるものになるでしょう。逆に、統合失調症をわずらっている個人の方が、主体が保てなくて苦しんでいるのかもしれませんよ。

他方、「主体性（subjectivity）」とは、その基体を成す主体が行動や認識のイニシアティヴを保持している状態を指します。いきおい、自分の属している母集団にたいしては同化された状態から逸脱していくわけですから、緊張関

(6) 立木康介『露出せよ、と現代文明は言う――「心の闇」の喪失と精神分析』河出書房新社、二〇一三年。

係を孕むことも時としてあるわけです。そこに、立木さんは「主体性ある主体」の生起を見ます。逆に言えば、母集団に同化されたままでは、母親の胎内でまどろむ胎児のように、母子関係ではあっても対等な人格関係にはならないわけです。こうした母集団に同化――それが国家であっても家族のイデオロギーであっても、ネット上の共同幻想であっても――されている状態を「主体性なき主体」と呼んだのです。

立木さんの考え方の背景には、ジャック・ラカンの「大文字の他者」および「小文字の対象a」というものがあって、そうした他者との対応関係のなかで主体は生起します。主体が自分の意志で自己形成するというよりも、最後は主体側の応答力で決まるわけですが、自分だけで何でも意思決定できるわけではなく、他者との応答関係の中で半ば他律的に「生起」するわけです。そこがラカン派を始め、無意識との応対関係を前提とする精神分析の議論において、その主体観が他の啓蒙主義的な思想による主体論あるいは主体性論と異なるわけです。

しかし、それは社会学やマルクス主義の物の見方とは親縁性の高いものであると私は考えています。なぜなら無意識あるいは大文字の他者というものは個人を超えて、さらには家族を超えて社会や国家のイデオロギーや思想、さらにはそこを流れる感情と密接な関係を有するものだからです。人間が有する自由が無制限なものではないことは皆さんも納得されると思います。知らないうちに私たちの主体を構築している要素には、ラカンと交流のあったマルクス主義者のアルチュセールが「重層決定（over-determination）」と名づけたように、社会や集団のものが幾重にも折り重なっており、その被拘束性のもとで人間は己の自由の領域を少しずつ切り開いていかなければならないわけです。それがまさに「主体論における主体性」の問題なのです。

この主体をめぐる議論を基礎にして他者との共存のあり方を模索したのが、一九九七年に英語版と日本語版でほぼ同時に刊行された酒井直樹『日本思想という問題――翻訳と主体』、そして一足早く一九九二年に刊行された西川長夫『国境の越え方――比較文化論序説』（二〇〇一年に『増補 国境の越え方――国民国家論序説』）です。この二人が韓国の知識社会に与えた影響というのは、日本の知識人としては柄谷行人とともに大きいものがあることは、皆さんのほうがご存知だと思います。そのなかで、従来ナショナリズムと十把ひとからげにされていたもののなかから、「国民国家」を戦後日本社会の症候として問題にしたのです。

なかでも、酒井さんは丸山眞男を和辻哲郎とともに取り上げて、彼らの文化ナショナリズムの論理を解剖していきました。単なる戦前の国家主義者を引きずる亡霊ではなく、戦後の国民国家、すなわち一人一人の国民の主体性にもとづく民主主義的な国家を構想した思想家として見定めたうえで、そうした個人の主体性が国民国家と支えあう関係自体が問題なのだと批判したのです。アレントの言葉を借りるならば、主体の複数性が国民国家に収斂してしまうところに、その主体が「国民」と呼ばれてしまうこと自体に根本的な問題があると見て取ったわけです。

そこから、酒井さんは国民主義をより深く批判するために帝国主義の問題へと議論を展開していきますが、ここで多くの日本国内に住む研究者たちはその議論の行方を見失ってしまったようです。もはや帝国主義は日本では戦後社会に移行する中で清算できたと信じているからです。たとえ日本に帝国主義の残滓があったとしても、それは時代遅れの思想家のなかに見られるものであって、自分自身のなかには存在しない。そんな早飲み込み、あるいは「否認（denial）」が日本国内の研究者にはあったように私は感じます。

とくに帝国主義を「帝国的国民主義」と呼んで「国民国家」の一形態とする理解は、日本のみならず韓国でも、酒井さんの支持者を自認する研究者もふくめて、十分に咀嚼されていないのが現状でしょう。結局、彼らは帝国から国民国家を切断することで、戦後の社会の基盤をなす「国民国家」を帝国主義とは無縁の、本来平和な社会と規定したわけです。そうすることで、日本の場合はかつての日本帝国であったことの責任からの逃避を、韓国の場合は帝国の臣民であったことの傷痕を消去しようとしたのでしょう。

ポジショナリティ――複数性と酒井直樹の翻訳論

そこまでは私は酒井さんに同意します。そのうえで、この国民国家を構成する「複数性（plurality）」という概念をどう捉えるかという点で、私は酒井さんや西川さんと少し違うふうに考えてみたいのです。まず、酒井さんも西川さんもこの複数性を考えるときには、国民国家とは違うものを想定します。たとえば、酒井さんの場合は「翻訳（translation）」という概念を持ってきて、個と個との関係に質的変化を引き起こそうとします。

翻訳というのは、基本的に主体と主体の関係という意味で個と個のコミュニケーションの問題なんです。それは両義的なものであって、その関係が均質なものへと固定されるものにもなる。他方で互いに批判的に介入することで、その関係性に異質性を持ち込むものにもなる。そういう人と人の関係のあり方を、言語を中心としながらも、身体も含めた翻訳実践を通して酒井さんは問うてきたのです。

しかし、多くの日本の学者たちは、酒井さんは翻訳論を通して平等な関係を実現しようとしている思想家だと見誤っている。こうした学者たちが言う平等とは「理念」ではなく、その多くが「現実」に実現する平等な人間関係です。一方、私の見るかぎり、酒井さんの言う現実とは、絶え間ない競争の原理に基づく「不均質さ（unevenness）」から構成されています。彼はそれについて、良いとも悪いとも言っていない。だからこそ、理念としての平等が現実の矛盾や不均質さを照らし出し、その問題を対象化し、是正する契機となる必要があると考えるのです。

「不均質さ」とはアントニオ・グラムシに遡る言葉とのことですが、私はそれをハリー・ハルトゥーニアンさんから教わりました(7)。一人一人の個性の違いのような、不平等を意味するとは限らない不均衡さと言ったらよいでしょうか。たとえば同じ韓国語と言っても、方言のような多様性もあるし、個人の話し方の癖もある。優劣の価値評価の前の段階の不均衡な多様性を、「不均質さ」と言ったわけです。酒井さんはこの不均質さを、どのようなかたちで主体と主体の関係へと翻訳していくかを問うたのです。ここにおいて主体の翻訳論は、いやおうなしに複数性をめぐる「分節化（articulation）」（スチュワート・ホール）の議論へと展開していきます。「分節化」。それは布地の中に刺繍の模様を縫いこんでいくような作業を指します。模様の縫い込まれる生地がどのような材質や色調でできているのかによって、同じ糸による刺繍でもその模様は異なってきます。それが分節化行為の示す「複数性」です。その模様と縫いこまれる布地との関係が、思想と伝播する環境との関係にも当てはまるものです。

たとえば、キリスト教、かつて自ら「世界宗教（world religion）」、すなわち普遍的な宗教を僭称しましたが、実際には伝播していった地域ごとに大きく教えを変化させていきました。同じ宗教と言っても、全部地域によって違うと言っても良いでしょう。キリスト教だからヨーロッパが正統で、その他の地域が異端だなんて言えませんよね。そもそもヨーロッパにおけるキリスト教は多様だし、その発生は中近東だったのですから。

こうした伝播の過程を、酒井さんの翻訳の概念は包摂するものなのです。しかし、その変容の単位は国民国家の国境に対応するものとは限らない。ズレるものもあれば、国境を越えたものもある。国内の諸地域においても変化を見せる。近代において国境というものは政治的主権国家の単位という意味で決定的なものでした。しかも、その近代においてさえ、国境はどんどん相対化されていきます。ましてや近代以前において、あるいは近代の変質した現在においてなら尚更のことです。

その地域や人間など、各主体の単位の固有性を、スピノザに倣ってドゥルーズは「特異性（singularity）」——日本語では「単独性」とも訳されています——と呼びました。特異性はその主体が他とは違う固有なものという意味で

（7）Harry D. Harootunian, *Overcome by Modernity: History, Culture, and Community in Interwar Japan*, Princeton: Princeton University Press, 2000.（ハリー・ハルトゥーニアン『近代による超克——戦間期日本の歴史・文化・共同体』梅森直之訳、岩波書店、二〇〇七年）

もありますが、同時にもう一つの意味を兼ね備えています。自分が自分自身にしてズレるということです。固有性という意味だけならば、単なる「差異（difference）」ですね。しかし、ズレるということは「差異化（differentiation）」という運動の過程なのです。自分が自身にたいして絶えずズレてゆくのが、その本性となります。

国民国家自体が、キリスト教や仏教の伝播と同じように、自己に対して脱自化を余儀なくされてしまうのです。植民地を合併することで、移民が流入することで、あるいは部落民や女性が地位向上を主張することで、と様々な運動が考えられます。国境が固定されて、その内部が同質化された国民国家とは異なる共同性を、すなわち複数性のずれていく共同性のあり方を、酒井さんや西川さんは想定したのです。その際、従来見落とされてきた重要なことがあります。批判あるいは批評という行為の「立場性（positionality）」です。

カルチュラル・スタディーズに由来するこの言葉を、日本で使う研究者は本当に少なくなりました。私の知る範囲では、韓国の研究者も今はやはりあまり使わないような気がします。かつては、弱者の立場から強者を指弾する威勢のよいスローガンでしたね。かく言う私も、一九九〇年代末から二〇〇〇年代前半にかけて、学問の政治性を否定する旧弊的な研究者を批判するさいに、頻繁に用いていました。ちょうどスピヴァックの画期的な論文「サバルタンは語れるのか」が日本語に訳された頃でした(8)。

だからでしょうか。現在、スピヴァックはこの論文に付着したイメージ、弱者のための代弁者という立場から、この論文を語られることを極度に嫌っています。皮肉なことですよ。スピヴァック自身は自分が弱者だとか民衆だとかを、少なくとも自身の立場を肯定するために言ったことはないと思います。この論文で厳しく問題にしている学問の政治性とは、客観性を主張する研究者だけでなく、むしろ弱者の立場に立っていることを装って、自己の欲望肯定をする研究者のほうなのですから。

それにも係わらず、日本で主張されてきた学者の立場性とは、他者に厳しい分、自分には甘いものでした。結局のところ、相手を倒して自分の権利を拡張しようとする自分のエゴを肯定するものに他なりません。カルチュラル・スタディーズやポストコロニアル研究を標榜して学界や出版界の批判をして登場した当時の若手・中堅研究者が、いまでは学界や出版界で大きな立場（ポジション）を獲得して、相容れない立場の者たちを排除していく様は、悲しいかな、自己本位という私たち人間の性を再認識させます。

なかでも、カルチュラル・スタディーズを標榜する日本研究者たちは、自分たちが日本研究者だからでしょうか、韓国語はおろか、英語や中国語を公用語とする国に行っても、何十年たってもその言葉を覚えようとして来ませんでした。原語でその著作を丹念に読み続けることもありませんでした。結局は、国民国家の枠中で自分の立場を獲得するためであったとすれば、その戦略もまた当然のこととなるでしょう。一方、交流する国の研究者たちもまた、自分の著作が大手出版社から日本語で活字化されるならばと、その国民国家的な交流の枠組みを問題化することはありませんでした。私の知る範囲にすぎませんが。

そんな光景を目にしながら育った若手研究者たち、あるいは自分が彼らに批判されてきた伝統的な学問の世界に生きてきた研究者が、こうした胡散臭さを体現させられた「立場性」という言葉に距離を置くようになったのは、当然のことと言えるでしょう。何よりも興味深いことは、その言葉を使って社会的立場を築き上げてきた者たちもまた、その風向きを敏感に察して、その言葉を棄ててしまったことです。

その言葉に含まれる意味を、日本の歴史的状況の中で豊かなものへと膨らませていく責任があったにもかかわらず、です。こうして「立場性」という言葉は、今や日本では誰からも顧みられない言葉になったのです。それはまるで研究者自身の立場性にたいする責任を、自分たち日本の研究者が放棄してしまったかのように思えてなりませ

（8）Gayatri Chakravorty Spivak, "Can the Subaltern speak?" in: *Marxism and the Interpretation of Culture*, Urbana: University of Illinois Press, 1988.（G・C・スピヴァク『サバルタンは語ることができるか』上村忠男訳、みすず書房、一九九八年）

ん。

だからこそ、私はここで「立場性」という言葉を敢えて用いてみたいのです。自分の立場を自覚するということが前提となって、はじめて使用可能になる言葉です。他人を倒して、自分を生き延びさせる言葉であってはなりません。批判とは自分に課することから始まらなければ、空念仏のようなものですから。否定と批判はまったく性質の違う行為であることを、深く認識しておかなければなりません。

否定が破壊だとすれば、批判は脱構築のようなものなのです。何が起こっているかを的確に認識し、それを現在さらには後世へと読み替えて継承していくためのものなのです。フーコーはデリダのように脱構築という言葉は用いませんが、「あらゆる変革にとって絶対に欠くことができない」ものとして、「批判(criticism)」を次のような作業だと明言しています。

受け入れられているさまざまな実践行為は、いかなる種類の明証性や慣習性に基づいているのか、そして、獲得され改めて反省されることのないような、いかなる思考様式に基づいているのか、ということを見極めることこそが批判というものです。(9)

ではその趣旨に則って、今私たちが考察している国民国家を批判する研究者の立場性を規定するとしたら、どのようなものを想定したらよいでしょうか。それは外部から想像するのではなく、国民国家の内部からその現状を批判する姿勢を指します。酒井さんは、丸山批判の流れの中で次のように語っています。

国民国家はこれからも存在し続けるだろうし、多くの地域で私たちの生活の枠組みであり続けるだろう。好むと好まざるにかかわらず、国民国家の存在を否認することはできない。(10)

誰しも歴史的条件の「外部」には立ち得ません。その身体も精神も、「内部」に拘束されるものだからです。しかし、「外部と内部の二項対立（outside/inside）」を脱臼する立場は存在します。酒井さんは「外部性（exteriority）」と呼びました。やはりドゥルーズが用いている言葉ですね。内部でも外部でもない場所とも言えますし、内部であると同時に外部である場所とも言えます。フーコーがそれを「ヘテロトピア」――異化を引き起こす場所――と呼んだことは、よく知られるところです。

私なりの理解に基づいて言うと、柄谷行人さんがカントを引きながら唱えた「超越論的（transcendental）」態度に近いようにも思えます。国民国家という制度を現実に廃棄するのは不可能に近いものの、その内部に拘束されている主体自身を対象化する姿勢ですね。かつて、民衆思想史家の安丸良夫さんが言った「全体性」、すなわち認識対象の全体像を俯瞰する視点と類縁性をもつ概念です。

新カント派の影響を受けた柄谷さんや安丸さんは、その反省的視野を存在の地平から離れた高みへ飛翔することで獲得しようとするような印象を受けます。一方、酒井さんのような脱構築主義者はそうした高みに昇ろうとする欲望を非歴史的なものとして警戒します。二分法が遂行されている地平の内部から、その内部性を脱臼するかたちのもとに脱構築という行為を捉えているように思われます。

正直なところ、私自身はまだ詰め切れていません。柄谷たちにせよ、その高みは歴史的に拘束された身体から離れたところには成り立たないと、但し書きを付けます。とりあえず、ここでは主体の認識地平を自覚しようとする

（9）Michel Foucault, *Dits et écrits 1954–1988*, Tome III, Tome IV, Paris: Gallimard, 1994.（ミシェル・フーコー『ミシェル・フーコー思考集成Ⅷ　政治・友愛』蓮実重彦・渡辺守章監修、筑摩書房、二〇〇一年）

（10）酒井前掲「丸山真男と戦後日本」『丸山真男を読む』七八頁。

姿勢としておきましょう。それが、彼らから引き継いだ国民国家に対する私の批判の立場性です。それは絶えず制度化し、内部を均質化する「主体性なき主体」という人間の内なる傾向にたいして、抗う倫理でもあります。外圧などではありません。私たちの内部から来る病なのです。だから、この病から安全な人間など、どこにもいないのです。

複数性の公共圏——複数化する主体と、小松和彦の「異人」論

さて、丸山眞男の国民国家論にもう一度戻りましょう。丸山は戦前の全体主義国家を批判して、「複数性（plurality）」に基づく国民国家を構想しました。複数性とは、ハンナ・アレントが公共圏の成立する前提として掲げた、しっかりした主体性を有する諸個人の共存する状態です。[11] アレントは複数の主体が共存する状態以上の意味では使っておらず、丸山もその点では共通する見解を有していたのだと思います。何しろ、丸山の『日本政治思想史研究』は一九四〇年代に書かれた論文を軸にした書籍ですから。[12]

丸山やアレントの考えた複数性とは、いわゆる「個人主義（individualism）」という思想を基礎に置くものです。この考え方のもとでは、個人はそれ以上分割することのできない（in-divided）、主体の最小の基礎単位なのです。それに対して、主体の概念を根本から変えたのがデリダの脱構築という考えでした。しかし、ここではその流れを汲むポストコロニアル研究者の、ホミ・バーバとスピヴァックの考え方を引きたいと思います。

スピヴァックは*Other Asias*という本の中で、「複数化（pluralized）」という動詞を使っています。[13] そこでスピヴァックはアジアが複数形で捉えられることを示すために、自分の書名である“Asias”に付けた複数形の“*s*”は、複数化する（pluralized）という意味なのだと説明します。それはアジア全体が、異なる諸地域——東アジアと南アジアと東南アジアなど——に分かれるだけでなく、その各地域もまた絶えず複数化して、分割されていくと説いているのです。

どれが分割不能な基礎単位としての主体（in-divided subject）なのかという、個人主義の基礎をなす基礎単位として固定化した統一主体を想定する発想そのものを批判しているのです。

複数化する主体について上手く説明しているのが、ホミ・バーバです。彼もまたデリダの脱構築の影響を強く受けた思想家ですが、有名な論文「散種するネイション（dissemiNation）」を収めた論集『文化の場所（Location of Culture）』（一九九四年）で、主体のあり方を描写するのに「ダブリング（doubling）」という言葉——しいて漢字にすれば「多重化」という言葉になるでしょう——を使っています。[14]

私はこのダブリングという言葉の語感が好きなんです。ダブリングというのは、たとえば朝起きて鏡を見ると、今日の自分はイケてるなと感じる。でも、あれちょっとメガネが右に曲がってるかなとか、ちょっと髪が薄くなったとか、太ったかなと思うこともある。これがダブリングなんです。自分の想定していたイメージがズレてしまうことです。でも、毎日鏡を覗いていれば、そんなことは仕方ないし、むしろしょっちゅうあることだと言ったほうがよいですよね。

人間がどうやって自己イメージを形成するかについては、ラカンの有名な「鏡像段階（mirror stage）」という説明があります。赤ん坊が自分の主体のイメージを持つようになるためには、誰かの眼差しによって自分を捉えられるこ

（11）Hannah Arendt, *The Human Condition*, Chicago: University of Chicago Press, 1958.（ハンナ・アレント『人間の条件』志水速雄訳、筑摩書房、一九九四年）
（12）丸山眞男『日本政治思想史研究』東京大学出版会、一九五二年。
（13）Gayatri Chakravorty Spivak, *Other Asias*, Malden: Blackwell, 2008.
（14）Homi K. Bhabha, *The Location of Culture*, London/New York: Routledge, 1994.（ホミ・バーバ『文化の場所——ポストコロニアリズムの位相』本橋哲也ほか訳、法政大学出版局、二〇一二年）

とが必要になる。最初に、鏡の向こうに映っている者を自分だと思い込むことで、ある程度、主体の統一したイメージができるのです。多くの場合は、いつも近くにいる母親とか父親ということになるのでしょう。

コンラート・ローレンツという動物学者も、動物のアイデンティティ形成について似たことを言っていますね。[15] 動物は生まれて最初に出会ったものを、親だと思っちゃう。ひよこが母親である雌鳥に会う前に、犬を見ちゃうと犬だと思っちゃう。猫に出会っちゃうと、自分を猫だと思っちゃうのです。うちの猫なんかも捨て猫だったから、自分を人間の仲間だと思っているようです。とても猫嫌いなんですよ、うちの猫は。猫と会っていると、うちの猫は自分が人間であるという確信が動揺するんじゃないかと思うんです。だからテレビを見ているときに、猫が映ると威嚇したりもしますよ。

ラカンによれば、主体が主体として構築されるためには何かを切り捨てなければならないので、どうしても歪みが伴う。だから主体には常に不安が付きまとう。本当に自己イメージのとおりの自分なのかなって。それが「不安(anxiety)」なんですよ。植民地であれば、バーバの言うところの「植民地的不安(colonial anxiety)」、あるいはポール・ギルロイの言うような「ポストコロニアル・メランコリア(postcolonial melancholia)」と呼ばれるものですね。宗主国と植民地の別を問わず、ともに不安に押し潰されてメランコリアが発症するのです。

「植民地的不安」にしても「ポストコロニアル・メランコリア」にしても、主体の抱く同一性への確信が、異種混淆的な分断によって危険さらされるわけです。そこから逃れるために、人々はナショナリズムのような同一性のメタファーに群がることになります。不安を否認するには、同一性という共同幻想が一番安心を与えてくれるように見えるのでしょう。日本のコメディアンが言った有名な台詞、「赤信号、みんなで渡れば怖くない」というやつです。

こうしたポストコロニアル研究のもつ主体化論は、その評価はさて置いて、ラカンの理論に負うところが少なからずあります。不安という観点からダブリングを見ていくと、どうしても否定しきれない主体化の残余として不安が忍び込む。この不安が、主体の自足感あるいはナルシシズムを突き崩していきます。素敵な自己イメージに亀裂が生じて、認めたくない格好悪い自分が出て来てしまう。でも、ダブリングはマルチとは区別されなければなりません。

では、バーバの考えるマルチというのはどのようなものかと言うと、私とAさんとBさんは異なる人間である。別の人格である。私は私、AさんはAさん、BさんはBさん。だからお互いの個性は尊重し合うのですが、たがいに抵触しない限りは、その言動やプライバシーには干渉しない作法なのです。このときバーバは何を念頭に置いていたかと言うと、当時彼が住んでいたイギリスの多元主義でした。これは、カナダをモデルに、チャールズ・テイラーが唱えていた多文化主義と、ほぼ同じ内容だと思います。いずれも英語では"multiculturism"と呼ばれています。

イギリスに、具体的にはロンドンに、若い頃私は憧れていました。それで、一九七〇年代の終わり、学部生の頃から一ケ月程度、短期で時々英語学校に通っていました。当時はお金がないから、下宿代の安い南ロンドンの黒人街に定宿を見つけました。行ってみて分かったのですが、アメリカ合衆国と同じで、ストリートによって文化が違うんです。アフリカ系の黒人街、中東のアラブ人街、インド人街、貧しい白人街。みんな宗教が異なるし、食生活も違います。

その中で興味深かったのは、ストリートごとに違う文化同士は基本的に干渉し合わないことです。ロンドン大学のイギリス人の教授が言っていましたが、こうやって住み分けないと、多様な民族が共存する英国では秩序が保てないのだそうです。ポストコロニアルな背景を言うならば、英国にやってくるのは基本的に大英帝国の旧植民地民です。彼らが絶えず流れ込んでくるのは、かつて植民地を抱え込むことで繁栄していた帝国であった以上、避けら

---

(15) Konrad Z. Lorenz, *So Kam der Mensch auf den Hund*, München: Deutscher Taschenbuch Verlag, 1983.(K・ローレンツ『人イヌにあう』、小原秀雄訳、早川書房、二〇〇九年)

れません。その過去を引き受けるために考え出したのが、多文化主義であったわけです。

結局、多文化主義は自文化と認定したものの内部を均質視するんです。日本文化の本質は一つだとか、韓国人は同じ気質を持つとか。それがナショナリズムであり、文化本質論の物の見方ですよね。その問題点は既に私たちが見てきたとおりです。そうした内部の均質化に陥らないためには、「差異（difference）」という固定した状態ではなく、「差異化（differentiation）」という過程（process）に注目することが大切になります。

このことは、デリダの「差延（differance、仏 différance）」という日本語題に訳された論文に詳しいです[16]。このつづり間違いかのようなアルファベットを有する単語「差延」とは、固定した状態を示す「差異」から区別するために、デリダが運動過程を示すものとして発明したものであることは今でもよく知られています。

自分と他人が異なるという、内部の均質性を前提にした「差異」という状態ではなく、その内部も含めて、均質性（homogeneity）が異質化されていく（heterogeneized）過程が差異化なのです。まあ、逆の見方をすれば、異質性が均質化される反対の過程も、差異化という運動の両義性をなす動きとして必ず伴うわけですが。異質化と同質化から構成される両義的な動きが「差異化」なのです。

そうすると私が友人に会ったときに、私は私、友人は友人といったような、多文化主義的な境界線の引き方では、たがいのアイデンティティを分かつことが困難になります。相手を覗くと、相手のなかに自分の要素を、そして相手が私を覗くと、私のなかに相手の要素を見ます。たがいにとって相手が、自分を映し出す鏡のような存在になってしまいます。

たとえば、日本人が韓国人のなかに、自分を映し出す鏡を見てしまう。そうすると、日本人とは誰のことなんだ、本当に日本人と韓国人は別なのかと、疑問を感じてしまいます。それで相手と話してみると、その韓国人が言う。私は学生のときにあなたと同じ大学に留学していたんですよ。もっと話してみると、指導教授どころか、通っていた定食屋まで同じだったりする。そうか、だから何か似てる雰囲気を感じたんだね、という話になったりします。

そうなってくると、たがいの境界線は曖昧化してくる。それがダブリングであり、差異化なんですね。スピヴァックの言う「複数化」もまた、やはり状態としての「複数性（plurality）」ではなく、運動過程を示す「複数化（pluralized）」でなければならなくなるわけです。こうした視野に立つと、イギリスの多文化主義を通したアイデンティティの作り方、そして社会秩序の作り方はかなり無理を含んだものにならざるを得ないことが分かってきます。

この四年間、私も研究所の管理職を務めてきたので、秩序の保ち方としては多文化主義がやり易いことは分かるんです。「はい、あなたは歴史学。私は宗教学者。お互いにその専門を極めたんだから、相手の専門には口出ししないことにしましょうね。」こう言って自尊心を持ち上げると、それぞれの教員は安心するんです。でも、本当に突っ込んだ討論ができなくなるから、学問それ自体は停滞してしまいます。

そこでは「人間とは何か」、「他者と共存する社会とは何か」という主題をめぐって、分野を超えた討論がなくなります。代わりに、各人が「宗教学ではね」とか、「東大の歴史学ではね」とか、自分が学会や学閥を代表した発言をすると、相手は何も言えなくなります。自分の専門じゃないということになりますから。でも、それは単に大学院を出たときの所属学科という制度的な区分にすぎないんですけれどね。

そうした態度は、海外の研究者や外国籍の研究者と出会う場面でも、引き継がれてしまいます。一応、うちは国際日本研究センターですから、「イギリスではね」とか、「ヨーロッパではね」と言われたときに、言い返してはいけない雰囲気になってしまうんです。結局、英語が一番上手いのはイギリス人、日本のことを一番知っているのは日本人。本音ではそんなこと確信していなくても、その建前を尊重しあうことで、研究所の秩序が保たれるんです。

（16）Jacques Derrida, *Marges de la Philosophie*, Paris: Éditions de Minuit, 1972.（ジャック・デリダ『哲学の余白』上・下、高橋允昭・藤本一勇訳、法政大学出版局、二〇〇七―二〇〇八年）

抑圧的で、暗黙の了解そのものを問うことができないような空気が流れ出します。

本当は、こうした心の中に生じる多文化主義的な棲み分けを乗り越えることが国際的な態度だと私は思います。しかし、そうなると個人の主体性のあり方や強度が問われてしまいます。だから外国に行く回数の多い一部の人を、その内容がどのような活動であれ、とりあえず国際派と名づけておく。それが、お互いの縄張りを侵犯することなくつつがなく暮らすためには賢明なんです。

このように内部の人たちの居心地安さが優先されてしまうと、外部からの眼差しや声はまったく顧みられなくなります。こうした内部には、フーコーが「ヘテロトピア」と呼んだ「外部性」を招き寄せる場所など、立ち現われようもありません。

だから内部に属しながらも、その境界線のあり方を問題化する人間はどうしても排除されがちです。「外部性」を内部に持ち込もうとするからです。日文研の旧所長である小松和彦さんはその著書『異人論——民俗社会の心性』（一九八五年）において、共同体が自己存続するためには、村の外から異質なものを運んで来る「異人（stranger）」を村の内部に取り込む必要があると述べています。[17] 村を維持するためには同質性を基調としながらも、異質性を咀嚼して同質性の中身を変えなければなりません。でも、異人が村に居続けると、村の秩序そのものが危機に曝されます。そのために、役割を果たした異人は殺されなければならないのです。

異人とは、ジラールも指摘している「共同体のスケープゴート」のことです。しかし、小松さんの研究が今なお魅力的なのは、さらにもう一歩踏み込んだ考察があるためだと私は思っています。すなわち、こうしたスケープゴートの悲劇は特定の人間や共同体の悪意に由来するのではなく、共同体の秩序が立ち上がるとき、それを維持する必要があるとき、共同体を支えるためには、それがどんなに素晴らしい共同体であっても、避けがたいものであるという考え方ですね。

それが『異人論』という著書が、「民俗社会の心性」という、普遍的な構造論を掲げた副題を有するゆえんです。

彼はここで、異人殺しが日本やその地域特殊のものであるとは言っていないのです。共同体とはそもそも、こうした排除をその存立構造に最初から書き込まれたものであるということ彼はしっかりと認識していたためです。

小松さんの示した見解は、フロイトのエディプス・コンプレックスの発生を説明する心理過程に極めて近いものと考えられます。「トーテムとタブー」[18]（一九一三年）や「モーセと一神教」[19]（一九三九年）のなかでフロイトは、父殺しによって共同体が成立したにもかかわらず、それゆえにその出来事が無意識の奥底へと隠蔽されることを指摘しています。この心理機制こそ、「民族」というものの起源を解き明かす鍵を握るとして、ポストコロニアル研究の中で再評価したのが、他ならぬサイードでした。彼は最晩年の講演『フロイトと非‐ヨーロッパ人』（二〇〇三年）において、起源にはつねに暴力が伴うものであり、起源は同一性には回収しきれない残余をふくむという点で、「異種混淆的（hybrid）」であると考えていました。[20]

異種混淆的なものとは、「みんな伸び伸びとした個性をもちましょう。多様な社会が実現すれば、誰もが幸せになりますよ」と日本でしばしば言われるような、無条件に万人の権利を保証するものではありません。「みんな」と

（17）小松和彦『異人論——民俗社会の心性』青土社、一九八五年。

（18）Sigmund Freud, “Totem und Tabu: einige Übereinstimmungen im Seelenleben der Wilden und der Neurotiker”, in *Gesammelte Werke*, Bd. 9, Frankfurt am Main: S. Fischer Verlag, 1986.（ジークムント・フロイト「トーテムとタブー」『フロイト全集12』須藤訓任・門脇健訳、岩波書店、二〇〇九年）

（19）Sigmund Freud, *Der Mann Moses und die monotheistische Religion*, Amsterdam: Verlag Allert de Lange, 1939.（ジークムント・フロイト『モーセと一神教』渡辺哲夫訳、筑摩書房、二〇〇三年）

（20）Edward W. Said, *Freud and the Non-European*, London/New York: Verso Books, 2003.（エドワード・サイード『フロイトと非‐ヨーロッパ人』長原豊訳、平凡社、二〇〇三年）

はかならず、そこに含まれない外部――小松さんとジラールは「スケープゴート」と、ジョルジョ・アガンベンは「ホモ・サケル」と呼びました――との「共形象」がなければ、犠牲者がなければ成り立たないものなのです。その成立だけでなく、その維持にも絶えず犠牲が必要とされる。

このように小松さんは共同体秩序と暴力の不即不離の関係を暴き出して見せたわけです。そうした異人殺しを主題化した小松さんが、調和的な共同性を自意識としては保とうとする日文研の所長を長く務めていたことは、日文研にとっては自浄装置の役割を果たしてくれたわけで、幸いなことであったと個人的には考えています。感じ方は人それぞれでしょうけれど。

第二節　自己崩壊する人文学

人文学の危機？――近代化論と消費されるスピヴァックのポストコロニアル批判

共同体内部の閉塞状況は、私の研究所の問題だけではありません。たとえば、「ポストコロニアル（the postcolonial）」という言葉が日本においてどのように消費されてきたかという問題を考えてみましょう。日本では曖昧にポストコロニアルという形容詞を、サイードに倣ってでしょうか名詞の意味合いで使う人が多く、「ポストコロニアル状況」や「ポストコロニアル研究」というはっきりした表現を好む人は比較的少ないです。「ポストコロニアル」という形容詞が「状況」を修飾する場合もあれば、「研究」を指すこともあるように、本来、この言葉は曖昧で、多重的な意味を有するものでした。そのなかに、「ポストコロニアリズム」という言葉もあります。

ご存知のように、「イズム（ism）」というのは、「資本主義」や「ポストモダニズム」のように、自分の考え方の正当性を肯ずる自己中心的な「主義」です。ご存知ですか、漢字で書く「民主主義」は“democracy”ですから、本当は「民主政」とでも訳すべき言葉ですよね。韓国や中国でそれがどのような意味を有する訳語になっているのか、私は不案内ですが、少なくとも日本の場合は、「民主主義」という言葉はドグマ化していて、内容の吟味を許さない金言になっています。それ自体が戦後日本にアメリカから輸入された一つの政体であり、物の見方にすぎない「民主政」を絶対化させた、アメリカの影響下に成立した日本の価値観を良く示しています。それ自体がポストコロニアル状況の産物ですよね。

アメリカのハーバード大学を出た日本学者のジョン・ダワーは、日本の民主主義はアメリカの社会に根づいた民主主義以上に、素晴らしい制度になっていると『敗北を抱きしめて——第二次大戦後の日本人』[21]（二〇〇一年）という著作の中で述べています。恥ずかしながら、この本をアメリカ通の日本人研究者から紹介された私もまた、本当に良いことを言うなと感激しながら読みました。民主主義の本場に住むアメリカの知識人が、日本の民主主義のほうがアメリカ以上に本物だと言ってくれるなんて、なんてダワーは公平な人なんだろうと思ったくらいです。

その頃、私はアメリカの東海岸の大学に滞在していましたが、そこの近代日本研究のアメリカ人学者はいつも日本は民主主義の不十分な国と見下していましたから、ダワーの謙虚な姿勢に感激したのです。ところが同じ頃、酒井さんにアメリカで再会したところ、彼はダワーの本を白人意識が露骨に出た本だよねと批判していました。「えっ、どうして？」と、私は飛び上がるくらいに驚いてしまいました。

（21）John W. Dower, *Embracing Defeat: Japan in the Wake of World War* II, New York/London: W. W. Norton, 2000.（ジョン・ダワー『敗北を抱きしめて——第二次大戦後の日本人』三浦陽一・高杉忠明訳、岩波書店、二〇〇一年）

それから何年もかかって、酒井さんの批判の意味がようやく理解できるようになってきました。どこで花を咲かせようが、民主主義はアメリカから東アジアに伝わった。こうしたアメリカこそが民主主義の本家だと考える点では、ダワーのこの本はまったく疑問を感じていないんですね。韓国には韓国の、日本には日本の自前の文化から育った民主主義があり得ることなど、ダワーもまた私と同じように思い付かなかったのでしょう。アメリカの民主主義こそが、多少問題はあるにせよ、普遍的な価値を帯びたものに映じていたのですから。

その意味では、エズラ・ヴォーゲルの『ジャパンアズナンバーワン』(一九七九年)、さらにその前に執筆されたロバート・ベラーの『徳川時代の宗教[22]』(一九五七年)と同様に、ダワーの本もハーバード流の近代化論を前提とする発想の域を出るものではありませんでした。アメリカこそ日本に民主主義を宣教して、文明化したという立場ですね。何より致命的であったのは「民主主義」、たとえそれが「民主政」だとしても、その政体あるいは理念そのものを、アメリカの局所的なものとして根本的に批判する姿勢が欠落していたことです。

ちなみに、こうした欧米の自文化の価値観を中心化する傾向を、ディペシュ・チャクラバルティがインド近代史の観点から批判的に記述してみせた著作、『ヨーロッパを地方化する(Provincializing Europe)』を発表したのは二〇〇〇年のことです[23]。それを知ってしまうと、先のダワーの著作がその翌年に、同じアメリカで刊行されたことはちょっと信じがたいですね。そこには、英語圏の日本研究のどうしようもない遅れ、植民地主義的態度の揺るぎなさを認めざるを得ません。

私がアメリカの東海岸部に滞在していたのは二〇〇三年でした。ニューヨークを襲った九・一一テロの二年後ですね。そのときも、彼らはこう言っていました。「日本の支配は上手くいったのに、なぜイラクはそういかないのか」と。そこから、いかに彼らの日本研究がアメリカ帝国主義の成功例として、日本を占領政策の優等生と看做していたのかを窺い知ることができます。

局所的に過ぎない自己の制度や価値観を普遍視して、他国に宣教し得るものと考えるところに、それが無意識の態度であるからこそ、帝国の宗主国としての傲慢さを感じざるを得ません。典型的な植民地主義的態度ですよね。他方で、いまだにそうした態度を心の底から、かつての私のように喜んで受け入れてしまう旧植民地や旧占領国の人間も決して少なくないでしょう。それもまた、残念なことですが、身体の芯にまで染み付いた奴隷根性と言えるのではないでしょうか。

奴隷が自分を奴隷だと自覚し得ないところに、植民地の人々が自分たちを植民地化されていると感じないところに、「ポストコロニアル」と呼ばれる支配の根深さがあります。それをフーコーは「権力は上からだけでなく、下からも来る」と言いました。私なりの表現をすれば、「権力は外からだけでなく、内からも来るのです」。フーコーはこうも言ってます。「権力は支配が上手くいっているうちは、その暴力性を感じさせない。支配される人々は自ら率先して権力に従ってしまうのだ」と。

では、「ポストコロニアリズム」という物の見方については、どうなんでしょうか。再び、「イズム」という問題です。それについて、スピヴァックはこう言ったんですよね。「ポストコロニアル思想というのはイギリスの、あるいはアメリカのインド系の人たち、イギリスやアメリカに住み着いたインド系のメトロポリタン・ディアスポラとでも言うべき知識人たちの独占物のようになっている。」

これはバーバたちのことを指しますね。もちろん、スピヴァック自身も含まれます。ここに、ポストコロニアル研究の立役者として見過ごすことのできない人物を加えるとすれば、パレスチナ人であるサイードの存在を挙げる

（22）Robert N. Bellah, *Tokugawa religion: the values of pre-industrial Japan*, Boston: Beacon Press, 1957.（R・N・ベラー『徳川時代の宗教』池田昭訳、岩波書店、一九九六年）

（23）Dipesh Chakrabarty, *Provincializing Europe: Postcolonial Thought and Historical Difference*, Princeton: Princeton University Press, 2000.

ことに誰も異論はないでしょう。でも、彼はパレスチナ人と言っても、イスラム教徒ではなくキリスト教系の人なんです。同じパレスチナ人でも、キリスト教徒だからマイノリティです。だから、どうしてもマジョリティであるパレスチナ＝イスラムというアイデンティティの図式を、クリスチャンであるサイードの存在はどうしてもズラしてしまうんですね。

キリスト教かイスラムのどちらがパレスチナ人には本来的な宗教かという、二者択一的な話をしたいのではありません。どちらの立場でもよいのです。どちらの信仰を持つにせよ、自己同一性に自足しようとする自分の欲望をズラす。それが、サイードの言う「異議申し立て（dissent）」です。「同意（assent）」が「はい、そのとおりです」という態度だとすれば、「異議申し立て（dissent）」は「それは違いますよ」という態度です。

これをイギリスとインドの植民地関係の宗教分析に適用したのが、サイード晩年の弟子ゴウリ・ヴィシュワナータンです。彼女もまたスピヴァックらと同じインド人――実はインド人と言っても、ヒンドゥー教徒だけでなくイスラム教徒やゾロアスター教徒ら、多士済々ですが――で、サイードの後を継いでコロンビア大学英語文学の教授をしています。

ヴィシュワナータンの研究だと、その興味深い例として「改宗（conversion）」が挙げられています。イスラム教徒として生まれるのが慣習とされる宗教伝統の中で、敢えてキリスト教に改宗するのもまた、自分の生まれた支配的伝統に対する「異議申し立て」だというわけです。ヴィシュワナータンはそうして確立された主体性を「異端（heterodoxy）」と呼んでいます。(24) サイードだったら「異種混交性」と呼んでいたでしょうね。結局、彼らは「異議申し立て」をおこなうことを通して、自分の宗教や文化的価値を他者に押し付けていく「同質化」する傾向を批判していたんだと思います。

サイードにとって異議申し立てという行為は反省的行為なので、熱狂的な情動を伴う宗教の領域では難しく、世俗的な文化の領域――神がいなくなった人間だけの領域――でなければおこない得ないものだと考えていました。それにたいして、ヴィシュワナータンは宗教の領域においても、否、宗教においてこそ、改宗のように強い意思のもとに異議申し立てが可能になると考えたのです。そこに、タラル・アサドが問題とするポストコロニアル研究と西洋的な啓蒙主義の密接な関係を読み取ることもできるでしょう。だから、アサドと同じ立場に立つヴィシュワナータンはその啓蒙主義的な傾向を批判して、宗教的な批評の可能性をインドの植民地状況のなかに読み解いて見せたのです。

異議申し立ても、分節化行為のひとつなんだと思います。分節化とは、主体を取り巻く世界、あるいはその一部である思想や行動を自分なりに読み取る行為です。異議申し立てするのは自分自身のアイデンティティにたいしてであり、社会の支配的風潮にたいしてです。そうすることで、自分を他者に開くことが可能になるのです。

自分の文化を脱臼させない態度では他者とは共存できないという考えが、実際に宗教対立に苦しむインドやパレスチナから出てくる。アメリカでもまた人種差別を目の当たりにする彼らからすれば、それはどうしても言及せざるを得ない問題なのでしょう。そこで、「ああ、日本に生まれてよかった」と思う日本人留学生も、かつて日本人留学が華やかりし頃は、意外に少なくなかったそうです。かれらはアメリカの人種差別を目の前にして、こうした対立が顕在化しない日本は調和的な社会だと、自分の社会に強い愛着と誇りを感じたようです

でも、どうなんでしょうか。こうしたノスタルジアには、どうもカラクリがありそうです。まず冷静に考えてみたときに、日本社会は本当に差別のない社会と言えるのでしょうか。在日コリアン、被差別部落の人々……とても差別のない国とは思えません。むしろ、差別されている人たちが声をあげることが困難な社会だと考えたほうが良いのではないでしょうか。

(24) Gauri Viswanathan, *Outside the Fold: Conversion, Modernity and Belief*, Princeton: Princeton University Press, 1998.

無条件にその社会に愛着を感じられる人たちは、居心地が悪くなればすぐ立ち去ることのできる傍観者か、自分が差別されない安全な立場にいる恵まれた立場の者なのではないでしょうか。本人は自覚していないにせよ、それは差別する立場に自分が置かれているからこそ、実は享受することのできる特権なのではないのでしょうか。

最近の日本社会では、総理大臣にたいする官僚たちの態度を「忖度」と呼ぶことが流行っています。弱い立場にある者のほうが、自分が追い込まれている状況を指摘するどころか、「そんなことありません」とみずから否定したふりをしないと、さらに排除される現実の状況があります。私の見るところ、それは官僚だけではありません。庶民もまたそれぞれの社会や家族のなかで忖度しています。忖度をさせられる者が、立場を変えれば忖度を要求する側になります。

被差別部落出身であるから、そうではない人との結婚を許されない。自分は結婚したいのだけれど、結婚したら兄弟まで差別される。彼らの就職や結婚など、その未来にも暗い影を投げかける。今もって家族どころか、親族からも反対されます。「自分たちに迷惑がかかるから、お前一人の勝手な判断は許さない」と脅されるのです。だとしたら、日本は異議申し立て行為そのものを許さない「忖度」社会だと捉えるべきではないでしょうか。

さて、こうした現実を批判する力になってきたポストコロニアル研究でしたが、今では日本だけでなく、その本場で研究を牽引してきたイギリスと、さらにはそれが開花したアメリカでも衰退の一途を辿っています。しばらく前に、ロンドン大学の隣りにある大きな本屋を再訪したら、ポストコロニアル研究やその近接領域であるカルチュラル・スタディーズの本がほとんど書架から消えていました。本だけじゃないんです。本屋からコーナーそのものが消滅してしまったのです。二〇〇三年にロンドンに滞在していたときには、これらの思想が大流行していて、私の研究のみならず生き方も強い影響を受けて今日にいたっています。世界各地から来たロンドンの学生たちと一緒にバーバや酒井さんの本を読んでいましたから、現在の様子は残念です。

日本でも状況は同じです。結局、ポストコロニアル研究は消費され尽くしてしまったようです。ポストコロニアル研究が日本に入ってきたのは、一九九八年に東京の大学で開かれた「カルチュラル・スタディーズ」会議でしょう。そこに、基調講演者としてスチュアート・ホールが招かれ、酒井直樹さんもアメリカから呼ばれました。それとともに、異なる分野で植民地や文化の政治的研究をしていた多くの日本の研究者が、ある種のアリバイ証明であるかのように在日コリアンの研究者たちとともに、報告をおこないました。

そして、その主催者を中心にしてポストコロニアル＝カルチュラル・スタディーズという図式で、新しい学問が流れ込んで来ました。そのときのスローガンの一つが「立場性」という言葉だったと記憶しています。客観性を装ってきた旧弊的な講壇学問、そして民衆の研究をしてきたマルクス主義史学を、「立場性の無自覚さ」として撃ったのです。

その結果、何が起こったのでしょうか。ポストコロニアル研究はそもそもポストモダニズムの理論的土台のうえに成り立つものですが、そこまで遡らず、ポストモダニズムの言葉を紋切り型で使う傾向ができました。そのもとに、多くの出版企画が成立し、ポストコロニアル研究はアカデミズムを批判しつつも、東京の権威ある出版界と支えあう関係になります。

見事な戦略と言えば見事ですが、ちょうど一九九〇年代後半に独立行政法人化を通して、それまで国家に無条件で依存していた学問が政府主導で管理されるようになった時期を重なるのは興味深いですね。「就職はないよ」と言われていた学問が、人文学はとても高収入とは言えませんが、それでも実利に見合うならば政府や出版社からそれなりの対価を引き出すことができるようになったのです。その代わり、商業的な論理のほうが批評の倫理を上回るようになるのですが。

同時にそれは、学問が言説化する契機を作るものでもありました。アメリカやイギリスから来た学問を日本の状況で捉え直すのではなく、残念ながら無批判に横流しする。それは、ポストコロニアルという状況を批判するための批判的発話であった学問が、均質な言説によって同化された「主体性なき主体」を再生産する装置に転化していった時期でした。同時に巷ではナショナリズム批判がスローガンとして流行し、国民国家とナショナリズムがどう違うかも分からないままに、沢山の翻訳や論文が生産されていきました。

自分の言葉を持たない者が、言説に呑み込まれ、その言葉を振りかざしているつもりで、言葉に同化される。そうした時代だったのです。カルチュラル・スタディーズを掲げる研究者にかつての左翼的活動家の流れを汲む者が少なくなかったのも、社会的正義という動機からすれば当然のことなのでしょう。しかし、社会的な正義を語る自分たちを突き動かすのは自身の主体性ではなく、そうした共同体的主体を均質に作り上げた「謎めいた他者の欲望」だったと、今振り返ってみて思います。

そのなかには、「民主主義」という大義名分を口にする者も少なくありません。しかし、彼らの言う民主主義とは、結局は「リベラル・デモクラシー」に他なりません。「リベラル」とは「リベラリズム」の略称です。自由主義経済の下で実現される民主主義です。民主主義にはこの形態しかないと思っている日本人は少なくないようです。議会制民主主義、社会民主主義、イスラム・デモクラシー、ラディカル・デモクラシーなど、それは様々な地域の文化・宗教的伝統の中から多様なかたちで育まれるものです。それもまた「読み替え(appropriation)」行為のひとつなのです。

その形態のひとつに過ぎないリベラル・デモクラシーは、個人欲望を実現していけば、すべての人間の欲望は調和するという考え方です。自分を突き動かす欲望を捉え返すのではなく、その欲望に従って動く。社会格差を拡大していくグローバル資本主義の典型的イデオロギーです。本来、学問とは自己反省から始まるものだと私は考えます。スピヴァックもどれだけ自分の欲望に自覚的になれるか、それが他者への配慮としての民主主義だと、日本に来日したときに述べています。重要な発言なので、引用しておきましょう。

市民意識や市民権は民主主義のなかで自己の利益を守ることとふつう考えられていますね、自律という意味で。

もし他者の利益を第一に考える倫理を重んじる教育が伴わなければ、こうした自律の試みも現在の世界を支配する商業や金融の営みによってたちまち飲みこまれてしまうことでしょう。(25)

たしかに、それが「批判」や「批評」というものでしょう。問題は、ここで言う「他者」が一体誰を指すのかということです。これは、実際には人によって見解が異なるのです。一番多いのが、「自分」です。おまえにとって、他者である「私」の権利を認めろという論法ですね。しかし、それは本当に他者なのでしょうか。文字どおり、自分ですよね。そもそも、他者が「お前」か「自分」のどちらかだという発想が間違いです。

私でもあなたでもない、ここにいることのできない第三者こそが他者なのです。その人は発言権を持っていないからこそ、尊重されるべきなのです。残念なことにリベラル・デモクラシーに基づく学問は既得権益の相互承認に終始します。「私たち」と認定されない、その外部にいる者にはその配慮は及ぶことはありません。

「人文学の危機」が世界的規模で称えられて久しくなります。多くの人文学者が、政府や資本主義によって人文学が保護されなくなったことを、被害者的な立場から苦情として述べています。でも、私はそうした被害者的な立場性に自分を置く学問の姿勢に対しては、強い違和感を覚えます。本来、政府や資本主義と緊張関係にあるはずの人文学が、無条件にそういった相手からお金をもらえると思う発想自体に、すでに自立の精神の喪失が現われているのではないでしょうか。批評する気概の喪失にこそ、「人文学の危機」を私は感じるのです。

そう言えば、最近では「学者（scholar）」という言葉は、日本ではあまり用いられなくなりました。個人的な印象を

(25) ガヤトリ・C・スピヴァク『いくつもの声――ガヤトリ・C・スピヴァク日本講演集』本橋哲也・篠原雅武訳、人文書院、二〇一四年、四四頁。

述べれば、「研究者（researcher）」という言葉の方が主流になったような気がします。「学者」は、「知識人（intellectual）」と同じように、自分の学問を自己反省および社会批評に結びつける側面が強い言葉だったと思います。学者、すなわち「学ぶ者」とは先人の「学問」だけでなく、自分の存在を包み込む「社会」から謙虚に学ぶ者、市井の人びとに耳を傾ける者だったのだと思います。

一方、「研究者」は、理論にしろ実証主義にしろ、研究をどの立場からも中立的な技術として保ち得る確信をもつ立場を意味するのでしょう。研究者という言葉が今日好まれているのは、こうした客観的でありたいという強い願望の現われかもしれません。しかし、どのような立場からも自由と言えば聞こえはいいですが、結局のところそれはどの立場にも援用可能だということではないでしょうか。

それは戦争中の科学や人文学が、戦時体制から自由ではなかったことから明白でしょう。さらに、そうした戦時体制を批判した日本の戦後の学問をみれば、それもまたナショナリズムやリベラリズム、あるいは社会主義など、時代の潮流に呑まれてきたこともまた今では明らかなことです。唯一、客観的な立場が可能になるとすれば、それはみずからの存在のイデオロギーに向き合うことで、その歴史性を自覚することではないでしょうか。

研究者という言葉のもつ立場性への無自覚さこそが、かえって自らの研究をイデオロギーに同化されたものへと陥れているのではないでしょうか。ここにも、今日の人文学がポストモダニズムにおける脱構築論をきちんと受け止められなかった証拠があるのだと思います。

では、こうした批評の拠点としての「外部性」をどこに確保するか。たしかにその点で、近年の日本社会はとても難しいところに来ていると思います。一方、日本やアメリカあるいはイギリスでの衰退にたいして、今、ポストコロニアル研究やカルチュラル・スタディーズがどこで隆盛しているかというと、東アジアの台湾や韓国なのではないでしょうか。

しばらく前に、台湾の国立交通大学の文化研究国際センターを尋ねたところ、そこには台湾人や韓国人、あるいは日本人のみならず、ベトナム人やパレスチナ人が留学に来ていました。スピヴァックの言うように、インド型のポストコロニアル研究に学びつつも、中国とアメリカにはさまれた東南アジアから、あるいはパレスチナの民族紛争の地から、植民地主義が引き起こした各地域固有の問題に取り組んでいるのです。その所長が言っていました、「これからだ。今から自分たちのポストコロニアル状況に即した答えを出していくのだ」と。

日本では流行の思想は先を競って真似をして、飽きたら我先に放り投げる。実は、バーバに会ったとき、私も言われたんです。「君は自分がどれだけポストコロニアル研究を知っているかを、勢いよく喋っているけれど、インド人研究者の真似（imitation）じゃないか。どこにきみの考えはあるんだ」、と。恥ずかしかったですね。そりゃ、そうでしょう。バーバからすれば、自分の研究のことは他ならぬバーバ本人がよく知っているわけです。その言葉を鸚鵡返しのように喋ってるだけの、見知らぬ国から来た研究者なんかと話したくはないでしょう。

「どうせ真似していると言われるんだったら、バーバに「ミミクリ」って言われるようになりたい」と、そのとき思いました。ミミクリもバーバが有名にした術語ですが、オリジナルどおりに真似するのではなく、結果として翻訳固有の意味へと読み替える行為を指します。それを、多くのポストコロニアル研究者は「読み替え（appropriation）」と呼びました。日本語ではなかなか適切な訳語が見当たらなくて、「横領」とか「流用」と訳されてきました。

うわべは植民者に従順でも、実はこっそりその意味を読み替えて、自分の立場が不利にならないように流用する行為を指します。異なる状況へと移植されると、その意味が変容していく。誤訳か正しい訳かではなく、新しい文脈のなかへと縫いこんでいく行為、分節化の一種です（スチュアート・ホール「ジャマイカの宗教イデオロギーと社会運動」(26)）。たとえばスチュアート・ホールが研究しているように、新大陸の黒人たちが信じているキリスト教の中にはイエスは黒人であり、イェルサレムはエチオピアであると信じている宗派もあります。ジャマイカのラスタファリアニ

(26) 磯前順一、タラル・アサド編『宗教を語りなおす』みすず書房、二〇〇六年。

ズムもその一つです。ボブ・マーリーのレゲエ音楽も、その宗教のための音楽なんですよね。キリスト教以外を信じることが許されない状況のなかで、その信仰に自分たちの土俗的宗教を滑り込ませる。あるいは、教会で仲間と会う機会を得ることで、仲間が逃亡する情報を交換する。

それは、過酷な状況に置かれた自分たちこそが救済を約束された存在だと確信するためのものでした。そこには、白人のキリスト教が黒人の奴隷文化に読み替えられていく過程が見て取れます。どれが正しい信仰かではなく、それぞれの社会に果たす役割の違いが、異なる教えを生み出したことが見て取れるのです。

それは旧来の「土着化（indigenization）」という概念とは異なるものです。土着化は、その思想なり宗教が分節化される布地にあたる部分を、固定化された普遍の土台のように看做します。ですから、縫いこまれる思想が表面的なもので、縫いこむ生地のほうを実体視するわけです。先に話した日本文化論のような、文化実体論ですね。そこから、「だから日本人は駄目なんだ」とかいった言述も可能だし、「だから日本人は素晴らしい」といった言述も可能になります。しかし、それは同じ硬貨の表と裏に過ぎないのです。

それに対して、エルネスト・ラクラウとシャンタル・ムフの流れを汲むバーバやホールの「読み替え」の概念は、分節化される文化も分節化する思想も実体化することなく、その両者の「接合（articulation）」点においてこそ両者が姿を現すと考えるのです[27]。

さらにラスタファリアニズムで興味深いのは、イギリスのロック・ミュージシャンであるエリック・クラプトンをとおしてレゲエが白人社会の若者に紹介された現象です。一九七〇年代末のロンドンに私が短期留学した時、街のいたるところにレゲエ音楽が流れ、背の高い黒人たちが自信をもって闊歩していた光景が思い浮かびます。黒人との緊張関係を抱えたイギリスでは、レゲエは白人中心の社会秩序を覆しかねない危険な音楽だったように感じました。

ですが、白人ギタリストとして有名だったクラプトンを介して、それが日本社会に入ってくると、英国流行の脱力した音楽として、脱政治化されて受け取られてしまいました。でも、それもまた「読み替え」の一種だったんでしょうね。残念ながら、そこに困難な状況を生き延びるための戦略としてのミミクリを読み取ることは、とても困難ですが。

ポストコロニアル公共圏——政教分離と尹海東のグレイ・ゾーン

ここまで来て、ようやく私たちは「ポストコロニアルは何か」という問いにたいして、ある程度答える準備を整えることができたのだと思います。もう一度、先に論じた丸山眞男の国民国家論に戻ることにしましょう。戦後日本を代表する思想家——正確には、アジア・太平洋戦争にたいする反省期としての昭和後半を代表する思想家——たる旧宗主国の知識人の丸山と、宗主国にたいする「読み替え」を絶えず試みる旧植民地の知識人たちでは、置かれた状況が随分違うでしょう。

丸山が戦後に再編しようとした国民国家は、『想像の共同体』[28]（一九八三／二〇〇六年）の著者であるベネディクト・アンダーソンが述べているように、どこにでも移植可能な「モジュール」ですが、その祖型のひとつが西洋のプロ

（27）Ernesto Laclau, Chantal Mouffe, *Hegemony and Socialist Strategy: Towards a Radical Democratic Politics*, trans., Winston Moore and Paul Cammack, London: Verso, 1985.（エルネスト・ラクラウ、シャンタル・ムフ『民主主義の革命——ヘゲモニーとポスト・マルクス主義』西永亮・千葉眞訳、筑摩書房、二〇一二年）

（28）Benedict Anderson, *Imagined communities: reflections on the origin and spread of nationalism*, London/New York: Verso, 2006.（ベネディクト・アンダーソン『想像の共同体——ナショナリズムの起源と流行』白石隆・白石さや訳、ＮＴＴ出版、一九九七年）

テスタント圏に源を発する西洋啓蒙主義に基づくものでした。それは、東大法学部での丸山の指導教官がプロテスタント信者でもある南原繁、その南原の恩師がやはりプロテスタントの無教会派の内村鑑三であったことと無縁ではないと思います。

こういった宗教的系譜の観点から、丸山の『日本政治思想史研究』を吟味すると、人間の私的領域と公的領域を明確に分離する政教分離が、近世の日本にも思想史的には成立していたこと、しかし、その境界線によってもたらされると考えられていた信教の自由の空間が、戦中の全体主義によって消滅させられてしまったこと、しかも、その全体主義の起源が江戸後期の本居宣長の国学にまで遡ると、丸山が考えていたことが鮮明に読み取れます。

こうしたプロテスタント的な思考に基づいて、丸山は政教分離の境界線を明確に引くことができるならば、戦後社会に全体主義が再来することを阻止できると考えたのです。全体主義とはナチスのみならずスターリズムのように、公共空間が消滅した社会体制のことです[29]。そこでは個人を単位とする複数性、たがいに異なる権利がなくなり、その声々を公共空間で発することが困難になります。ご存知のようにアレントは、こうした複数性を喪失した社会的状況を「暗い時代」と呼んでいます。

ここまで来れば明らかなように、丸山はアレントと同様に、個人の複数性から構成される公共空間を、戦争期の全体主義の社会にたいして、戦後社会の基本形態として構想していたのです。複数性とは自立した個人の多様性から構成される状態です。個人とは英語で、これ以上は分割できないという意味の“in-dividual”と言うように、社会を構成する最小の基本単位です。丸山は、その個人が成熟することで、多様性を踏まえつつ、合意を形成するための討議的空間が可能になると考えたのです。言うまでもなく「国民」こそが、丸山においては複数性を支える個人の単位であり、国民国家こそが公共圏が現実に実現される場だったのです。

ただし、政治的領域に対抗する私的領域という考え方は丸山のもので、アレントには見られません。信教の自由を私的空間に求める、近代の日本社会ならではの特質と言えるかもしれません。西田幾多郎らの哲学者や田山花袋らの私小説家などは、その典型と言えるのではないでしょうか。「社会化された私」が日本社会には存在しない。戦前にいち早く、そう指摘したのは批評家の小林秀雄でしたね。戦前の、天皇主権下の日本社会では、複数性に支えられた公共領域は成り立ち難く、私的領域のみが抵抗の場であったからでしょう[30]。

国民の内面に支えられた公共空間を、国家に対抗しつつも、国家を批判的に支える市民社会として確立する。その点で、丸山の国民国家論はプロテスタント的な政教分離の二分法——公的領域と私的領域を分け、私的空間にこそ神に確証された内面の世界を見出す世界観——にもとづくものであったと思います。

アレントにとって私的領域は、公的領域の欠如態にすぎません。良くも悪くも、闇に包まれている領域です。人間の内面は様々な欲望に覆われているがゆえに、闇に隠されていたほうが良いと、アレントは考えていたのです。彼女が説くところによれば、古代において奴隷制や家父長制のもとで私的領域は公的領域の欠如態として存在しているけれど、近代になると「社会的なもの（the social）」というかたちで、公的な領域と私的領域が重なってくるのです。この「社会的なもの」の領域を肯定的に捉えたのが、ユルゲン・ハーバーマスです。闇に包まれた私的なものが公的な光によって照らし出されると考えたのでしょう[31]。逆に懸念したのは、アガンベンでした。彼は公的領域が私的領域化されると、公共領域で保障される社会的権利が失われてしまうと考えたのです。社会全体が私的空間へと、

（29）Hannah Arendt, *The Origins of Totalitarianism: Antisemitism, Imperialism, Totalitarianism*, New York: Schocken Books, 1951.（ハンナ・アーレント『全体主義の起源』全三巻、みすず書房、二〇一七年）

（30）宮川透『近代日本の哲学』勁草書房、一九六二年。

（31）Jürgen Habermas, *Strukturwandel der Öffentlichkeit: Untersuchungen zu einer Kategorie der Bürgerlichen Gesellschaft*, Neuwied/Berlin: Luchterhand, 1971.（ユルゲン・ハーバーマス『公共性の構造転換——市民社会の一カテゴリーについての探究』細谷貞雄訳、未來社、一九七三年）

社会的権利を欠いた空間に転じてしまうと危ぶんだのです。[32] アレントの言うところの「暗い時代」への懸念ですね。

同じアレントの公共性論の流れを引いていても、ハーバーマスとアガンベンでは、「社会的なもの」の位置づけが正反対になります。彼らの議論においては、社会的なものは公的領域と私的領域とが、正反対の方向からせめぎ合う場となっているのです。しかそれ以前に、公共性をめぐる日本の議論では、「社会的なもの」という場自体が軽視されてきました。

それは近代日本の歴史において、公共圏が国家に吸収されてしまい、私的領域しか国家に対抗する場がなくなっていたからではないでしょうか。私的なものこそが神に通じる場だとするプロテスタンティズムは、そうした日本人の理解に合致したものだったと感じます。とすれば、社会的なものに対をなす「親密圏 (intimate sphere)」もまた、日本では私的領域と混同されてきたことも納得が行くはずです。

こうしてアレントの流れを汲む公共性論を顧みたとき、公私二分法にもとづく丸山の理解は、ヨーロッパの一支流にすぎないプロテスタント的なものを、近代日本の国民国家論に分節化させたものと理解することができるでしょう。「社会的なもの」および「親密圏」が織りなす、公共領域と私的領域の二項対立を崩すトライアングルを、丸山の議論においては欠落させている点が、私的領域にしか抵抗の場を見出すことのできなかった日本の社会構造を浮き彫りにするものは他にないと言えるでしょう。

ただし、日本の公共圏を考えるときに見過ごせないもう一つの議論があります。近代の韓国社会をめぐって公共性論を展開してきた、尹海東さんの「グレイ・ゾーン」という概念です。これはアガンベンと同じで、公的領域と私的領域の境界線が曖昧になる「不分明地帯 (indistinctive zone)」を指す概念と言ってよいと思います。尹さんが言うように、基本的人権が十分に認められていない点で、植民地民には公共圏への参入は認められていなかったと言わざるを得ません。

しかし、彼らが公共圏からまったく排除されているかと言えば、宗主国の政府、とくに植民地の行政府は植民地の人間の自発的な言動を無視することはできません。国民国家は国民の自発性を推進力としてその権力の伸張を目論むものですから、植民地民とて、日本国民という同じ国籍を与えている以上、国家に対して献身的な姿勢を養う政策が施行されるわけです。アガンベンの言うように、排除されつつも、国家権力へと包摂される構造が形成されるのです。

植民地民の意向を完全に無視することができない状況を、宗主国から見れば、完全ではない、不完全なものとしての公共圏と呼ぶことができるでしょう。同時に、植民地の人間から見れば、排除されつつも、彼らの意向も反映することの可能な状況も生じるのです。「読み替え」行為の存在と言ったらよいでしょうか。サイードが「対位法」と言ったように、植民地と宗主国は、相互に影響を与えつつ、異なる立場に引き裂かれつつも、ひとつの歴史を創りあげているのです。

でも、尹さんが示す日本帝国およびその後を引きずるポスト帝国の歴史は、丸山が描いた公私の二分法とも異なる社会構造を示すものです。帝国の記憶を忘却したい国民国家論者、丸山には植民地の視点がありません。丸山の議論における「社会的なものの」欠如も、尹さんの視点からすれば、アメリカを始めとする欧米列強の政治的圧力のもと、成熟した複数性からなる市民領域を成熟させることのできなかった近代日本の被植民地化状況を反映したものとなるでしょう。

だから日本社会は、こうした自らに課された被植民地状況を植民地に転移させることで、その状況からの脱却を図ったわけです。しかし、その代価として公共空間の不成立という事態を引き受けざるを得なかったのだと思いま

（32）Giorgio Agamben, "Homo sacer: il potere sovrano e la nuda vita", Torino: Einaudi, 1995.（ジョルジョ・アガンベン『ホモ・サケル――主権権力と剝き出しの生』上村忠男訳、以文社、二〇〇三年）

す。そうです、結局のところ、内地においても外地においてもです。公共圏は、ハーバーマスが理想とする欧米的な、ブルジョワジーを中心とする形としては確立することができなかったのです。それを戦後の日本社会は、ずっと引きずってきたように思います。

ここで一度、これまで話してきたポストコロニアル研究をめぐる議論をおさらいしておきましょう。ポストコロニアルという概念で中核をなすのは、あくまで「ポスト」であって、「アフター」ではないということです。アフターというのは、ある出来事を境に、その「前」とその「後」を区別する言葉です。もし、あえてアフター・コロニアル状況と呼ぶのであれば、そこには植民地から解放された自由で独立した空間が広がっていることになります。それに対して、ポストコロニアル状況というのは、たとえ政治的に独立していたにせよ、実質的には植民地状況が終わっていないことを意味するものです。

植民地がなくなって韓国が日本から解放されても、その植民地の記憶とか植民地につくられたアイデンティティというのが消し去ることができない。別の言い方をすれば、植民地化された歴史が消えない。満州で日本軍に関わってきた人々が戦後の韓国政府の中心人物になって、復興がなされる。あるいはソウル市内にある旧朝鮮総督府を爆破しても、人々の記憶は消せません。

事実、爆破された総督府の建物はその破片が円形の星座のように地面に埋め込まれて、今は韓国の独立記念館の公園の片隅で人知れず展示されているのです。そのようなものを前にして、自分たちの植民化された過去を本当にないことにできるのでしょうか。たとえできるとしても、ないことにしてしまってよいものなのだろうかという、韓国の人たちの無意識に潜む不安を、読み取ることもできるのではないでしょうか。

心のなかの記憶が消えないだけではありません。植民地の歴史はその社会を構成する否定しがたい過去ですから、植民地であった歴史を否定してしまうと、自己の存在を否定することにつながりかねません。過去と向き合うのはとても苦しく、困難な事態となります。

壊したはずのものが持続してしまう。主体はずたずたに切り裂かれ、回復しようのないひずみを背負ってしまっている。バーバの言う「ダブリング」の話で言えば、鏡に映っている自分の顔が一瞬だけですが、その美意識に反して醜く見えた気がして、気になって仕方ないというようなものでしょうね。そういう主体の多重化した状況がポストコロニアル的なのです。

では、今も持続している記憶あるいは社会構造とどのように向き合ったらよいのでしょうか。言うまでもなく、それがポストコロニアル研究の課題です。ただし、それは韓国のような旧植民地だけの問題かというと違います。旧宗主国でもある日本の問題でもあるのです。たしかに日本は東アジア諸地域を植民地化しながら、西洋流の近代化を成功させました。国民国家の形成もその成果のひとつでしょう。でも最後には、アジア・太平洋戦争でアメリカに敗北して、その占領を経て、実質的にはアラスカとハワイに継ぐ、アメリカの五十一番目の州のように組み込まれてしまった。

戦後の韓国も台湾も、冷戦下のアメリカの支配体制でまたしても植民地的な地位を強いられてしまう。しかも、これらの国が植民地的な地位から脱しようと成長を遂げていくと、今度は自分が経済的な帝国として、東南アジアの地域を影響下に置き始める。そして、多くの移民たちが安価な労働力として国内に流入して来る。そこにサイードの言う「対位法」の歴史が繰り返されていく様を目にすることになります。

対位法とは、帝国の宗主国と植民地が相互に影響しあいながら、一体となってひとつの歴史を作っている状態に対する視点です。[33] その視点から言えば、国民国家は依然として植民地主義を保持しているから、国民主義の維持が

(33) Edward W. Said, *Culture and Imperialism*, New York: Alfred A. Knopf, 1993.（エドワード・W・サイード『文化と帝国主義』大橋洋一訳、みすず書房、一九九八―二〇〇一年）

可能になります。国民国家と帝国は表裏一体のものです。多民族主義は一民族中心主義を基軸にしつつも、すべての帰属民を「国民」として、建前として対等に扱うシステムであることを謳い文句とします。「五族協和」や「日鮮同祖論」、「大東亜共栄圏」など、その限りでは帝国主義の統治原理は大同小異と言えるでしょう。

他方、国民国家はその中心をなす一級国民だけでは自分を構成できず、植民地民、女性、被差別部落民など、二級国民や新平民と呼ばれる「準国民」のような、搾取される他者をどうしても必要とします。さらには国民国家に帰属したがらない「非国民」——自ら望まない者にしろ、望んでも認められない者にしろ——が具体的な敵として、内部の仲間意識を固めるために必要とされます。フロイトが、隣国への憎しみこそが、国内のナショナリズム意識を高めるためには不可欠のものだと看破したとおりですね。それが、近代という時代が旧植民地にとっても宗主国にとっても、「植民地的近代（colonial modernity）」というかたちでしか存在し得ない理由です。

植民地主義から国民国家を捉える視点こそ、戦後の単一民族的な国民国家を構想した丸山に欠けていた視点なのです。まさに「植民地の不安」であり「植民地の罪悪感」です。現在のポストコロニアル研究の成果にもとづいて、事後的に丸山を批判したいのではありません。丸山に象徴される戦後日本社会の、国民国家をめぐる自己理解を、自分たちの問題として、そしてアジアの人たちとの共存を今もなお阻む要因として問題にしたいのです。

「ポスト」とは何か——ポストモダンからポストコロニアルへ

ポストコロニアル研究の思想的先駆をなすポストモダニズムが、フランスで隆盛を極めたのが一九六〇年から、日本だと一九七〇年代から本格化しました。それを承けてポストコロニアリズムが日本に入ってきたのは一九九〇年代末。元祖であるイギリスでは、スチュアート・ホールらカルチュラル・スタディーズの台頭に導かれて、一九八〇年代から一九九〇年代にかけて隆盛しました。すでにご存知のように、ポストコロニアル研究とポストモダニズムのあいだには、主体の歴史的位置づけをめぐって決定的な違いがあります。しかしまずは、「ポスト」という視点がこの両者のあいだで受け継がれていったことを確認しておきたいと思います。

ポストコロニアルもポストモダンも近代が続くという意味では、その「内部」にいることを前提とします。それが「ポスト」の意味だと思います。しかし、その一方でその内部から外部に通じる孔を穿つことができる。内部が外部となり、外部が内部となる、メビウスの輪のような世界。それが、フーコーの言う「外部性（exteriority）」の思考です。そこにおいて、内部にいながら外部に脱出可能な空間が開かれ、外部者でありながらも内部にコミットする可能性も広がるのです。

外部性、それが超越性（transcendence）と内在性（immanence）が結びついたヘテロトピアなのです。周辺的な空間から、「それでいいんですか」と問い糾す（interrogate）姿勢。ホミ・バーバの言うところの「生きる姿勢（form of the living）」。それが「ポスト」の持つもうひとつの意味、可能性としての意味なんだと思います。日本の戦後思想が決定的に間違ったのは、自分たちは戦後を迎えて全体主義から民主主義の社会に移行できたと思っているところです。それは国民に帰属しない「非国民」の人たちを、国民国家に縁取られた公共圏の外部に排除しつつも、その事態にたいして無自覚だからではないでしょうか。

だから韓国との関係も、中国との関係もいまだもって、戦後の日本社会は解消できないのです。かつて帝国であった歴史、そして戦後の歴史を「否認」しつづけることで自分の責任を放棄する。自らの近代の歩みにたいして自覚がないのです。それは、立木さんが名づけた「主体性なき主体」であり、酒井さんの言うところの「ひきこもりの国民主義」といった、主体のあり方を指し示すものでもあります。

国民国家の内部者という立場からしか、自らの社会もその外部も見ることができない。内部にいながら、外部性や余白という感覚が分からない。その感覚こそ、政治家は言うに及ばず、学者に必要なものであるはずです。それが分からないと、非国民と国民の「共形象」を再生産する他なくなります。「非国民」を探し出すことで、「国民」

という均質性を一致団結の名のもとに作り上げるのです。

ポストコロニアル研究が教えてくれたことは、パックス・アメリカーナ体制にせよ、かつての米ソの冷戦体制にせよ、日本社会の主体のあり方を決めるのは日本という主体自身ではなかったということです。国民国家という主権国家と言っても、それは他者の眼差しによるものでした。自分が自分の意志で享楽しているように見えて、アメリカあるいは資本主義経済という謎めいた他者が、逆に日本という主体を享楽しているのです。東アジアのなかの場所自体が他者によって作られている。それは他者から主体への方向なんです。逆ではありません。他方、丸山眞男の思考はその反対です。自己の主体あっての他者なのです。その点で、丸山とは違う思考の道を私は辿ってみたいのです。

主体のイニシアティヴを他者に移すということです。そこで浮かび上がるのが、他人とは誰なのかという問いかけです。しかし、本当にこの他人は存在するんでしょうか。国民国家の主体は誰ですか。国民でしょうか、天皇でしょうか、あるいは国民国家そのものということもあり得るでしょう。さらに言えば、資本主義そのものが大文字の他者の役割を果たしている場合もあるでしょう。

すでに明らかなように、多くのインド系のポストコロニアル研究者の発想は、デリダの脱構築論の影響を受けています。もうひとつはミシェル・フーコーの権力論です。少なくとも、「ポスト」という概念はデリダから引っ張ってきてコロニアル状況を考え直したものでしょう。だとすれば、同じ「ポスト」という形容詞を持つにしろ、それが修飾するモダニズムとコロニアリズムの違いはどう捉えたらよいのでしょうか。

ポストモダニズムからポストコロニアリズムに移行するなかで、どのような変化が起きたのかについても考えないといけないと思います。ポストモダニズムというのは、先に述べたように近代の外部に出られない状況のなかで、内部にある「外部性」という余白から近代的価値観を宙吊りにする思考です。とくに、スピヴァックが英語に訳して、長大な解題を付した『グラマトロジー』(34)(一九六七年)や、バーバの論文「国民の散種(dissemiNation)」(一九九四年）のもとになった『散種[35]（dissemination）』（一九七二年）といった前期デリダの思想に濃厚に見られるものです。

しかし、気をつけなければなりません。これまでもこれからも、近代は変容します。帝国の時代から、国民国家の時代へ。社会主義と資本主義が対峙した東西冷戦の時代から、資本主義のひとり勝ちになったネオリベラリズムの時代へ。生産者中心の資本主義の時代から、消費者中心の資本主義の時代へ。近代を区分する指標を挙げたらきりがないでしょう。

そのなかで国民を眼差す「謎めいた他者」もまた、その姿を変えていきました。主権者は君主から「国民」あるいは「民族」へ、さらには民族が変容した「民衆」、さらには「大衆」へといった展開です。それに伴って、眼差される側の主体もまた、大きくその形を変えました。「主体性ある主体」から「主体性なき主体」へ、そしてその支配形式も「規律（discipline）」から「生政治（bio-politics）」へと移行していったのです。

その本質が空洞であるからこそ、主体は歴史的文脈のなかでどのようにも再編され得る。同じ主体論と言っても丸山と違うのは、個人にせよ国民国家を語るにせよ、それが主体を宙吊りするポストモダンの主体論を経由した上での、ポストコロニアル的な主体論であったことです。主体はもはや透明でも統一されてもいなくて、亀裂を抱えていることが了解されていたからです。

だからポストコロニアル研究は、韓国人、アメリカ人、日本人といった主体をもう一度歴史の舞台に分節化して登

(34) Jacques Derrida, *De la Grammatologie*, Paris: Les Éditions de Minuit, 1967.（ジャック・デリダ『グラマトロジーについて――根源の彼方に』足立和浩訳、現代思潮社、一九七二年）
(35) Jacques Derrida, *La Dissémination*, Paris: Seuil, 1972.（ジャック・デリダ『散種』藤本一勇・立花史・郷原佳以訳、法政大学出版局、二〇一三年）

場させます。歴史的文脈において、日本人が帝国の宗主国としてアジア諸国にたいする加害者であることは動かしようがない。でも、通俗的なポストモダニズムにおいては、そうした主体の責任が不問にされてしまいました。あらゆる主体は実体のない幻想だから、その主体の責任も消えてしまうと曲解されてしまったのです。

そんな議論が、一九九〇年代冒頭になっても、東京の本郷界隈に通っていた私の周辺でも若手の研究者たちが話していました。その頃の私には、どこか変だなとは感じつつも、反論できるような見識もありませんでした。でも今から振り返ると、前期デリダ、さらにはウィトゲンシュタインの言語ゲーム論を援用して、主体を宙吊りにするやりかたは、少なくともいくつかの問題を抱えていました。

あらゆる主体の歴史性を脱構築すると言っても、そうした評価を与えている発話主体としての自分の透明さを疑うことがなかったのです。当時、酒井さんが発話の主体とその主語は分裂を抱えざるを得ないと指摘していたにもかかわらずです。最後には、フッサール現象学のように現象学的還元した後に、透明な認識が自分という主体に保証されると考えたのでしょうか。

でも、後期のデリダは正義と法の往還関係の中で真理の場所が問題にされますから、自分だけを歴史の外部に置くような例外主義は到底認められるものではありません。前期のデリダにも、「テクストの外にテクストはない」という有名な言葉があります。同様に、言語ゲーム論も、言語が構築する日常の規則性は歴史の多様性が生み出した相対的なものにすぎないと曲解されてしまいましたが、本来はウィトゲンシュタインが説くように、日常を支配する身体実践の動かざる規則性の存在を指摘したものだったのです。ウィトゲンシュタインは次のように述べています。

言語ゲームはいわば予見不可能なものであるということを、君は心にとめておかなければならない。私の言わんとするところはこうである。それには根拠がない。それは理性的ではない（また非理性的でもない）。それはそこにある――我々の生活と同様に。[36]

当時私の周辺では、相手の主張を相対化するときには、その真理性は保証されないという主張が用いられてました。でも。その批判が取りも直さず、自分の認識に及ぶということを彼らは認めようとはしませんでした。今なら分かるように、自分の真理欲望を「脱構築」することができなかっただけの話なんですが。

一九九〇年代冒頭までの日本の思想的状況では、すでにデリダやフーコーを招聘できたものの、いまだ一方的に講演をお伺いするという色彩が強く、対等な議論をすることはありませんでした。理論は「西洋人」、私は非理論的な「東洋人」という図式が支配的だったのです。勿論、それは「西洋人」と呼ばれる知識人もそう思っていたでしょうけれど、私のような「東洋人」もまたそういう図式に従って振る舞っていたのです。

私の所属していた大学の宗教学科では、西洋宗教を研究する院生は実際に西洋に留学するのですが、海外の大学では「西洋のことは西洋人に任せて、東洋人は東洋のことを研究しろ」と言われることが多かったそうです。禅を始めとする仏教とか京都哲学に関する研究を求められていたのです。

しかも、そこでは東洋の叡智を秘めた神秘主義か、集団になると戦争犯罪をおこなう野蛮人といった、二極化したステレオタイプのイメージを押し付けられていました。こうしたステレオタイプの表象を政治的に問題化したのが、ご存知のようにポストコロニアル研究の金字塔、エドワード・サイードの『オリエンタリズム』(一九七八年)でした。[37] あまり知られていませんが、サイードはポストモダニズムをかなり厳しく批判しています。とくにデリダの

(36) Ludwig Wittgenstein, *Über Gewißheit*, Frankfurt am Main: Suhrkamp, 1984. (L・ウィトゲンシュタイン「確実性の問題」『L・ウィトゲンシュタイン全集9』黒田亘訳、大修館書店、一九七五年、一四〇頁)

脱構築ですね。それは「相対主義（relativism）」に陥ると考えていたのです[38]。

タラル・アサドも同じようなことを危惧していました。ポストモダンから距離をとった、もうひとつのポストコロニアル研究の流れです。それは先に私のかつての同僚の思考の論理として指摘したような、人間の真理欲求を批判することのできる自分の認識は例外的に真理に他ならないという、不十分な相対主義と手を携えて現われる自己肯定に帰結しかねないからです。

そして、この通俗的なポストモダニストの観念主義をひっくり返すかたちで、ポストコロニアル研究が入ってきます。彼らは一方でカルチュラル・スタディーズと共鳴して、西欧的なマルクス主義の栄養も十分摂取していました。そこで搾取の問題を通じて、主体の問題が再び浮上することになります。その転機となったのが、スピヴァックがフーコーとドゥルーズを批判した論文「サバルタンは語れるのか」でした。それまでフランスのポストモダニズムでは植民地近代という視点が、少なくとも顕在化することはなかったように思います。その無自覚さを批判したのが、このスピヴァックの論文でした。

先に挙げたような、傍観者、中立的な眼差しの主体の政治性を批判したのです。スピヴァックはデリダの『グラマトロジー』をフランス語から流麗な英語に訳した研究者ですから、誰もアジアのネイティヴ・インフォーマントとして片付けることはできなかったのです。西洋社会の知的ヘゲモニーを西洋世界の内部に入り込みながらも、同化されることなく、そのヘゲモニーを批判してみせたのです。

しかし、そこで日本人はいささか複雑に見える立場に立つことになってしまいました。西洋人を非西洋世界から告発する立場に立つと同時に、日本国内においては、民衆を代弁する研究者を批判するのです。やはり私の宗教学科時代の同僚のように、どこにも回収されない自分の透明な立場を確保しようとするのです。

西洋に行けばネイティヴ・インフォーマントたる東洋人として振る舞うことを余儀なくされます。だからこそ、日本に戻ったときには、他の日本人たちをまさしく「日本人」として扱うことで、自分が西洋の代理人のように振る舞うのです。英国のポストコロニアル研究者、ロバート・ヤングが言うところの「植民地的欲望」(colonial desire)を、無意識のうちに反復してしまうのです。自分の個人的欲望ではありません。自分の我欲を作り出している大文字の他者の欲望です。その欲望は、繰り返し人間に取り付いて止むことのない亡霊のようなものです。それは植民者にも被植民者にも、誰にでも起こることなのです。

被差別部落の私の友人が話してくれた言葉を思い出します。「悲しいことなんだけれど、差別された人間は差別を繰り返すんだよ。今度は自分が差別するんだと言ってね。アジア人にたいしても、同じ部落の人間に対してもね。」いずれも、自分を特権的な地位に置きたいという、ある種の万能感を「去勢(castration)」(ラカン)することができなかったのでしょう。大文字の他者の欲望を去勢してこそ、その欲望とともに我欲が葬り去られるからこそ、そこから意味を生み出す象徴作用(signification)が個人にも社会にも生まれるのだと個人的には思うのですけれど。

結局のところ、日本のポストコロニアル研究に何が起きてしまったかというと、実体的な主体の復活だったと思います。「大文字の他者」への同化と言ったらよいでしょうか。異化ではなく、同化(assimilation)です。通俗化したポストモダニズムと同じように、ポストコロニアリストたちも自己反省的なかたちでは理論的思考を身に着けることができませんでした。自分の身体感覚を通して、自分の思考や感情を制約する日常世界をポストコロニアル的な産物として批判的に思考することができなかったのです。

(37) Edward W. Said, *Orientalism*, New York: Vintage Books, 1978.(エドワード・W・サイード『オリエンタリズム』今沢紀子訳、平凡社、一九八六年)

(38) Edward W. Said, *Power, Politics, and Culture: Interviews with Edward W. Said*, New York: Pantheon Books, 2001.(エドワード・W・サイード『権力、政治、文化――エドワード・W・サイード発言集成』大橋洋一ほか訳、太田出版、二〇〇七年)

その結果、主体を実体視する態度が依然として温存されます。韓国人とか、日本人とか、アメリカ人とか、互いのナショナリティには干渉しないという前提のもと、今の研究者たちは和解しましょうと言っていることが多いように感じます。国境や言語の壁を決して乗り越えようとはしないのです。政治家は現実を前提にして動いているから、それも仕方ないと思います。でも、学者が現実を追認するところで議論を終始させるのはどうなんでしょうか。先に紹介した、英国の多文化主義を思い出しますね。

それでは、ポストコロニアル研究がポストモダニズムから引き継いだ長所が消えてしまうことになります。繰り返しになりますが、スピヴァックもバーバも、デリダから空虚な（void）メタファーという見方を継承しているわけです。空虚だからこそ、メタファーは様々な文脈で、多様な形へと分節化されていく。だから、韓国人や日本人というメタファーも、個人の特質によって自由に読み替えられる可能性が出てきます。この空洞を研究者が受け入れられなかったところに、ポストコロニアル研究が「イズム」になってしまった一因があると思います。

本来、ポストコロニアル研究を日本で分節化するということは、アメリカとの関係と同時に、東アジアとの関係のなかで、日本人という主体の立場性を問い直すものでなければなりません。旧植民地である東アジア諸国から、その歴史的責任を告発された時に、どう対応するかという問題がいまだ課題として残されているのです。

ポストコロニアル研究はカルチュラル・スタディーズとともに欧米で成功した最先端の理論として、アメリカ経由で日本に入ってきました。アジア人であるとともに、西洋理論に長けた研究者としての立場性をどのように処理するかという問題は、酒井さんや柄谷行人さんを除けば、いまだ十分に討論できない時代でした。

柄谷さんの『日本近代文学の起源』[39]の英語訳が、アメリカの高名な思想家フレドリック・ジェイムスソンの序文を伴って、一九九三年にアメリカのデューク大学出版会から出たのは驚きましたね。今から考えれば、日本語版から英訳が出るまで十三年間かかっているわけですが、当時の私には遠い世界で起きた物凄い出来事のように思えました。「こんなことができる日本人がいるんだなぁ」と、正直思いました。

後年、そんな私に、東アジアとアメリカの双方向から国際的文脈の中で日本研究を捉えられるように、いろいろな方を紹介してくださったのが酒井さんでした。その酒井さんと柄谷さんがニューヨークのコロンビア大学で出会ったのが一九八四年。そして、ハルトゥーニアンらアメリカの日本学者とワークショップ「ポストモダンの諸問題」をボストンでおこなったのが一九八七年のことでありました。前者において、二人は伊藤仁斎の「情」をめぐって、後者において日本思想史における「外部性」をめぐって議論を行なっています。

当時、柄谷さんは法政大学の英語講師、酒井さんはシカゴ大学の助教授。既に抜群の学識を誇っていた二人でしたが、いずれも日本の大学ではその評価は十分になされているとは言えない状況にありました。しかし、両者の出会いは、日本思想史におけるポストモダニズムからポストコロニアル研究への展開を、緊張感をもって指し示すものでありました。今から見れば、すでにその段階でこうした研究者の議論および評価をまったくおこなえなかった日本のアカデミズムは、「人文学の危機」を胚胎していたのだと思います。

さて、ポストコロニアルという言葉自体が今まで述べてきたように、西洋的なものです。スピヴァックはベンガルのカルカッタ大学を出てコーネル大学の英文学科に行ったんですよね。アイオワ大学を経て、現在のコロンビア大学に来たわけです。バーバはオックスフォード大学を修了してから、ロンドンのサセックス大学の先生になって、シカゴ大学を経て、今のハーバード大学に就任しました。その間に英文学科はポストコロニアル研究の影響をうけて、英語文学科に名前を変えていったわけです。

彼らの経歴が示しているのはヨーロッパ的な影響の大きさです。ポストコロニアル研究を理解するポイントは、ここにあります。日本でポストコロニアル研究を批判している人たちの中には、彼らはアジア人と言っても、結局ヨ

(39) 柄谷行人『日本近代文学の起源』講談社、一九八〇年。

ーロッパかぶれでしょうって言う人がいるのです。それに対して、私は「ポストっていう言葉は、外部がないという意味もあるんですよ」って答えた記憶があります。

非西洋人が概念を形成していくなかで、西洋の西洋発生的な、西洋が持っているというよりは、西洋に源を持ってしまったコロニアリズムや帝国主義が広がっていくなかで、抵抗して我々が理論武装をするには西洋的な範疇を使わなければ相手にされないんですよ。たとえば、私がアメリカの大学の日本研究所とかに行っても、日本語だけを喋っているとネイティヴ・インフォーマントとしてしか扱われません。

欧米の日本研究者は日常会話の場面では、自分の日本語を上達させるために日本語を使いたがりますが、学術会議の場になると一転して英語だけになります。そこで、日本語を喋って油断している日本人は恥をかくことになります。積極的にネイティヴ・インフォーマント役を買って出ることで、何とか生き延びようとする者も出てきます。日本の出版社や、日本での院生の受け入れ先を買って出るわけです。そうすれば、学者としての付き合いとは関係のないところで、相手も自分の利用価値を認めてくれますから。

でも、学者として認められたいのならば、下手でもいいから英語を使って、学問的に彼らと対等に討論しないと、教員だけでなく、学生さえも認めてくれません。日常生活の便宜も図ってくれません。だから、彼らにたいして英語で授業も進んでやらなければならない。彼らより自分の方が、情報提供ではない理論的な学問でも優れているんだということを示さないと生き延びられないのです。ここで言う理論とは、自分やその社会に対する批評的な認識をもたらすことのできる能力のことです。

そういう状況のなかで、西洋的な概念を使いながらも、自分の考えを主張するための形式的な論理に借用する。西洋的な範疇のなかに、西洋の学界には馴染みのない自分の主張を詰め込むのです。これがポストコロニアル研究で言う「読み替え」であり「ミミクリ」なんです。

学問を通して示す自分の生きる姿勢そのものが、ポストコロニアル的生なのです。そのためには西洋的な概念を使った言語ゲームに参入して、それをスピヴァックや酒井さんのように、独自の主張のもとにその内部から読み替えていく戦略が必要になるのです。スピヴァックは、それを言説の配置を変える作業（rearrangement of discourse）だとも言っています。

ただ、後にスピヴァックは「メトロポリタン・ディアスポラ」という言葉を使うようになります。それは、アメリカ社会で成功して経済的にもその社会での高い地位を獲得した非アメリカ人を指します。その言葉が言外に批判しているのは、ポストコロニアル的な知識を用いているにもかかわらず、アメリカの資本主義社会の価値をそのまま肯定しているポストコロニアリストたちの態度なのです。

私も日本を例に問題にしてきたように、知識が立場性を問うのではなく、自己肯定する欲望に知識が従属する資本主義的な知のあり方が、ポストコロニアル研究にもまた侵食しているという事態なのです。他方、彼女はコロンビア大学の授業や世界各地の講演などで稼いだお金でインドや中国に学校を建てる実践活動もしています。同じポストコロニアル研究者でも、その知識の使い方は、他の思想と同じようにやはり用いる本人次第と言うところなんでしょう。

第三節　不均質な民主主義

他者論的転回——世俗主義の限界とタラル・アサドの宗教批判

以上述べてきたところの、「ポスト」という術語が含意する問題を踏まえて、次は主体と他者の関係をめぐる議論に移りたく思います。ここまで名前を挙げてきた高名な学者たち、丸山眞男、酒井直樹、エドワード・サイード、ガヤトリ・スピヴァック、ホミ・バーバはいずれも、良くも悪くも世俗主義者だと思います。しかし、主体と他者の関係は世俗主義の立場からだけではなかなか解けないところがあるのも確かでしょう。

この場［韓国の翰林大学］にいる私たちは、たとえ個人的には篤い信仰心をもっていても、皆、世俗社会に暮らしています。それは、韓国人であれ日本人であれ変わりはありません。私が問題にしたいのは「世俗」ではないんです。ポストコロニアリズムと同じように、「世俗主義（secularism）」を考えてみたいのです。世俗主義というのは、タラル・アサドが著書『世俗の形成』[40]のなかで説明しているように、世俗的なものに最上の価値を与える立場ということになります。やはり「イズム」の一種ですからね。もう少し、アサドの考えに耳を傾けてみましょう。

かつてアサドはホミ・バーバを厳しく批判しました。なぜバーバは「文化（culture）」という言葉を使ってポストコロニアル状況を論じようとするのか。そもそも「文化」は、「宗教」という範疇が「世俗化」されたところで成立可能になったものである。それは、ヨーロッパの宗教改革以降の、プロテスタンティズムの薄められた世俗主義社会に適応した人々にとって、耳障りのいい言葉に過ぎないのではないのか、と。

アサドが指摘するように、文化という概念は西洋の世俗主義に根ざした言葉であり、政治とともに公共領域との重なりを前提とします。世俗社会において、その文化や政治と対をなすのが、建前としては私的領域に限定された「宗教」です。近代日本のプロテスタティズムの系譜を引く丸山眞男が、戦後の日本社会を厳密な政教分離を成し遂げる社会として構想したように、西洋のプロテスタンティズムの影響を受けた社会では、世俗と宗教の二分法という社会制度が、国民に信教の自由を保障する理念となってきました。

となると、宗教は私的領域に存在する、時に偏見を伴う蒙昧な感情のような扱われ方になります。それが私的領域に留まるならば許すけれど、公的領域に現れたら、かつての宗教戦争のような大変なことが起こる危険性があるからでしょう。その反省にもとづいて、西洋では政教分離が社会に導入されたわけです。ここで言う私的領域とは、文字どおり公共性が欠如した領域、社会的権利の認められない場のことです。

しかし、歴史的背景を異にする社会にまで、同じような政治体制をとらなければならないと主張するとなると、それは別の問題へと展開していくことになります。すでに論じたように、普遍とは何か、特殊とは何かという問題を植民地主義の観点から論じなければならなくなります。西洋を普遍とする進化論的観点から、政教分離が普遍的な人類の発展図式が描かれ、他の宗教的形式はそれ以前の蒙昧な迷信的段階に留まるものと結論付けられたわけです。

韓国語にも訳されている、デビット・チデスターの『サベッジ・システム——植民地主義と比較宗教』はその記念碑的著作です(41)。彼は南アフリカにおけるヨーロッパの植民地主義が文明か野蛮かという分類基準を用いることで、原住民たちから土地を略奪することが正当化されていく過程を分析してみせました。そこでは普遍を体現する西洋列強が、非西洋の地域を植民地化することは、文明による野蛮の啓蒙に他ならないと看做されていたのです。

この野蛮と文明という区分は植民地化の危機にあった幕末の日本もまた西洋列強によって押し付けられた大文字の他者の眼差しでした。憲法制定とキリスト教公認、そして欧米人の内地雑居を認める社会体制を整えることで、日本は西洋列強の作った国際社会のなかで国家主権を獲得したのです。しかし、その独立過程のなかで、この西洋起源の文明と野蛮の論理を内在化して、東アジア諸国を自分の植民地へと組み込むことに成功します。西洋列強に並ぶ主権国家として体裁を整えていったのです。

(40) Talal Asad, *Formations of the Secular: Christianity, Islam, Modernity*, Stanford: Stanford University Press, 2003.(タラル・アサド『世俗の形成——キリスト教、イスラム、近代』中村圭志訳、みすず書房、二〇〇六年)

(41) David Chidester, *Savage Systems: Colonialism and Comparative Religion in Southern Africa*, Charlottesville: University Press of Virginia, 1996.(デイヴィッド・チデスター『サベッジ・システム——植民地主義と比較宗教』沈善瑛・西村明訳、青木書店、二〇一〇年)

そこでキリスト教に代わって、信教の自由を与える前提として日本政府から国民に押し付けられたのが国家神道体制でした。それは国体たる天皇を崇拝する限りにおいて、個人の信仰および思想は初めて認められるという体制です。それが宗教的背景の異なる植民地にたいしても一律に強制されたわけです。そのときに、天皇制は西洋的な「宗教」概念とは異なる、それ以上の存在として、公私の区別を超えた存在とされました。その結果、戦前の日本社会には、建前だけにしろ、信教の自由は認められていたものの、政教分離は正式な法制度としては導入されませんでした。

そうした形で、信教の自由を日本の土着エリートたちが、自分たちの社会を守るために事実上無効化させてみせたとも言えるでしょう。いわゆる右翼と呼ばれる日本の論客たちが国家神道や天皇制を肯定する傾向にあるのは、こうした装置を「発明（invention）」（エリック・ホブズボーム）したことで、日本社会が独立国家としての体裁を獲得したからなのでしょう。それに対して、左翼と呼ばれる論客たちは、それが国内の貧しい人々たち、さらには植民地民を搾取する体制の象徴となってきたために厳しく批判します。

こうした日本国内における天皇制や国家神道体制をめぐるジレンマは、冷戦体制と歩みを共にするかのように一九九〇年代末までは色濃く残っていました。リベラリズムとマルクス主義のイデオロギー対立という形を取る時期も長く続きました。ですから、アメリカを人民のための解放勢力と見るか帝国主義勢力と見るかも、靖国神社のA級戦犯や極東軍事裁判をどう位置づけるかという立場と密接な係わりをもつことになります。

しかし、アメリカ政府は既に戦前の日本の支配層を取り込んでおり、そこから戦後の親米従属という植民地体制を作り出していました。その最たる象徴が、戦前から持続的に地位を保証された天皇という存在でした。そして、こうした戦後体制を考えるにあたって、東アジアをはじめとする旧植民地からの眼差しというのは、まったく考慮されるものではありませんでした。それはそうでしょう、新たな宗主国となったアメリカからすれば、植民地同士が直接に連動することほど、その支配にとって厄介なものはないのですから。

冷戦状況のもと、東アジアに誕生したアメリカによる植民地体制の全体を俯瞰し得る像を有するのは帝国アメリカだけであり、各地域は単一民族国民国家であるにとどまるという認識のもと、自分に与えられた役割に専心することになります。それを統べる理念的役割を果たしたのが、エドウィン・ライシャワーやロバート・ベラーら、ハーバード大学を中心とする学者たちの「近代化」路線でした。先述したヴォーゲルの『ジャパンアズナンバーワン』にせよ、その一九七〇年代版に過ぎません。

彼らはアメリカの資本主義と民主主義というエートスを普遍的なものと看做したうえで、東アジアの宗教・思想的伝統——儒教や集団主義——をその進化階梯の途中に位置するものと積極的に評価したのです。そこにみられるのは、アメリカにおけるプロテスタンティズムの精神の普遍性を、特殊な形態を通して実現しようとする東アジアの宗教・思想伝統という図式です。この図式の背景にあるのは、マックス・ウェーバーの『プロテスタンティズムの倫理と資本主義の精神』[42]です。プロテスタンティズムの恩寵思想と世俗内禁欲を通して、資本主義の精神が養われたとする理解ですね。

ウェーバーの議論においては資本主義の精神の成立が、プロテスタンティズムの倫理に反して、人間を資本主義という鉄の檻の中に閉じ込める結論にいたるという逆接的な結論が用意されていました。しかし、第一次世界大戦前のドイツ人であるウェーバーと異なって、冷戦期を生きるアメリカの近代化論者たちが示す洞察は資本主義が鉄の檻への監禁ではなく、自由への解放をもたらすことを強調するものでなければなりませんでした。それは自己の欲望の解放であり、その実現を説くものでした。それが欲望からの解放でないことが、ここでのポイントになりま

(42) Max Weber, *Die Protestantische Ethik und der Geist des Kapitalismus*, *Archiv für Sozialwissenschaft und Sozialpolitik* 20–21, 1904–1905.(マックス・ヴェーバー『プロテスタンティズムの倫理と資本主義の精神』大塚久雄訳、岩波書店、一九八八年)

す。

実のところ、「資本主義的欲望（Capitalistic desire）」は、決して満足する水準には達することのない、次なる欲望へと主体を絶えず駆り立てるものに他なりません。こうしたウェーバーの「読み替え」を準備したのが、ハーバード大学の教授の座に就いたアメリカ人、タルコット・パーソンズでした。彼が日本や東アジアの研究者であるライシャワーやベラーを指導し、ウェーバーの議論とは似て非なる「近代化論」を作り上げたわけです。

ナチスの弾圧を契機とするヨーロッパからアメリカへの知識人の移動は、本稿で再三取り上げてきたアレント、あるいはシカゴ大学の宗教学の礎を築いたヨアキム・ワッハとミルチャ・エリアーデなど、他にいくつもの系統を挙げることができるでしょう。ワッハはアレントと同じ、ドイツから亡命してきたユダヤ人でした。エリアーデはパリ経由でアメリカに来たルーマニア人でした。

私がここで言いたいのは、そうしたアメリカにおける知識人をめぐる複数の系列のひとつに過ぎないものが、東アジアではあたかも普遍を体現するもののように扱われてきたところに、やはり宗主国と植民地といった非対等な関係が存在してきたことなのです。それを厳しく批判する酒井さんが、ハーバード大学ではなく、シカゴ大学で理論的な日本研究を、ナジタ・テツオやハリー・ハルトゥーニアンといった、アジア系アメリカ人から学んだのはとても興味深いことです。

さて、政教分離の問題に戻りましょう。欧米のプロテスタント国において、あるいは戦後の日本において、信教の自由は保障されてきたのでしょうか。これらの国々を等しく扱うことは難しいです。しかし、建前としての政教分離を実現した国において、新たに問題を提起したのは、旧植民地国から流入してきた移民たち、あるいは旧帝国の解体後も旧宗主国に残った旧植民地民たちでした。国策として政教分離を施行すること自体が、彼らの信教の自由を侵害しかねないことが次第に明らかになっていきました。

戦前の日本社会でも、日本国籍を有する内地の日本人でも新宗教を信じる人々は、迷信深い蒙昧な人々と看做されていました。そこから、戦前には「類似宗教」、戦後には「新興宗教」という蔑称も生じました。あるいは戦前の日本のように、宗教という範疇を超えたかたちで天皇制信仰を強要したり、アメリカのように市民宗教というかたちでプロテスタンティズム的な宗教性を前提とする社会は、その建前ほど誰にも平等に信教の自由が認められているとは言えません。

政教分離はひとつの地域の歴史的展開の産物であり、フランシス・フクヤマが言うような「宗教史の終わり」を告げるものではないからです。カトリック国、スペイン出身の宗教社会学者ホセ・カサノヴァが「公共宗教（public religion）」論で述べているように、公共領域に宗教があったとしても、かならずしも信教の自由は妨げられるとも限らないのです。

しかし、ここで宗教を取り上げるのは、個人としての他者ではなく、個人を越えた「謎めいた他者」が果たす主体構築のあり方を論じたいからです。この謎めいた他者こそが、かつては神仏として、世俗社会のもとではカリスマ的人物として崇められてきた存在に他なりません。アサドはラカンの謎めいた他者に関する議論はしていませんが、啓蒙主義的な主体論では他者と共生するための主体理解にはいたらないことを批判してきました。

ポストコロニアル研究のみならず、ヨーロッパの哲学では、個人にたいする他者の倫理を唱えてきました。個人だけではなく、社会や国民を単位とした他者にたいしてもです。韓国人に対する日本人とかです。いわゆる主体としての他者にたいする倫理ですね。自分の目の前に、ぬっと顔を現した他人を「命令だからと言って、殺すことができますか」といった類の、エマニュエル・レヴィナスの唱えるような想像力の喚起です。卑近な言い方をすれば、「差別された人の気持ちを考えましょう」というようなスローガンに集約されます。

しかし、ラカンの取り上げた「謎めいた他者」は、それとは一八〇度異なると言ってもよいものです。イニシアティヴが他者のほうにあり、主体は彼らの眼差しによって、そのあり方を決定されてしまっている状態に置かれているのです。それは時代のイデオロギーであったり、宗教の神であったり、家族の伝統であったり、主体にアイデンティティを付与するものなのです。あくまでも主体は、その謎めいた他者によって享楽される対象なのです。「他者論的転回（Conversion on the relationship with Others）」。主体の決定権が他者に委ねられているというこの考えを、初めて知ったときには、天動説から地動説に移ったくらい驚きました。ここでイニシアティヴが、ひとまず主体から他者へと完全に移動したのです。これがかつてハーバード大学の研究室で、「君の考えはどこにあるんだ」と問うてきたホミ・バーバにたいする、私なりの答えになりました。

その喩えとして、私が好んで掲げるのが、明治政府によって考案された「御真影」のシステムです。御真影とは明治天皇の肖像画を写真で撮影したものを、植民地も含む全国の学校に配布したものです[43]。学校ではそれを学生たちに拝ませることで、国家に対する忠誠心を養おうとしたわけです。それは見事なほどの効果を収め、戦前の日本社会において、「国家のために命を捧げる国民」を作り出すことに成功します。あるいは、国家のためなら人間を殺すことのできる国民を作り出したと言ってもよいのかもしれません。

この御真影のシステムには二つの特徴があります。ひとつは御真影を通して、明治天皇の肖像画のほうからは国民を眼差すことができるが、国民の側は明治天皇の肖像を見ることはできないという、一方的な眼差しの関係です。なぜならば、明治天皇の御真影は奉安殿という小さな建物に仕舞われており、学生たちは奉安殿に向かって整列して敬礼するものの、学生たちからはその姿が見えないようになっているのです。まさに現人神ですね。姿の見えないものにたいして、その存在を信じているという建前のもとに、儀式をおこなうわけですから。

実のところ、本当に信じていようが、信じていまいが、中途半端に揺れる信じかたでもいいんです。現人神という幻想が否定しきれないリアルさのもと、自分たちの社会を覆っている限り、やはりその幻想は謎めいた他者の眼差しとして、良くも悪くも社会を支える共同性を獲得しているのです。ここにおいて、国民という主体（subject）は受身形で、"be subject to" というかたちで、自らの主体のあり方が決定付けられていることが分かります。

二番目の特徴は一番目の一方的に眼差される関係を前提として、展開されるものです。すでに触れましたが、身体的な規律化です。天皇制を観念的に信じるだけではなく、身体の芯から信仰するのです。観念的にならば、『古事記』や『日本書紀』など、天皇制の起源や歴史を書いた物語を、教室において学べば十分でしょう。他方、校庭で奉安殿の前で整列して敬礼する行為は、身体的な儀礼です。しかも実在するかどうか確証の得られない天皇の写真を、存在するという信念のもとに、集団行動として整然とおこなう。

そこには、フーコーが言う主体の規律化を観念と身体実践の両側面から推し進めていた権力の戦略を見て取ることができます。ここにおいて、国民は権力に共生される受動的な存在にとどまることなく、文字どおり主体的に、みずから進んで行動する積極的な主体となるのです。この姿の見えない眼差しを媒介とすることで、「国家権力は別化と全体化を同時になす権力形式」を推し進めることに成功したのです。ご存知のように、フーコーが「牧人権力(pastoral power)」と呼んだものです。[44]

権力によって構築される主体化のあり方は、国家だけが独占しているものではなく、個人や家族の次元においても作用しています。あるいはそれがなければ、主体は成立しないと言ってもよいでしょう。それがフーコーの言う、主体は上からも、下からも来るという表現の意味です。彼がインタビュー「真理と権力」(一九七七年)を通して述べていたことは、主体を構築する権力はいつも「真理」という形をとって作用するということだと私は理解しています。

国家権力の説く「真理」はイデオロギーだが、個人の説く「真理」は本当の真理だと言うのは通用しません。誰

(43)喜安朗『天皇の影をめぐるある少年の物語——戦中戦後私史』刀水書房、二〇〇三年。
(44)Michel Foucault, "Le Sujet et le Pouvoir", in: *Dits et écrits 1980–1988, tome IV*, Paris: Gallimard, 1994.(ミシェル・フーコー『ミシェル・フーコー思考集成Ⅸ』蓮實重彦・渡辺守章監修、筑摩書房、二〇〇一年)

もが大同小異なことを言ってきたのですから。問題は、どのようにその主体を構築するか、主体化のおこない方なのです。「何（what）」ではなく、「どのように（how）」が問われるべきなのです。そのさいにどうしても見過ごすことができないのが、こうした主体化の土台をなす「社会構造」にたいする批判的眼差しです。既に何度も述べたように、構造にたいする視野を欠いた批判は、自分の立場性への反省を欠いた観念論に過ぎないのです。同じ考えを持つ仲間だけで集まって、自己肯定し合う共同幻想もまた、その仲間以外の「他者」にはまったく意味はありません。

ハイデガーがヒューマニズムを批判した『「ヒューマニズム」について』という著作があります[45]。そこで彼は、自分たちが努力をすれば状況は変わると説く、サルトルらフランスの実存主義者をヒューマニストとして厳しく批判しています。哲学の議論であっても、主体を支える構造にたいする考察がなければ、その議論はナルシシスティックな観念論の域を出ないという批判です。実存主義の議論に欠けているのは、他者と呼ばれる主体は、自分の主体化の仕方とは異なるものであり、文字どおり、理解困難な存在であるという基本的認識です。丸山眞男らの主体性論と同じです。

彼らも抜群に聡明な思想家たちですから、実際には人間が垂直的にも水平的にも多様な存在であることは分かっていたと思うのです。ただ、そこから社会の構想を考えるときに、どうしてもみんなが同じような主体形成をする階梯を思い描いてしまうのでしょう。まさにそれが、定型化された言説の怖さです。単系進化論という意味では、アメリカの近代化論も変わりません。一九六〇年にアメリカの近代主義者、プリンストン大学のマリウス・ジャンセンやイェール大学のジョン・ホールが丸山らを加えて、日本の近代化に関する、いわゆる箱根会議を開くことが可能だったのも、小さな違いはいたるところにあったにせよ[46]、こうした単系的な主体化論を、アメリカ的近代を頂点として共有していたからだと思います。しかしそこでは、複数性から成り立つ公共圏とは何かという議論が、理解不能な他者をふくみこんだ「不均質さ（unevenness）」を念頭に置いたかたちではなされなかったのです。

理解不能な他者の存在を念頭に置く構造論的な視点の欠如、それは関西の被差別部落を訪れる活動家や知識人と称する人たちにも、やはり以前から指摘されてきました。もちろん、基本的は被差別部落を訪れる人たちは、不当な差別をうけて苦しんでいる人たちを理解したい、助けたいという思いで来る人が大半でしょう。でも、実のところ、現地の人たちからすれば、「嫌だなぁ、この人は何のために来ているんだろう」という支援者も少なからずいるようです。福島を始めとする東北の被災地でも、同じような声を現地の方から何度か耳にしました。

実は、自分を救いたいために来ている人がかなりいるって言うんです。本人は無邪気に被災者の人のためと信じている。支援される側は実際に物質的に助けてもらっているので文句が言いにくい。そんなときに、現地の人からすれば嫌なのが、「私たち」という言葉だそうです。

「私たち被害者は一緒に頑張りましょうね」と言われると、「どこが「私たち」なの。自分たちを使って、自己実現をするのはやめてくれ。」そう言いたくなるときもあるそうです。しかも、被差別部落の人たちがそうした言葉を口にしたら、今度は「生意気だ」とかの評判が広まってしまいかねません。それを思うと、みんな口が重くなってしまうのです。スピヴァックの指摘した「サバルタンは語れるのか」という問題がそこにあります。

ヒューマニストたちに欠けているのは、やはり自分を含めて、構造論的にその主体の立つ位置を対象化するという作業なのです。社会における違和感を起こす役目の知識人が、その義務を忘れて社会の弱者、さらには既存の学

(45) Martin Heidegger, *Über den Humanismus*, Frankfurt am Main: Vittorio Klostermann, 1947.（マルティン・ハイデッガー『「ヒューマニズム」について』渡邊二郎訳、筑摩書房、一九九七年）

(46) Marius B. Jansen, ed., *Changing Japanese Attitudes toward Modernization*, Princeton: Princeton University Press, 1965.（マリウス・B・ジャンセン『日本における近代化の問題』細谷千博編訳、岩波書店、一九六八年）

問的権威と同一化したときに何が起こるかは、既に酒井さんが指摘しているとおりです。「同情」と「共感」の混同です。それこそ善意という名のもとの暴力であり、「凡庸な悪」のひとつのかたちなのです。

酒井さんの言う「同情」とは理解不能な他者にたいして、その理解不能さを媒介として関係性を構築することです。いわゆる「共約不能なものの共約可能性」ですね。一方、「共感」とは他者と自分の距離が消えてしまうような、溶け合った感情に支えられた関係を指します。その問題性を酒井さんは次のように指摘しています。

私に向かって返答し、私の行動をなじり、私を見つめるまなざしを持ったはずの他者が、私を中心に編みだされた私の欲望を満足するシナリオの一要素になってしまうとき、私と他者の関係は安全で暴力のない共感的なものになるだろう。その関係は、まったく「感傷的」なものになる。そのとき、他者は、その単独性を失い、私と馴れ合ってくれる存在者以上の何ものでもなくなってしまう。(47)

日本人である私が韓国人である知人に謝れば、両国の抱える問題が解決するかのように思い込んでいるのは、やはり構造的な視点が欠けていると言わざるを得ないのです。韓国人と日本人という括り方をしてしまう視点そのものが、東アジアの冷戦構造が作り出しているものなのです。そこには姿が見えない他者として、アメリカの眼差しが、かつての冷戦構造があります。その構造的な眼差しのもとで、分かり合ったり、分かり合えなかったりする、韓国人と日本人といったような主体が共形象として、受動的に立ち上げられてしまうのです。

この視点をパックス・アメリカーナという言葉を使って説明したのは、酒井直樹さんです。パックス・アメリカーナという視点は実は国民と主体が自己決定権を有していない事態を明らかにしている点で、やはり大文字の他者の議論の流れを汲むものです。事実、酒井さんは『過去の声』のなかで、ラカンの仕事に言及しつつ次のように述べています。

多声性（polyphony）という考えはすでに私の立場の手際よい説明になっている。つまり、歴史とは「われわれ」がまずは（小文字の）他者に、そして最終的には非対称的な（大文字の）他者に出会う場であり、非対称的な他者を排除することでわれわれの言説編成を追認するのではなく、むしろそれを問い直しかつ危うくさせる場であると理解することである。[48]

ここで、「大文字の他者」と「小文字の他者」にたいする「謎めいた他者」の関係を、私なりに説明しておきましょう。[49] 実は、「謎めいた他者」という術語は私の発明です。言うまでもなく、その下敷きにはラカンの「大文字の他者」と「小文字の他者」があります。大文字の他者とは、主体のあり方を決定づける、他者としての意味体系の付与をおこなうものです。その意味とは、おもに「言語」による構造化を指します。ラカンの言う「象徴機能」をつかさどるものです。

他方、小文字の他者とは、大文字の他者による主体の形成がなされたとき、そこから残滓（remnant）として生じるものを指します。ラカンの別の言葉で言うならば、「対象a」、小文字の対象のことです。大文字の他者が主体を規定する構造的な意味体系だとすれば、小文字の他者は主体が確立したさいに零れ落ちた余白です。デリダの言葉を使うならば、「代補作用（supplementary work）」ということになります。

（47）酒井直樹『日本／映像／米国——共感の共同体と帝国的国民主義』青土社、二〇〇七年、二五七頁。
（48）酒井直樹『過去の声——一八世紀日本の言説における言語の地位』以文社、二〇〇二年、四〇頁。
（49）Jacques Lacan, "Les Quatre Concepts Fondamentaux de la Psychanalyse", *Le séminaire de Jacques Lacan*. Livre 1, Paris: Seuil, 1973.（ジャック・ラカン『精神分析の四基本概念』小出浩之ほか訳、岩波書店、二〇〇〇年）

主体は、その主体化過程の反復にさいして、大文字の他者と小文字の他者の双方との関係のなかで自己を形成し、更新していくわけです。ふたたびデリダの言葉を用いるならば、構築と脱構築の過程を反復していくことと言い表すことができるでしょう。私の言う「謎めいた他者」とは、基本的に「大文字の他者」と大きく重なり合うものです。ただし、この段階では、主体にとってその意味の構造や体系が明確に意識されてはおらず、「謎めいた」様相をまとって主体に影響を及ぼし続けています。

その意味でこれは大文字の他者と小文字の他者をふくむ未分化な他者に留まっている段階と言えるでしょう。それが、主体の確立する過程で、大文字の他者として明確な象徴機能をもつものとなり、そこから謎めいた性質が小文字の他者として分離していくのです。その意味で、上記の酒井さんの大文字・小文字の他者の規定は、私の理解とは二種の他者の果たす役割が入れ違っているものとして受け止めるべきでしょう。

酒井さんの発言についてもうひとつ重要なことは、彼は大文字の他者や小文字の他者にたいして主体がどう耳を傾けるかという問い方をしていることです。つまり、決定権は主体の側に委ねられると考えるように努めていることです。他方、ラカンの理解に基づくならば、大文字の他者というのは、主体が自覚できないままに、他者の眼差しのもとでそのあり方が決定するという意味での他者です。小文字の他者にせよ、主体のイニシアティヴが主体の残滓である対象aによって攪乱され、転覆されかねない関係を含意していますしね。

ラカンに倣って解釈するならば、パックス・アメリカーナという見方は、日本人である私と韓国人の知人の関係もまた、謎めいた他者であるアメリカの極東政策によって、大きく制約されているという認識を提示するものになります。そのとき私たちは、均質な主体あるいはその基をなす言説の一部に同化されてしまいます。いきおい個人としてではなく、韓国人と日本人として出会わざるを得ない状況になるのです。

知人の日本人が言っていました。「自分は韓国人に会うのが怖い。侵略戦争の謝罪を要求されそうだ。でも、自分自身は何も疚しいことはしていないから、謝りたくない。」こうした発言が出てくるのも、日本帝国の植民地支配にたいする捩れた関係が、個人の関係にも強迫的なかたちで侵入していくからです。現実にはこうしたイマジナールな世界に、最初から人間はいやおうなしに取り込まれているわけです。

酒井さんの翻訳論というのは、そのうえで、どのようにしたら個人と個人が出会えるのかということを、彼自身の体験も踏まえて考えたものなのです。だからといって、個人と個人が向き合って話し合えば、こういった歴史が乗り越えられると言いたいわけでもありません。個人か集団かという二項対立的な発想は単純すぎるでしょう。

リターン——生起する主体性とラカンの「享楽する他者」論

周知のように、世の中も個人の人生もそんなに簡単にはできていません。ラカンが言うように、それぞれの主体は固有の症状（symptom）を有しています。それは個人の過去だけでなく、家族や社会さらには国家の歴史の歪みのようなものが無数に重なり合ってできているのです。それを解きほぐしていくのは、一朝一夕にできることではありません。

主体性とは、こうした複数の謎めいた他者の眼差しによって構造化される事態を自己存在のあり方の前提にしたうえで、それを主体の側から「捉え返す」ことでその構造の脱臼をおこなうものなのです。歴史による主体の拘束、そして主体性による歴史の捉え返し。その往還関係が歴史的構造なのではないでしょうか。だとすれば、私たちは韓国人と日本人という歴史的構造を踏まえつつも、それを「書き換える（rewrite）」（スピヴァック）可能性が出てくるのでしょう。

ここで、本稿の術語について確認しておきたいことがあります。「言説（discourse）」という術語は、ミシェル・フーコーが説明しているように、主体を無意識裡に規定している構造的な物の捉え方です。個人を越えたものです。私たちの主体は言説が一部で、自分が日本人だとか、だから韓国人が嫌いだとか、東大教授になりたいとか。主体を均質化して構築するのが言説です。

それにたいして、「発話（enunciation）」という術語は、酒井さんやバーバが定義付けているように、主体性をもって言説を自分なりの形で異質化する発話を言います。そこで言説化する他者の眼差しから主体が剝離して、「主体性」が生起するわけです。問題はそこから先です。どうやったら、主体性のある言葉を主体が獲得することができるのかということです。

酒井さんは「翻訳」、バーバは「ナラティヴ」、スチュアート・ホールは「分節化」。アレントは「発話と行動（speech and action）」、その影響でしょうか、アサドは「信念と身体実践（belief and practice）」と言いました。みんな近いことを語っているのだと思います。アサドやアレントの「信念と身体実践」を取り上げてみましょう。たとえばバーバはそれを「生きる姿勢（form of living）」としてのナラティヴと呼びました。彼の言うナラティヴとは、言説や発話としての物語ではないのです。身体実践をふくむ、生きる姿勢なのです。

毎日、掃除をして、その後にお茶を飲む。毎日、太極拳をする。そうした日々の定められた身体実践を繰り返すことで、自分の生き方を通して日常生活に介入することは誰にでもできる。それは言葉に長けた知識人の独占物ではないとバーバは考えたのです。だからスピヴァックにたいして、サバルタンでも語ることはできるとバーバは異見を述べたのです。「話す」ではなく、「ナラティヴ」ですから、両者の日常世界への切り込み方自体が異なっているわけです。

酒井さんの翻訳も、経験的・超越的二重体としての主体の実践ですね。人によって「発話行為」を位置づけは異なるかもしれませんが、「信念と身体実践」の総体として主体を捉えているところは共通しています。そして、この主体を拠点として、言説にたいする「捉え返し（return）」が起きるのです。

それは謎めいた他者の眼差しにたいする捉え返しです。自分なりの切り返しをするときに、主体性が生まれる。主体性は能動的なものですが、でも自分が意図的に作れるものではありません。他者の眼差しが先にあって、それを捉え返すときに生起するのです。言説や他者の眼差しのなかでもがくことで、その眼差しや規制力を切り返す瞬間が主体に訪れるのです。受動的状態のなかに、一瞬、能動的になる機会が生じるのです。

では、誰によって主体性はもたらされたのでしょうか。他者の眼差しと主体との呼応関係です。状況の中でもがき苦しむことが、他者の眼差しを読み替える契機をもたらすと私は考えます。他方、主体がその眼差しや言説を読み替えられないとどうなるのか。ラカンに倣って言えば、大文字の他者に惹き付けられる力（attraction）です。その眼差しに埋没し、言説に同化されてしまうのです。主体の同化は認識の次元だけに起こるものではありません。ラカンがイマジネールと呼んだ情動の次元から、主体は身体をつうじて同化されていくのです。

たとえば、数日前、私はソウルで東日本大震災の死者に関する講演をおこないました。ほとんどの時間、死者にたいする生者の思いについての話をしました。犠牲者にたいする共感でしょうか、申し訳ない気持ちでしょうか。あるいは身近な死者を思い浮かべたのでしょうか。会場を埋めた多くの方が涙していました。

それは、話し手にとっても感動的な情景でした。気づいたら、私も涙していました。一人の人間として当然の感情だと思います。その一方で、学者としての自分はいささか不安を感じました。みんな感情的に持っていかれてしまったわけですから。学者同士の話である以上は、そこに何か歯止めが必要だったように感じました。私の学力不足です。安丸良夫さんが言うような、歴史の全体像を示すような「視座」を自分が提示できなかったことを反省しています。

ラカンは、人間の主体は現実界と想像界と象徴界という三つの世界の重なり合いから構成されていると考えます。現実界は完全には知覚不能な世界です。たとえば、私が自分の家族をどう思っているかという真実は、私にしか分からないとも言えます。でも実は、私自身も自分の感情がよく分かっていないのではないでしょうか。見ている自分と見られている自分のあいだにズレがある。それが酒井直樹さんやフーコーの言う、経験と超越論からなる二重の主体です。自身にたいする認識を含めて、言語化しきれない残余があるのが現実界なのです。

それにたいしてイマジナールな世界というのは空想（fantasy）ではなく、情動が動いている世界です。被災地の話を聞いて聴衆が泣くというのは、心に訴えるものがあって感情が動いたわけです。それは悪いことではありません。ただ、時として次のようなことも起こるんですね。

東日本大震災のとき、平成天皇が被災地を訪れたとき、被害で大変な目に遭った多くの人々が感激の涙を流した話は有名です。お年寄りの方たちはその感情を天皇に持っていかれてしまったのです。平成天皇は個人としては立派な方かもしれませんが、時として主体を均質化する言説に縫い込むことで、人々を思考停止させてしまう。まさに日本国民という自己理解に人々を鋳込んでしまうのです。

先日、中国で開かれた天皇制をめぐる会議では、「ああ、天皇制の問題は日本だけの特殊な問題だね」と、受け取る人が何人か見受けられました。では、中国の一党独裁体制はどうなのか、その指導者にたいする国民の感情はどうなのか。相手の目のなかにだけ塵を見出すのではなく、それはひょっとしたら自分の目の塵が相手に映し出されているのではないかと疑う必要もあるでしょう。

そもそも、天皇制や共産党をめぐって中国と日本の間だけで議論して何が得られるんだという問いが必要です。おたがい、いがみあっているけど、その向こう側にはパックス・アメリカーナという他者の眼差しが控えているのではないか。それを論じなければ、アメリカがひとりほくそ笑む結果になるだけではないか。幸いに、ソウルの会議でも議論はこうした批判的な方向に進んでいきました。

しかも、パックス・アメリカーナはアメリカ大統領の個人的な意思などでは作り上げられるものではありません。アメリカ社会の意志でもありません。極言するならば、世界的な布置を作ったグローバル資本主義が、東アジア世界に分節化されていったときの産物なのです。歴史的な構造です。それがラカンの言う「謎めいた他者」であり、「大文字の他者」の意味するところです。特定の個人や国家の果たす役割はもちろん無視できるものではありません。あくまでもその契機にすぎないのです。

謎めいた他者と主体との関係が上手くいくと、例えば私の専門とする宗教史から例を挙げるならば、大本教にとっての出口なおとか金光教にとっての赤沢文治とか、宗教などでは、とりあえず前向きに生きる意味を与えてくれます。だけれど、問題はその意味の与え方なのです。「どうやって（how）」という問いです。“how”を問わなければ、謎めいた他者は、天皇でもアメリカ大統領でも、誰でも何でもいいことになってしまうのです。

戦時中の新宗教教団では、教祖と天皇を崇拝することが矛盾なく、仏教教団でも、仏様を拝むことと天皇を拝むことが合致していました。欧米のキリスト教でも、戦時体制との関係は、個人はともあれ集団としてはさほど変わるものではないでしょう。そして、日本では戦後においても、信心をもつことが、アメリカの支配する現実に自覚的になる契機にはなりませんでした。そこに、どのように信ずるかという問題が論じられなければならない理由があります。

謎めいた他者は複数形の“mysterious Others”なのです。それは日本の社会において多神教が支配的だからではありません。一神教の社会にせよ、様々な他者の眼差しが交差することによって、主体は構築されているからです。こうした謎めいた他者の「惹き付ける力（attraction）」を人間の側が意識化できないかぎり、大文字の他者はいつまでも謎めいたままです。そこでは人間は何かの一部として同化された、受動的な「主体性なき主体（subject without subjectivity）」であっても、能動的な「主体性をもった主体（subject with subjectivity）」には成れません。

ラカンは大文字の他者は象徴界という言語秩序のなかに生成の場を有すると考えていました。この言語秩序という構造はそれ自体で完結していると考えたのが、丸山ら啓蒙主義者たちでした。主体の啓蒙化（enlightenment）は表層にとどまるのならば、主体を貫く想像界を流れる情動とは無関係におこなえます。

今日の制度化された学問もほとんどそうですね。感情の流れに関わらないのが実証主義だと多くの研究者は信じ込んでいます。たしかに今日の学問状況は、グローバル資本主義に取り込まれ、大学制度の外側では十分な環境の下に研究をすることができなくなってしまった。無感情な学問か、感傷的なヒューマニズムしか、人文学では存続することが困難になってしまいました。しかし、本当の実証的態度とは、主体を構築している想像界を流れる情動にたいして、それと向き合った上で批判的に記述していく作業を含み込んでいなければならないと思うのです。

では、その感情とどうやって折り合いをつけていったらよいのでしょうか。何度も述べてきたように、現状を「否認」するに留まっていては、問題は振り出しに戻ってしまいます。だからこそ、精神分析的な姿勢が大切になるのです。そのためにこそ、主体の二重性にたいする配慮が不可欠なものとなります。主体の二重性、すなわち自分の認識できない自分がつねに主体には影のように付きまとっているということです。

精神分析家はそれを無意識と呼び表してきました。ポストコロニアル研究者のなかで、いち早く、そこに着目したのがホミ・バーバでした。それは、彼がラカン読みであることと無関係ではありません。ラカンはこうした無意識をさらに「対象a」や「大文字の他者」として分節化してきたのですから。

主体は感情に足を引っ張られることなく、そこに秩序を与えなければなりません。「感情的」と「感情豊かな」という言葉はしばしば混同されます。しかし、きちんと区別されるべきものなのです。「感情的」とは感情が氾濫して、主体がその波に呑み込まれている状態です。泣き喚いたり、声を荒げる人間は、感情が未熟ではあっても、感情豊かな人間とはけっして言えません。

それにたいし、「感情豊かな」というのは、感情が安定して秩序化されていることです。感情的な人間に挑発されても、滅多なことでは動揺しません。無限の深さを湛えるとともに、静謐な水面を保つ海のようなものです。感情に翻弄されることと、感情を制御することの違いは、イニシアティヴが感情にあるか、主体にあるのかの差なのです。ユングが『タイプ論』のなかで明らかにしています[50]。

たとえば、韓国人が日本人と恋におちる。日ごろは一人の男と女としての関係で問題はないのだけれども、時折両国の暗い過去が二人の関係に影を落とすこともある。そのとき、日本人か韓国人の立場いずれかに一緒に身を置ければとりあえずよいのだけれど、そうでないと二人は互いを好きであればあるほど苦しむことになります。苦しいけれど楽しい。あるいは楽しいけれど苦しい。どちらかで完結してくれればよいのだけれど、そうもいかずに楽しみながら苦しむ。それが「享楽（jouissance）」です。決して貫徹し得ない喜びのことです。

では苦しむにせよ、楽しむにせよ、誰がこの享楽を味わっているのでしょう。その主体は誰なのでしょうか。個人が享楽しているのではありません。どこかの他者が私たちを楽しんでいるのです。韓国人あるいは日本人という言説が、主体を楽しんでいる。そこに同化されているだけであれば、個人は韓国人である喜びもあれば韓国人である悲しみもある。日本人である喜びもあれば悲しみもある。その状態を永遠に続けていくのです。それが主体のもつ「症状（symptom）」です。そこをどう抜けていくのかが、主体には大きな課題なのです。

つまり、謎めいた他者と主体との間の交渉の仕方ですね。その間を行ったり来たりして考えることが、大事なのだと思います。東北の被災地では、お坊さんたちがボランティア活動として被災者の方たちの悩みに耳を傾けるけれど、お坊さんたちから説法をしないことが大切だと言われています。

自分の宗教や宗派を信じろとは絶対に言わない。家族を失い、家を亡くして苦しんでいる人たちのために役に立つのであれば、自分の宗派ではなく、他宗派に改宗しても構わない。そもそも宗教など信じなくても良い。その人たちが救われればいい。被災した人たちが前を向いて生きる気持ちになってくれれば、神仏によって救われなくても十分だと思うようになったそうです。

実際、そうしたお坊さんたちに心のうちを話して、もう一回生きてみようと思った被災地の方も少なくありませんでした。目の前で話を聞いてくれた坊さんが立派なのは言うまでもないわけですが、そのお坊さんを背後から支

（50）Carl Gustav Jung, *Psychologische Typen, Gesammelte Werke Band 6*, Zürich/Olten: Walter Verlag, 1995.（C・G・ユング『タイプ論』林道義訳、みすず書房、一九八七年）

える何者かが、お坊さんを通して現われ出たのだとラカンなら考えるでしょう。「謎めいた他者」のことですね。そのお坊さんも偉いのですが、その場合にお坊さんのどこが偉いかというと、立派な説教をする能力以上に、宗教者として説教をしたいという己の欲望に捕らわれなかったことだと思います。

被災地で人びとの役に立った僧侶の多くが口を揃えて言います。「他人の役に立てる。」そう思って被災地に入ったけれど、それが我欲にすぎなかったことに気づく。「自分は何の役にも立たない。無力だ。」そう思ったときに、逆説的に他人の御役に立てるようになったそうです。謎めいた他者の呪力、その惹き付ける力から解放された瞬間です。力を抜くことで、その力みのもとになってきた「謎めいた他者」の眼差しから解放されたのです。

主体は自分が主体であるというときに、イニシアティヴが主体にあると思うんですけれども、主体にはありません。イニシアティヴは他者がもっているのです。主体は語る主体と、語られる主体の間に本来亀裂があり、自己完結的な同一性を保つことは容易ではありません。でも、その亀裂は統合失調症につながるものとは限りません。自分を構築する様々な声や眼差しの折り重なりのなかで、同一性や均質性に代わる主体の構造を再編成しえたとき、その亀裂を通して謎めいた他者や個人としての他者と新しい関係性を構築する可能性が開かれるのです。

不均質な民主主義——ヘゲモニーと石母田正の英雄時代論

ここまでが、謎めいた他者の議論です。そこから、社会を複数から成る不均質な関係性の束として、どう捉えるかという本稿の最後の話になります。ここで重要なのは、石母田正です。丸山眞男と同じ時期に活躍した日本歴史家の石母田は、一九四五年に『中世的世界の形成』を発表しています[51]。

学生時代は丸山が東大法学部、石母田が東大文学部でした。いつからかは確認していませんが、日本思想史を代表する学者の丸山と、日本古代・中世史の代表的存在の石母田は知的交流を密に持ち始め、その関係は生涯続きます。ただ、研究生活で辿った軌跡は、少なくともその前半期においては随分異なるものでした。

指導教官は同じリベラリストである南原繁が丸山に厚意的であったの対し、石母田の場合はファシストである平泉澄であり、マルキストの石母田とは相容れませんでした。それもあって、石母田は丸山のように東大には残れず、学部を卒業したあとは出版社で働きながら、戦後、法政大学法学部に就職するまで、民間の研究者としてマルクス主義の立場から歴史研究に情熱を傾けました。

石母田の主体性論というのは、後年の研究者たちからはあまり注目されてきませんでした。しかし、丸山と同年代の石母田もまた、敗戦後ほどなく論文「日本古代貴族の英雄時代──古事記の一考察」に発表し、民族の主体性をめぐる論争、英雄時代論争を巻き起こしています[52]。この論文をざっと読んだだけでも、石母田の主体性論が丸山とはかなり違うことが分かります。「日本古代貴族の英雄時代」論文のなかで、石母田は英雄時代を次のように規定しています。

英雄は自己の属する社会集団を全体的に代表し、その集団の情熱と倫理と欠点さえもの体現者でなければならないが、かかる英雄はその集団自体が客観的に見て前進的な歴史的使命の荷担者として古い構造に対立している段階、したがってまた内部的対立がまだ全体を頽廃せしめることのない歴史的に若い集団においてのみ発生する[53]。

(51) 石母田正『中世的世界の形成』伊藤書店、一九四六年。
(52) 石母田正「古代貴族の英雄時代」『石母田正著作集10』岩波書店、一九八九年。
(53) 石母田正「宇津保物語の覚書──貴族社会の叙事詩としての」『石母田正著作集11』岩波書店、一九九〇年、三四─三五頁。

共同体の族長になぞらえられる強い主体性をもった個人が集団を代理表象するとともに、集団のほうが族長の行動を制約する関係を、石母田は英雄時代と呼んだのです。英雄時代は日本のみならず、世界各地で各時代の移行期に起こるものです。この論文で石母田が描いたのは古代の黎明期の族長たちですが、『中世的世界の形成』では中世への移行期の在地領主たち、戦後に出版された『歴史と民族の発見——歴史学の課題と方法』[54]では社会主義革命の担い手としてのプロレタリアートでした。

英雄になぞらえた担い手層は時代とともに変わっていきますが、個人と集団の間の緊張関係によって、ある種平等な共同体を想定する構図は、生涯を通して石母田のなかでは変わることがなかったと思われます。この点に、各主体が成熟した主体性を育むことを想定した丸山の国民国家論との違いがあるのです。すべての人間が十分に主体性を発展させることはあり得ません。そうした意欲をひとしく持つこと自体あり得ないことでしょう。現実を見れば一目瞭然です。その認識を下敷きにして、石母田は自らの英雄時代論を展開しようとしたのではないかと思います。

従来の批判では、その英雄時代論が民族意識の目覚めを肯定しているところが、石母田はマルキストなのに民族主義者に近い立場を取っていると言われてきました。その点では、石母田も丸山の国民国家論に近い立場を取っていたとも言えるでしょう。戦後日本社会の批判的知識人が取り得る立場としては、アメリカ帝国主義に対抗しつつ、同時に戦後の全体主義を批判する立場でした。そこに主体性に支えられたもう一つの国民主義を求めていったことは、当時の状況からすれば他に選択しようのない戦略であったと考えられます。

今となっては、その共同性がどのような内実に支えられるか、他者論の視点を前提として議論をするべきでしょう。同じ国民国家を前提としていても、異なる共同体の構成を構想した石母田と丸山の主体性論の違いを、改めて考察すべきなのです。実際の彼らの主体性論において、公共空間における複数性がどのように実現可能なものなのかを論点とすべきでしょう。

そのひとつが、アレントからハーバーマス、そして丸山へという系列です。これは成熟した主体が対等に複数性の社会を構成するという立場です。それにたいして、アガンベンと尹海東さんの系譜は、公共圏が成立するためには必ず排除が伴うという議論です。最後が、石母田にいたる議論です。これは、レーニンからクローチェ、そしてグラムシと石母田とつながるヘゲモニー論の系譜です。

一九三〇年代の石母田は同時期にイタリアで活躍していたマルクス主義者のアントニオ・グラムシのヘゲモニー論に近い視点を共有していました。集団を形成するさいには、文化・政治的な「同意と強制」が知識人と集団のあいだで確立されることが必要になるという考えです。前衛党の独裁を謳うレーニン・スターリン主義の上位下達式のヘゲモニーとは、一線を画すものでした。グラムシはほどなく獄中に捕えられたこともあって、その思想が遠く離れた日本に知られる可能性はほとんどありませんでした。しかし、グラムシと石母田はともに、既に世界的に有名であったイタリアの歴史哲学者、ベネデット・クローチェの感化をこうむっていました。

クローチェはマルクス主義者ではありませんが、西欧の知識人に大きな影響を与えた存在でした。日本ではマルクス主義者の羽仁五郎が一九二〇年代末からクローチェの歴史理論の紹介をしていました。そこから、ロシア・マルクス主義のヘゲモニー論を相対化する視点を石母田が学んだことは確かでしょう。

では、グラムシの提唱した「同意と強制」のヘゲモニー概念によって、どうやって公共圏を他者と共存できる場として実現することができるのでしょうか。グラムシの流れを汲む現代のマルクス主義者、シャンタル・ムフとエルネスト・ラクラウは、ラカンの精神分析を踏まえつつ、旧来の共産主義的な「権威的」なヘゲモニーにたいして、「民主的」なヘゲモニー概念を提唱しました。

(54) 石母田正『歴史と民族の発見』東京大学出版会、一九五二—一九五三年。

それが「政治的な構築と闘争の所産」だけでなく、「社会的なものの開放性と非決定性」に開かれたものであるためには、「社会的行為者が埋め込まれている諸関係の構造的多様性を容認して、代表・再現前の原理を節合の原理に取って替える」ことが必要だと主張したのです。

石母田は丸山とは違って、成熟した諸個人が共同体を等しく支えるかたちでの民主主義を現実的なものとは考えていなかったようです。あえて、民主主義という言葉に固執するならば、卓越した主体性を有する個人と集団のヘゲモニー関係こそが、現実に各成員の平等な権利を保障する民主主義を実現可能なものにすると考えていました。同様に、主体の不均質さを踏まえた共同体を論じているのが、近年では小説家の村上春樹さんです。

村上さんは小説『色彩を持たない多崎つくると、彼の巡礼の年』で、八割の人間は普通、かれらは状況次第で立場が変わる、残り二割は本来の意味で社会を指導するエリートか、反社会的なアウトキャストと書いています[55]。その比率を示す数字が正確かどうかは別として、興味深いのは村上さんが社会集団の内部を平等にすることはできないと、登場人物に語らせていることです。村上さんはオウム真理教事件と神戸の児童殺害事件の犯人を見て、次のような感想を漏らしています。

たとえば麻原彰晃を見ていても、少年Aを見ていても、純粋な悪というか、悪の腫瘍みたいなものがわっと結集して出てくるような場合があるような気がします[56]。

この世から悪をなくすことはできない。光から闇が生まれるように、善があれば悪もある。自分が善だと思っていても、他人にとっては悪のこともある。他人と言っても、多様な人がいるから、おなじ人間でも、見る角度によって異なった評価が与えられるものなのです。ですから、石母田と同じように村上さんも、社会に属する全員が同じ主体化形成などできないと考えます。

万一できたとしても、かえってそれは均質化を意味するものとなり、「善」という名のもとでの全体主義を招くことになりかねません。多様性というのは、水平的な人間関係を意味するだけではないのです。社会格差のような垂直的な多様性もあります。それが「複数性」の内実だと私は考えます。丸山の議論は、こうした水平と垂直の双方に及ぶ多様性を見落としていたと言えるのではないでしょうか。

ここで「社会（society）」と「共同体（community）」の違いについて、簡単に本稿の理解を述べておきます。「共同体」とは構成員が直接に面識のある、顔見知りの関係からなる非匿名の集団です。典型的な者が、村やポリスのようなものです。小さな職場もそうでしょう。それにたいして、「社会」とは匿名の関係をふくむ、「想像の共同体」（ベネディクト・アンダーソン）です。

いずれの集団もその構造として、水平的なものと垂直的なものとしての人間関係をふくみます。垂直とは階級的な対立や支配を意味し、水平とは複数性からなる「公共圏」を意味します。垂直関係が社会規模の組織になれば、それは国家となるでしょう。そして、スピヴァックが指摘するように、どんな国家も水平的な公共圏をその要素として包摂しています。他方、どんな公共圏も垂直的な支配の国家的契機を内包しているのです。問題は、構成員たちがそこから何をどう取り出すかということなのです。[57]

（55）村上春樹『色彩を持たない多崎つくると、彼の巡礼の年』文藝春秋、二〇一三年、一八八頁。

（56）村上春樹・河合隼雄「地下鉄サリン事件と日本人――話題の書『アンダーグラウンド』をめぐって」『現代』、三一巻七号、講談社、一九九七年、二八―四一頁。

（57）Judith Butler, Gayatri Chakravorty Spivak, *Who Sings the Nation-State?: Language, Politics, Belonging*, Kolkata: Seagull Books, 2010.（ジュディス・バトラー、ガヤトリ・スピヴァク『国家を歌うのは誰か？――グローバル・ステイトにおける言語・政治・帰属』竹村和子訳、岩波書店、二〇〇八年）

よく言われるように、政治参加の権利という点で水平性を建前とする民主主義は、ポピュリズムと表裏一体性をなします。他方、石母田の英雄時代が、個人と手段の微妙なバランスで成り立つという点ではファシズムの独裁者や社会主義の前衛党の独裁へと転化しかねません。そもそも、ヘゲモニーという言葉は一党独裁を前提とした言葉です。大切なことは、いずれの政治システムのもとに公共圏や社会を構想するにせよ、水平性に垂直性を組み合わせた「複数性」を考察していくことです。

民主主義、とくに日本の政治制度であるリベラル民主主義は、現実には格差社会を支えるイデオロギーであるにもかかわらず、それがもっぱら水平的な公共圏を実現する手段だと誤解されてきたところに深刻な問題があります。民主主義を唱えれば、自分もまた「民衆」という真理の側に立つという幻想に、戦後日本社会の症候があるのです。私の言い方をすれば、謎めいた他者の作り出した言説に日本人という主体ごと呑み込まれているのです。

その点でも、村上さんは興味深い発言をしています。理想的な調和を保つ共同体は人類史においても個人史においても、いわば神話的時代に想定されるものであり、現実の世界に彼らが足を踏み入れたときには、崩壊するというものです。『色彩を持たない多崎つくると、彼の巡礼の年』のなかで、主人公の多崎つくるが理由も告げられず、高校の仲良し五人組から追放される。しかも、そのなかの一人の女の子が後日、自殺するという物語が語られます。結局、人間が生き延びるということは、いくら仲が良くても、ひとりひとりの主体性の強度が問われるのだと、村上さんは登場人物に語らせています。

シロはたしかに優れた音楽の才能があった。美しい音楽を巧みに演奏することができた……しかしそれは残念ながら、彼女自身が必要としているレベルの才能ではなかった。小さな世界ではやっていけても、広い世界に出ていくだけの力は備わっていなかった……かわいそうだけど、芸術の世界ではそういうことはしばしば起こる。才能というのは容器と同じだ。どんなにがんばって努力しても、そのサイズはなかなか変わらない。(58)

主体の不均質性は、善悪といった基準のみに回収されるだけでなく、様々なかたちで「不均質さ（uneveness）」として、私たちの日常に普通に見られるものです。例えば私の生まれ育った商店街には、弁護士、駄菓子屋、料理屋、酒屋、魚屋、靴屋、肉屋、電気屋、便利屋、小料理屋、キリスト教の幼稚園、新宗教の教会、様々な職業の人々が集まって生活していました。それが単に職業の違い、水平的な多様性にとどまるのなら何の問題もないですが、職業に基づく差別が同じ商店街の中で発生してきます。

残念な現実ですが、屠殺業と関係している肉屋さん、水商売をしているホステスさんの家族が、時に差別を受けていたように記憶しています。昭和三十年代の頃であれば、キリスト教会はオーケーですが、いまだ新宗教はどちらかと言えば低く見られていました。そもそも、この商店街自体がサラリーマンを中心とする社会に日本全体が切替わっていく中で、学歴のない人たちとして扱われていました。さらに、この商店街の外側では、屠殺業や清掃業あるいは売春業に係わる人たちが、農民とも商店とも区別される形で蔑視されながら暮らしていました。ただ、こうした地域は、存在することさえ、街に住む人間にも見えにくいかたちになっていたのです。

現実のこうした差別が生む階層構造を踏まえて、崇められた存在と賎視された存在の真ん中に、一般人が帰属する公共空間が成立してきます。公共空間の内部も、収入や学歴、あるいは職業によって差別が存在しています。ただし、ヒューマニスト的な観念がその現実を隠蔽するかのように、「人間はみんな平等です」といった教えを、あたかも現実の実態を反映したものであるかのように教え広められていました。

そのためでしょうか、差別があることに人々ははっきりと気づくことができません。深刻なのは、差別をうけている人間、差別をしている人間が、自分の行動は差別とは関係のないことだと誤った自己理解をしてしまうことで

（58）村上春樹『色彩を持たない多崎つくると、彼の巡礼の年』、一九四―一九五頁。

す。そのために、自分の被った差別を告発しなければという発想には至らないのです。

私たちが論じてきた帝国の宗主国と植民地の関係もそうです。他方の苦痛に対する無感覚さです。それは共同体が孕む差別の問題の一形態であって、決して植民地のみに起こる特別なことではありません。言うまでもなく、植民地民もまた別の状況においては、今度は自分が加害者にもなります。ポストコロニアルとのポストとは、自分の属する空間の外部には出られないという自覚から始まるものです。植民地であった過去が旧植民地だけでなく、旧宗主国でも、今も差別と搾取という病を広める役割を果たしているのです。

だからこそ差別としてではなく、区別として、現実の「不均質さ」をどのように分節化し直していくのか。その制度と発話を作り出していく、理念とやり方がこれからの課題となります。村上さんの小説『色彩を持たない多崎つくると、彼の巡礼の年』では、最後の場面で主人公が、自分が果たすべき社会的役割を語る場面があります。彼は鉄道会社に勤務していて、「多崎つくる」という名前が意味するとおり、様々な人々を結び合わせる駅舎の設計をしています。

人々の人生は人々に任せておけばいい。それは彼らの人生であって、多崎つくるの人生ではない。われわれが暮らしている社会がどの程度不幸であるのか、あるいは不幸ではないのか、人それぞれに判断すればいいことだ。彼が考えなくてはならないのは、そのようなすさまじい数の人々の流れをいかに適切に安全に導いていくかということだ。求められているのは正しく検証された実効性だけだ。彼は思索家でも社会学者でもなく、一介のエンジニアに過ぎないのだ。(59)

ここで言う思索家や社会学者とは、人々の主体性を高めるような、人間の内実に係わる仕事をする人々を指します。いわゆる主体性論者たちのやり方と同じです。しかし、人間の善悪の比率は基本的に変わらないという認識を持つ主人公にとっては、むしろ思想の内容を変えることよりも、人々の流れを上手くつかさどる制度設計をすることのほうが現実的なように思えたのでしょう。おそらく、それが「不均質さ」を上手く分節化する出発点をなすと私も思います。

知識人の統合力が落ちている現在では、代理表象力の回復を前提とした議論ではなく、表象とは異なる「分節化」のあり方が模索されるべきでしょう。それは、別途に論ずる準備をしている「民主主義の終わり（End of Democracy）」において本格的に討論されるべき主題となるでしょう。

これまで私たちは、自分たちを抑圧している国家権力や職場や家庭の権力者がいて、そこからの自由を勝ち取るために「民主主義」をスローガンに闘って来ました。そう言えば聞こえは良いのですが、それは自分が被抑圧者の側につねにあるという立場を前提として、利益の平等な配分を叫ぶところが少なからずありました。

しかし、フーコーが権力は上からだけでなく、下からもと述べた一九七〇年代前半の段階で、自分たちを権力から疎外された被害者としてのみ捉えることが、いかに現実を歪んで捉えさせているのかは明白であったのだと思います。被害者的な立場のみに自分を置いているかぎり、公共圏の構成原理は分析できないし、そこに参加するためにある種の資格が求められることも理解したくはないでしょう。彼らの関心は、既得権益の分配にあるからです。

彼らの言う民主主義は、その一形態にすぎないリベラル・デモクラシーのことなのです。ポピュリズムと紙一重の、随分粗野な議論です。もう一度スピヴァックの発言を思い起こしたいと思います。「もし市民権が、民主主義のうちの一側面である自分の利益として……理解されるならば、この市民権は、民主主義のもう一つの側面である倫理的な教育を欠落させてしまいます(60)」。

(59) 村上春樹『色彩を持たない多崎つくると、彼の巡礼の年』、三五一頁。

民主主義とは、「私ではないものとしての」他者への権利の主張なのです。「あなたではない」私の権利への主張が最優先されるものではないのです。そこに被差別部落やマイノリティの女性にたいする、支援者と称するインテリたちが公私混同して躓く点なのです。既得権益から私は除外されてきたから、私にも同じように利益を分けてくれ。その主張が反省を経ないまま肯定されては同じことの繰り返しなのです。そうした人たちは、自分が支配する側に廻ると、今度は他者を排除し始めるのです。なぜならば、自分を駆り立てる資本主義的な、あるいはマジョリティへの欲望を去勢できていないからです。かれらはいつも自分が世界の外側に放逐されているという妄想で頭が一杯なのです。

資本主義国家が破綻を来たし、国民に国債や消費税の負担を求めている現状では、自分たちが世界を構築するという責任ある立場を引き受けることも必要となるでしょう。世界は人間を締め出すだけでなく、人間を受け入れる場所ともなります。しかもその世界自体が実体のないものであり、その集い合う顔ぶれによって、姿形を変える流動的なものなのです。

かつて、ホミ・バーバは“scattering and gathering”という言葉に託して、「故郷から散らばっていった者たちは、かならず世界のどこかで集まることになる」と述べました。それは同じ故郷から出た者たちの同窓会を意味するものではありません。それまで縁もゆかりもない世界各地から流失した者たちが、新たな出会いのもと、思いもかけない場所で集うことを意味します。

かれらは銘々に異なる歴史を背負うがゆえに、それが合わさって新しい「症状」を作り出します。その症状を解きつつ、不均質な現実にもとづいた新たな公共空間をどのように構想していくか、それが問われているのです。公共空間には差別や犠牲がかならず伴うからこそ、それを自覚した現実的な議論が必要なのです。そこにこだまする「いくつもの声」にどのように耳を傾け、批判的な反省性のもとに公共圏のなかに場所を与えていくか、それが問われているのです。

最後にスピヴァックの言葉を引いておきましょう。「私たちが自分自身のなかに聞かなくてはならない、他者のさまざまな声を思い出すこと」。それは、不遇の死を遂げた死者たちのざわめく声であり、言葉を奪われたマイノリティたちのうめく声です。ただ、その思いに憑依されるだけでは、彼らもまた救われません。自分自身のなかに木霊する声は、あくまで理解不能な、逃れ出る「他者」の声だということを忘れないでおきたいと思います。その声を聞いたものは主体が分裂せざるを得ないのです。その認識と実践のもとでしか、「私たち」は存在し得ないのです。そこから、ようやくすべてが始まります。それを今後の課題として掲げたところで、私の話を終えることにしたいと思います。長い時間にわたるご静聴、ありがとうございました。

(60) ガヤトリ・C・スピヴァク「グローバル化の限界を超える想像力」『いくつもの声　ガヤトリ・C・スピヴァク日本講演集』星野俊也編、本橋哲也他訳、人文書院、二〇一四年、七七頁。

第一部　内閉する現代社会——平等と民主主義の理念の再定位に向けて

第一章　恥と主体的技術——ひきこもりの国民主義と内向する社会

酒井直樹

日本の国民がこれまで東アジアの諸国民との間に作り上げてきた関係は、近代国際世界の歴史的な制約の上に成り立っていました。十九世紀の半ばまでの日本とアジアの国々との関係は、十九世紀末から二十世紀、そして二十一世紀にわたる国際関係とは全く異なったものです。十九世紀半ばに至るまで、日韓関係は国際関係ではなかったからです。十九世紀半ばに日本が開国して脱落するまで、北東アジアの外交は朝貢制度とその類似体を規範として運用されていましたから、国家主権も条約、さらには領土という考え方とも無縁でした。さらに、十九世紀の末から二十世紀の前半の間の日本とアジアの人々の関係も、一九四五年以降のそれとは全く異なったものであることは言うまでもありません。なぜなら、アジアの多くの地域には、国民も民族も存在しなかったからです。ここで一つ確認しておかなければならないのは、国民あるいは民族という単位そのものが近代になって新たに登場したことです。

さらに、一九四五年までの、朝鮮半島や台湾、サハリン、満州国などのいくつかの領土を含めたいわゆる併合領土（annexed territories）を統治していた日本国家の国民としての日本人と、一九四五年にそれらの多くの併合領土を失った後の日本人とは直ちに連続しているわけではありません。日本人という国民あるいは民族の単位が、あたかも超歴史的に存在するという思い込みを一切拒否することが、今日の私の発表の第一歩になります。

アジア・太平洋戦争で連合国に日本が無条件降伏して以来、参照項（referent）としての日本人は戦前に比べるとその構成において比較的安定してきたかのように見えますが、様々な歴史的な条件が、二十一世紀になって再び大きく変化してきたようです。その最も顕著な表れを、とりあえず「パックス・アメリカーナの終焉」と名付けておきましょう。「パックス・アメリカーナの終焉」に言及しておかなければならないのは、アメリカ合州国の全地球的覇権を考慮せずに、二十世紀後半から二十一世紀にかけての東アジアの歴史を理解することができないからです。そしてパックス・アメリカーナのもとで、日本人は東アジアの諸国民との間に一定の国際関係を作ってきたからです。この前提のもとで、いわば「下請けの帝国」としての日本の国際的位置と日本人の東アジアの人々に対する態度が形作られてきたと考えられます。そこで、次の点を、改めて確認しておきましょう。

現在、日本の人々と東アジアの人々の間の関係は、一般に、国際関係と規定されています。人と人の間の関係は様々な形態をとることができますが、日本人と中国人や韓国人との関係は、国民と国民あるいは民族と民族の関係として了解されるのが普通です。つまり、日本人と韓国人の関係は国民あるいは民族、ともに英語でいうとひとつのnationと別のnationの関係とされているわけです。つまり、国際関係（international relation）として理解されていることです。これは、先ほども述べたように、近代特有の現象で、十九世紀以前には、東アジアでは国際関係は存在しませんでした。なぜなら、国民が東アジアにはいなかったからです。東アジアでは、日本が最初に国際政治における国家主権として、周辺地域の人々との交渉を考え始めました。なぜなら、日本が最初に「近代化」の途に就いたからです。国際関係は近代の国際世界（modern international world）に特有の現象で、国際世界は、近代の世界にしか存在しません。私たちが、ともすれば、国際関係として韓国と日本の関係を考えてしまうことと近代化（modernization）とは深く結びついています。

第一節　明治一〇〇年

そこで、しばし、日本の状況に関心を移してみましょう。二〇一八年は、明治維新から数えて一五〇年目にあたる年でした。私が大学に入ったのは明治一〇〇年の直前でしたので、五〇年前の一九六八年には、日本のマス・メディアが「明治一〇〇年」で大騒ぎをしていたのは、今でもありありと憶えています。新聞は軒並み明治一〇〇年特集を組み、歴史家や政治家だけでなく、官僚や実業家も、テレビや雑誌に登場して明治一〇〇年の達成を大げさに騒ぎ立てていました。彼らは、皆、近代日本国家の一〇〇歳の誕生日を誇らかに語っていたのです。そこで、明治維新がアジアにおける大きな達成であり、東アジアの近代化の端緒であることを、誇らしげに語り、数多くの公私の記念行事が催され、記念刊行物が出版されました。彼らは、ほとんど異口同音に、明治維新は、日本を世界に向かって開き、日本に近代文明をもたらしたアジアでは最初の、政治的決断に基づく出来事であり、明治維新以降の日本人が成就した偉大な業績は、全アジアにとっての指針となったことを語りました。もちろん、ごく少数ですが、明治国家の成立のもとで悲惨な搾取にあった農民や、日本の近代化は同時に悲惨な公害をもたらしたことを指摘する学者や運動家もいました。

あれから五〇年経ち、明治一五〇年を迎えた二〇一八年は全く対照的でした。日本政府は明治一五〇年記念の催しをいくつか企画し、国民の関心を呼び起こそうとしたようですが、私の知る限り、一般市民は明治一五〇年に全く無関心だったようです。一九六八年と二〇一八年の間に一体何が起こったのでしょうか。

明治維新はこれまでしばしば、日本を近代世界に向かって開いた事件として記述されてきました。それ以前の、歴史家が幕藩体制と呼ぶ、最強の藩、徳川幕府との封建的な盟約によって成り立った将軍‐大名連邦制は、近代的な中央集権国家ではなく、そこには明確な国家領土の意識がなく、この国家では近代国際世界の基本単位である領土的国家主権が成り立っていませんでした。もちろん、ごく一部の知識人が、「日本人」の原型となる日本語言語共同体を神話として構想し始め、私は、この事態を「日本語・日本人の死産」と呼び、そのような変化のあり方を分析しましたが、このような国民共同体が人口の大部分に広がることはありませんでした[1]。つまり、国際世界に参加する能力も、国民国家の基盤となる国民あるいは民族も存在していませんでした。つまり、日本人なる集合体が存在していなかったのです。

一八六八年に起こったのは、まず近代的な国家主権（modern state sovereignty）の樹立でした。その結果、日本国家は、明治天皇という総攬者以外の法的な君主・主権者を排除する統一国家体制である旨を宣言します。明治天皇は、連合王国やフランスのように、日本の領土の隅々に至るまで統治する権威を有するとされ、同時に、明治天皇によって象徴される国家主権を他の領土的国家主権が承認することを求めたわけです。近代国際世界の基本的なあり方を考慮すれば、そのような承認がなければ、日本はより優れた軍事力を持つ他の主権国家によって簡単に植民地化されてしまうことは一目瞭然だったからです。当時の日本の知識人は、中国でヨーロッパ列強と清王朝の間に何が起こっているかも聞き及んでいましたし、国際法という近代国際世界を司る体系がどのような政治的な意味を持つかもわかり始めていました。ですから、新たに明治維新を通じて出来上がった日本国家は、中華中心の朝貢外交体制から、ヨーロッパ公法体制へと、その外交の基本姿勢を一気に切り替えることになります。

明治一〇〇年に当っていた一九六八年にもう一度戻ってみましょう。一九六〇年代末までには、日本人の大部分は、明治維新から始まった日本の近代化を基本的に肯定的に感じ、日本のこの達成を密かに誇りに感じるところまで来ていました。このような日本の過去に対する肯定的な見解は――日本の植民地主義の暗い過去やアジア・太平洋戦争での敗北にも関わらず――日本人に自分たちが本来的に優秀な国民あるいは民族であるという自信を与えていました。東アジアでは、唯一日本だけが近代的な統治体制を樹立することに成功し、近代的な官僚制を作り上げ、欧米の産業社会と競争できるだけの科学的・技術的な合理性を内面化することに成功し、例外的に高い生活水準と優れた教育を例外的な特権者だけでなく国民一般に施すことができたと、考えられていました。その結果、敗戦のために韓半島や台湾で主権を失ったにも関わらず、一九六〇年代になると、確実に欧米の先進国の一員になりつつある、と感じることができたのです。

こうした自画自賛の傲慢さは、その当時発表された司馬遼太郎の新聞連載小説『坂の上の雲』に見事に捉えられています。小説では、明治時代に四国の松山に生まれた三人の主人公が日本国民の近代化への覚悟をまさに生きぬき、近代的な価値を内面化するための苦闘が描き出されます。そこでは、日清戦争（一八九四—九五）と日露戦争（一九〇四—五）の二つの戦争に勝利することで「一等国」としての地位を国際世界で獲得する古き良き日本への郷愁だけでなく、一九六〇年代に、日本がアジアにおいて近代化に見事に成功したことへの快い酔いが、二重写しになって投影されていたのです。

近代的な歴史意識を図式的に表象するには、「坂の上の雲」ほど適当な比喩はなかなか見つからないでしょう。『坂の上の雲』では、歴史は連続する直線的な前進として理解されていて、この歴史では、すべての人が前へ前へと前進するように運命つけられています。これは、人は他人の先を行かなければ他人の後塵を拝するという、資本主義の市場の論理に特有の歴史観といえるでしょう。つまり、歴史は、あらかじめ、進化と競争の形式と定められてしまっているのです。ですから、日本の読者は、始めから、近代化されていない社会は遅れた社会であり、先進国に追随することが正しい歴史のあり方であると決め込んでしまいます。進化論あるいは発達史以外の歴史観を一方的に拒絶することになるわけです。ただし、日本の社会が資本主義のもとで近代化する上で、このような歴史観は必

（1）詳しくは以下の拙著を参照してください。*Voices of the Past: the status of language in eighteenth-century Japanese Discourse*, Ithaca, Cornell University Press, 1991;『過去の声——一八世紀日本の言説における言語の地位』斎藤一他訳、以文社、二〇〇二年；『死産される日本語・日本人』新曜社、一九九六年、復刻版、講談社学術文庫、二〇一五年。

要な条件だったわけで、進化論的な資本主義は、ほとんど全てのいわゆる先進国で受容されていったことは忘れるわけにはゆかないでしょう。

日本の大衆はこのような歴史観を受容していましたから、司馬遼太郎が描いたように、明治期の日本人は楽天的で、外向的で、日本の未来だけでなく外国や異国の文明に対する好奇心も旺盛でした。司馬がことさら強調したように、明治期から昭和の時代の日本国民は、日本の外の世界についての旺盛な関心をもっていたわけです。もちろん、ここで、但し書きが必要となります。楽天的で外交的になれたのは、日本国民の全部ではなく、新たな資本主義の世界で「成功した者」だけでした。膨大な数の人々が、このような近代化の動きからこぼれ落ち、社会の低層部を形作っていましたが、彼らは、もっぱら近代化の波に乗り遅れた「封建的遺制」とみなされたのです。そのような立身出世の上昇志向が、社会的常識として受け入れられたのです。この状態は、十九世紀の後半から一九八〇年代まで続きます。そのせいもあって、若者は、日本の外、特にいわゆる「西洋」と呼ばれる外国に、強烈な関心を持つ世代と同一視されてきたわけです。西洋への知的好奇心を持たない者は、いわば「若さ」を欠いた若年寄りのようにみなされ、近代的な社会における上昇志向を欠いた、いわば「負け組」のようにみなされていました。ですから、「海外への好奇心をもつ」ということは、一部の若者に一定の特権を与えることになりました。

明治以前の江戸時代には、西洋に興味を持つ人々の数はごく限られており、幕末から明治維新にかけて、西洋に興味を持つ人々の数が大幅に増えることになります。江戸時代であっても、もちろん海外に由来する知識や海外の事情に興味を持つ人々がいなかったわけではありません。問題となっていたのは、知識のあり方が大きく変わったこと、さらに「海外」の意味が全く異なったものに変わったことにあります。今日は詳論する時間がありませんので、この大きな変換の由来を大雑把に二つだけ述べておきましょう。一つは、（一）中華中心世界の崩壊であり、世界の像が大幅に変わってしまい、世界が近代国際世界（modern international world）に変わったことでしょう。二番目は、（二）日本を国民国家として表象することが始まった事実です。

第一は、世界の図式が、一元的な文明の中で、文明化した中国から野蛮な周辺へと連続的に拡散し、いわば流出論（emanation）的に構想されるのではなく、異なった国民という単位の併存する近代国際世界へと変身することになります。近代国際世界も、別の意味で流出論的な世界ですが、そのあり方は、中華中心世界とは違います。第二は、海外が新たに、領土性（territoriality）によって再定義されることになります。日本群島が海洋に囲まれていたため、国境と海がたまたま一致していたため、「海外」は同時に「国外」になりました。すなわち、海外が同時に領土の外になるわけで、中華中心世界には、このような意味での「海外」は存在しませんでした。文化的な意味でも、中華中心世界には実定的な意味での中国の「外」の世界が存在しなかったのです。つまり、初めて、「日本の外」が存在するようになり、そのような「日本の外」への関心を担う者として、若者たちは新たに日本人を担うことになってゆくわけです。

このような「海外」へと雄飛する希望を担う者として若い人々を、司馬遼太郎は、近代日本国民の未来を担う神話的な若者像として造形したわけです。もちろん、すでに述べたように、明治時代にこのような若者が国民の大多数を占めていたわけではないでしょう。しかし、一九六八年には、このような若者に代表される日本国民の像が受け入れられ、当時の日本社会の自己了解の一部となっていたのでしょう。もちろん、このような近代世界の中に日本国民を配役するやいなや、同時に、一定の世界像を否が応にも受け入れてしまっていたことを忘れるわけにはゆきません。この近代国際世界のあり方は、スチュワート・ホールが「西洋と残余の言説」（the discourse of the-West-and-the-Rest）と呼んだものであり、「海外」は、一つには先進的な知識や高度の産業をもった文明国の集合である「西洋」と、科学もなく生活水準も低い後進的な野蛮国である「残余」に分けられているわけです。つまり、海外への関心は、それ以前の中国文明への憧憬から、「西洋」を学び自らを近代化しようとする未来への希求へと、変わってゆくわけです。その先には、それまで文明化の規範を代表していた「中国」が、征服し植民地化し文明化すべき後進性の象徴としての「前近代」へと没落してゆくことになるのです。

明治時代に日本は国民国家を形成し、近代国際世界に参加し、『坂の上の雲』は、そのような日本の成功物語を描いていたわけですが、この物語を消費したのが一九六〇年から一九七〇年代にかけての日本国民だったわけです。やがて、日清・日露の二つの戦争を通じて、「残余」に没落した台湾と朝鮮を征服し、植民地化し、日本はついに近代国際世界における「一等国」の資格を獲得し、あたかも「西洋」の一員になったかのような幻想を享受することができたわけです。ですから、一九六八年の時点で、このような日本の近代化の物語が、日本国民の大部分から喝采をもって受け入れられたことは驚くに値しないでしょう。一九六〇年代末までには、日本国民の圧倒的大多数が、明治以降の近代化を肯定し、日本人の例外的な達成を密かに自慢し、このような戦後の成功が、実はパックス・アメリカーナの賜物であることを、見て見ぬふりをして済ましていたわけです。

ここで注意しておかなければならないのは、このような近代国際世界に参加したのは日本だけではなかった点です。アジア－太平洋戦争後、それまで植民地化されていた韓国や台湾、中国、ヴィエトナム、そしてインドなども次々に国際世界に参加し、「西洋と残余」(the-West-and-the-Rest) の言説に取り込まれてゆきます。しかし、明治一〇〇年すなわち一九六八年の時点では、日本は、アジアでは傑出した生活水準を既に達成していました。まさに、合州国の近代化論 (Modernization Theory) 者がしきりに述べたように、日本は「全アジアにおける唯一の真に近代化された社会」であったわけです。日本国家は、アジアのすべての後進国の模範であり、日本人はアジア人が模倣すべき「期待された近代化」の具現でした。第二次世界大戦――アジア・太平洋戦争――に敗れたにも関わらず、少なくとも経済的には、日本は帝国の地位を謳歌することが許されていたのです。当時、いまだに、台湾や韓国と日本の間には、植民地支配特有の、生活水準の落差や近代化の度合いの違いが、ありありと存在していたのです。

一般に「中国を失うこと」(Loss of China) と呼ばれる、中国大陸における中国国民党の敗北と中華人民共和国の成立への反応として、合州国政府は「逆コース」と呼ばれる極東政策の変換を行います。それまで中国中心の政策下で進められてきた合州国の占領政策は、「逆コース」の結果一八〇度の方向変更をします。合州国の極東政策は、東アジアの発展の見取図の中心を中国から日本に置くことになり、それまでの日本非軍備化の政策から一転して日本の再軍備化を目指し、戦前の日本帝国国民主義を推進した官僚や政治指導者、財界人を戦犯として戦争責任を問う姿勢から、これらの「戦犯保守」をむしろ免罪し、ちょうど昭和天皇の戦争責任をあえて看過することによって傀儡として利用したように、「親米右翼」として全面的に利用するようになってゆきます。このように日本を反共の橋頭堡として重工業化し、戦後天皇制とともに導入された太平洋横断的な日米共犯体制は、東アジア全域を覆う米帝国主義の分業体制へと進化し、日本はそのような帝国主義分業体制の東アジアにおける中心として再規定されることになったわけです。もちろん、韓国もこのような植民地的な分業体制の一翼を担い、パックス・アメリカーナを推進するために、日韓関係の調整は大変重要な任務となり、このような背景のもとに、日本研究だけでなく韓国研究が合州国で発達することになります。こうして、戦中期以来培われてきた日本官僚による植民地支配のノウ・ハウは、合州国の植民地体制のノウ・ハウへと再編されてゆきます。日本の帝国主義的国民主義者の中には、東北アジアや東南アジアへの人脈や知識をもつ者も少なくなかったわけですが、彼らの多くは今度は合州国の植民地体制に貢献することになります。日本帝国の植民地官僚の多くは、戦後、西太平洋地域において合州国の集団保障体制の担い手になってゆくわけです。

こう見てくると、岸信介ほど、太平洋を横断する合州国と日本の間の共犯関係を見事に表している人物はいないでしょう。岸は、戦前東京帝国大学法学部を卒業した後、商工省を経て、満州国の計画経済の基盤を築いた革新官僚の一人であり、太平洋戦争中の東条英機政権では商工相と大東亜相を兼務しました。岸は、大東亜共栄圏全体にわたる物資の供給を牛耳った、日本帝国の植民地統治のための人脈と金脈の中枢を担う人物だったわけです。日本の敗戦後はA級戦犯として逮捕され巣鴨刑務所に拘留されますが、「逆コース」とともに、中央諜報局（Central Intelligence Agency）を含む合州国政府の諸機関は、この植民地支配の実績をもちまた東アジア全域にわたる人脈を握っていた岸信介にいち早く目をつけることになります。岸も、自らの政治生命の復活をかけて、東アジアにおける合州国の国益を共産主義の脅威から守る合州国の反共主義政策の番頭の役割を引き受けることになり、米国の代理人として日本の政治で暗躍することになります。一九五五年には自由党と民主党を合体させ自由民主党を作り上げる張本人の一人として活動し、一九五七年から一九六〇年にかけて内閣総理大臣の位置を享受し、アジアにおける合州国の権益の構造を強化し、一九五二年に始まった日米安全保障条約体制を半永久的なものに鍛え直すことになります。ですから、この岸信介ほど「下請けの帝国」としての日本を具現した人物もいなかったのです。そして、岸の弟、佐藤栄作がのちに首相となり（一九六四―七二）さらに、彼の娘婿、安倍晋太郎は首相にはなれませんでしたが、自民党幹事長として敏腕を振るい、更に、彼の孫、安倍晋三が現在〔二〇一九年〕も首相の地位についています。つまり、岸信介から安倍晋三に至るこの閨閥は、いわば下請けの帝国としての日本の位置を七〇年に亘って見事に象徴しているのです。

明治一〇〇年のお祭り騒ぎとは対照的に、五〇年後の二〇一八年には日本の進化論的な近代化の語りは、もはや、かつて生み出した興奮や関心を喚起することがなかったことは再度強調しておきましょう。昨年は、政府の音頭取りにも関わらず、明治一五〇年のお祭りはほとんど関心を呼ばず、さらに、国民の歴史を登り坂の隠喩で語ることは、全く流行遅れになったように見えるのです。国民の歴史的な経験を、近代化の物語の構造で捉えることはできなくなってしまったように見えるのです。

第二節　失われた二〇年

一九六八年から二〇年以上経った一九九〇年代に、私は日本の近代化の成功の神話を改めて批判的に反省せざるを得なくなりました。その理由の一つは、「ひきこもり」と呼ばれる社会現象に遭遇したからです。「ひきこもり」という用語は、社会学者や、精神衛生や社会福祉関係の専門家などによって使われ始め、主として男性（女性も少数いる）の若者（中高年の「ひきこもり」の存在が今や脚光を浴びています）で彼らの親の家の彼ら自身の寝室やその自宅から長期にわたって外出することを拒絶し、その結果自らを社会的に疎外させてしまう人々を指します。さらに、「ひきこもり」は、そのような引きこもりの人々だけでなく、そのような極端な疎外現象一般をも指します。

そこで、私は「ひきこもりの国民主義」という用語をこの数年ほど使い始めました。もちろん、「ひきこもり」という言葉をこのように使うことには、躊躇がなかったわけではなりません。しかし、一九九〇年代から二〇一〇年代にかけての、「失われた二〇年」の間に日本の人々が直面してきた反動的、差別的、排他的な政治的な傾向を総合的に語るためには、「ひきこもり」に触れないわけにはゆかなかったのです。そこで、「ひきこもりの国民主義」を説明してみましょう。というのは、この国民主義は、いわゆる「ひきこもり」と呼ばれてきた人々を動機づける思想や空想を指すのではないのです。その代わりに、この用語は、脱産業化社会の多くで見出される「ひきこもり」に対応する、しばしば「内向する社会」（inward-looking society）と呼ばれている社会現象を把握するための概念装置として案出されています。したがって、国民共同体をあたかも閉じられた安住の空間、つまり、「ひきこもり」の若者が空想する閉じられた寝室のような、外に向かって閉じられた空間のように空想した上で、この閉鎖的な国民社会を目指す社会的・政治的な力学のことを、私は、「ひきこもりの国民主義」と呼んだわけです。「ひきこもりの国民主義」の追随者は、国民共同体をあたかも閉鎖した空間のように空想し、この国民という空間は、外からやってくる移民の脅威に曝されていると感じており、そこで、いかにして国外からの侵入者を防ぐか、いかにして不法移民を防御する物理的なあるいは形而上的な塀を築こうかと考えているです。政治的な志向においても、また行動においても、ひきこもりと呼ばれる人々は、「ひきこもりの国民主義」の追随者である反移民人種主義者（anti-immigrant racist）との間に共通点は全くありません。個人の社会拒否としての「ひきこもり」と反移民人種主義の国民主義と

表：国内総生産一人当たり購買力平価の比較

	アメリカ合州国	中　国	日　本	韓　国	台　湾
1982	$14,410	$327	$10,615	$3,040	$4,466
1992	$25,467	$1,028	$21,057	$9,443	$11,901
2002	$38,123	$2,884	$26,749	$18,878	$21,613
2012	$51,704	$9,055	$35,856	$31,950	$38,357

（In current US Dollars, IMF estimates.）

しての「ひきこもりの国民主義」とは全く異なったもので、この二つを混同するわけにはゆきません。

一九八〇年代と一九九〇年代には、台湾と韓国でいくつかの重要な政治改革がなされ、以前は日本の併合領土・植民地であったこれらの国々で、議会制民主主義の基本的制度が根付いてゆくように見えました。さらに、これらの政治改革は、急激な経済成長を背景にして遂行されてゆきました。

これから示すのは、アメリカ合州国、中華人民共和国（中国）、日本、大韓民国（韓国）、中華民国（台湾）の五つの国の個人所得の約三〇年にわたる変化を辿ったものですが、数値は国内総生産一人当たり購買力平価（Per capita gross domestic product purchasing power parity value）で示されています。

一九八〇年代の初期には、台湾と韓国の一人当たり国内総生産は、それぞれ日本の四五％と三〇％でした。それから一〇年後、五六％と四四％に増えます。二〇〇〇年代の初めには、それぞれ八一％と七一％になります。同じ時期に、合州国との比較で日本の一人当たり国内総生産はほぼ同じ水準を維持しましたが、中国の一人当たり国内総生産（ＧＤＰ）は、三％から五％に、さらに二〇〇二年には一一％に。そして二〇一二年には二五％になります。特筆すべきなのは、二〇〇二年から二〇一二年の間に、台湾の一人当たりＧＤＰは日本のそれを超え、一〇七％となります。そして、二〇一七年には、台湾の一人当たりＧＤＰは連合王国とフランスのそれを越えてしまいます。

いうまでもなく、これらの指標は他の指標との連関でも検討されなければなりません。ですから、これらの統計から引き出しうる結論には、限りがあることを承知の上で、太平洋西岸で大きな変化が起こりつつあることを指摘したいと思います。さらに、このような歴史的な変化の中で、東アジアの国々との日本の占める相対的な位置にも、大きな変化が生じてきたことは否めないでしょう。二十世紀末から二十一世紀初頭における、日本の相対的な地位は、それ以前の『坂の上の雲』が示したそれとは、だいぶ違ったものになってきたことがわかるでしょう。「下請けの帝国」として、すでに述べたように、日本は合州国の「封じ込め政策」(confinement policy) の下に特権的な地位を享受してきたわけです。近代化論者が、ことさら日本を近代化の模範と呼んだことの裏には、合州国の地域統治の一環として日本を利用しようという目論見があったわけです。こうして、冷戦の政治状況とパックス・アメリカーナと呼ばれる地球規模の条件のもとで、敗戦によって併合領土・植民地のいくつかを喪失したにも関わらず、日本の人々はあたかも植民地宗主国の国民であるかのように振る舞うことを許されてきたわけです。つまり、パックス・アメリカーナのおかげで、日本は下請けの帝国の地位を許されていたといってよいでしょう。そのために、日本国民の大部分は、それまでに培われてきた、植民地宗主国の市民と被植民地化された人々の間に典型的に見られるような、アジアの隣国の人々を蔑視する習慣と、それに伴った、誇張された自信から、自由になることに失敗してきたのです。

ところが、一九八〇年代以降、そのようなパックス・アメリカーナが凋落の兆候をみせはじめたのです。すなわち、一九九〇年代初頭のバブル経済の破綻以来の日本社会は、新たな国際秩序を構想し模索するどころか、むしろ過去の高度成長の「良き時代」の夢想に捉えられてしまったようにみえます。この二十年間で次第に明らかになってきたのは、日本社会の多くの人々が積極的に自分の力で未来を切り開く進取の精神を失い、「夢よ、もう一度」とでも総括したらよいのでしょうか、過去の安泰を支えていた道徳的権威と良き時代の幻想にしがみつこうとするほとんど強迫的な態度であるといってよいでしょう。

一九八〇年代には、合州国の大学のキャンパスはほとんど例外なく多くの日本人の学生で満ちていました。ちょうど日本車が合州国の市場を席巻した時期で、日本人学生の姿は地球化（globalization）の避けられない兆候として理解されていたと思います。当時、日本の若者の姿は、地球化を告げる未来を予兆していたわけです。時間が経つにつれて、韓国学生の数が日本人学生の数を超え、合州国の高等教育の地球化の動向はますます明らかになってゆきました。さらに、この二〇年ほどは、中国人やインド人の学生の数が韓国の学生の数を超え、いわゆるアジア系の学生を無視しては、合州国の大学は経営不可能なところまで来てしまいました。二〇一七年の統計では、合州国で勉学する国際学生は一〇〇万人を超え、そのうち中国からの学生が三六万人以上、インドからの学生が一九万人以上、韓国からの学生が五万五千人で、唯一の縮小傾向は日本からの学生の数です。日本人学生数は下降線を辿り続けます。一九八〇年代から、日本からの学生は年々減り、今や合州国で学んでいる台湾の学生数を大幅に下回ってしまいました。台湾の総人口は、日本の総人口の五分の一以下ですから、大学生・大学院生の年齢層にあたる日本の若者の世界に対する態度が、アジアの学生のそれとは大きく違ってきてしまってきていることを示しているようです。

世界に対する日本の若者の変わりゆく態度を表しているのは、合州国の大学における学生数だけではありません。むしろ深刻だと思えるのは、日本の若者の世界に対する好奇心が。大きく後退しているように思える点です。最近、私の友人の政治学者が驚くべき資料に注意を喚起してくれました。現在、二〇歳代の日本人で、旅券を申請した者の数が、同世代の全人口の五％に過ぎないのだそうです。過去五年間、旅券を持つ二〇歳代の日本人の数は五％から六％の間で上下しています(2)。一五年前には九％でしたから、徐々に下がってきていることがわかります。全年齢で見ると、二四％の日本人が旅券を所持していますが、これはいわゆる産業化された国々の間では驚くほど低い数字です。もっとも世界の産業化された社会の中でも、日本の二〇歳代の若者の経済的状況はことさら劣悪ですから、このような経済的逆境を考慮しなければならないでしょう。にも関わらず、日本の若者が海外への好奇心を失いつつあることは否定できないのではないでしょうか。さらに、私の危惧を裏付ける資料が上がっています。

日本の企業の新入社員を対象として二〇一五年に行われた産業能率大学調査では、「あなたは海外で働きたいと思いますか」という質問に対して三六・三%が肯定的な回答をしている（その内訳は、九・一%が海外のどこの国でも働きたい、二七・二%が海外で働いても良いが一定の国では働きたくない）のに対し、六三・七%の新入社員が否定的な回答をしています。(3) 二〇〇一年には、同様の質問に対し、わずか二七・二%が否定的な回答をしたのに対し、七〇・七%が肯定的な回答をしています（肯定的な回答の内訳は、一七・三%がどこの国でも働きたい、五三・一%が一定の国は避けたい）。つまり、海外での体験可能性について、日本の若者の変化がほぼ逆転していることがわかるのです。日本を離れ外国で働きたくない日本人の若者の数が、ますます増えつつあると言えるでしょう。

これらの統計は、大雑把な仕方で、これまで私が過去四〇年近くにわたって観察してきた日本社会の変化を裏付けてくれているようです。つまり、現在の日本の社会を「内向する社会」（inward-looking society）と規定することは、それほど的外れなことではない、といえるのではないでしょうか。そこで、日本の何が日本の若者を内向的にしているのでしょうか。どのような文脈で、このような「ひきこもり」が起こっているのでしょうか。

（2）http://www.mlit.go.jp/common/001083168pdf. Tourism Strategy Division, Japan Tourism Agency, the Japanese Ministry of Land, Infrastructure, Transport and Tourism.

（3）産業能率大学の行った調査を日本経済新聞（二〇一五年一〇月二五日）が報告している。

第三節　パックス・アメリカーナと東アジアの日本の地位

過去の栄光を絶対視し、眼前の現実を否認するこの態度は、見たくない嫌な現実を指摘する人々を排除したり黙らせることによってかろうじて成り立っています。「赤信号みんなで渡れば怖くない」という北野武が発明した警句が見事に捉えているのは、このような時代精神でしょう。つまり良き時代の幻想は「ひきこもろう」とする仲間の内だけでしか通用しないので、周囲に同調することに躊躇する者を暴力的に排除したり仲間外れにすることによって、かろうじて維持されています。「赤信号は危ないよ」と敢えて警告する人間を黙らせなければならないからです。しかもマスメディアは、このような仲間内の議論に干渉する代わりに、協調性のために正義や公正さを犠牲にする論理にますます弱腰になってしまいました。ところが、このような協調性の神格化は、一旦日本の外に出ると全く通用しませんから、日本国民共同体のなかに空想的に閉じこもろうとする願望が人々を捉えてしまう。このような慰安の場として空想された日本の国民共同体から一歩でも出ると、異質で協調性を尊重しない人々と触れ合わなければならなくなりますから、このような「ふれあい」の機会をできるだけ避けるようになるのです。国際世界からいわば「ひきこもる」傾向が、たんに個人の生活の場面だけでなく国民政治やマスコミそして大衆文化においても顕著になってきた事情の背景には、このような現実に対する否認の力学が機能していると考えざるをえないのです。私が「ひきこもりの国民主義」と名づけたこの傾向は、個人の心理に還元することはできません。むしろ、この国際世界から「ひきこもる」傾向はある種の権力編制によって維持されていて、この権力編制を生権力（bio-pouvoir）の一翼を担う集団的な空想の実践系として解明していきたいと、考えています。

そこで、最初に、どのような経緯で、戦後の日本の国民主義にとって、パックス・アメリカーナがこれほどの重要性をもつようになってしまったのか、なぜ日本の人々は、パックス・アメリカーナの呪縛にこれほど捉えられてしまったのか、という問いに答えるように努力してみましょう。ただし、このような問いを提出する傍ら、もう一つの重要な問いも考えてみたいと思います。それは、日本国民がおかれたポスト・コロニアルな条件にかかわっています。たしかに、日本帝国は崩壊しましたが、日本の人々（戦後も日本籍をもち続けた人々）の帝国意識はじつは崩壊しなかったのではないかという、これまでも表明してきた疑念なのです。さらに、もし日本人の帝国意識が存続したならば、そこにはまぎれもない歴史的な理由があるはずで、この理由を考察しないわけにはゆきません。戦後日本に残存した帝国意識を解明するために、一九九〇年代以降に日本社会が直面しているのは、まさにポスト・コロニアル状況（行政体制、法制度や経済支配としての植民地統治が終わったにもかかわらず、意識構造や集団的自己画定の様態としての植民地体制が存続する状態）なのではないか、を考えてみる必要があります。

パックス・アメリカーナと日本のポスト・コロニアル状況にかんするこれらの一群の問いは、一つの焦点をめぐって配置されています。その焦点を要約していえば、「恥の体験」ということになるでしょう。というのは、経済的独占や政治的抑圧の制度としての植民地主義が失われたにもかかわらず、国民的同一性の核としての植民地主義が存続しているとき、人々が脱植民地化のための自己変革を遂げるためには「恥の体験」を経過しなければならないはずだからです。ところが、この二十年間、日本社会では却って「恥の体験」を恐怖し「恥の歴史」を否認する傾向がますます強くなってきています。つまり、日本社会が「恥知らず」になってきているのです。そして、「恥知らず」になることを「恥ずかしく」感じないでいられる心性を当然視する風潮が強まってきてしまっている。とりあえず、このような脱植民地化を拒絶する国民主義は、疑いもなく、「ひきこもりの国民主義」の一面を表わしていて、国際世界から「ひきこもる」傾向と脱植民地化を拒絶する態度とは、「ひきこもりの国民主義」の表裏をなしているといってよいのではないでしょうか。

ここで個人の次元で起こる所謂「ひきこもり」現象と、私が「ひきこもりの国民主義」とよぶ現象とは、明確に区別しておかなければならない点を再確認しておきましょう。とりあえず、私が「ひきこもり」と「ひきこもりの国民主義」とを分ける理由は、あえて要約すれば、個人が担う「ひきこもり」には、資本主義が駆使する合理性や家父長的な自己責任の論理に対する告発という貴重な契機があるのに対して、「ひきこもりの国民主義」はそのような告発の契機を集団的な排外主義に転位するもので、同じ「ひきこもり」と呼ばれているにもかかわらず、全く正反対の方向を指し示しているからです。「ひきこもりの国民主義」は、同時に、反移民人種主義であることを見逃すわけにはゆかないのはこのためです。

そこで、この集団的ひきこもり現象を、「恥の情」の視点から分析することによって、脱植民地化の感性－美学(aesthetics)を考えてみたいと思います。なぜなら、恥をめぐる体験こそが、かつて植民地宗主国の側にいた人間と被植民地住人の間に、それまでの支配・従属あるいは蔑視・憧憬の関係とは違った新たな社会関係を作り出す歴史的に創造的な過程だからです。私たちは「恥の情」を通じて、新たな共同性を作り出すだけでなく、古い主体を解体し新しい主体を制作することができるのではないでしょうか。つまり、私が試みているのは、「恥の体験」と主体的技術とを接合することであり、そうすることで、日本のポスト・コロニアル状況を脱植民地化の方向から解明することなのです。(4)

しかし、日本のポスト・コロニアル状況を考えるうえで、まず、直面しなければならないのは、パックス・アメリカーナの現実でしょう。というのは、これまで、日本の国民の圧倒的大多数は、アメリカ合州国の覇権を所与の条件として生きて来たからです。しかし、徐々に、パックス・アメリカーナは揺らぎ始めてきて、日本国民は合州国の政財界の指導者の意向に沿ったものとは別の選択をしなければならなくなってきています。

すでに一九四二年の段階から、合州国の政策決定者の一部は、天皇裕仁を温存し昭和天皇が象徴する日本人の国民意識を占領に取り込む作戦を構想しはじめます。日本国家を軍事的に圧倒しようとするときには日本国民に内部分裂を持ち込むことは望ましい。しかし、一旦占領するとなると、日本国民の協力が必要になり、国民の統合が失われてしまうとたいへんに統治が難しくなる。占領した後には、かえって、国民的団結があった方が都合がよいのです。日本の国民主義をいかにして日本占領に利用すべきかを、米国政府の政策決定者たちは熟考したのです。日本国民のための国民主義ではなく、連合国あるいはアメリカ合州国にとっての日本国民主義を、どのように、準備するかを真剣に考えたわけです。

フランクリン・ルーズベルト政権の政策決定者たちの努力の一端は、歴史資料のなかに如実な形で残されています。その一例は、タカシ・フジタニが合州国国会図書館で発見した「対日本政策に関する覚書」です。[5] 一九四二年

(4)『思想』一〇九五号に収められた二〇一二年になされた対論での西川長夫の発言に示されているように、主体の概念は一九六〇年代に大きな展開を示しています。日本の大学闘争でも、西川がパリで感じ取ったような主体のラディカルな疑問提出は感じ取ることが可能だったのですが、しかし、日本の新左翼は、この新たな主体概念への挑戦に伴う衝撃に対して極端に鈍感でした。

ちなみに、「主体的技術」とは三木清や西田幾多郎といった京都学派の哲学者が導入した概念です。戦後になって、京都学派とは全く違った視座からミシェル・フーコーが「自己の技術」として採り上げたことはよく知られています。京都学派の哲学者は人間主義的な方向から、多民族帝国の主体としての「日本人」を制作する技術として主体的技術を考えたわけで、そこには教養主義的な文化概念が大きな位置を占めていたわけですが、フーコーは人間主義を批判する方向で主体を理解するために「自己の技術」の分析を遂行しました。現在も存続する帝国意識は京都学派的な「主体的技術」の残滓と考えることもできますが、しかし、まさにパックス・アメリカーナに完全に取り込まれてしまっているために、戦前の「主体性」がもっていた「民族主義批判」の契機や「多民族性」や普遍主義的な方向性は完全に失っています。にもかかわらず、「主体的技術」という概念は、帝国意識と主体の制作のかかわりを考えるうえで、手助けになるはずです。

(5) この「対日本政策に関する覚書」は、タカシ・フジタニによって、National Archiveで一九九九年に発見されました。「覚書」原文を直ちに見せてくれたフジタニ氏の厚意に感謝します。フジタニ氏の論考として『ライシャワー元米国大使の傀儡天皇構想』(『世界』二〇〇〇年三月号)及び "The Reischauer Memo: Mr. Moto, Hirohito, and Japanese American soldiers" in *Critical Asian Studies*, 33:3, 2001を参照して下さい。昭和天皇の処置については、真珠湾攻撃のあった一九四一年の翌年に、既に戦争省内で政策の検討がはじまっています。一九四二年九月、つまり、日本の敗戦の三年前に既に、戦後の日本占領の方策が研究されていた

九月に、当時ハーバード大学の教授の地位を獲得したばかりのエドウィン・O・ライシャワーは同時に合州国政府の諜報員でもありましたが、とても興味深い覚書を合州国戦争省に送っていたのです。後に合州国の日本に関する地域研究の生みの親と呼ばれ一九六〇年代には駐日合州国大使となるこの「愛日家」の手になる「覚書」には、象徴天皇制の構想がまとめられています。勿論、傀儡天皇制がそのまま一九四二年の時点で合州国政府の既定方針であったわけではありませんが、その後の歴史の中で、天皇を占領の主要な手段として使うという方針は合州国政府の対日政策の基本となってゆき、第二次世界大戦後の米日協力体制の基盤を作り上げることになります。「対日本政策に関する覚書」には他の事項（人種主義政策など）も触れられていますが、ここで素描された天皇制構想は、その後日本占領を通じて実現され、現在の日本国家の礎を形づくることになります。確かに、戦後日本の国家は、合州国の周到な準備の結果として、日本占領を通じて形づくられたといってよいでしょう。

第四節　脱植民地化と下請けの帝国

戦争中に練られた傀儡天皇制構想を基軸にして、合州国とその連合国はアジア太平洋戦争後の日本国家の再建に勤しみました。天皇を転向させることに成功した結果、彼の臣民であった日本国民を戦後転向させることに見事に成功したのです。したがって、傀儡天皇の下に傀儡国民が生まれます。しかし、天皇が傀儡であるということはわかりますが、国民がその国民としての存在において傀儡であるとはどういうことなのでしょうか。「傀儡国民」とはどのような事態を指し示しているのでしょうか。

二〇一二年十二月の衆院選挙によって復活した安倍晋三自民党政権の公約、施政方針、政策提言を聞いていて驚かされるのは、戦後一貫して日本が服してきた合州国への従属の事実が黙殺されているだけでなく、東アジアに現出しつつある新しい現実、そして中国、台湾、韓国経済の台頭が生み出しつつある新しい世界の有様が全く無視されていることなのです。日本をめぐる新しい現実を見て見ぬ振りをすることで、彼らの現状認識と未来への提言はかろうじて辻褄のあったものとなっているようです。まさに、「赤信号みんなで渡れば怖くない」という事態が、国民規模で現出しているかのようです。

このような時代錯誤の状況判断が国民に受け容れられるためには、どのような歴史的条件があり、どのような戦略が用いられているのでしょうか。まず私たちが問わなければならないのは、どうしてこのような自己閉鎖的で集団自己憐憫的な状況認識が日本の社会でこれほど蔓延するようになってしまったのか、でしょう。

サン・フランシスコ平和条約体制下での独立以降、国際法でいう領土国民国家主権でありつつ、戦後一貫して日本は合州国の属国の立場に甘んじ日本国民は半植民地条件下に置かれてきました。戦前の「満州国」は、建前上は独立国でしたが国家経営や経済運営においてまぎれもなく日本の属国であり植民地でした。ちょうど同じように、連合国による占領が終わった後の一九五二年以降の日本も建前上は独立国でしたが、軍事・外交等の面では「合州国の満州国」であり今もそうあり続けているといってよいでしょう。(6) 私がこの小論で問題としたいのは、国際法で規

のです。なお原文は Edwin O. Reischauer, "Memorandum on Policy Towards Japan," 14 September 1942; with materials collected by War Department General Staff, Organization and Training Division, G-3. Concerning "Enlistment of loyal American citizens of Japanese descent into the Army and Navy," 17 December 1942; 291.2, Army-AG Classified Decimal File 1940–42; Records of the Adjunct General's Office, 1917–, Record Group 407; Entry 360; Box 147; National Archives at College Park, MD で、合州国の National Archive に保存されている。

（6）戦後日本の国家主権を考察するうえで重要な役割を果たしているのが、満州国の事例です。「合州国の満州国」についてのより

定された主権国家の国民としての日本人ではありません。むしろ、主権国家という規定によって隠されてしまっている、様々な権力の実践系（regimes of power relations）です。すなわち、日本の国民国家の独立を、植民地支配の実践として捉えることです。別の言葉でいえば、一九五二年以降の日本は独立していたが故に植民地化されていたのです。まさに新たな植民地主義の一形態としての国民主義がここに現れているのです。

「中国を失うこと」（Loss of China）の後で発案された合州国の「封じ込め政策」が成功するかどうかは、まさにこのような近代化の模範生であった日本を自由主義陣営に繋ぎ止めることができるかどうかに懸かっていたのです。そこで彼らが注目したのが、中国人と韓国・朝鮮人に対して日本人の多くがもつ人種的な優越意識でした。中国人や朝鮮人などの「アジア人」を蔑視して、自分たちはアジア人とは違っていると自認する日本人こそが、当時の合州国政府によって「期待された日本人像」だったのです。日本と中国が歩み寄り統合された東アジアは、合州国の政策決定者にとって、悪夢以外の何物でもなかったのです。

サン・フランシスコ平和条約の草案作製にかかわり、アイゼンハワー大統領の就任とともに国務長官に任命されたジョン・フォスター・ダレスは一九五二年の独立後の日本とアジアの国々との関係を注意深く考察していて、日本人の抱いた中国人観と韓国・朝鮮人観には人種主義が深い影を投げかけていることを見逃していません。そして、日本人の人種意識を「封じ込め政策」に利用することを提言します。したがって、彼の日本政策に「日本人には人種主義者になって貰わなければならない」という戦略を読み取ることは困難ではありません[7]。もちろん、ここで誤解してもらいたくないのは、敗戦にいたるまでの日本国民が人種主義者ではなかったなどと、私が考えているということではありません。多民族国民国家においては、植民地体制がありましたから、人種主義は不可避的に日本社会の隅々に現存していました。関東大震災における朝鮮人虐殺の例にもみえるように、人種差別は日常化していました。しかし、同時に、人種主義に対する批判も存在していましたし、日本の知識人の中には日本の人種主義に深く憤る者も少なくはありませんでした。したがって東条英機内閣下の企画院が出した公刊物では、少なくとも大日本帝国では人種主義は弾劾されなければならないと宣言されています。[8] しかし、東条政権に代表される日本政府の人種主義批判の言辞は、もちろん植民地体制が孕む人種差別を隠蔽するものであることは明瞭でした。しかし、日本の敗戦後には、この程度の人種主義批判の言辞も消滅してしまい、現在にいたっています。最近の在特会のような団体の人種主義が、日本の人種主義を否が応にも可視化してしまい、日本社会には人種主義批判を支える制度的保証も人種主義を弾劾する言説も存在していないことが、国連等の指摘で世界中に知られることになってしまいました。ダレスは、すでに六十年前に、このような日本社会の状況を驚くほどよく理解していたのです。

ダレスは「西洋」あるいは「西側陣営」(Western Alliance)を「アングロ・サクソンのエリートクラブ」とみなしています。彼の世界観は人種的な秩序の上に成り立っていたわけですが、[9] もちろん自分の人種主義を度外視した上で、

詳細な議論は、拙著『日本/映像/米国——共感の共同体と帝国的国民主義』青土社、二〇〇七年、とくにその第五章「比較という戦略」、および『希望と憲法——日本国憲法の発話主体と応答』以文社、二〇〇八年を参照してください。

(7) ジョン・ダワーも、ダレスは日本を「西洋」(西側陣営と訳されてきた)に惹き付けておくためには日本人の人種的優越感を利用すべきであると考えていた(Introduction in 'E. H. Norman, Japan and the Uses of History': 40–41)と、述べています。ダワーも、Frederick S. Dunn (*Peace-making and the Settlement with Japan*, Princeton University Press, 1963: 100) を引いています。

(8) 代表的な社会学者高田保馬や新明正道などの知識人による人種主義批判の出版物だけでなく、日本政府機関も反人種主義を日本の戦争努力の正当化の理由として上げています。その典型的なものとして、例えば、『大東亜建設論』を上げておきましょう。これは、東条英機内閣の掲げた「八紘一宇」の方針を支える政策を具体的に列挙する企画院書記官村山道雄を著者とする日本政府の宣伝文書ですが、そこでも、反人種主義は東条政権の基本方針とされています。もちろん、「八紘一宇」の下に反人種主義がそもそも可能なのかという疑問は、この文章を読む者にとって避けることは難しいでしょう。『大東亜建設論』、商工行政社、一九四三年。

彼は日本人の人種主義に注目しています[10]。近代化されていないアジアの諸国民に対して日本人は密かな優越感をもっていて、「エリートクラブ」のもつ社会的地位に惹き付けられている、と彼は判断していました。外交史専門家フレデリック・ダンは、ダレスが残した記録を踏まえて、ダレスの戦略を以下のように要約しています。

中国人、朝鮮人、そしてロシア人に対して日本人がもつ人種的かつ社会的優越感を利用して、共産主義世界の人間たちよりもずっと優勢な（superior）自由主義陣営の世界のグループの人間たちの仲間になれるという点を強調することによって、日本人に自由主義陣営に留まるように説得できるはずだろう[11]。

ひとは、近年の靖国神社や慰安婦問題、歴史認識をめぐる日本政府と中国、韓国政府との応酬を見ていると、ジョン・フォスター・ダレスの慧眼に瞠目せざるをえません。現在〔二〇一九年〕安倍政権は、とくに韓国に対して居丈高な態度をとっているわけですが、そのシナリオは、半世紀前に「封じ込め政策」のために、合州国の政策決定者が用意したものとほとんど変わりません。もちろん、現時点からみて、ダレスの日本の政治状況の読みが正確であったというだけではなく、ダレスはこのような日本人の人種意識を醸成する制度的な条件をも作り上げることに貢献してきた点も忘れるわけにはゆきません。

もうひとつ第二次世界大戦後の世界で「下請けの帝国」となった典型的な例として、連合王国がありますが、これについては別の機会に触れることにしましょう。

アジア太平洋戦争に敗北し植民地を喪失したにもかかわらず、一九五〇年代以降の日本人が脱植民地化の過程を身に沁みて経験しないで済んだのは、このような植民地体制の二重構造のためでした。この点で、二世代遅れて出てきたにもかかわらず、安倍晋三は一九五〇年代・一九六〇年代の日本がおかれた植民地の二重体制・冷戦イデオロギーを最も見事に体現した政治家といってよいでしょう。日本の植民地主義の責任を否認して中国人や韓国人に対しては居丈高な態度をとるが、相手が合州国政府となり白人アメリカ人となると頭が上がらず、卑屈な対応しかできない。

（9）このような二重基準は、戦後の地域研究に引き継がれ、地域研究の基本構造として制度化されることになります。この体制は、基本的には、すべての地域研究者によって踏襲されました。即ち、研究者の所属する「世界」と地域の原住民の所属する「世界」とを別々のものと考え、原住民に適応される倫理的規範を自分たちに当てはまるものとは見做さないのです。つまり、倫理的には研究者と原住民は同じ「世界」に生きることがない。一九八〇年代にヨハネス・ファビアンが文化人類学の言説について指摘した「同時性の喪失」（Loss of coevalness）と類似の権力構造が地域研究には存在します。私は、この構造を分離（separation）と呼んでいます。分離の実践系については、拙稿 "Positions and positionalities: After two decades," in *positions asia critique*, vol. 20, no. 1, 2012: 67–94を参照して下さい。

（10）なお一九二〇年代には、彼は、人種主義と対日政策についての彼自身の考察を述べています。その時期から一貫して、日本と合州国の関係の基軸に人種主義があり、人種主義への対応次第で、合州国の政体と資本主義が正統性の危機に陥るであろうことは理解されていました。

（11）拙訳、Frederick S. Dunn, *Peace-making and the Settlement with Japan*, Princeton: Princeton University Press, 1963: 100）。原文は次の通り、"it might be possible to capitalize on the Japanese feeling of racial and social superiority to the Chinese, Koreans, and Russians, and to convince them that as part of the free world they would be in equal fellowship with a group which is superior to the members of the Communist world." 五十嵐武士も『ダレス覚書』（一九五〇年六月六日）の全く同じ箇所を引用していますが、興味深いことに、ダレスの人種主義の指摘はありませんし、訳文もむしろ原文の人種主義的な意味を避けるようになされている点は、興味を引かれます。（『対日講和と冷戦』東京大学出版会、一九八六年、一四五―一四六頁）。これとは対照的に、ジョン・ダワーはダレスの人種主義を指摘しています。John Dower, *War without Mercy*, New York: Pantheon Books, 1986: 311.（『容赦なき戦争――太平洋戦争における人種差別』平凡社ライブラリー、二〇〇一年、五〇九―五一〇頁）

二〇〇七年の安倍晋三の首都ワシントン訪問は、彼のなかに内面化された戦後日本の下請け帝国体制の二重構造が見事に露呈した機会となってしまいました。元従軍慰安婦の再三の要求にもかかわらず、安倍首相は会見だけでなく慰安婦問題を論じること自体を公的に拒絶していました。ところが米下院を始めとして、慰安婦問題に対する日本政府の態度を許し難いとする意見が合州国で優勢になってくると、安倍は、こともあろうに、元慰安婦本人たちへの謝罪を拒絶する一方で、合州国大統領ジョージ・W・ブッシュに向かって慰安婦問題で「ごめんなさい」と個人的に謝る、全くのお門違いの挙に出たのです。この行動は、世界中のマスコミで広く報道され顰蹙を買いましたので読者のなかにも記憶されている方がおられるかもしれません。彼の行動が滑稽でありかつ醜悪であったことに議論の余地はありませんが、しかし、ここで見逃せないのは、安倍の奇矯な振る舞いが日本の植民地支配／被支配の二重構造を見事に表わしている点です。

韓国や中国、フィリッピンやインドネシアの人々から日本の植民地主義の責任を問われても返答を拒絶して平然としていられるだけでなく、NHKで戦時性犯罪に触れた番組が放送されると知るや、強引に干渉して番組を検閲するという表現の自由という基本的人権を踏みにじる行為を彼は厭わない[12]。つまり、アジアでかつて日本が占領した地域やその住民に対しては傲慢で見下す態度で臨み、あたかも、日本と近隣諸国との間に未だに植民地統治の位階が存続しているかのように、横柄な帝国主義者として振る舞うことを厭わないのです。このような傲慢さを「帝国の自信の表れ」と誤解する国内の選挙民に彼はアピールしようとします。ところが相手が合州国となると、その態度は豹変します。従軍慰安婦問題で責任をブッシュ本人から問われているわけでもないのに、率先して、合州国大統領をあたかも「父」の位階にある道徳的な権威と崇めたて、ブッシュに対して自主的に謝罪するに到るのです。ブッシュ個人を道徳的権威そのものとみなし、安倍はいわばひれ伏すような態度しかとれない。安倍晋三のこの行動には、精神分析でいう「転移」（Übertragung; transference）がものの見事に顕現しています。

つまり、安倍個人および彼の同伴者の行動や言辞に如実に現れた二重構造は、戦後の日本の「下請けの帝国」の基本構造を表わしていて、日本の選挙民――安保闘争だけでなくヴィエトナム戦争も知らない若い世代の選挙民も含めて――には、まさに彼らがパックス・アメリカーナの言説に捉え込まれている度合いに応じて、安倍の提言や政策が彼らの不安を癒してくれるかのように聞こえてくるのです。

これから、「恥の体験」と「ひきこもりの国民主義」を考えることで、彼らの抱く「帝国意識」と彼らが陥ってしまったポスト・コロニアル状況のなかで、なぜこれほど彼らは「恥の体験」を恐れ、東アジアの人々との出会いを忌避しようとするのかを、考えてゆこうと思います。[13] このような見通しのもとに、私は、安倍の奇矯な言動や行動の分析からパックス・アメリカーナの言説一般の理解へと議論を進めてきたのです。

第五節　帝国の喪失と恥の体験

「帝国の喪失」という言葉があります。英国の文化研究で案出されたこの用語は、宗主国の国家主権に植民地の

---

(12) 次の著作は、この事件の詳細な考察をおこなっています。『番組はなぜ改ざんされたか――「NHK・ETV事件」の深層』(一葉社、二〇〇六年刊)、『消された裁き――NHK番組改変と政治的介入事件』(凱風社、二〇〇五年刊)。

(13) 鵜飼哲は、この問題を罪と恥の差異の問題として綿密に検討しており、彼の議論から多くの示唆を受けました。『償いのアルケオロジー』(河出書房新社、一九九七年)、「事項なき羞恥――戦争の記憶の精神分析に向けて」(『抵抗への招待』所収、東京、みすず書房、一九九七年、三四六―三七一頁)、「ある情動の未来」(『トレイシーズ』第一号所収、日本語版、岩波書店、二〇〇〇年、三八―七〇頁)など。

人々が従属させられる意味での法・経済制度としての植民地統治体制が消滅したにもかかわらず、脱植民地化が阻害されている事態を言い表しています。しばしば誤解されてきたことですが、ポスト・コロニアル研究の主要な関心の対象は、かつて植民地支配を受け、独立闘争を経て主権国家の資格を獲得する旧植民地の人々だけではありません。ポスト・コロニアル性が最も如実に現れるのは、かつて植民地を支配し、自らを特別な支配者と任じてきた植民地宗主国の人々の方なのです。日本帝国の場合でいえば、かつて帝国日本に併合された朝鮮半島、台湾、南樺太や沖縄などの太平洋諸島さらには日本に占領された地域や中国大陸の人々ではなく、日本本土に戸籍をもった内地人としての日本人とその末裔こそがポスト・コロニアル研究の主要な関心の対象なのです。

「帝国の喪失」と呼ばれる現象は、旧植民地宗主国の住民が、植民地体制の崩壊の現実に直面することができず、過去の植民地統治の階層秩序に固執することを指しています。過去の安定した階層秩序のなかでしか、彼らは慰安を感じることができなくなっているのです。帝国を失うことによって、それまで宗主国国民の優越感を支えていた社会・経済格差が消えてしまいます。社会・経済格差は宗主国民に過大な自尊心を与えていました。たまたま植民地統治秩序で優位な立場に置かれていたのに過ぎないのに、それを自分の資質や出自の優秀さであると誤解してしまっていたのです。しかし、植民地体制を支えていた格差が消滅してしまった時、宗主国民はそれまでの矜持を維持することが困難になります。

そこで旧宗主国国民は、「帝国の喪失」問題に直面しなければならなくなります。帝国が失われた後、旧植民地帝国の国民はどのように自分たちの矜持を維持することができるのでしょうか。ここで注意しておかなければならない点があります。領土主権や経済的な利権の担い手のための制度としての帝国が一夜で崩壊したとしても、帝国を支えていた集団的な空想としての「覇権」は簡単には変わることができないのです。集団的な空想が変わるためには、つまり旧宗主国の国民が自己変革をするためには、激しい、ほとんど外傷（トラウマ）と呼べるような体験を経なければならないのです。

一般に、世界が大きく変わってしまったにもかかわらず、宗主国国民はそれまでもっていた過大な矜持をこれからも維持できると思いこんでいます。というのは、宗主国国民は、自分たちの矜持が尊大なものであり、第三者の目から見ればほとんど滑稽なものであることに気づいていないのが普通だからです。植民地支配者としての自分たちの立場が崩壊すればするほど、旧植民地帝国の国民は旧植民地の原住民を蔑視し続け自分たちが優位にあることを、自らに言い聞かせようとあがきます。しかし、彼らの優位を支えてくれるはずの客観的条件はなくなっている。そこで起こるのが、現実の否認であり、帝国の幻想を壊してしまうような外の人間を避け、古い幻想に固執する仲間内だけの世界にひきこもろうとすることです。とくに現在の社会において、社会の上昇流動性に乗り遅れてしまった人々、文化資本をもたず労働市場などで競争に勝てる見込みの少ない人々、いわゆる資本主義の競争に敗れて雇用や結婚に不安を感じていて（プリケリアス＝不安な状況に於かれている）社会的な認知を得られないとおもっている人々も、自分では一度も植民地統治体制を生きたことがないにもかかわらず、古い階層秩序と「美しい日本」の幻想に固執しようとするでしょう。もちろん、帝国の喪失の現実に直面し、それまでとは違った生き方をしようとする人々もいることはいます。しかし、歴史の変化について行けず、過去の栄光にすがろうとする人々も大量に出てくる。

ではこのような社会・経済・政治的な条件が変わってくるとき、このような時代の変遷に対して人はどのように対応しなければならないのでしょうか。

そこで、社会編制の政治、経済、そして社会的なマクロな状況の分析から、個人の感情や倫理といった感性－美学的（aesthetic）・実践的（practical）なミクロな状況の考察の焦点を移してみましょう。

第六節　ひきこもりの国民主義と恥という主体的技術——恥という〈ふれあい〉へ向かって

私は「ひきこもり」という言葉を、相反する二様に使ってきました。その理由は、読者に「ひきこもり」という言葉に直ちに否定的な意味を想定して欲しくなかったからです。私は「ひきこもり」そのものに道徳的に否定的な意義をもたせるつもりは全くありません。これに対して、「ひきこもりの国民主義」には警戒が必要だと考えています。というのは、そこには、人種・民族・国民といった同一性の実体化が含まれていて、排外的な人種主義の力学が前提されているからです。「ひきこもりの国民主義」は直ちに反移民人種主義（anti-immigrant racism）を喚起するでしょう。

近年、多くの人々が「ひきこもり」の現象に注目するようになりました。「ひきこもり」は社会関係を避け、職業、教育、そして社会活動一般から自らを疎外させますから、そのような個人は成人として社会に受け容れられることが困難になります。アスペルガー症候群やいわゆる自閉症と見まがうような徴候を示すこともありますが、むしろ社会的な条件による所が多く、そのかぎりで「ひきこもり」は、協調性や競争原理を過度に重視する新自由主義的な社会についてゆけない人々による、市場原理によって統御された近代社会への、自らの社会的存在を賭けた、拒否・告発と見ることもできるのではないでしょうか(14)。

これに対して、「ひきこもりの国民主義」には、現代の資本主義や新自由主義的な競争原理や市場至上主義に対する拒否や告発の要素はほとんどみられない点は、再度確認しておきます。「ひきこもりの国民主義」に同感する個人が自己の職業的、教育的、あるいは社会的経歴を犠牲にしてまで自我理想を貫き通そうとすることもありません。むしろ、人々は「ひきこもりの国民主義」を通じて、自分が空想された国民共同体に包摂されており、共同体から疎外されることがありえない「癒し」の状態にあることを空想的に確認しようとするのです。したがって、「ひきこもり」が非迎合的な個人を予想しているのに対し「ひきこもりの国民主義」は迎合的な個人に訴えるといってよいでしょう。だからこそ、「ひきこもりの国民主義」では、国民共同体の内部に帰属すると思われた人間に対しては協調性の精神が強調されるのに対して、国民共同体の外にいると思われた人間に対しては、暴力的な排除の論理が主張されるのです。

そこで問題となるのが、その迎合性にもかかわらず「ひきこもりの国民主義」が示す暴力性であり、「ひきこもりの国民主義」において、どのように国民共同体が空想的に構成されているかです。個人が帰属する国民共同体は法的な国籍や基本的人権の問題である前に、「ひきこもりの国民主義」においてはまず集団的な空想の位相で現れます。さらに、ひとが国民共同体に包摂され日本国民に帰属していることが確証され「癒し」の安心感を与えてくれるためには、国民共同体の内と外がはっきりと区別されている必要があるのです。

ここで私が注目せざるをえないのは、このような国民共同体の内と外を分離する空想のエコノミー（配分）であり、このエコノミーの下でどのような逸話が蓄積されているかです。そして、この集団的な空想の文脈において、「恥」に関する諸問題が重要性を帯びてくるのです。そして、私たちがどうしても直面しなければならないポスト・コロニアルな条件の具現化としての「慰安婦問題」が浮かび上がってきます。

最後に、これまで「集団的な空想」と呼んできた、人々の感性・美学的な存在にもう少し踏み込んで考えてみましょう。というのも、「慰安婦問題」を分析してみて解ることは、一方で「ひきこもりの国民主義」の考察と他方で「恥の現象学」が、現在日本の人々がおかれたポスト・コロニアルな状況を考えるうえで、いかに重要であるかを指し示しているからです。また、「慰安婦問題」の考察を通じて、「集団的な空想」の編制という社会制度の審級

（14）この点で重要な論考として以下のものを挙げておく。米山リサ「戦争のかたり直しとポスト冷戦のマスキュリニティ」、倉沢愛子他編集『岩波講座　アジア太平洋戦争』第一巻、岩波書店、二〇〇五年、三一七―三五六頁。

と、いわゆる個人の「情緒」の審級を、媒介する必要があるからです。と同時に「慰安婦問題」は「ひきこもりの国民主義」のアキレス腱であり、「戦後否定論」のもつ根本的な欺瞞性の所在を示してみせてくれているのです。

アジアとの共生の条件として、まず考えなければならないのは、自らを非日本人あるいは日本人のなかの非国民の眼差しに曝す勇気です。そのためには、自己憐憫の共同体としての「日本国民」の外に出ることが必要になるのです。しかし、ここで再度確認しておかなければならないのは、国民共同体を閉域として表象することそのものが、集団的な空想の審級で成り立っていることであり、実体として日本の外部が存在するわけではありません。日本の外部とは、恥の体験を通じて私たちがふれあう、他者の他者性に他ならず、それは空間的に表象できる外部とは違ったものなのです。したがって、私の傍らにいる同胞の日本人のなかにも、非日本人がいて、私は日本の外部に開かれていることを教えてもらうことができるのです。

「恥」は、私たちがアジアの人々や、日本人の共同体とは無縁の世界の人々に開かれること、恥をかくことによって他者の眼差しに曝されること、そのようにして私たちが、アジアの人々の協力のお陰で変わってゆく術の第一歩であるといってよいでしょう。「恥」は、何よりもまず、〈ふれあい〉の様態です。すなわち、私たちは「ひきこもり」の隘路から、アジアの人々によって助けてもらえるように、自らを開くことができるのです。私たちは、このようにして、他者によって変容させてもらえるのです。もちろん、私たちが変わってゆくことは、同時に他者を変えてゆくことでもあります。私が他者によって助けられることは、同時に他者を助ける可能性を切り開くことでもあるのです。

第二章　もうひとつの平等と民主主義——現代中国の社会変革の道

汪　暉

第一節　社会変革の政治経済的分析——中国の道の独自性と普遍性

今日の私の議論は中国の「道」〔原文：道路〕に関する政治経済的分析です。過去十数年、過去二十年と言ってもよいしょうか、中国の発展には自己のモデルや道を持つのかという論争が終始存在しました。道と呼ぶのか、あるいはモデルと呼ぶのか、異なる見方があります。私は個人的に道という概念を用い、モデルという概念はめったに使いません。これが私の基本的な観点であるので、それぞれの社会の道、中国の道、日本の道、韓国の道、インドの道、異なる道の中から、新自由主義とは異なる変革の方向を抽出したいと思います。

個人的に中国の道とは、ソ連や東欧のようなかつての社会主義国とはある程度異なるモデルであると考えています。九〇年代には、特に日本とアジア四小龍〔韓国、台湾、香港、シンガポール〕各国を中心に、東アジアモデルについての議論がある程度行われてきました。その後、中国経済の発展に伴い、中国も東アジアモデルに含まれることになりました。これらの議論には真実もありますが、中国の道は私たちがこの意味で東アジアモデルと呼ぶものと完全には同じでないと思います。特に重要なことは、二十世紀に経験した社会的状況や政治的状況が異なるということです。そして、この独立自律的な国家の性格、中国革命によって生み出された農民の大規模な動員、新しい教育システムの普及と烈士の伝統〔国家のために犠牲となった人々を烈士として顕彰する伝統〕、社会生活と経済変革における政党と国家が果たす独特の役割などの各要因がとりわけ際立っています。これらの要因は、その後の中国の改革〔一九八七年からの改革開放を指す〕に向けた歴史的前提を提供しました。しかし、グローバル化の新しい構造では、これらの要因は大きな変化を遂げており、中でも政党政治の危機や経済への依存性が社会の重要な要素となっています。その特徴は、経済および社会領域における不平等や、社会的自己組織化の弱体化などに見られます。私は論文の最後で、改革におけるひとつの方向性を提起しますが、まずは最初の問題について議論していきましょう。

第二節　北京コンセンサスから中国モデルへ

二〇〇五年にアメリカ『タイム』誌の上級編集委員であるジョシュア・ラモが北京を訪問した際、崔之元《ツイジュエン》〔政治経済学者、清華大学公共管理学院教授〕が彼を清華大学に招き講演を依頼し、王緝思《ワンジス》〔国際政治学者、北京大学国際関係学院教授〕と私がコメンテイターを務めました。ラモは中国の経験から以下の特徴を挙げました。それは、困難の中の努力、能動的な革新や大胆な実験〔経済特区の設立など〕、国家の主権と利益の断固とした擁護〔台湾問題など〕、慎重に一歩ずつ改革を進める姿勢、エネルギー資源と金融上の手段を蓄積すること〔たとえば四兆ドルの外貨準備〕でありました。また彼は、中国が経済発展に注意を払うだけでなく、社会の変革にも注意を向けていることに注目し、公正で質の高い成長を追求する発展を構想していると述べました。〔簡潔に〕説明するという観点からは、この一般化は理想的なものです。ラモは中国の発展がもたらすさまざまな矛盾を必ずしも理解しているわけではありませんでしたが、「ワシントン・コンセンサス」の危機と世界経済全体の状況に対して、これらの特徴を「北京コンセンサス」としてまとめました。[1] 言い換えれば、北京コンセンサスは中国が考察の対象とされていますが、それは単に中国を経験的に描写したものではありません（これまで、いかなる経験的描写であっても必ず論争を呼んできましたが、それは中国経済の発展にはさまざまな様相があり、しばしば相互に矛盾する側面が現れるからです）。

二〇〇五年には、アメリカと中国の両方で新自由主義への批判が現れ、中国の発展をどのように解釈するのかという問題が生じました。すなわち、それを新自由主義の線に沿ってまとめるのか、それとも別の解釈を求めるのかというものです。ラモの講演は、ロンドンの外交政策センターで彼が発表した調査論文に基づいており、その中では多くの研究成果が引用され、私がアメリカで出版した著書『中国の新しい秩序（*China's new order*）』（二〇〇三年）も含まれていました。私はこの本で、一九九〇年代の中国における多くの現象について批判的に分析し、中国の発展主義（開発の基本方針）、そしてその帰結と新自由主義との関係について指摘していますが、新自由主義が中国の発展のすべてを説明できるとは決して考えていません。ラモが現実のプロセスに対する批判を理解できなかったことに対して、私の焦点は、問題とジレンマ、危機を提示することです。観察者として、ラモは知識人の議論やそれが公共政策に与える影響を中国的経験の重要な特徴の一つとして捉えました。彼の目的は、中国の改革におけるいくつかの教訓を理論化し、ワシントン・コンセンサスとは異なる規範的な目標を提示することです。彼の試みは、現実を批判するための規範的な方法とも言えるでしょう。

その後間もなく、ジョセフ・スティグリッツ〔Joseph E. Stiglitz, アメリカの経済学者。二〇〇一年にノーベル経済学賞を受賞。

（1）「ワシントン・コンセンサス」は、一九八九年に国際経済学者のジョン・ウイリアムソンがはじめに用いた言葉。新古典派経済学の理論を基盤に市場原理を重視し、規制緩和や民営化等を通して貿易や投資の自由化を推進する経済モデル。ワシントンに拠点があるアメリカ政府、ＩＭＦ、世界銀行などが世界に広めようとした。それに対して「北京コンセンサス」は、中国の発展を事例に、二〇〇四年にラモによって提起された経済モデル。国家主導の市場経済化を目指す。ラモによると、中国だけでなく他の発展途上国に向けた普遍的成功モデルと位置付けられる。

ワシントン・コンセンサスに対して批判的な立場を取る」が清華大学で講演し、いわゆるポスト「ワシントン・コンセンサス」のコンセンサスを提案しました。この講演でスティグリッツは冒頭から、ワシントン・コンセンサスは現実には存在しない、というのも、このコンセンサスは、成功裏の成長を促進するための必要条件でも十分条件でもないからであると述べました。彼が「ポスト・ワシントン・コンセンサス」と呼ぶものは、市場原理主義を過度に信頼していたワシントン・コンセンサスの失敗を前提にしています。グローバル経済の観点からスティグリッツは、不公平なゲームのルールを作り出し、政策的助言と金融支援を提供するのと引き換えに、成功しない政策を発展途上国に押し付けていると国際経済組織を批判しました。彼は、既存の経済調査が、実証的および理論的な用語のレベルで経済開発の方針に合意できないことを指摘することによって、東アジアの経済的成功を他地域の経済的失敗と区別します。ラモと同様に、比較の視点からスティグリッツは中国経済の成果を疑っておらず、ポスト・ワシントン・コンセンサスと北京コンセンサスの間には、たとえば政府の役割、地域の条件に合わせた文脈依存的な政策の形成、イノベーションの促進と公平さの尊重などの多くの重なる点があります。しかしながら、彼は中国を直接、ポスト・ワシントン・コンセンサスの模範として挙げているわけではありません。北京コンセンサスという表現は北京という語を使用しているため、多くの議論を引き起こしたからです。ポスト・ワシントン・コンセンサスは、より理論的な性質を持つため、その厳密さは相対的にやや欠けているとされています。

ラモとスティグリッツはともに、中国の経験が、ワシントン・コンセンサスとは異なる発展の道に光を当てたと考えています。そして、中国の発展はラテンアメリカやロシアなどの他地域とは異なるとも考えています。中でも、国家と市場の関係がキーポイントであり、ワシントン・コンセンサスにおける民営化、市場化、金融安定化の原則では、中国の発展を説明することができません。中国の市場化の過程で、ショック療法を採用することも、アルゼンチンや他の国のような大規模な金融混乱を経験することもなしに、国家は市場に介入する能力を常に維持してきました。ここで明確にする必要があるのは、彼らはともに国家と政府の役割を単に擁護したわけではないということです。たとえば、スティグリッツは政府が機能不全に陥るという現象を指摘しました。彼らは、市場か国家かの二者択一を各国に強いることよりも、政策決定における柔軟性と革新性を提案しています。「新左派」に関して私は、そのような統一的な政治的立場が存在せず、新左派に分類される知識人は中国の経験を別様に解釈していると繰り返し述べてきました。もしかすると、新左派の立場は、市場主導の発展モデルに批判的であるという点のみで特定できるかもしれません。というのも、地球環境の危機や貧富の格差、食糧自給、社会的正義や独占は、私たちの共通の関心だからです。一九八〇年代後半から一九九〇年代初めの社会主義体制の危機に続いて、グローバル資本主義もまた構造的な危機に陥りました。それゆえ私たちは、グローバル資本主義を中国で繰り返しても、平和や繁栄、公平な社会を手に入れることはできないのです。市場原理主義に対しては一般的に疑問が少ないですが、私は、中国の改革には、土地の民営化であれ国有企業の民営化であれ、民営化しか方法がないとは考えません。ただし、それは市場メカニズムを否定し、私有財産権を認めないという意味ではありません。制度改革の模索が必要なのです。一九九〇年代から二〇〇五年にかけての大論争のなかで、新左派とは、単に中国や中国政府を擁護するだけの、冷戦イデオロギーの典型的な一形態にすぎないと言われてきました。右派の論理では、国家の機能に言及するだけで政府を擁護することになるのです。彼らは国有企業の改革における問題が、まさに「国家の退場」と呼ばれる新自由主義のスローガンの下で実施されたことをほとんど忘れていたのです。

私が取り上げる三番目の学者は、欧米の研究者であるフランシス・フクヤマ〔Francis Fukuyama, アメリカの政治学者。一九九二年に『歴史の終わり』を出版して、自由主義経済と民主主義の勝利により政治的な歴史の発展が終わったとした〕です。誰もがフランシス・フクヤマをご存知でしょう。中国語では「fushan（福山）」と発音されます。彼が提示した重要な理論である「歴史の終わり」については皆さんご存知でしょう。しかし、今日のこの状況を目の前にして、すなわち社会主義体制が危機に陥った後、現在の民主主義体制も普遍的な危機に陥っているため、彼の「歴史の終わり」に対する挑戦はもちろん強烈なものであります。視察のために彼が中国に来た際、私たちは彼を国際会議に招待しました。清華大学でも彼を討論に招待しました。彼が当時もっとも関心を持っていた問題は、中国が一帯一路を提唱したことです。もし一帯一路が成功するならば、中国モデルのグローバル化もある程度成功するだろうと、彼が私に話したことを覚えています。そして、もし本当にそうなれば、「歴史の終わり」論を修正し再出版する必要があるだろうと述べました。もちろん、彼はそれを成功させるのは簡単ではないと考えていました。彼はいくつかの点について批判していますが、中国の独自性についても強調しています。独自性とは何でしょうか。彼が述べたところでは、中国は一般的な意味での民主主義国ではないが、社会の要求に対する中国政府の対応能力は、多くの民主主義国、アジア諸国の国家だけでなく多くのヨーロッパの国家をも超えていることを発見しました。ですから、結局のところ欧米的な意味とは異なる民主主義体制が、なぜある程度の柔軟性や反応能力を保ち続けることができるのかについて研究する上で、中国が重要な事例となっています。

実際には、北京コンセンサスとポスト・ワシントン・コンセンサスが提起された際、体制の内外両方に新自由主義を擁護する者がいました。ある財政部の元長官は、ワシントン・コンセンサスを遵守したことが中国発展の要因であったと断言しました。この考えは理にかなっているでしょうか。特定の観点からは、正しいと言えるかもしれません。一九九〇年代半ばから新世紀のはじめにかけて、中国の経済分野における多くの主要な政策決定が、新自由主義の濃厚な色彩を持っており、その影響は今に至ってもなお消えていません。新自由主義は、中国の住宅バブル、土地危機、アメリカへの金融依存、大規模な社会分断、三農〔農村、農業、農民〕危機、社会福祉制度の崩壊、生態環境の危機、民族間の社会的コンフリクトなど、一連の問題を引き起こすことになりました。バブル、分断、コンフリクト、危機を生み出す新自由主義の力を過小評価するわけにはいきませんが、一方で本当の発展の姿を新自由主義やワシントン・コンセンサスの枠組みで明らかにすることもできません。拙著『中国の新しい秩序』では、九〇年代中国の新自由主義について論じましたが、新自由主義者の立場とは異なり、私は批判的な立場をとっています。もし中国の成長が新自由主義それ自体によるものとして説明できないのであれば、改革開放の初期段階、および長きにわたった中国革命とその遺産の中で作り出された歴史的条件の上で説明しなければならないでしょう。私たちはまた、前近代から中国社会の中で蓄積されてきた資源の果たした役割も考慮するべきです。言い換えれば、中国の発展は、経済的な側面に関心を絞る場合であっても、歴史的な諸前提に言及して説明しなければならないのです。

これらの前提については、私がかつて発表した「中国台頭の経験とその直面する挑戦」〔中国語論文：「中国崛起的経験及其面臨的挑戦」、『文化縦横』、文化縦横雑誌社、二〇一〇（二）、二四―三五頁〕で簡単に触れました。まず、中国は世界経済システムに深く関わっていますが、依然として主権を持つ経済体でもあります。この主権は、一般的な第三世界の国家よりもはるかに強く、新自由主義の波を経験した西側諸国とも異なります。比較的独立した国家経済と産業システムが改革の前提となっており、経済を統制する国家の能力はこの歴史的伝統と密接に関連しているのです。この側面は、改革開放の成功体験を説明することができ、大規模な経済危機における中国のパフォーマンスを説明することもできます。一九九七年のアジア通貨危機に直面して、これまで比較的成功を収めてきたと考えられていたアジアの新興市場経済体は大きな打撃を受けましたが、中国への影響は比較的小さく、その最も重要な要因は国家の役割が大きく異なっていることでした。論文で私は次のように指摘しました。すなわち、この「主権」を一般的な規範的枠組みで理解するのではなく、二十世紀中国の歴史的プロセスから主権が定義されるべきであるのです。というのは、その独立的自律的な性格は、複雑な政治的プロセスの産物であるからです。

第二の前提として、中国の改革は地方農村から始まりました。農村改革は出発点において比較的平等主義的でした。改革の出発点や改革の内容にかかわらず、生産責任制、多角経営、そして農産物価格の調整を主な内容とした初期の農村改革は、新自由主義とは一切関係がありませんでした。それは、都市部と農村部の格差、工業製品と農産物の「鋏状価格差」〔工業製品と農産物の価格差が開くこと〕を減らすことを目的としていたのです。長きに及んだ中国革命では、土地改革がその最も核心にありました。土地改革と農村改革の中で、かつて過剰な暴力の問題が現れましたが、中国の農村改革が、第三世界のなかでは最高度の平等を実現したことは否定できません。一九九〇年代以降、中国の農村は危機に陥っていますが、この危機は比較的平等主義的な土地利用によって生じているのではありません。むしろ、都市と農村の間の深い裂け目によって、すなわち部分的には農地の商品化が拡大したことによって引き起こされているのです。ただし、社会主義時代に蓄積された条件がその後の改革の時代において果たしてきた大きな役割を否定することはできません。

第三に、教育の普及と農業の伝統により、中国における労働力の品質は比較的高いことが挙げられます。ジョヴァンニ・アリギ〔Giovanni Arrighi　イタリア出身の歴史社会学者。世界システム論を発展させた。『北京のアダム・スミス――二十一世紀の諸系譜』（二〇〇七）では中国の台頭について論じた〕がかつて述べましたが、中国の成功がその安い労働力のみに起因するのであれば、世界には中国と比べて労働力がより安い地域がたくさんあるにもかかわらず、どうしてこれらの地域に投資が向かわないのでしょうか。私が二〇〇五年にインドネシアを訪問したとき、ちょうどインドネシアの大統領が中国を訪問するところでした。彼は訪中前の記者会見で、インドネシアの労働力は中国より安いが、なぜ中国ほど多くの投資を呼び込めていないのだろうかと述べていました。彼の解釈では、中国は労働力の品質が比較的高いこと、インフラ建設の水準が比較的高いこと、そして政府が提供するサービスが優れていることを要因として挙げていました。林春《リンチュン》〔比較政治学者、ロンドン・スクール・オブ・エコノミクス教授〕も『読書』と題する書籍の中で、中国が比較的優位である要因を廉価な労働力に求めることに反対し、その他の歴史的要素を無視してはならないと述べています。

第四の側面は、国家の役割に関するものです。改革の正当性は、市民が改革運動を支持するための必要条件です。そして正当性の鍵となる要素の一つは、特定の状況に応じて国家が柔軟に発展のための政策を提案できるかどうかです。国家の問題について、自律性についての問いなしに議論することはできませんが、自律性は国家という次元に限定されません。成長に関する新自由主義的な解釈は、市場開放の結果のみを考慮して、成長の過程において従来からあった基礎を無視します。そのため新自由主義は、成長について完全で真の解釈を与えることができないのです。世界にはたくさんの開かれた経済体がありますが、持続的な成長を実現した経済体はそれほど多くありません。「自律的な開放」が実現できないために、しばしば経済危機や社会崩壊が引き起こされるのであり、この問題は依存学派において理論的に議論されてきましたし、今日でもなお重要な問題であります。自律は開放の対極ではありません。自律は閉鎖と同義ではなく、自律的な社会は同時に開放的であり得るのです。

しかし、上述した四つの条件の相対的な重要性は、今日すでに大きく変化しています。金融資本はより流動的で投機的となり、グローバル化によってさらにリスクを冒し、金融システムと関連の分野において、古い主権関係はますます弱くなっています。金融資本と国家の複雑な絡み合いは、腐敗への道であるだけでなく、一連の重要政策が失敗する原因でもあります。この絡み合いはまた、政府の自律性が大きな危機に直面していることも意味します。

今日考える必要があるのは、開放という新しい条件のもとにおける自律性の新しい形態についてです。自律性は対外的なものだけではありません。資本と利益集団の力がますます増大する時代において、国家が自律的に公共政策を策定できるかどうか、労働者と農民が社会の主役であるという憲法上の地位を国家が提供できるかどうかは、深刻な問題です。自律性を持たない社会は、真の民主主義を生みだすこともできません。第三世界の国家を例に挙げると、形式的には民主主義が確立されたとしても、大規模な腐敗を抑制することはできていません。ある意味において、これは国家や社会の自律性が危機に晒されているのです。与党は外部の利益集団の影響下にあり、その政策はもはや自律的ではありません。GDP成長の過度な追求と環境危機との関係、「公平性よりも効率性を優先すること」と社会分断との関係、偏った発展と地域格差の拡大などは、現代の経済危機を説明する上で避けられない問題であり、過去二〇年間の議論においてしばしば言及されてきました。それゆえ、自律性についての問いは、核心的な重要性を持つのです。

第三節　中国モデルを議論する実践的意義

北京コンセンサスやポスト・ワシントン・コンセンサスについて論じるにしても、「中国の道」や「中国モデル」を分析するにしても、次の二つの作業を避けることはできません。一つ目は、中国の経済改革の成果をまとめることです。世界の歴史の中に位置付けても、あるいは他の国や地域と比較したとしても、この成果を否定することはできないからです。二つ目は、発展の過程で生じた問題、矛盾や危機に取り組むことです。それまでの発展モデルには、明らかに持続不可能な要因や潜在的リスクが含まれていたからです。「道」、「経験」、「モデル」、「コンセンサス」といった概念を用いるにあたって、それぞれ内包する意味が異なっており、またどれか一つの概念を用いるにしても、どの場合でも同じことを意味するとは限りません。私自身は、「モデル」という概念を用いず、「経験」や「道」を好んで使います。主に理論分析のために歴史的な実証を行いたいと考えているからですが、複雑な中国の現実に対して、これらの概念はまだ完全には洗練されていません。

しかしながら、「モデル」や「コンセンサス」などの概念を使用することで、経験的で正確性のある記述や議論が可能になるとは思いません。実際、これらの概念は古いモデル、特に新自由主義モデルが危機に直面したときに登場したものであり、発展の方向性を示すことに関わっているのです。冷戦は社会主義体制の崩壊という形で終わりました。冷戦イデオロギーとポスト冷戦イデオロギーが支配する中、知識人の間では、「中国のすべてが好ましくない」、「社会主義に関するものはすべて誤りだ」といった雰囲気が存在しています。結果として、新たな意識形態を用いた解釈はすべて、粗雑で独断的で非歴史的な解釈となることが一般的な特徴です。しかし、まともに問題を論じているテキストを読むと、決してそれが正しくないことに気付くでしょう。ただし残念ながら、日ごと氾濫するメディア論争の中では、注意深く読解して議論するという文化が広まったことはこれまでにありませんでした。実際、そこでの議論に疑問を投げかけることは可能ですが、まさか質問者にワシントン・コンセンサスとは現実にはどのようなものだっただろうかと自問させるべきではないでしょう。それが現実であったことなどなかったのですから。しかし、コンセンサスを提唱することは、未来に向けた発展の方向性を特定することであり、ただちに議論は、私たちが一体どのような未来を作るべきなのかという問題を中心に展開するに違いなかったのです。

欧米では、中国の台頭についての議論が一九七〇年代に始まり、すでに三〇、四〇年間続いています。ハンブルクで開催されたアジアの台頭に関するフォーラムに元ドイツ首相ヘルムート・シュミット〔Helmut Schmidt, 西ドイツの首相（一九七四―一九八二）、ドイツ社会民主党所属、中国についての著作もある〕が出席しました。彼は開会のスピーチで、一九七〇年代に中国を訪れたときすでに、中国の台頭は避けられないことを実感したが、それはまだ毛沢東と周恩来の時代であったと振り返りました。彼の見解は多くの欧米人から軽視され、また嘲笑されましたが、彼より先見の明のある人物がいたでしょうか。その意味で、歴史的経験を否定すること、中国革命と社会主義の経験を否定することは馬鹿げたことであり、歴史を考慮せず新自由主義の言説のみに依拠して中国を論じることは、神話にすぎないのです。この神話は、中国の発展を完全に説明できないだけでなく、今日直面している多くの現実的問題や矛盾を隠蔽することになります。これが、中国の経験の意義を今日議論しなければならない理由です。

第四節　中国モデルは再現できるのか

「モデル」という概念は近代社会科学の産物であり、容易に「再現」の問題を思い至らせます。私自身は経験という概念を使用することを好みます。経験は常に具体的、歴史的、独自的でありますが、同時に参照可能であり、普遍的な意味も持っています。中国の革命は独自なものであり、したがって普遍的でもあります。中国の改革もまた独自なものであり、したがって普遍的でもあるのです。普遍性は、独自性に対して理論的に対立しません。それゆえ所与のモデルが再現できるかどうかを問うことによって、その普遍性を確かめることはできません。普遍性はむしろ、参照やインスピレーションという概念と結びついており、それらの概念は自律性や革新性を常に前提としています。「モデル」という概念に内在する欠陥は、「再現性」という基準を用いて「モデル」を議論するところにあるのです。しかしながら、経験は、たとえ再現されることがなくても、議論することができます。たとえば、アメリカの民主主義というモデルは、それが生み出された歴史的諸条件から離れて考察されることがほとんどありません。しかし、そのアメリカの経験に含まれる普遍的な意味について議論できることは間違いありません。

中国の経験が持つ意義は、その再現性ではなく、独自性にあります。二〇〇六年に林春が英語で出版した『中国社会主義の転換』は、「中国モデル」という観点を早い段階で明確に提示した作品です。本の序章のタイトルは「中国モデルの創造と再創造」でした。主要な経済学者が中国の優位性を主に安い労働力に求めているのに対して、林春はそれを社会主義の歴史的経験の中で蓄積された資源に求め、その例として比較的完成された工業システム、高い水準のインフラ設備、中国革命の成果などを挙げました。彼女が用いた「中国モデルの創造と再創造」は、異なる「中国モデル」が存在することも示しており、そのモデルは、革命の時代、社会主義の時代、改革のプロセスを通して一貫して存在した一方、対立や断絶もあったというのです。このため、彼女は今日のモデルに完全には同意しませんが、批判的な観点から中国の転換と未来の可能性について詳細に研究しました。

林春と私は、中国モデルとソ連モデルの相違、そして中国が独自の発展の道を辿ってきたことを述べてきました。私は中国の発展の経験が、他の東アジア諸国とは異なることについても述べました。この違いは、中国の独自の歴史的経験によってもたらされたものです。たとえば、中国の独立的自律的な経済発展は、東アジアのその他の先進経済体が、冷戦時代に「依存的な発展」を遂げたものとは異なります。どちらの経験も、今日までこれらの国家や地域に影響を与えています。対照的に、林春の議論は、中国革命、社会主義建設、そして改革期の独自の道に焦点を当てている一方で、潘維《パンウェイ》〔比較政治学者、北京大学国際関係学院教授〕の総括は構造モデルの確立が企図されており、方法的にも内容的にも多くの相違があります。同一語句が使用されているからといって、同じ解釈であると結論付けることはできないのです。

第五節　インドの経験と中国の経験

インドの発展モデルは、しばしば中国の経験と比較されます。インドはイギリスによる完全な植民地化を経験しており、その結果として、多民族統一国家が形成されました。その社会体制は植民地期の歴史的遺産の影響を免れることができません。一方、中国の統一には長い伝統があります。植民地時代に偉大な革命が勃発し、完全な植民地になり果てることはありませんでした。両国が経た歴史は異なり、社会形態や政治的伝統も異なります。一部の人はインドの民主主義から中国の経験を否定し、またある人は中国の成果をもってインドの実践を軽視しますが、これらはともに誤りです。中国とインドが経済発展を遂げると、欧米世論は往々にして両国を比較し、なかには離間をそそのかすこともありますが、これはすこぶる効果的で、中印両国の賢明な人々の警戒心を刺激します。中国の経済規模はインドに勝りますが、インドに民主政治の経験を放棄して中国のモデルに則して発展するように促すことは絶対にできません。反対に、インドの民主主義が好ましいとしても、それが中国の経験をも否定することにはなりません。結局のところ、インドの経験によって中国の経験を否定するためには、民主主義モデルの普遍的意義を実証する必要がありますが、この種の論証は完全に目的論的な比較に基づいており、最終的には自己否定に変わるだけです。もしインドがいくつかの重要な分野で中国に遅れているならば、インドの民主主義を否定することになるでしょうか。

インドと中国には比較できる側面があります。まず、インドもかつては社会主義国家の一種であり、その経済構造はソ連の影響を強く受けていました。そのため、中国とインドの改革は、どちらも計画経済から市場経済への移行という意味合いが含まれています。第二に、両国はともに第三世界の国家で、大規模農業国家であって、近代化、市場化、都市化の道にもある程度の類似性があります。第三に、どちらも古代文明国家です。一方は反植民地運動を経験し、他方は長期の革命を経験しましたが、ともに強い民族的自尊心と誇りを持ち、独自の道を進むことを望み、簡単には他者のモデルを繰り返そうとはしません。一九五〇年代の中国と同様に、一九八〇年代のインドはソ連の影響を受けていましたが、現在はますますアメリカに接近しています。しかし両国とも、アメリカまたはソ連に主導されることを望みませんでした。一九五〇年代半ば、両国は非同盟運動を推進したのです。

中国とインドの改革を比較する学者たちは、ある根本的な相違を認めています。それは、中国の改革が農村改革から始まったことです。その特徴は、農地の均等配分、および都市と農村の間の不均衡の調整（価格調整から都市と農村の間の人口問題の緩和に至るまで）にあります。それに対してインドの改革には、そのような平等主義の前提が欠けています。この特徴は、単なる政策決定の結果ではなく、中国革命とインドの反植民地運動における歴史的文脈の相違から生じたものです。これら二つの運動における農地改革の異なる立場を理解しなければ、改革の過程におけるこの根本的な違いを理解することはできません。中国の農地改革で発生した暴力現象について多くの人が議論しており、反省は必要ですが、そうした反省が、農地改革が解放を促したという側面を根本的に否定することは間違いです。土地改革や農民の地位向上に伴い、中国の農村の教育体制が徐々に形成され、識字率が大幅に上昇し、社会主義時代には農民子弟の就学率が急増するという、目覚ましい現象が起こりました。この背景なしに、改革期における中国農民のはつらつとした活力や創造的精神を理解することは困難です。インド、そして南アジア全体では、農地改革を経ていません。それが、現代のインド社会でカースト制が継続している根本的な原因の一つです。カースト制度は社会的流動性を制約しており、私が知っているインドの学者や知識人のほとんどは、下層カースト出身ではありません。これは中国と大きく異なります。インド中央部のマディヤ・プラデーシュ（Madhya-Pradesh）州を例にとると、この州は乳幼児死亡率が世界で最も高い地域の一つで、その原因はもちろん貧困と医療の不足です。しかしこの極端な貧困の原因は、非常に不平等な土地分配の結果であることがわかります。生活困窮者の多くは、農民というよりも、地主の土地で働く季節農業労働者であり、少しの土地も所有していません。腐敗が横行し、取り締まりもなく、これもカースト制度の影響によるものです。多くの人々が貧困と社会的不平等を当然の秩序として捉えているのです。リベラル派は「機会の平等」を主張しますが、現実を見ようとせず、貧困を貧しい農民の「怠惰」のせいにしています。毛沢東主義運動はインドのいくつかの地域で再び活発になりました。その原因は、古い土地関係の問題に加えて、新たな開発が、現地の人々の土地や水資源、森林資源に壊滅的な打撃を与えたからです。わずか数年の間に、政府軍による毛沢東主義者への弾圧により、少なくとも六千人から七千人が死亡したと言われていますが、実際の死者数はさらに多いでしょう。主要メディアは警察が攻撃を受けたことのみを報じ、軍による大規模な弾圧についてはほとんど報道しませんでした。インド、ネパール、フィリピンなどにおける武力闘争は、実際には不完全な農地改革と密接な関係があります。では、平等な土地利用は、民主主義の重要な要素ではないのでしょうか。中国とインドの対比はとても示唆的です。

政治体制の面では、中国とインドにはそれぞれの特徴があり、ここではインドの体制について少し表層的な考察をします。インドは独立後、欧米式の民主主義を選択しました。しかし、あるインドの政治学者は、ガンジーとネルーが主導するレジスタンスと建国運動は一種の神話となっているにもかかわらず、民主主義はこの神話の一部としてのみ存在し、独立に向かうガンジーほど神話にはなっていないと分析しています。インド憲法は、統一国家としてのインドという政治的アイデンティティの基盤を提供しました。これは偉大な成果ですが、政治的な民主主義は平等な社会の実現を進めることには失敗し、その有効性は大きく損なわれています。インドの法制度は欧米式ですが、その有効性にも同じく多くの問題があります。たとえば、メディアは政府高官による大小さまざまな汚職事件を数多く取り上げていますが、汚職によって法の裁きを受けた高官はほとんどいません。この点において中国とは対照的です。インドでは、国民議会の一大政党制から現在の複数政党制への移行、そして比較的自由を保有しているメディアが民主主義体制の基礎として重要な役割を果たしてきましたが、インド政府の社会を管理し統合する能力は人々が満足するものではありません。私はこれまでに三度インドを訪問しましたが、インドの多党制による政治や議会制民主主義ではなく、活発な社会運動に感銘を受けました。この点で、私たちはインドから学ぶべきことがたくさんあります。これらの運動は草の根的な性格が比較的強く、ある種の社会的保護を与える役割を果たしていますが、政党が議会と政府の権力を独占しているため、社会運動が公共政策に及ぼす影響は非常に限られています。これは社会運動の側に問題があるのではなく、政党が政治的資源を独占しているからであり、このような民主主義モデルには、非民主的な意味合いが非常に大きく含まれています。

どちらにも短所と長所があり、多くの人がそのように考える傾向にありますが、自身の長所と他者の短所を比較するのではなく、お互いから学ぶことが最も重要です。文明の浮き沈みには長い時間がかかり、私たちが今どの時点に立っているのか、はっきりとはわかりません。欧米、特にヨーロッパから見れば、インドは近くにあり、中国ははるかに遠くにあります。この距離は地理的にというだけでなく、文化、言語、歴史における距離でもあります。たとえば、中国は歴史の長きにわたって統一言語を所有してきた一方で、インドでは各地の言語に極めて大きな差があり、統一言語はありませんでした。そのため、植民地時代になって英語が国語になりました。この違いは、学術分野にて重要な意味があります。インドでは、英語を用いた発表でなければ、ほとんど受け入れられませんでした。英語の使用が、インドの学術を欧米世界と非常に強く結びつけたのです。一方で中国では、言語の違いにより、近代以降の知識人に欧米と結びつくことができないという焦りが生じましたが、中国語は依然として中国学術界におけるコミュニケーションの最も重要な媒体となっています。

先月、会議のためにインドを訪れた際、シン首相が官邸で主催する夕食会に参加しました。その会で、あるカリフォルニア大学バークレー校のインド人経済学者が、私をシン首相に紹介してくれました。彼は特に、世界のトップ一〇〇大学に、中国ではすでに三つの大学が入っており、清華大学はその一つであるが、インドには一つもないことを説明しました。シン首相は謙虚に耳を傾け、彼の提案に対して意見も述べました。また同時に冗談めかして、私たちインドの多くの人材が国外に行ってしまったので、それはあなたにも責任があるのですよと彼に対して言いました。英語に熟達しているので、インドで最も優秀な人材は欧米諸国において比較的容易に職を得ることができます。しかし中国では、科学技術分野でも人文分野でも、多くの一流の人材が国内に留まっています。この違いはどちらが良いか悪いかという話ではなく、インドの学術界はよりオープンで、中国の学術界はより独立しているのです。しかし、言語の問題はささいなことではありません。たとえば、中国語による学術成果のうちの多くが、欧米の知識を反映するという面において、インドの学者による成果ほど有意義ではありません。清華大学のオートメーション分野のある教授は、中国とアメリカの電子技術を比べると約十年の差があり、投資の増加につれて中国の電子技術は急速に発展したと述べました。インドのソフトウェア産業は高度な発展を遂げていますが、主にアウトソーシングの受託であり、独立したシステムを開発しているわけではありません。一方で、言語の統一性やその他の要因により、中国の国内市場はとても大きく、そのために中国の市場は徐々に自律した組織へと発展しました。おそらくインドは、自律した組織を必要としないのかもしれませんが、中国にとっては自律した基盤を確立することが決定的に重要であるのです。

第六節　東アジアモデルは中国を十分に説明することができない

中国は一般的に東アジアの国家と見なされています。しかし、別のところでも述べたことがありますが、東アジアというカテゴリーは中国には適切に当てはまりません。東アジアの国家には文化的に多くの類似点があります。国家の役割、社会経済構造における家族やその倫理性の影響、儒教、漢字、法制度、仏教、これらはすべて、この地域に大きな影響を与えています。ただし、中国と日本、韓国、台湾を同じモデルで論じることは必ずしも正確ではありません。中国の独特な主権構造、冷戦、冷戦後における中国とこれらの国や地域の間の異なる地政学的位置、これらを考慮に入れず、それぞれの独特な経験を説明することは不可能です。朝鮮戦争、ベトナム戦争、そして冷戦時代全体を通じて、日本、韓国、台湾、そして東南アジア諸国は、米国主導の冷戦下の枠組みの中にありましたが、中国の立場は完全に異なっていました。日本は今日に至るまで、依然としてアメリカの軍事的保護下の状態にありますが、中国はその歴史的経緯から、完全かつ巨大な国防システムを構築する必要があり、経済構造や政治構造にも非常に大きな相違があります。私はかつて、日本とアジア四小龍の経済成長は「従属的発展」と関連があり、一方の中国は独立自律的な道を歩んできたと論じました。この着眼点も冷戦中の地位によるものです。冷戦の終結に伴って地域関係は変化し、中国経済とこれらの経済体との関係は、ようやく新たな形態に突入しました。大雑把に言えば、東アジアモデルの採用は、これらの国々がたどって来た異なる道を容易に無視し、また消し去ることにさえなるのです。

二十世紀中国の最も重要な政治的価値は社会主義、すなわち労働者が社会の主人となるべきだとする価値でした。二十世紀中国の革命と「社会主義時代」の性質をどのように判断するかは、現在もなお多くの論争を呼んでいます。二十世紀の大きな変化にはさまざまなレベルの悲劇が伴い、人々はさまざまな角度から深く内省しました。しかし、いずれにしてもこの時代に提起された、普通の労働者が社会の主人になるという価値目標や社会実験は、数世代の経験を凝縮したものであり、抽象的ではなく、社会のあらゆる側面に浸透しています。この価値こそは改革開放においても放棄すべきでない前提条件です。

自律とは、改革開放以前の閉鎖状態に戻ることであるとしばしば考えられています。まず、改革前の期間を「閉鎖状態」と単純に定義することには大きな問題があるかもしれません。この時期の中国と社会主義陣営の複雑に入り組んだ関係、中国と第三世界の関係、および中国と欧米諸国との関係について、どのように説明したらよいでしょうか。次に、冷戦の覇権構造とその形成の歴史的プロセスへの言及なしに、単に中国の閉鎖性を論じることも、歴史的条件を無視する見解です。今私たちは、中国がアメリカとの関係を変えるためにどれだけの努力を払い、そしてその努力が改革前にはすでに始められたことを知っています。アメリカとの関係改善もまた、自律を求める中国の取り組みの一つです。自律は、依存とは異なり、閉鎖とも異なります。自律とは常に関係性の中にあり、関係性なしに自律について論じることはできないのです。

グローバル化の進展に伴い、中国の金融システムや経済システム全体は、従来の社会関係や生産形態を大きく転換させたので、主権構造を元の状態に留めることは不可能です。自律の問題を問うことは、過去の状態に戻る必要があるということではなく、また戻ることもできません。WTOによって与えられた枠組みの下では、従来の地域関係、国際関係、経済モデルを、単一の主権国家モデルで定義することはもはや不可能です。したがって、開放と自律の間の弁証法的関係があります。すなわち、市場化とグローバル化を前提とする新しい自律の形を模索する必要があります。もし現代社会が依然として非常に不平等な世界であると認めるならば、新たな形の自律を求めることには、新しい世界秩序を創造する努力も含まれます。

自律は単なる国際的な問題ではありません。自律とはまず、個々の国家と社会が資本に振り回されず、国内外の特定の利益団体に支配されないことです。今日、国内問題と国際問題は事実上、互いに絡み合った問題となっており、国際資本と国内資本の相互浸透の度合いもすでに高くなっています。自律を維持する国家の能力が、ある程度の自律性を社会に与えるのです。現在、たくさんの人々が政治改革について論じています。私の意見では、政治改革の中心的問題は、国家と政党と経済の関係を、あまりにも同じ関係に変えすぎることにあると思います。あまりにも同じ関係になると、国家と政党の自律能力を低下させます。国家の意志は特定の利益によって支配され、民衆の利益を反映することができなくなるのです。この意味で、自律の問題は民主主義の中心的な問題です。というのも、民衆が市民としての政治参加を通じて、政治や社会の発展を促進するからです。自律が閉鎖を意味するのではなく、自律性に欠ける開放はただの従属を意味するのです。

第七節　低下する中国の国家機能

中国の革命も、改革も、完全に再現できるようなモデルを提供しません。どのような社会実験も連続した探求なのです。その探求は、自己否定、過程の反省と改善を含みます。弁証法的な視点からみれば、否定は絶対的なものではなく、創造的な探求に向けた時間の地平線を変えるだけなのです。以前の経験が消し去られるのではありません。この意味で、どのようなモデルも、以前のパターンの否定が含まれます。この「螺旋状の上昇」は、ときには緊張を弱め、ときには断絶へと導きます。しかし、その断絶は、一定の連続性を含むのです。

もし、いわゆる「中国モデル」が本当に存在するならば、自律的に自己批判や自己否定を行い、(強制されるのではなく)自律的に新しい発展の道を提起することが、このモデルの重要なポイントの一つとなるはずです。しかし今日、実践を通して自己修正する能力は、厳しい試練に直面しています。約一〇年前、政府は構造調整の目標を定めましたが、一〇年が経過しその調整の結果はどうでしょうか。食糧自給の問題、社会保障、環境保護などの面でいくつかの問題が解決され、各レベルの政府がＧＤＰの成長目標を重視する程度は低下し、政府の焦点も発展から幸福へと移行しました。しかし、経済の構造調整はいまだ完了していません。これは国家の自律性の衰退を示しています。このたびの金融危機には、市場の失敗と政府の失敗、両方の要因があります。構造調整は期待された目標に届きませんでした。しかし、多くの地域や社会がボトムアップ式に改革目標を提案しています。これは注目に値する新しい現象です。革新は社会による実践からもたらされるのであり、すべてが中央政府によって決定されるわけではないのです。実際、「中国モデル」の問題を提起する主な意義は、解釈がどうであれ、中国の経験から自己改革の動力と目標を抽出することです。中国の経験は開放的であり、閉鎖的なものではありません。自律的であり、従属的でもないのです。

第八節　平等の五つの側面

中国はこれまで、単純で固定されたモデルの後を追ったことはなく、常に調整と自己修正のプロセスを続けています。中国の経験、中国の道、あるいは中国モデルについて考えることは、人々に未来へ向けて経験を総括し、前進することを促します。自律と開放の弁証法的関係、社会的平等の経験、および民衆の政治的プロセスへの参加は、すべて受け継いで発展させる価値のあるものです。これが社会主義的民主主義の真の道ではないでしょうか。過ちの修正や調整は政府の役割であるだけでなく、幅広い社会参加の産物であるべきです。したがって、社会参加を拡大し、公共領域を再建することは、改革の重要な側面のひとつです。

社会的平等と開放性は、中国の経験の根本的な部分を占めています。中国の近代的経験に焦点を絞って、私は五つの側面を用いて平等を定義します。これら五つの側面による平等が包括的な形で達成されたときにのみ、中国は理想的な形の平等を実現することができるのです。

最初の平等は、ヨーロッパのブルジョア革命の時代に提唱された機会の平等です。機会の平等は、法的権利という意味でも定義されます。

第二の平等は、分配的正義です。この側面は社会主義の遺産に遡ります。また、ジョン・ロールズによって議論された分配的正義の概念に、この社会主義的な平等観との重なりを確認することができます。分配的正義は結果の平等であり、権利の意味を含むと同時に、義務を前提としています。過去三〇年にわたって、この分配的正義、すなわち結果の平等は多くの批判を浴びてきましたが、今日、それを振り返り再定義する必要があります。

第三の平等は、アマルティア・センによって体系的に論じられた潜在能力の平等です(2)。これは、市場的条件における機会の平等と結果の平等を包括的に組み合わせて生まれた平等概念です。中国の歴史的経験では、教育資源の平等な分配が、能力を平等に生み出すための必要条件でした。潜在能力の平等がなければ、機会の平等も意味を持たなくなります。

上記の三つの主要な平等の側面に加えて、二つの新しい平等の側面を追加することを提案します。多くの思想家がこの二つの平等を探究してきましたが、まだ真の解決には至っていません。私が取り上げる第四の平等は、章太炎《ジャンタイイエン》が述べた「万物斉同」(equality of all things)〔「万物は一体でありすべて等しい」とする荘子の思想〕で、多様性の平等とも言えます。近代の平等主義の特徴は、形式的平等であり、人々を同一の法的主体の立場に置くことによってのみ定義することができます。したがって、平等と多様性の間には常に対立と緊張があり、多様性はしばしば、形式的平等から見た地位と同義語となります。この問題の例は、中国の地域ごとの民族自治が提起している課題にみることができ、この課題は多様性の平等または差異の平等の危機と述べることができます。しかしこの課題は同時に、多様性の平等または差異の平等の概念が、中国の伝統のなかで、とりわけ社会主義の実践において、制度的なレベルで具体化されてきたことを示しており、それが平等を前提とする多様性の実現につながるのです。多様性の平等を制度に組み込むならば、多様性と平等は、お互いに対立するどころか、相互補完的になるのです。これが、私が「システムを越えた社会」（跨体系社会）と名付けるものの基本的な特徴となります。この種の社会において、差異もしくは多様性は、民族主義的な前提に基づいておらず、コミュニティを形成するための土台となるのです。このようにして、差異もしくは多様性は、本質主義を前提にすることなく、歴史のなかで変化を被る産物となるのです。差異もしくは多様性は、実際、歴史的過程の産物ですが、その歴史的過程における変化、融合、交流は、差異や多様性を否定するように定められてはいません。差異の平等もしくは多様性の平等は、資本と金融資本による均質化の傾向とは反対のものであり、市場原理を基軸にする社会モデルに対立するのです。近代資本主義における平等の概念は多様性の平等を否定し、中国社会主義の経験においても発展主義の痕跡が残り、多様性の平等を実現するという構想を完遂することはできませんでした。しかし、近代中国の地域ごとの民族自治の実践における成功と失敗は、この構想を実行するときに直面する問題の重要な実例を提供することになりました。この実践は完了していませんし、今日も、前例のない問題に向き合っています。しかし、私たちは、多様性の平等について、この歴史的な実験から思考を開始するべきです。今日、多様性の平等という概念は、文化的多様性という意味だけでなく、生態系の多様性の意味も含んでおり、資本主義の論理とは根本的に異なる平等の概念を提示しています。

（2）ロールズの正義論は、機会の平等のみならず、結果の平等を保障しようとする点で画期的であった。しかし、ロールズが述べる結果の平等は、所得や権利、自由や機会などの社会的基財が平等に与えられているかどうかにのみかかわっていた。それに対しセンは、人間の多様性を重視し、個々人が機会を自らの希望に従って利用し実現する潜在的可能性が平等に与えられているのかどうかを問題にした。

第五の平等は、国際性を志向する平等です。ここで私が述べるのは国家間の平等についてのみではありません。この点について、たとえば一九五五年のバンドン会議において提唱された平和十原則など、すでに多くの重要な取り組みがなされています。ここで私が論じるのは、社会内部の平等性が、どのように国際的な側面を内側に含むべきかという問題です。近代中国の歴史における国際主義も中国の経験の一部でありました。

いわゆるグローバル化は、主に資本、生産、消費の国際的な展開によって引き起こされ、あらゆる国家の内部に浸透しています。欧米民主主義は市民権を前提としていますが、市民権も近代的な平等概念を確立するための前提です。しかしグローバル化の下では、どの社会の発展モデルも他の社会の発展モデルに影響を与えます。帝国主義と植民地主義は言うまでもありませんが、新自由主義覇権の下でも同様に、第三世界やその他の地域に負の影響を与えています。中国、アメリカ、EUなど非常に大きな共同体では、国内におけるどのような政策決定でも他の社会に大きな影響を及ぼすでしょう。また、現在の民主主義モデルでは、ある政治共同体の外側に位置する人々は、その共同体の主要な決定に参与する権利はなく、この意味で市民権とは排他的であるのです。たとえば、アメリカは京都議定書への署名を拒否していますが、最もエネルギーを消費する国家であるのです。覇権的国家は、自国の国会での議決を経さえすれば他国との戦争を始めることができますが、その結果は世界が負担しなければなりません。既存の民主主義の枠組みでは、このような問題を解決することができません。

中国にとって国際主義の経験は重要な遺産です。ノーマン・ベチューン〔Norman Bethune, 1890–1939, カナダ人、中国共産党に参加し、医師として多くの兵士を助けた〕のような国際主義の活動家は、中国でよく知られています。ウィリアム・ヒントン〔William Hinton, 1919–2004, アメリカ人、農業技術を指導して中国共産党の農村改革を支援した〕、エルウィン・エングスト〔Erwin Engst, 1918–2003, アメリカ人、農村経済の発展に貢献して中国共産党の農村改革を支援した〕、マ・ハイデ〔馬海徳、Shafick George Hatem, 1910–1988, レバノン系アメリカ人、医師として活躍し、多くの中国共産党の兵士を助けた〕をはじめとした多くの人物が、他国から中国市民として中国社会の闘争に参与しました。近代中国の経験において、国民国家に基づく志向だけでなく、全世界に向けた平等の志向を見出すことができるでしょうか。全国人民代表大会や中国人民政治協商会議などによって構成される中国の政治体制において、国際志向の平等に基づいたチャンネルやメカニズムを創造し、自己利益のみに固執して他者の死活問題には関心を持たないような体制とは異なる発展の道を歩むことができるでしょうか。中国の資本輸出は、中国の発展のためだけではなく、他の社会の発展にも利益をもたらすように管理されるべきです。これを達成するためには、中国の体制内に国際志向のメカニズムを確立することが必要であり、他の社会の要求を中国の平等を目指す実践に取り入れなければなりません。この観点から見ると、グローバル化は中国に新しい平等概念や政治モデルを創造する機会を与えました。これは開放性と自律性の統合です。多くの覇権国家は、国際利益に関わる多くの重大な政策決定を閉鎖的な状況で下します。もし中国が新しい平等主義の民主政治モデルを創造することができれば、それは世界全体にとって重要な成果となるでしょう。このような新しいものを創造できる実践的政治体は必然的に自律しており、特定の資本によって操作されず、真の意味で開かれているのです。

これらの平等の諸側面には、構造上、ある種の類似点があります。差異の平等は、システムを越えて、異なる民族グループ、異なる文化や人々、そして人間と生態系の間の平等を指します。一方、国際志向の平等は、世界のシステムを越えて平等を考えるための重要な前提です。潜在能力の平等、万物斉同、そして国際志向の平等のすべては、均質にするグローバル化の傾向を打ち破ることに関わっており、労働者、異なる国民や社会、そして生態系の地位が、従属した客体的地位から自律した平等な地位へと転換されることを求めています。もし私たちが上記五つの平等の側面を統合し、公式および非公式な制度である種のモデルを形成することができれば、全世界が中国の偉大な社会実験のグローバルな意義を評価する際、私たちは自分自身がまったく異なる立場に立っていることに気づくでしょう。この意味で、コンセンサス、経験、道、そしてモデルについて議論することに、何か問題があるでしょうか。

第九節　政府は対応能力を高めるべきである

先日、フクヤマが中国を訪れ、「中国モデル」について述べました。「歴史の終わり」の提唱者として、彼は中国が歴史の終わりの方向に発展しておらず、独自の道を進んでいることを認めました。

しかし、フクヤマが中国モデルを論じる主な意図は中国ではなく、アメリカが過度に独断主義で硬直しすぎていることに対する批判のためでした。フクヤマの分析は、北京コンセンサスにおけるラモの意図に似ています――もっとも、ラモの態度はよりポジティブでありますが。オバマでさえ、中国の経験を繰り返し述べ、アメリカ人に自己改革するよう励ましました。フクヤマはその論文で、中国をロシアやイランと同じ権威主義的な独裁モデルとして分類しましたが、彼はロシアとイランの政府が選挙によって選出され、どちらも複数政党制を採用し大統領選挙を実施していることを見落としています。これらの国家を中国と同じカテゴリーに分類することは、どのような意味があるのでしょうか。それは、政治形態がもはや民主主義と独裁を区別する基準――少なくとも唯一の基準――ではなくなったことを意味するのでしょうか。フクヤマはそうとは明確には述べず、民主主義と独裁制が対立するという枠組みで議論を展開しましたが、彼は無意識にもこの検討に値する問題を明らかにしたのです。彼の見解では、中国にはロシアやイランのような選挙や複数政党制は存在しないが、政府の管理能力は非常に高い――ロシアやイランより高いだけでなく、東アジアモデルの日本、韓国、台湾よりも高いのです。彼はまた、中国政府はしばしば民衆の不満を抑圧することもあるが、その状況を理解するためのチャンネルを持ち、社会的課題に迅速に対応できるとも述べました。もし中国政府が完全な独裁政府であるならば、どうして社会的不満に対して効果的に対応することができるでしょうか。この点について、彼はあくまでも複数政党制の民主主義をもって政治モデルの基準とし、民衆に対する政府の対応能力を基準とはしません。また、公平性、民主主義、自由に対するそれぞれの社会の反応能力を基準ともしません。政府の対応能力は、公共政策の策定にも反映します。もしある政府が公共の必要に合わせて政策を決めることができないならば、複数政党制による選挙があったとしても、それにどのような意味があるのでしょうか。私は、中国がより開放的な政治形態を採用すべきではないと述べているのではありません。むしろ、政府は第一に対応能力を改善拡大すべきであるという、中国の政治経済的経験から引き出される重要な教訓について述べているのです。そうすることで、政府はより開放的で柔軟になることができるのです。そして政府の対応能力をより高めるための前提に、公共領域の健全な成長による社会参加の拡大、民衆の公共的関心に対する政府の強い気配りがあるのです。

第十節　政党政治の危機と活路

現代中国の最大の危機は、政党政治の危機です。近代の政治は政党政治であり、私たちが立ち向かわなければならない問題は政党政治の退化です。私はかつてこの退化を、党が国家を代表すること（党国）から党が国家になること（国党）への転換、すなわち政党の「国家化」と概括しました。政党の国家化に加えて、「メディアの政治化」や「政治家のメディア化」など、現代民主主義の実践に影響を与える他の現象も見ることができます。前者は、メディアが政治的議題を設定し、真の公共空間をつくるのではなく、一方的な政治的価値を主張する構造を指します。後者は、政治家がメディアでのパフォーマンスに明け暮れ、独占的なメディアを民意を伝える公共空間であるかのように扱うことを指します。政党の国家化に伴って、政党はその代表性を失い、政治は大衆社会と完全に分離します。メディアが政治化するなかで、新たなイデオロギーが民意を装いながら公共空間を独占します。政治家がメディア化することによって、政治家がメディア世界の一部となり、公共政策の決定を不確実性と投機性が特徴付けるようになります。もちろん、私が述べるのは現代社会のひとつの趨勢であり、現象の全体を包括的に描写することはできません。しかし、これらの趨勢は、十九世紀に生まれた政治モデルが深刻な危機に直面し、変化が避けられないことを意味しています。

この政党政治の危機に対して、解決のための二つの方向があります。一つは、立憲民主主義という漠然とした解決方法です。しかし、立憲民主主義は憲法を前提にしており、真の問いは、どの憲法を立憲民主主義の基礎にするのかであります。もう一つの解決方法は、国党と社会の相互作用を促進して社会参加を高めることにより、国家のシステムを多様な形態をとる社会参加に対して開くことです。そのための前提は、異なる社会組織や社会運動の存在を正当化し、そのような運動が公共的な意思決定の過程に参加することを可能にするメカニズムを承認することです。ここで重要なことは、社会参加と政党への加入を再構築することです。政党の国家化に伴い、政党が民意を代表する政治組織ではなくなり、社会からの諸要求を聞き取ることができなくなってしまったのです。したがって、政党と多様な形の社会参加の相互作用を通じて、前述した平等の五つの概念を総合することが、まさに新時代の「大衆路線」でもあるのです。私が新時代と述べるのは、政党の役割に重大な変化が訪れているまさにこの時に、大衆路線の中身も変化する必要があるからです。

いわば政党は国家の動脈であり、社会参加は毛細血管です。もし毛細血管が壊死すると動脈と人体の関係も危機に瀕します。社会とのつながりを失った政党が、独占的な政治集団へと衰退するのです。もし政党が社会参加や社会運動に向けてより開かれるならば、それは動脈と毛細血管を再接合することに相当します。この意味で、政党はもはや旧来の政党とは異なるものになります。政治もまた、いわゆる政党政治ではなくなり、人民が自らを治め、政治に直接参加する社会主義的民主主義となるのです。

藤本憲正・村島健司訳

著者による参考文献一覧

Fukuyama, F., and Weiwei, Z (2014) 'The China Model', *New Perspectives Quarterly*, 31 (1, January), pp. 60–83.

Lin Chun (2003), 'What Is China's Comparative Advantage?', *The Chinese Economy*, 36 (2), pp. 3–20.

Lin Chun (2006), *The Transformation of Chinese Socialism*, Durham, Duke University Press.

Ramo, J.C. (2004), *The Beijing Consensus*, London, The Foreign Policy Centre, May.

Rawls, J. (1972), *A Theory of Justice*, Oxford, Oxford University Press.

Rawls, J. (2001), *Justice as Fairness: A Restatement*, Cambridge, Mass and London, The Belknap Press of Harvard University Press.

Sen, A. (1999), *Development as Freedom*, Oxford, Oxford University Press.

Wang Hui (2000), 'Zhang Taiyan's Concept of the Individual and Modern Chinese Identity', in Wen-hsin Yeh (ed.), *Becoming Chinese: Passages to Modernity and Beyond*, Berkeley, University of California Press, 2000, pp. 231–59

Wang Hui (2003), *China's New Order*: *Society, Politics, and Economy in Transition*, edited by Theodore Huters, Cambridge, MA and London, Harvard University Press.

Zhang Taiyan (1977), *Selected Writings on Politics*, Beijing, Zhonghua shuju.

翻訳者による追記

この講演の翻訳に当たって、三種類の原典を用いた。汪暉氏による英語原稿と中国語原稿、そして講演時の録音を文字起こしたものである。最初に中国語原稿を翻訳し、そこに講演時に話した部分を追加した。そして英語版を適宜取り入れた。原文の意味を尊重しながら、できるだけ日本語で意味が通るように心がけた。人名といくつかの単語には、訳者が〔 〕で説明を追加した。

第三章　他者なき戦後日本の民主主義——「来るべき社会」を構想するために

磯前順一

第一節　複数性としての主体化論

私の報告は「他者なき戦後日本の民主主義」という題名でおこないますが、そのまえにこの会議全体の主題がジョルジョ・アガンベンの「来るべき共同体（commig community）」に倣って、「来るべき社会[1]（coming societies）」と銘打ったものであったことを思い起こしたいと思います。「社会」が「共同体」がどう違うかというと、「共同体（community）」というのは、個人的な好き嫌いの感情はあれども、互いの顔が直接見える関係に支えられた集団だと考えます。まさに「コミュニケーション」を直接とる関係と言えるでしょう。他方、「社会」は、直接コミュニケーションの取れない関係も含んでいますし、自分が匿名者になることもできる。予測のつかない他者の存在がつねに含まれている集団関係だと、とりあえず定義してみようと思います。

その意味で、ここで「来るべき社会」を論じるということは、必ずしも幸せな社会の到来を実現するとはかぎりません。むしろ、自分の知らない他者たち、予期不能な他者たち、様々な他者と出会わざるを得ない社会状況をどの

（1）ジョルジョ・アガンベン『到来する共同体』二〇〇一年（上村忠男訳、月曜社、二〇一五年）。

ように考えていくのかということを意味するものなのです。今回報告してくださった酒井直樹さん、汪暉さん、平野克弥さんの報告も、そういった他者と出会わざるを得ない日々の状況に生じてくる問題に思いをめぐらすものであったと私は受け取っています。

だからこそ、そこでは「主体性（subjectivity）」ではなく、主体形成の過程としての「主体化（subjectification）」が問題にされなければなりません。(2)「主体」というものは始めから自明の存在としてあるものではなく、生まれ落ちてから成長していくものなのです。その言葉の文法的役割から言っても、文字どおり、主体は「主語（subject）」として目的語に能動的に係わる役割を果たす一方で、"be subject to ～"として他者の影響下におかれる受動的存在でもあるのです。自分の努力で主体を作るというよりは、誰か、他者によってよって生み齎されるものなのです。赤ん坊が母親によってこの世に生み落とされるようにです。

しかし、それだけでは十分な説明にはなりません。受動的状態のもとで生まれる赤ん坊もまた、みずからの能動的な意志を示さなければこの世に生まれ出ることは困難なように、受動的な力と能動的な力が呼応することで私たちの主体もまた生起することが可能になるのです。その二つの力が上手く重なり合わなければ主体が上手く生起しないとすれば、主体が死産してしまうことも沢山あるのです。むしろ、死産してしまうほうが多いと言えるでしょう。

酒井直樹さんが『死産される日本語・日本人』（一九九六年）という著作の中で述べているように、「日本国民」というアイデンティティの中で自分が安住しているうちは、それは日本国民という主体の一部の要素でしかなく、「個人」という主体はいまだ生まれていないと言わなければなりません。日本国民というアイデンティティとの間に葛藤が生じたときにこそ、個人の主体は生起する契機を摑むのです。そこに主体とアイデンティティという言葉の意味の相違もあります。

アイデンティティという言葉においては、能動的な主体性ということは決して問われないのです。"be identified

with～"という言葉が示しているのは、アイデンティティ論で関心を払うのはつねに何ものかと「同一である」状態であって、主体化論がもう一方で問題とする「距離をとる」という態度はそこには含まれないのです。

その観点を念頭に置けば、先ほど汪暉さんが語ったように、ヨーロッパの近代化モデルのなかに「チャイニーズ・ロード」というモデルが現われた事態は、「特殊（particular）」ではなく「特異な（singular）」ものが普遍性へ開かれる道として、アジアにおいて主体化されてきたと考えるべきなのです。

「特殊」とは普遍と目されたものだけが正常なものであるという考え方のもの、そこから逸脱した異常なものを名指す意味の範疇です。それに対して「特異」はそれぞれが独自のやり方で普遍へ開かれた道があることを主張する思想的な範疇です。「普遍的なもの」との同一性（アイデンティティ）の関係は、単純な受動的模倣ではなく、独自の能動的な読み替えによって翻訳されていく。それが「特殊」ではなく、それぞれに「特異な」主体のあり方を示すものなのです。そして、言うまでもなく主体化とは個人だけではなくて、社会や文化の集団の次元においても起こるものです。

そこに主体化過程における「複数性（plurality）」という問題も生じることになります。冒頭の話に戻るならば、社会における主体のありかたという問題になるでしょう。複数性という言葉を概念として自覚的に用いているのはハンナ・アレントです。ただし彼女は個人が他者に出会ったときに複数性という状況が二次的に生じると、公共性を

（2）Judith Butler, *The Psychic Life of Power: Theories in Subjection*, Stanford: Stanford University Press, 1997, p. 1, 5, 11.（ジュディス・バトラー『新版　権力の心的な生――主体化＝服従化に関する諸理論』佐藤嘉幸・清水知子訳、月曜社、二〇一九年）。ミシェル・フーコー『講義集成11　主体の解釈学　コレージュ・ド・フランス講義1981–1982年度』廣瀬浩司・原和之訳、筑摩書房、二〇〇四年。

論じた『人間の条件』(一九五八年)という著作で述べています。しかし、ジャック・ラカンの精神分析的考察に倣う私の立場から言えば、複数性という状況に先行して、元々、個人の主体が成立していたわけではありません。個人というのは他者の個と同時に、自分たちが包摂する「謎めいた他者(mysterious Other)」に誘発されることで成立するものに他なりません。

一方で、アレントは『イェルサレムのアイヒマン』(一九六三年)という著作も書いていますが、そこではナチスに命ぜられると、ためらいもなくユダヤ人を殺してしまう人間の「凡庸さ」、「凡庸な悪(banality of evil)」の問題について考察をめぐらしています。彼女の描く「凡庸な悪」とは、主体性が元々ないような人たちも含めて、身体的には他人と区別される個体であっても、自己判断の能動性を有さない「主体性なき主体(subject without subjectivity)」のような存在のことを指しています。

そうした「主体性なき主体」を含めて、複数性の空間というものは成り立っているのです。こういった問題をはらんだ複数性の空間に、どのようにしたら社会の倫理を打ち立てることができるのか。そこから公共性をめぐる問題は論じられなければなりません。人間は本来的に互いに関心を持っており、分かり合いたいのだといった観念論から立論していては、いつになっても現実を踏まえた説得力のある議論には至らないのです。

実のところ誰でも感じているように、ハーバーマスが熟議的空間と呼ぶ一方で、それが理念に留まると断っているように、公共圏では声のあげられない人間、というよりも正確には話し合うことのできない非熟議的な人間関係が支配的なのです。物事には表があれば裏があるように、本音と建前の絡み合わない発言など存在しませんし、「無礼講だ」と言われて正直に話す者が翌日処罰されてしまいかねないように、制約のない発話状況など存在しないのです。だからこそ、「理念」としてのみ、非制約的な発話条件が現実批判のために提示されてきたのではないでしょうか。当為と所為を明確に区別しなければ、現実的な効力のある討議には成り得ないのです。

改めて念を押しておきます。「来るべき社会」というのは“coming Societies”、複数形なのです。もし社会の理念が“society”という単数形で示されるならば、一つの規範だけが普遍として存在することになってしまいます。もはやそこには、“societies”として提示されるような同時に複数の選択肢の可能性を併せ持つような特異な普遍は存在する余地がないのです。

ここで、「複数的なもの（the plural）」というのは「多元的なもの（the multi）」とは違うとホミ・バーバがかつて述べたことを、思い起こしたいと思います。[3] 多元的な捉え方というのは、例えば韓国人は韓国人、中国人は中国人、日本人は日本人であって、原理的に三者は本質的に異なる。もちろん、その三者の間で混血化はあるわけですが、あくまで表層的な歴史現象にとどまるものとして把握されます。

ですから、中国人・韓国人・日本人というアイデンティティが本質的に異質なものであるという信念が動揺することはまったくありません。イギリスで一時期に流行った「多文化主義[4]（multiculturalism）」という見方がその典型ですね。ストリートや地域ごとに異なる人種的な集団が住み分けることで、異なる集団内のことには口を出さず、お互いを尊重して共存していくわけです。現実的には、今でも一番有効な共存のかたちと言えるかもしれませんね。ただし、こうした自集団の均質性を自明とする見方は、自集団内の構成員を均質化するために伝統という名のもとに測り知れない圧力をかける一方で、他集団を等しく敵とみなすナショナリズムの論理の温床ともなっていることも事実です。

他方、複数的なものは集団内の均質性を自明視せず、それがたえまなく流動化するものでもあると捉えます。本

(3) ホミ・K・バーバ「散種するネイション――時間、ナラティヴ、そして近代ネイションの余白」一九九四年（磯前順一、ダニエル・ガリモア訳『ナラティヴの権利――戸惑いの生へ向けて』みすず書房、二〇〇九年、八一頁）

(4) チャールズ・テイラー他『マルチカルチュラリズム』一九九四年（佐々木毅・辻康夫・向山恭一訳、岩波書店、一九九六年）。

来、ミハイル・バフチンの言葉に起源を持つ「異種混交性（hybridity）」やフランツ・ファノンに由来する「固定化しきれないもの（instability）」という術語は、この複数性という概念をそれぞれの思想家固有のかたちで表現したものと言えるでしょう。特に異種混交性は今日しばしば誤解されているように、二つの同質なものを前提として、それが交じり合った結果生じたものではなく、同質性と表裏一体をなす両義的な存在に他ならないのです。

こうしたポストコロニアル状況、あるいはポスト帝国状況をふまえて、来るべき社会をいかに構想していくのか。社会という公共空間のなかでの主体化過程をどのように理解しようとしているのか。こういった問題を先行する二つの報告を通して、私たちは模索してきたと思っています。

まず最初に言いたいのは、主体って、そんなに自明なものではないんです。たとえば、日本帝国の主体は何なのか、誰なのか。同様に、日本という国民国家の主体は何なのか。自分の主体はこの「私」であると、普通は誰でも考えますね。しかし、その私という主体はいったい誰なのか、何なのでしょうか。一度疑問を感じたら、その自明さは失われてしまう程度のものに過ぎないのです。

だからこそ、私たちはその自明性を失わないように、必死で信じているふりをしなければならないのです。他人に対してだけでなく、自分自身に対してもです。なによりもまず、自分自身が自分にとって「謎めいた存在」、謎めいた他者として存在しているのです。

もともと私はポストコロニアル思想というものを、他者に対する倫理だと考えていました。植民地を作った人間が、植民地にされてしまった人間に対して償うべきだという責任感の倫理。あるいは第一世界と言われている人たちによる、第三世界に対する贖罪の倫理。そういった個人と個人の関係、社会と社会の関係、あるいは国家と国家の関係が他者に対する倫理だと思っていました。あくまでも個人や国のような可視化される存在を他者だと考えていたのです。

しかし、精神分析家であるジャック・ラカンの思想に出会ってから、私は他者という存在を違うように考え始めました。他者というのは私がイニシアティヴをつくって、ごめんなさいとか、怒ったりするのではなくて、知らない間に、自分の主体のあり方を決めているのが他者である。私の主体のあり方は何かによって生まれた時から決められている。「えっ」と思った時に、自分が自分なりの主体を作る作業が始まっている。つまり、他者というのが個人とは限らないし分からない。その謎めいたものは一体何なのかというのを認識しようとする時に、私という主体が生まれてくるのだと思います。それが「謎めいた他者」という存在なのです。

それがアイデンティティや主体をつくる根拠になるわけですが、その肝腎の根拠自体が謎めいているために、あらかじめ自分にははっきりとは分かりません。まるで、ギリシア神話のスフィンクスが旅人に突きつける謎のようにです。その分からない他者を私は「失われた二〇年」と呼ばれる、ここ二〇年くらいの日本の社会状況の中で考えてみたいのです。

それを私は主体が作られる過程、「主体化」と呼んでいたわけです。主体というものが、人間が生れ落ちた当初から確立されていれば、わざわざ主体化という言葉を用いずとも、従来どおりの「主体性」という言葉で事足りるでしょう。しかし、この主体あるいは主体性という言葉が、酒井さんがその翻訳論を通して問題化してきたように、意識の超歴史性を意味するものとして理解するのであれば、やはりその本質論は批判されなければならないのです。

私はそれを、主体を他の主体との相互関係の中で歴史的に生み出されるものとして捉えることで、主体性の歴史的に可変的な性格を考察してみたいのです。それは晩年のミシェル・フーコーがおこなおうとしていた「自己のテクノロジー」を、複数性の空間たる政治や社会の動きを踏まえた精神分析的な方法から考え直す作業になると言ってもよいでしょう。

日本においては、それは戦後日本の民主主義と天皇制との関係を考察する議論へと帰結せざるを得ないでしょう。天皇制というものは日本国民という主体を創出する過程を司ってきたという意味で、謎めいた他者をめぐる主体化過程のシステムと密接な関係を有しています。こうしたかたちで先の三人の報告を自分なりに引き受けて、最後の円卓会議の討論へと導いていく準備をしたいと考えているのです。

第二節　引きこもりと謎めいた他者論

まず、石川結貴『スマホ廃人』（二〇一七年）という新書について触れたいと思います。そこでは、スマホをやり過ぎてしまって「廃人」になってしまった人が増えている現代日本社会の事例が紹介されています。酒井さんが「ひきこもりの国民主義」について考察していますが、言うまでもなく国家単位だけでなく、個人で引きこもっている人もかなり多いわけです。勿論、それは日本だけではありません。私は日本では観光都市である京都市の街中に住んでいますが、京都でも凄いんです。スマホをいじりながら横断歩道を歩いていて、自分に向かって車が突っ込んで来ても気がつかない人たちがたくさんいます。むしろ、車のほうが避けていくというのが京都では普通なのです。

昨日、ここソウルに着いて街を少し歩きました。やはりここでも、スマホをいじっている人の姿を数多く見かけました。グローバル資本主義が浸透した地域に限って言えば、世界的な現象なのでしょうね。なぜ、そこまでスマホをいじることに命を賭けるのかなと、スマホを使わない古いタイプである人間である自分は強く思います。しかし、彼らを注意深く観察してみると、別にスマホに命をかけているわけでもないことも分かります。

実際に、何をやっているのかなと彼らの手元を覗いてみると、ゲームをやっているか、友達にメールを打ってるか、ネットサーフィンしているかの程度なんです。共通しているのは目の前の人間にはまったく関心がないことなんです。自分の世界に没入しているだけなのです。

『スマホ廃人』というのは、こういった現象を分析している本です。こんなエピソードが紹介されています。スマホに夢中な若者に著者が「あなたは何でそんなに、電車に乗りながら、歩きながらメールをやっているのか」と質問すると、次のような答えが返って来るのが珍しくないそうです。「私に本当の友達ができたんです」、と。しかし、残念なことに、それで一年間ぐらい経つと、今度はスマホをやっている人の間でイジメが起きてしまうのです。

そこから著者の石川さんは次のように結論づけています。スマホという「直接性（intimacy）」の強度の極めて弱いヴァーチャルの世界に彼らは逃げ出したんだけど、今度はヴァーチャルの世界がすごく現実的な人間関係になってしまい、自分が逃げ出してきた世界と同じようになってしまった。彼らはよく、「現実にログインする」という表現を使うそうです。しかし皮肉なことに、逃避してきた現実世界がヴァーチャルになってしまい、彼らが日常的にアクセスするスマホの空間のほうが現実になってしまったのです。

彼らは誰かの眼差しが自分を捉えてくれるのを求めていて、誰かとアクセスして自分を定位してもらいたいのです。けれども、その定位の仕方、アイデンティティの作り方が必ずしも幸せだとは言えない。自分の主体性を失う形で、アイデンティティを作らざるを得なくなったときには、もはやヴァーチャルの世界というのはパラダイスではなくなっている。むしろ、サルトルが戯曲『出口なし』（一九四四年）で描き出したように、他者の眼差しに怯える「地獄」になってしまっている。

それで、横断歩道を歩きながらでも、脱落者と指弾されないように、スマホの世界とアクセスさせざるを得ないような状況に追い込まれてしまう。楽しかった世界は、いつの間にか自分を苦しめる「享楽（jouissance）」の世界に変じているといったわけです。酒井さんの言い方に倣えば、現実を見つめることの怖さから、現実を恐れて「否認（denial）」（フロイト）してしまうという精神的なひきこもり状況が、現代の若い人たちに起きているのです。(5)

（5）フロイト「否定」一九二五年（石田雄一訳『フロイト全集19　1925―28年』岩波書店、二〇一〇年）

ここで、戦後日本を代表する知識人である丸山眞男の主体論について話したいと思います。その初期の著作『日本政治思想史研究』（一九五二年）において、丸山が国民という主体形成のあり方を論じているのはよく知られたところです。単行本としての出版はアジア・太平洋戦争の後、いわゆる「戦後」になりますが、そこに収録された論文群は戦争中の一九四〇年代前半に書かれたものです。丸山は日本人という主体を日本帝国の「臣民（subject）」——積極的に服従するものという意味での主体——とは違うかたちで、単一民族的な国民国家の「国民（nation）」として構築しようとしていたわけです。

では、丸山が願った主体のかたちというものが戦後の日本社会において本当に実現したのでしょうか。『スマホ廃人』で描かれた若い人たちの姿を見ていると、残念ながらそうはならなかったことは明らかです。だとすれば、丸山の国民主体論が一世を風靡したものであるからこそ、なぜそれが実現しなかったのかということを批判的に検証する必要があるでしょう。

主体性の成長が不十分だから、日本はいまだ後進的な社会なのだといった西洋中心主義的な進歩史観では、今日の現状をしっかりと理解することはできません。不十分だったというよりも、主体化過程のどこかが間違っていたのではないかと、主体化のあり方を歴史的経緯のなかで問い直してみなければなりません。そして、この丸山の主体論を厳しく批判してきた研究者が、ここにいらっしゃる酒井さんであったわけです。その批判的検討の作業を、自分なりに引き受けることで今日は戦後日本社会の主体化のあり方を考えてみたいのです。

丸山の議論というのは、私の理解するところでは、「作為（act）」者として能動的に状況に働きかける人間の主体のあり方が江戸時代の中頃に見られるようになる。同時に公的な領域と私的な領域が分化して、プロテスタンティズム型の政教分離に基づく、国民という主体が打ち立てられる。それが西洋のプロテスタンティズム社会に見られる近代の理想型であるというものです。

それに対して酒井さんは、独自の翻訳論に基づく「共形象 co-figuration」という視点を提示することで、ひとつの社会に「国民」という主体が構築された瞬間に同時に非国民——例えば日本人という国民に対しては、朝鮮人とか中国人とかアメリカ人が非国民として想起されます——もまた生み出されるという話をしたわけです。内部に対して外部が措定されるから、その内部を同質化することも可能になるというわけです。それが、酒井さんが『日本思想という問題』（一九九七年）という著作で語った主題であったと理解しています。

丸山はまさに内部に対する外部の創出、すなわち共形象という視点を欠落させており、内部のみを観念論的に語ってしまったということになります。だからこそ、内部が同質化されてしまうという全体主義的な危険性を国民国家が孕んでいることを、戦前の社会に通底した問題として前面に押し出して把握することはできなかったのでしょう。

しかし、この酒井さんの丸山批判を読んだ人たちは、酒井さんが提示した「主体化の技術（the technique of subjectification）」という観点からその議論を受けとることはせず、むしろ人間に主体性はいらないんだ、主体性というものは百害あって一理なしだといった具合に、通俗的なポストモダンの相対主義のもとに理解してしまったように思われます。少なくとも、酒井さんが日本の学界に登場した一九九〇年代後半の段階では、そういった理解が日本の読者の大半であったような印象を私は有しています。

では、この主体はいらないんだという通俗的な理解はその後どこに流れていったのかというと、私は先の『スマホ廃人』での議論に結びついているように思えて仕方がないんですね。人間であるかぎり、主体を保持しないというのは難しいことですから、何かであることを拒否した主体は今度は何かの一部になりたいと強く願うようになります。そして誰かの主体の一部になってしまえばいいのだ、ということで、みずからを、天皇でも誰でも何でもいいのですけど、謎めいた他者の一部に帰属させようとする。ここに今日の日本社会における主体性のあり方の由々しき問題があると私は考えています。

戦後、謎めいた他者としてどのような表象が出てきたかということを、少し系譜学的に考えてみたいと思います。

まず、一九五四年にできた映画「ゴジラ」ですね。謎の怪獣ゴジラは旧日本兵が死んでいった南の島からやって来て、日本に上陸して東京の街を破壊していく。一九五四年という年は日本の人々にとっては、第五福竜丸という漁船が太平洋でおこなわれたアメリカの核実験で被爆した年でした。一九四五年が広島と長崎に原爆が投下された年ですが、戦後になって一回、広島と長崎の被爆が第五福竜丸の事件を通して人びとの記憶に回帰してきたのです。

被爆した魚は「被爆マグロ」と名づけられて、日本のど真ん中、東京の築地で展示されました。ゴジラはそこに上陸してきたんですね。第五福竜丸が被爆したのも、ゴジラが眠っていた南の島でした。つまり、ゴジラという謎の怪獣は考えようによっては被爆者である。第五福竜丸の被爆者を通して広島と長崎の被爆者へ遡り、さらにはアジア・太平洋戦争で南の島で玉砕していった日本兵、植民地民を含む旧帝国日本の臣民たる日本兵たちを想起させる存在であったのです。

しかし、ゴジラは破壊し尽くした東京で二箇所だけは攻撃しなかった。すでに評論家の加藤典洋が指摘してるように、それは天皇の住む皇居と戦死者を英霊として祀る靖国神社なんです。これまでの推測に則って言えば、靖国神社の英霊たちはゴジラ自身のことかもしれませんね。だとすれば、破壊しなかったのも当然と言えるでしょう。では皇居はどうなのでしょう。天皇は日本の兵士たちに国家のための死を命じた存在です。それなのに、自分の死の原因となった天皇をゴジラが破壊しようとしなかったのは興味深いですね。

さて、このように考えてくると、謎めいた他者としてのゴジラは戦争で死んだ死者の記憶を背負ったものと言えるでしょう。しかし、こうした英霊たちにも触れることのできないタブーがあったわけです。天皇の戦争責任を問えなかったという心理機制の存在です。「ゴジラ」が大ヒットした大衆映画であることを考えるならば、戦後日本社会は大衆の身体的な次元から、戦後ほどない一九五四年段階で天皇の罪を問うという態度をとることができなくなっていたのです。

アメリカの傲慢さが出ている問題の書と言えますが、ジョン・ダワーの『敗北を抱きしめて』（二〇〇一年）という著作は戦後の出発段階からアメリカという他者の眼差しが日本社会の主体のあり方を規制していたことを、良くも悪くも明らかにしている作品であるとは言えるでしょう。それは当然のことながら、酒井さんが問題にしたパックス・アメリカーナというアメリカの覇権下の秩序が東アジアに確立されていく過程と重なり合うものです。アメリカによる植民地化という条件付きのなかでしか、国家主権が回復されえなかった戦後日本社会の基本構造が早くも一九五四年頃の大衆意識の中に根づいていたと言えるのではないでしょうか。

次いで一九六六年には、三島由紀夫の『英霊の声』という、物議をかもし出した小説が出版されます。一九六六年というと、その二年前に東京オリンピックが開催されていますから、高度経済成長が始まって日本が経済的に豊かになって浮かれている時期に当たりますね。明治一〇〇年を祝う式典がおこなわれた時期でもあり、敗戦のショックから立ち直り、日本の近代も結局は上手くいったんだと近代化論的な価値観のもとに思い直した時期でした。ところがこの小説は、そうした戦後景気に浮かれる日本人の神経を逆なでするような内容でした。ある集団が仲間の青年を依り代にして霊を降ろしてみると、戦争で壮絶な死を遂げた日本兵の霊がとりつき、「俺は恨んでいるんだ」と口走る。では、誰をとくに恨んでいるかというと、天皇陛下だという話になるんですよね。

これは戦後でも異常な小説です。深沢七郎の「風流夢譚」(一九六〇年)や大江健三郎の「政治少年死す(セブンティーン 第二部)」(一九六一年)など、天皇制に対する批判をおこなったために、いまだ一般の読者の手に入りにくい小説もいくつかあります。しかしこれらの小説と比べて、三島の小説が特異なのはその天皇批判の論理なのです。天皇に自分たちの死を理解して欲しいとお願いしているとしか読めない小説なんです。

国家のためにその命を失ったにもかかわらず、死んでもなお天皇陛下に理解してもらいたい。天皇陛下に理解してもらうことだけが、自分たちの無惨な死を救うことができると書いているんです。小説というフィクションによって書かれているわけですが、それは当時の日本社会の心理機制の一端を表す作品だったと言えるでしょう。一九六〇年代になっても日本社会では、自分が自分であるためには、天皇の眼差しが不可欠であったことを明示しているのですから。私からすれば、明らかにここで天皇制は謎めいた他者としての役割を果たしていると考えるべきだと思います。

謎めいた他者というのは――「謎めいた」という単語を加えたのは私ですが――、ラカンの言うところの「大文字の他者」、自分のアイデンティティを支えてくれる他者の眼差しのことです。ちなみに、「大文字」というのは、文化とか社会、あるいは職場や家族などの集団でもよいのですが、アイデンティティや主体のあり方を固定してくれる言語などの象徴体系を意味するものです。

他方で、ラカンの言う「小文字の他者」というものもあります。「対象a」――小文字の対象――とも関係する、主体の理解から逃れ出る他者のことです。大文字の他者によって主体が確立するわけですが、そのとき主体が大文字の他者の眼差しを持って自足し切ってしまうことができません。どうしてもそこに収まらない残余が生じてしまうのです。(6)

私たちの主体というものは大文字の他者だけでなく、小文字の他者との関係によっても構築されています。他者というのは固定されると同時に逃れ出るものなのです。この捉え切ることのできない、意味の汲み取り切れなさを「謎めいた」と私は名づけたわけです。それは、デリダが着目したプラトンの「コーラ」という、意味の汲みつくすことのできない場のようなものです。(7) 何度となく意味を固定化しようとしても、その都度にそこからはみ出る対象aのようなものなのです。その固定できなさゆえに、私は「謎めいた」という修飾語を他者に対して用いているのです。

一方で、主体を固定しなければ人間は精神的にも病気になってしまうわけで、意味の固定化を一切拒否することなどできません。意味が固定化されているからこそ、その内部に固定化することのできない余白を見出します。これがデリダの言う「脱構築」でもあります。だとすれば、どういうふうに主体を固定していくのか。そして、固定したものをどのように流動化させていくのか。ラカンはその生涯を通じて自分の思考を発展させていった学者ですが、とりあえず私は彼の思考を以上のような枠組みのもとに押さえておきたいと思うのです。

第三節　民主主義と主体化論

ゴジラに続いて焦点を当てたいのは、力道山です。北朝鮮と韓国では、彼に対する評価が違うと聞いています。ご存知のように、力道山は今の北朝鮮から戦争中に渡って来て、日本の大相撲協会でいいところまで昇進して行きます。ところが戦後になって、突然辞めてしまい、アメリカに渡ってプロレスラーになって日本に帰ってきます。同時に日本国籍を手に入れて、日本人の代表としてアメリカ人のプロレスラーと闘うという物語を演じていくことになります。力道山はプロレスを通じて、アメリカのパックス・アメリカーナに劣等感を拭い切れない敗戦後の日本人たちにカタルシスを与える役割を果たしたのです。

戦後日本社会の論理は天皇の万世一系の観念に代表されるように純血主義ですから、その点から見たら力道山という存在は、偽物の日本人に他ならないのですね。私の幼い頃にも、当時まだ生きていた力道山は「本当は朝鮮人なんだ」と噂されていました。戦前は日本は帝国ですから多様な植民地民を包摂していました。しかし、戦後にな

(6) 以上ラカンの議論については、ジャック・ラカン『精神分析の四基本概念』一九七三年(小川浩之他訳、岩波書店、二〇〇〇年)。
(7) ジャック・デリダ『コーラ――プラトンの場』一九九三年(守中高明訳、未来社、二〇〇四年)。

ると単一民族国民国家という形態を取っているというのが社会的な建前になりますから、日本人と言えば、同じ血を分かった日本民族しかいないという社会的な建前になったのです。

しかし戦後になっても、実際に日本社会には在日コリアンなど多様な旧植民地の流れを汲む人たちが私たちの身近なところに存在していました。よく知られたところでは、美空ひばりのような芸能人や野球の王貞治、あるいは相撲の大鵬などですね。そんななかで、力道山は旧日本帝国の複雑なアイデンティティを抱えながら、建前としては単一民族としての日本人を演じるという二重の主体化を自ら選んだ人であったと評することができるでしょう。そしてこうした物語を、何よりも日本国民がかつての日本帝国を忘れるために、少なくとも戦後直後のある一定時期、必要としていたのでしょうね。

その力道山が暴力団員に刺殺されるのが一九六三年。「もう戦後ではない」という、敗戦の影響の終わりを宣言した日本政府の経済白書が出された一九五六年からほどない時期でした。一九六四年の東京オリンピックの直前、そのときには力道山はこうした帝国と単一民族からなる二重の国民国家の主体性を提示する役割を終えていたんですよね。その末期にはプロレスブームはかなり衰えをみせるようになっていたと言われています。

では、代わりに誰が登場して来たかというと、力道山の亡くなる少し前、一九五九年に天覧試合でホームランを打ったプロ野球の長嶋茂雄ですね。彼は程なく入団してくる王貞治とともにクリーンアップを形成し、日本の高度成長と重なるように、読売ジャイアンツの九連覇を推進していきます。当時、私は無類の野球好きの父親が、「王は中国人だけど、長嶋はやっぱり日本人だからいいなぁ」と、無邪気に話していたのを覚えています。

それは私の父のみならず、安定期に入り始めた戦後日本の大衆の心性を表していた言葉じゃないでしょうか。「自分や王さんは日本民族出身じゃないから、評価されるのには長嶋さんを成績で上回らなければならなかった」、と在日コリアンのプロ野球選手である張本勲は述懐しています。

しかし、巨人軍の売り出し文句は、私の記憶が正しければ、外国人を一人も入れない純国産打線だったはずです。

四番バッターは中国人の血を引く王さんであったにもかかわらずです。その矛盾になんとなく気づいてはいたんですが、当時小学生だった私はあまり考えないようにしていました。「なんとなく」、ここがミソなんですね。酒井さんが言うところの現実の否認ですね。

帝国の記憶、酒井さんの言う多民族的な帝国の記憶を消して、長嶋茂雄を贔屓する。当時は高度経済成長で、長嶋は読売ジャイアンツというメディアと繋がっている会社に所属していたわけですね。親会社は読売新聞社で、社主の正力松太郎はアメリカの原発政策の推進者でもあり、今日に至るまで原発推進を社是としています。まさにアメリカの傘下のもとでの国家主権の回復——言い換えれば日本はアメリカの植民地国家に他ならないということになりますが——という、戦後日本の社会体制を象徴するような新聞社でした。

このように戦後の日本社会は多民族国民国家であった記憶を消していくことで、単一民族国民国家にその理念を変えていきます。[8]その過程で、「戦後（post-war）」という言葉が「戦争の影響から解放された」という意味で定着していくのです。「ポストコロニアル」の「ポスト（post-）」という術語は「解放されてもその影響は続く」という意味です。しかし、日本では「戦後」という言葉は戦争の影響から完全に切断されたという真逆の意味を帯びることになったのです。

これはどういうことかと言いますと、一九五六年以降の社会の日本の人びとは、自分たちは戦争の影響から解放された、真に開かれた空間に生きていると信じ込みたかったからだと思うのです。私もまたそうした言説空間の中に育った子供時代を過ごしてきました。戦前は全体主義的な軍国主義だったけれど、戦後は民主主義的な非武装国

（8）酒井直樹「「日本人であること」——多民族国家における国民的主体の構築の問題と田辺元の「種の論理」」『思想』八八二号、一九九七年。

家であると私もまたある時期までずっと思い込んでいました。

じゃあ、「民主主義って何だ」という話にならなければいけないのですが、戦後日本社会において民主主義という言葉を口にすれば自分が平等主義者であることが保証されるという程度にしか人々は思っていなかった。じゃあ、今度は「平等主義って何か」と問われたら、何も答えられない。内実のない言葉が自由連想のように繋がっていくだけでした。結局のところ、彼らの言う民主主義がリベラリズムを前提としたものである以上、それは自己の欲望と感情を無自覚に肯定していたにすぎないのです。(9)

そうして、戦後日本は民主主義的だという根拠のない幻想に、その内容を吟味しないままに人々はしがみついていく。三島由紀夫が言うように、先の戦争でスケープゴートにされた「日本人」と呼ばれた人たちがいて、そこには日本国民として動員された旧植民地のアジア人も含まれていたのだけど、その存在はまったく顧みられることがありませんでした。しかし、こういった都合のよい忘却が作り出した均質化された国民国家が、果たして平等な民主主義社会と言えるのでしょうか。アメリカの軍事力に守られた非武装社会が果たして、本当の非武装社会と言えるのでしょうか。そんな問いさえ、社会の中で中心に据えられることはありませんでした。

たしかにA級戦犯という何人かの日本人が処刑されたわけですけど、そこで何が起きたかというと、意識のすり替え、悪いのはA級戦犯だけで我々「一般国民」は悪くない。そして、「国民の象徴」その総意である昭和天皇も悪くない、そんな認識の共犯関係ができあがってしまいました。岸信介や佐藤栄作たち、アメリカの諜報部員のような総理大臣たちが、日本がアメリカの植民地国家として生き残れるように、象徴天皇制とアメリカの帝国主義との「抱き合い」（ジョン・ダワー）を一生懸命作り上げていったのです。それは今の政府も何ら変わりません。安倍首相〔二〇一九年現在〕が岸信介の孫だということは決して偶然ではないでしょう。

戦前の全体主義や軍国主義の時代が外部の力によって潰されて、戦後日本の人びとは当然の如く民主主義や平和主義の社会秩序を回復したんだと、無邪気に信じ込もうとしてきました。パックス・アメリカーナの下でという条件付きでしかないにもかかわらずです。それは自国の沖縄に米軍の軍事基地が設けられ、国内の港に核が持ち込まれ、他国に日本から爆撃機が飛び立っていたという現実を無視することでしか、成り立つことのできない欺瞞に満ちた認識でした。

そういう態度でもアメリカが現実を見なくて済むように自分たちを守ってくれた。正しい方法ではなく、誰かに犠牲を押し付ける方法であったにせよです。しかし、一九八〇年代後半のバブル崩壊、さらには二〇一三年の東日本大震災を決定的な契機として、その幻想が崩壊してしまいます。それが現在の日本社会の現状でしょう。酒井さんの言う「ひきこもりの国民主義」が社会に顕在化してきた根本の理由でしょう。

その意味で、戦後の日本社会は主体化行為をうまく進めることができなかったと言えるのではないでしょうか。日本国民として他者とどのように向き合うことのできる主体を形成するか。たとえば、アジア・太平洋戦争の記憶をどのように引き受けるのか。実際には、その記憶を引き受けられず、天皇が無責任のシンボルとなって、その内実を構成する国民が天皇と一緒になって戦争責任から免責されてしまっているように思えます。みんなで無垢で優しい日本国民を演じることで、あたかも自分たちの社会は民主主義的なものだと自己欺瞞をおこなっているのではないでしょうか。

この民主主義という言葉ほど戦後の日本社会で、無自覚かつ無責任に乱用されてきた言葉はありません。民主主義という言葉を口にするだけで、当人も周囲もその御旗の前にひれ伏して沈黙してしまう。それも当然のはずです。その反対は独裁という言葉になってしまうのですから。しかし、民主主義という言葉と反民主主義という言葉を敵

（9）リベラル民主義批判については、タラル・アサド『自爆テロ』かり田真司訳、青土社、二〇〇八年、佐伯啓思『反・民主主義論』新潮新書、二〇一六年。

対者に次々に貼っていくことで、その言葉の内実を吟味することなしに、逆に相手を社会的に窮地に追い込むこともできる。その言葉に係わるものを思考停止に追い込む、とても怖い乱暴な言葉になってしまっていると思います。少なくとも戦後民主主義のなれの果てである現代においては。みなさんの周りにもそういった独裁的な、自称民主主義者がいるのではありませんか。

これはフロイトや酒井さんの言う否認という現象と、やはり密接な関係を有する事態です。主体が否認した時に何が随伴的に起きるのかというと、心ではなく、身体が痛むんですよね。それは、無意識を含めた人間の心の中から、見たくない現実を放逐するためです。では、放逐された認識はどこに行くかというと、身体なのですね。そうなると、嫌なことが起こっても、そのことについて夢でうなされることもなくなっていきます。

たとえば自分が戦争で人を殺したとしても、自分がやったことをもはや夢のなかで反復したり象徴化することができなくなります。完全に心の中からは排除されるためと考えています。そのかわりに心を飛ばして、体に直接症状として現われるのです。手が動かないとか、頭が痛いとか。恐らく、引きこもりというものもまた、心を飛ばして身体の症状として出てきてしまった例ではないかなと思っています。

靖国神社では今A級戦犯が祀られています。勿論、それは先の戦争を靖国神社が肯定する意味にも解釈できますから、やはり戦争の被害者であったアジア諸国から見たら許されることではないでしょう。しかし、私はふと思うのです。そんなに一部の日本人がA級戦犯を祀りたければ、祀ってみたらどうなのだろうかと。そこでどのような事態が生じるかをみてみたいのです。A級戦犯を祀ってしまったとき、A級戦犯だけが戦争責任者であると思い込みたい多くの日本人の意識はどのような変化を遂げるものなのでしょうか(10)。

これまで靖国に参拝に行く日本人の中には、そこにはA級戦犯が祀られていないから大丈夫なんだと思う人も少なくなかったと思うのです。でも今や、そこにはA級戦犯も合祀されているのです。あなたが参拝している英霊の中には戦争犯罪人も含まれていることを知ったときに、その意識はどのような反応を示すものなのでしょうか。そんなことを想像だにし得ないほど、戦後多くの日本人は自分は先の戦争とは関係していない、むしろ被害者なのだ。靖国神社に祀られてないA級戦犯こそが自分たちの望んでいない戦争を引き起こしたのだと、責任をすり替えて来たのではないでしょうか。もちろん、以上のことは意識を攪乱するための言葉の遊びのようなものです。実際には私も、A級戦犯を祀れば問題が解決するとは思ってはいません。

その靖国神社に、もうひとつ興味深い現象があります。遺族から奉納された花嫁人形です。靖国で死んだ日本兵の息子のために、お母さんが「あの世で息子が寂しいだろうから」と、花嫁人形を持ってくるんです。これが靖国神社に沢山あるんです。最初は靖国神社側は、こんなのは神道の教えには存在しない民間信仰だとして、嫌がっていたそうです。

たしかに、花嫁人形・花婿人形は、恐山や金木町の川倉地蔵尊など、青森県にみられる民間信仰なんです。だから、こんな地方の民間信仰を、天皇が本来は英霊を祀る靖国神社に入れては駄目だと拒否していたそうです。ですが、あまりに沢山の遺族が花嫁人形を持ってくるようになって、とうとう受け入れてしまったそうです。[11]

靖国神社には遊就館という博物館があります。今でも「大東亜共栄圏」や「大東亜戦争」という言葉を正しい言葉として使い、その戦争や理念の正しさを主張して止まない博物館です。日本人としての無反省さを恥じ入らざるを得ないような場所ですが、展示の最後にこの花嫁人形が飾られているのです。

これをどう考えたらよいですか。そのように池上良正さんは先の論文の最後で読者に語りかけています。それに対して池上さんは二つの答えを用意していました。最初のひとつは、とうとう靖国神社の聖戦観も崩壊してきた証

（10）磯前「慰霊と招魂」『喪失とノスタルジア――近代日本の余白へ』みすず書房、二〇〇七年。
（11）池上良正「靖国信仰の個人性」『駒澤大学文化』二四、二〇〇六年

として花嫁人形の展示を読み取ることです。国家神道という建前が保持できなくなり、民間信仰を取り込むことでしか、遺族や国民に自らの正統性を説くことができなくなったというわけです。

しかし、池上さん自身は次の、もうひとつの答えを選ぶことになります。むしろ民間信仰の担い手たちのほうが自分たちの信仰だけでは自足できなくなり、やはり天皇が体現する国家権力に認められて欲しくなったというのです。三島由紀夫の小説『英霊の声』と同様に、天皇陛下の眼差しに触れて欲しくなったのだということだと思います。

たしかに、この二つの解釈はこの花嫁人形の展示をめぐる場で共存しているように思えます。後者の解釈のように国家神道の権威を「横領（appropriation）」して、民間信仰のもとに読み変えていく民衆による抵抗の論理。そして前者の解釈のように、民間信仰の論理さえ国家神道の中に取り込んで、国家神道の間口を広げることで大衆の心性をより強固に国家権力へと結びつける「同化（assimilation）」の論理。

そのせめぎ合いの末に、私は後者が前者を吸収してしまっているように感じます。池上さんもそう言っています。そこで思い起こされるのが、謎めいた他者の眼差しという役割です。謎めいた他者によって認めてもらいたい。そうしなければ、自分の息子は犬死にだ。誰かの眼差しで私という主体を作りたい。日本国民という主体になりたい、天皇の眼差しに触れることによって。そうした心理的規制は、遺族の側に強固に働いていることは否定しがたいものでしょう。

たしかに、今の平成天皇〔現上皇〕は個人的にはしっかりした平和思想の持ち主だと思います。それでも、天皇個人と天皇制とは区別されるべきものですから、政治システムとしての天皇制は日本国民という問題のある国民国家の主体をつくる役割を今でも見事に果たしていると言わざるを得ないと思います。

そもそも青森県のお寺に祀られた花嫁人形・花婿人形は、旧日本兵である男性だけでなく、女性や子供のためにもみんな等しく祀られています。だから、亡くなった女性のためには花婿人形が祀られるのです。子供たちも二十歳になるのを待って、両親があの世での配偶者を人形として奉納に来るのです。これを「死者冥婚」といいます。

東北地方では、人形でなくても、絵馬などのかたちでこの死者冥婚という風習は広くおこなわれていました。しかし、それが靖国神社の花嫁人形になると、天皇のために戦死した兵士しか祀られないことになります。ここで民間信仰が、国家のために戦死した兵士、国家に命を捧げる国民という主体を作り出す装置に読み替えられていることに気が付くではありませんか。

第四節　民主主義と暴力

戦後日本の民主主義ということで、今度は原爆を投下された長崎に話を移して先の戦争の記憶を考えてみたいと思います。長崎では原爆で亡くなった死者の引き取り手のない遺骨を祀った「非核非戦」の碑に代表されるように、もう戦争は金輪際やめますという市民の平和思想の立場が極めて徹底しています。有名な平和公園には原爆が落とされた八月九日に毎年、総理大臣が来て「戦争をやめましょう」と宣言し続けています。ただ、海外派兵を推し進め、靖国参拝を目論む総理大臣の平和宣言を私たちはどのように受け止めたらよいのでしょうか。武力装備の均衡の上にこそ、平和は成り立つとする現実的な政治戦略の選択なのでしょうか。

この平和公園のすぐそばに浦上天主堂というカトリック教会があります。この建物は原爆で大破したので、今の建物は戦後になって新しく建て直されたものです。ここ浦上は原爆の爆心地だったものですから、長崎には、実は原爆が落とされたのは長崎ではない、あれは浦上に落とされたものだと主張する人たちが今もいるそうです。それは一体、どういうことなのでしょうか。

江戸時代の浦上は、キリシタン大名・大村純忠を輩出したことでも知られる大村氏が治める大村藩領と天領とが入り組んだ地域でした。隣接する長崎村は、キリシタン統制の厳しい天領です。明治末〜大正期になって、両地域は同じ長崎市に統合されましたが、依然として住民たちの地元意識は強いそうです。浦上が潜伏キリシタンという宗教的アイデンティティを有するのに対して、長崎ではおくんち祭りを司る諏訪大社の氏子だという自己意識を強く有しているのに対して、長崎では長崎の人間は神社の氏子だから、原爆は落ちなかったのだという意識も育まれてきたのだと、地元ではまことしやかに言われてきました。

それを裏返して言うならば、浦上に原爆が落ちたのは彼らがキリシタンだったからだと言うことになりますね。日本の神様を信じなかったから天罰として落とされたんだと言うわけです。キリシタン側からすれば、私たちは選ばれた民だから、神のいけにえとして召されたのだという選民思想にもなります。これはナチスによるユダヤ人虐殺をホロコースト──神に捧げるいけにえの儀式──と呼ぶ考え方にも相通じます。天罰と選民思想は一見相容れない考え方のようにも見えますが、罪深い存在と聖なる犠牲は、他者と区別することで自己のアイデンティティを作り上げる「共形像（co-figuration）」（酒井直樹）の発想をとる点で同じ地平に立つものです。

しかし、ここまでは既に指摘されていることでもあり、さほど珍しい洞察ではないと思います。長崎という街が抱えてきた歴史的な傷の中核部は、それをもう一皮剝いだところにあると私は思います。

安倍総理大臣〔二〇一九年現在〕が毎年挨拶に来る長崎平和公園の真下、その谷底には差別戒名が刻まれた墓地があります。それは潜伏キリシタンの聖地、浦上天主堂の間近な場所でもあります。寺院はなくて、墓石だけがあります。実は、江戸時代に「穢多・非人」と呼ばれた被差別部落の人たちの墓なんです。

「非人」は英語で言えばノン・ヒューマンですから、文字どおり人間として認められていない存在という意味です。「穢多」も穢れが多い罪深い存在と看做されてきましたから、やはり人間以下の、救いがたい存在として扱われてきたのです。だから、墓石に刻まれた戒名には、動物を意味する畜生の「畜」や穢多の「穢」などの文字が加えられているのです。死んでからも、現世での差別が分かるようにされるなんて、残酷な仕打ちですね。

そこは爆心地のすぐ傍でした。原爆のためにその村もまたほぼ壊滅したそうです。私がこの墓地を訪れたのは、戦後七十年目にあたる二〇一五年の八月九日、かつて長崎に原爆が落ちた日でした。長崎市街の中華街からタクシーに乗ると、即座に運転手からそんな場所で法要はおこなわれていないと言われました。

自分は五十年間、この長崎でタクシーの運転手として働いているけれど、そんな話しをいまだかつて聞いたことがない。行くだけ無駄だと断られるのです。渋る運転手にとにかく行ってくれと命じて、案内させると、二十人、いや三十人以上でしょうか、そこには墓参に来ている人たちが集まっていたのです。

後で振り返って考えてみると、長崎のある種の人たちにとっては、この墓地は存在していないことになっているようです。意図的に嘘をついているというより、本当に知らないと考えた方がよいのかもしれません。長崎市民の意識の埒外に、この墓地は押しやられているのではないでしょうか。市民として、無意識に部落差別に係わってきてしまった恥の意識に由来しているようにも思えます。

一方で、浦上のキリシタンは差別されたり、原爆が落とされたりで可哀想だったねということにもなっています。では、被差別部落民は可哀想ではないのでしょうか。差別された上に、被爆したという点で、キリシタンも被差別部落民も変わりのない痛みを抱えた存在なのではないでしょうか。しかし現実には、被差別部落民は長崎では建前としては存在していないことになっています。異国情緒とキリシタンの聖地である観光地、長崎に相応しくないから、そんな差別が存在したことにはなっていません。差別が存在しないのですから、被差別民の存在そのものも抹消されてしまっているのです。

だから、無意識にせよ先のタクシー運転手はそんな場所に行く必要がないと言ったのです。見たり、行ったりしてはならない、接触の禁じられた場所なのでしょう。だから、その子孫の方たちは、原爆投下の日になると黙って集まってくるんです。お堂がなくて、住職もいません。だからお坊さんも来ません。代わって、違う宗派のお坊さんが、親子二代にわたってボランティアとして毎年その日だけ読経のためにやって来ます。私はそのお坊さんに、このお墓の法要のことを伺ったのです。

この出来事は、国民国家の暗い側面を映し出しているんじゃないでしょうか。国民が国民になるためには、成り損ないの存在や非国民を内部に抱える必要があるのです。そうした偽者の国民が措定されるからこそ、正真正銘の国民がそこから区別された存在として際立つことができるのです。

では、キリシタンと被差別部落民はどのような関係にあるのでしょうか。先日、ある深夜のテレビ番組で珍しくも、この地域とキリシタンと被差別部落民の葛藤を描いたドキュメンタリーが流されました。見てびっくりです。ちょうど私が長崎で訪れた非差別部落の墓地が映し出されていたのですから。テレビのナレーションが、キリシタンと被差別民は今日に至るまで相容れない関係にあると説明していました。確かに番組の最後に、被差別民の方が手を差し出して、キリシタンの方に和解の握手を求めたところ、最後は握手をしましたが、キリシタンの方はかなりためらいを示しているように見えました。

この地域出身の高山文彦さんという作家が調べたところによると、キリシタンもまた元々は同じ被差別部落民だったらしいのです。[12]差別されてきたから、キリスト教信者に転向したんですね。東アジア史研究のパイオニアである藤間生大さんも指摘していますが、神の前でのあらゆる人間の平等を説くキリスト教に改宗するということは、それまでの自分の置かれた現状が平等ではないからなんですよね。

こうして、浦上の人たちがキリスト教に転じると、ご禁制の信仰だということで、拷問によって棄教を迫られることになります。そしてキリスト教を捨てることを余儀なくされた被差別民たちは、キリシタンを拷問する役割が与えられました。おまえたちは自分がもう二度とキリシタンに戻らない証明をするために、キリシタンを拷問するのだというわけです。その結果、被差別民という出自を同じにするキリシタンと被差別民は、近親憎悪というのでしょうか、近い立場であるが故に、お互いを憎むことになったのです。彼らの怒りの矛先は弾圧を強いた幕藩体制の権力ではなく、一番身近な同胞に、互いに権力の被害者に向けられるように仕組まれたのです。なんということでしょうか。

こうした経緯を通して、近代の主権者である国民から疎外された人たちの怒りは、権力や一般の国民に対してではなく、同じ被差別部落民や外国人に向けられるシステムができあがってきました。長崎ではいまだもって、このキリシタンと被差別部落民の複雑な類縁性は語られることがありません。正直言って、語ることは無理でしょうね。万一語ったとすれば、その人はこの地域に住めなくなるでしょう。事実、私がこの出来事を書いた『昭和・平成精神史』という本は何とか出版されたものの、この長崎のキリシタンの部分は全面的に削除するように指示されました。自主検閲ですね。これも明らかに現実を否認した行為と言えるでしょう。

毎年のようにノーベル賞候補に挙がる村上春樹という作家がいます。彼が言うところによれば、戦後の日本社会の最大の問題点は、アジア・太平洋戦争で自分たちが体験した圧倒的な暴力――加害者としても被害者としてもです――を相対化できなかったことだといいます。日本人は戦争という過ちは二度と繰り返さないとは言いますが、誰も自分たちの戦争責任を問うてはいませんよね。

A級戦犯が戦争の有罪者であり、天皇と国民は無罪であるというのは、アメリカを中心とする占領軍の政治的都合によって押し付けられた判断に過ぎません。侵略を受けたアジアの人たちからすれば、まったく違う処罰が当然可能だったはずです。そうした様々な選択肢の中から、自分たちの判断基準を編み上げる。まさしく戦後の日本人は、こうした責任主体を構築する行為を拒否し続けてきたのです。

だから、村上さんは言うのです、日本人は自分の暴力に満ちた過去を自覚できていない。だからこそ、一九六八

(12) 高山文彦『生き抜け、その日のために――長崎の被差別部落とキリシタン』解放出版社、二〇一六年、九〇頁。

年の学生運動をはじめ、無反省なままに暴力を繰り返してきたのだと。そうした自分の暗い過去を戦後日本社会という主体は、能動的に受け止めて考察する機会をことごとく逸し続けてきたのです。「主体（subject）」が「主体性（subjectivity）」を獲得することに失敗したとでも言うべきでしょう。認識と活動の単位としての主体はあるものの、それを反省的に捕え返す「主体性」が成熟してこなかったと言わざるを得ません。

村上さんが日本の社会における暴力の記憶を綴った長編小説『ねじまき鳥クロニクル』はその作家生活のなかでも画期をなすものですが、そこでは井戸が物語の時間的展開を貫く縦糸になっています。井戸に身を潜めていると、個人の経験が集合的な記憶に結びついて、過去に起きた戦争の苛烈な場面などを体験するような仕掛けになっているのです。そうして過去に目を凝らさざるを得ない状況になると、これまでの戦後日本社会が本当に民主主義的な社会であったのかどうか、そもそも民主主義とはどのような人間関係を指すものなのか、再考せざるを得なくなります。

先に説明したような長崎で起きている被差別部落の差別問題や、福島第一原発での放射能汚染に基づく差別問題、ひいては原発が貧しい辺境に作られる地域格差の問題。日本国内に目を向けるとさまざまな問題が解決されないままに放置、いいえ、さらに状況が悪化していく現実があります。大都市の大学に勤める多くの研究者たちは、啓蒙が進めば差別はなくなると言います。しかし、彼らが恩恵をうけている東京からほとんど出たことがない者が珍しくはなく、一般の庶民とも交わる機会が少ない立場のもとで、こうした認識が厳しい現実の在り方を踏まえたものであるようには私には思えないのです。

地方と中央の搾取関係の上に、自分も搾取する側に身を置いて、その上で周縁の人たちを同情しているとしたら、それほど欺瞞に満ちた立場はないのではないでしょうか。それは自分が相手を殴っているにもかかわらず、同時に優しい言葉をかけるといった、ドメスティック・バイオレンスにも似た錯綜した愛憎劇のように私には映じます。

スピヴァックさんは、「サバルタンは語れるのか」という問いをかつて提起しました。それは通俗的に理解されているような、サバルタンは語れないから、知識人は謙虚に代弁すべきだといった単純な答えを導き出すためのものではありません。むしろ表象という現象は、知識人が民衆の気持ちを代弁するといった単純な一対一対応、すなわちひとつのメタファーに一つの実体——ここで言えば民衆という階層——が対応するといった理解ではない。むしろ、複雑に絡み合う諸集団の利害関係を母胎として一つのメタファーに意味が与えられるため、その意味は複雑な主体関係のもとに読み解かれるべきだという認識なのです。(13) 彼女がマルクスの『ルイ・ボナパルトのブリュメール十八日』(一八五二年)を下敷きに、表象のメカニズムを論じたのは決して偶然ではないのです。

たしかに、私自身も主張してきたように、社会的弱者や死者の声に耳を傾けることは大切なことです。加えて、自分自身の真実の声、抑圧されてきた本音にも耳を傾けるべきでしょう。もしかすると、それが一番大切なことなのかもしれません。自分の声を正しく聴くことができない人が、他人や死者の声などを的確に聴き取ることなどできないはずですから。

しかし、「正しく聴く」とはどのようなことなのでしょうか。あるいは「正しく声を発する」とはどのような行為なのでしょうか。アガンベンが言うように、音としての声が意味を持った言葉になるためには、その言葉を発する主体自身の変容が必要なのではないでしょうか。それが単なる自分の欲求不満を充たす言葉であれば、それは依然として動物の発する鳴き声と大きな違いはないでしょう。リベラル・デモクラシーがそうした声を民衆の権利として正当化し、その欲望を資本の増殖運動の中に組み込むことで、資本主義を肥え太らせてきたことは周知のとおり

(13) Gayatri Chakravorty Spivak, "Can the Subaltern Speak?," in Rosalind C. Morris ed., *Can the Subaltern Speak?: Reflections of the History of An Idea*, New York: Columbia University Press, 2010, pp. 243.(ガヤトリ・C・スピヴァク『サバルタンは語ることができるか』上村忠夫訳、みすず書房、一九九八年、一六—一七頁)。

です。

たとえば、太宰治という小説家は、最初、戦後の民主主義に大きな可能性を感じていました。しかし、じきに次のようなことを口にするようになります。あなたたちが言っている、戦後の日本人の民主主義は嫉妬だ。誰かが持っている権利を自分が欲しいだけだ。自分が持ったら二度とは手放さないだろう[14]。あなたたちは自分たちの欲望のことは一切批判しない。それを民主主義と呼ぶことに自分は納得できない。そう言って、太宰はほどなく命を絶ったのです。

第五節　戦後日本の民主主義論

タラル・アサドさんが述べているように、民衆が参加する民主主義の形態は、自由主義に結びついたリベラル・デモクラシーだけではないはずです。自己の欲望を反省的に捉え返すデモクラシーの形態も、可能性として存在するはずです。少なくとも、私はそうした「批判的デモクラシー（critical democracy）」をその可能態として示すべきだと思います。そして、権利には義務が伴います。ここで言う「権利」が公共圏に参入する権利だとすれば、「義務」とは、それに相応しい礼節（civility）を備えた主体性を構築する義務です。それがなければ、民衆による政治は自分の欲望に盲従するだけの「衆愚政治（populism）」に転化してしまうでしょう。

改めて言うまでもなく、「主体性（subjectivity）」と「主体（subject）」は異なります。主体とは身心のまとまりです。それに対して、主体性とは自分の能動性を確保する状態に達した時に用いられる呼称です。「見えない他者（invisible Others）」の眼差しを捉え返し、自分なりの立場から咀嚼した主体に再編した時、主体は主体性と呼ばれる状態に達します。集団の中で、個人が自分の個性を違和感として感じる時、主体性が作動する可能性を持つのだと思うのです。

それは個人の次元だけで起こるものではありません。主体という単位は個人のみならず、集団の次元でも形成し得るものなのです。アメリカの支配に対して、日本がその違和感を有する時には、主体は確かに主体性を確保したのです。しかし、主体性とは自分勝手という意味での自己主張だけでは成り立つものでありません。

アレントが人間の活動（activity）——発話と行動（speech and action）——の結節点として述べたエージェントという言葉と、重ね合わせて捉えることも可能でしょう。言うまでもなく、アレントは「人間関係の網の目（the web of human relationship）」の結び目としてのエージェントを、能動的であると同時に受動的な主体として、その相互関係の中で捉えていたのですから。

自由主義経済に神の見えざる手の働きを信じた人たちは、各人が己の欲望に忠実でありさえすれば、その力関係が調整役を果たすとして、結果として理想的な社会が実現すると信じました。その方が自分の欲望を貫くのに都合が良かったからでしょうね。そこで格差が生じ、多くの人たちが公共圏の周縁部にはじき出されるのは——尹海東さんは「植民地の公共性」には「グレー・ゾーン（grey zone）」が伴うという指摘をしています[15]——、単一民族国家の形態をとった国民国家になっても、マイノリティーが「排除されつつ包摂される」（ジョルジョ・アガンベン）構造がある以上、基本的には世界中どこに行っても変わらないからだと思います。

（14）太宰治『斜陽』一九四七年。
（15）尹海東「植民地近代と公共性——変容する公共性の地平」沈熙燦訳、島薗進、磯前順一編『宗教と公共空間——見直される宗教の役割』東京大学出版会、二〇一四年、一九三頁。

尹さんは日本帝国における植民地のあり方から、この指摘を取り出しました。しかし、同じ国民同士の関係においても、福島を始めとする原発を押し付けられた地域と、そこからエネルギーのみを享受する大都市との格差など、やはり同じ構造は見られるでしょう。先に指摘した、恵まれた人間の説くヒューマニズムの怖さは、こうした格差現象も自分は踏まえていると言いつつ、現実に自分が享受している社会的特権は既得権益として決して手放さないことです。

このように抑圧者が差別された者たちの主張の論理まで手に入れたときに、どんなことが起こるのでしょうか。ヒューマニストたちには、スピヴァックさんが言うような、どんな人間でも、概念的な発話能力を手に入れたときサバルタンではなくなるという認識が決定的に欠けています。サバルタン、すなわち言葉を失った人々は、失ったからこそサバルタンなのです。その定義から言っても、声を発するサバルタンなど存在し得ないのです。

かつてサバルタンであったとしても、すでに声を獲得した人間はもはやサバルタンではあり得ません。それでもなおヒューマニストたちは自分がサバルタンであると僭称することでしょう。でも、そうすることで、沈黙を強いられている実際のサバルタンたちは、さらに姿の見えない存在に押しやられてしまうのです。

実のところ、公共圏が形成されるためには、社会的な「禁忌（taboo）」が必要になります。[16]どんな社会においてもです。禁忌のない社会は存在しません。個人の主体や共同の空間に傷あるいは歪みを与えることで、公共的な圏域が成立可能になるのです。その典型が寺院や神社など、宗教な施設です。

それは清浄さを保たなければならない聖なる空間であるため、人間や動物の死など、死穢がその内部に生じたときには、それを除去する人間が必要になるのです。僧侶や神主たちは自らが穢れに感染することを避けるために、死体に触れることはできません。そこで非人や穢多と呼ばれる死体を片付ける人間が、穢れを背負った存在として身分的に固定されることになります。

彼らは神社の周辺の地域に、聖なる区域からは切り離された集団として住むことを余儀なくされます。アガンベンの言うように、公共空間から排除（＝差別）されつつも、公共空間の穢れを背負う役割を与えられて、秩序の中に包摂されるのです。彼らの存在なしには、宗教的な公共空間は成り立ちえません。実際、彼らの贖穢機能は宗教施設に対する関係に留まりません。市中で死者が出たり、らい病が発生すると、その遺体や病者をもらいうけ、穢れを扱いうる市外の空間において葬式をおこなったり、病者を住まわせるのです。

公共空間における排除と包摂は、単なる非人道的な行為ではなく、人間が人道的な空間を築くために不可欠な秩序化行為の一端と見るべきです。それを非人道的だと糾弾するならば、この社会秩序承によって自分が恩恵をうけていないかどうかをまず検証すべきなのです。この点を正面から見据えた研究こそが、有効な差別批判を展開し得る資格を得るのではないでしょうか。

広島の平和記念資料館を訪れたときに、尹海東さんは私に厳しい表情で告げました。この広島の記念館には、原爆を落とされた日本人という、戦争の被害者としての平和意識しかみられない。だから、自分はこの平和思想を認めることができない。正直、私はその時、彼にどう返答してよいか分かりませんでした。尹さんは、日本に侵略された過去を持つ韓国人だから、自分たちのほうが本当の被害者だと言いたいわけではありませんでした。韓国を含め、あらゆる国民国家は内外において被害者であると同時に加害者である。一方的に被害者であったり、加害者である国民などどこにも存在しないと言いたかったのです。

韓国についても、彼はベトナム戦争での韓国人の現地での振舞いを例に挙げ、やはり被害者というだけでなく、加害者でもあるのだと言っていました。そこには、加害・被害関係から観察者としての自分を除外するような悪しき意味での超越的態度とは一線を引いた、自分の主体の立つ位置を社会構造論的な視点から捉えた歴史論的な立場が

（16）小松和彦『異人論——民俗社会の心性』ちくま学芸文庫、一九九五年（原著は一九八五年）、一一三頁。

見られると思いました。

　誰かの犠牲の上に立った、民主主義的な平等という幻想の醜さ。それにもかかわらず、すべての人が平等だと思い込んでしまう信念こそが、民主主義の詐術が生み出した幻影なのです。すべての人という観念が成り立つためには、先にお話しした被差別部落民のように、「すべての人」としてみなされ得ない人間以下の存在、すなわち「非人」が不可欠の存在として必要とされているのではないでしょうか。

　小説家の村上春樹さんは、戦後日本の民主主義が得意とする「平等」という言葉の不誠実さについて、次のような台詞を登場人物に述べさせています。「子どもの心はきれいだ。人間はみんな平等だ。成績で人は評価できない。でもね、そもそも人間って平等なんですか」。まさしくここで、汪暉さんが問題提起した不平等さ（inequality）が、どのようなかたちで存在するのかが問われなければなりません。

　村上さんはこうも言っています。「おれという人間の中にも何かしら曲がったもの、歪んだものが潜んでいる。おれは自分でも気づかないまま、誰かに対して暴力を振るっているかもしれない」。恐らくこういう加害者的な罪悪感は無意識裡にはすごく持っているのだけど、その加害者性をいつのまにか被害者性にすり替えてしまったのが、戦後の日本社会の主体形成のあり方だったように思われます。そのパロディがオウム真理教だったのではないでしょうか。

　オウム真理教団が起こした東京サリン事件の時、私は襲われた電車の一本後の電車に乗っていて、かろうじて助かりました。一歩間違ったら、自分の命が無くなっていたかもしれないと知ったときには、身震いが止まりませんでした。宗教という真理の名のもとなら、人を容易に殺すことさえできる。しかも、自分たちと何ら変わることのない普通の人間がです。麻原の凶暴さよりも、普通の信徒たちが平然と殺人をおこなえる心の闇。アレントは、それを「凡庸な悪」、ありふれた日常に噴出する悪と名づけたのだと思いました。

　結局、村上さんが指摘したように、麻原という人は人間の心に鍵をかけて、「私が答えをあげるんだから、もう自分で考える必要はないんだよ」と言ったんだと思います。彼には自分で考えるのをやめることと、エゴを棄てることが同じに映っていたのでしょう。我欲の放棄が、主体性の放棄そのものになってしまった。信者たちが、麻原という謎めいた他者の一部になってしまったのです。

謎めいた眼差しのもと、自分をアイデンティティ――文字どおり同一化されたもの――として作り上げることはできるだろうけれど、それを「リターン」して、捉え返さない限り、個人としての主体性は生まれないのです。謎めいた他者の眼差しを捉え返すという作業が、私たちの個々の主体性を作っているのです。そこに、酒井さんの言う「ひきこもりの国民主義」から現在の日本社会が抜け出るための手がかりがあるように思えます。

絶望の時にこそ希望は生じる。一九一〇年代生まれのマルクス主義者、藤間生大は常々そのようなことを口にしていました。彼は二〇一八年一二月に亡くなりましたが、一九三〜四〇年代の検閲制度のもとでの「奴隷の言葉」で執筆した屈辱、一九五〇年代冒頭の反米政治運動の挫折など、いく度と繰り返された敗北のなかでも決して筆を折ることしませんでした[17]。絶望があったからこそ、彼はそこに、その絶望の底に希望の光を自分は見出せたというのです。

翻って、今一度戦後の社会を見てみましょう。戦後の日本社会には絶望なんて存在しなかった。そこにあるのは希望だけだ。自分たちは、暴力に手を染めなかったのだから、罪などないんだという自負がいたるところに蔓延しています。その嘘が、かえって希望を持つことのできない状態を作り出したのです。

冒頭に述べたスマホへの若い人たちの没入という状況もまた、そのなかで現実に目を向けないようにする否認の態度が生み出したのだと思います。そう、人間の主体性が劣化して、他人のことであれ自分のことであれ、苦痛

(17) 藤間生大『希望の歴史学　藤間生大著作論集』磯前順一、山本昭宏編、ぺりかん社、二〇一八年。

や悲哀を受け入れる態度を放棄し始めているのです。そこに、ミシェル・フーコーやアガンベンの言う「生政治(bio-politics)」、人間を、主体化を通してではなく、主体性を放棄させることで、快・不快で生きる動物として飼い馴らす生政治の隆盛を見ることもできるでしょう。

石母田正という丸山眞男とほぼ同じ時期に、戦後の主体の在り方を論じた人がいます。石母田も丸山と同じで、個人の主体化を進めた人だと評価されています。しかし、石母田は丸山とはかなり異なる主体化論を唱えていたと私は考えています。その石母田に近いのが、あるいは影響を受けたと思われるのが、アントニオ・グラムシの「歴史的ブロック(historical block)」という考え方です。

主体というものは、何よりもまず手段を単位として顕在化されていく。その集団の内部には、汪暉とか酒井直樹といった強い強度を持った主体――石母田は、彼らを「世界史的個人」あるいは「英雄」と名づけました――だけでなく、アイヒマンのような「悪の凡庸さ」に容易く染まる人間たちがいて、後者の圧倒的数の多さのもと、現実の主体は形成されているのです。村上春樹さんは、一割は集団のリーダー、一割は根っからのアウトロー、その中間にどちらにでも転ぶような事なかれ主義の八割がいる、と述べています[18]。私たちの身近な組織を考えてみれば、当を得た指摘と言えるでしょう。

こういった個と集団の関係を踏まえて、石母田が考え出したのが英雄時代と言われる、卓越した個人が集団を代理表象すると共に、その集団に個人の専横が抑制されるという人間関係です。石母田はヘゲモニーという言葉を使ってはいませんが、結果的に見れば同時代の思想家であり活動家であったアントニオ・グラムシと近い集団と個の関係を、民主的な社会を成立させるための実践手段として考えていたように思えます。

それは、リベラリズムを土台とした、今日の民主主義、すなわち消費主体としてすべての人間は平等な権利を持つという価値観とはおおよそかけ離れたものです。それもあって、石母田の英雄時代をめぐる議論は、石母田が今日の日本歴史学に残した功績は絶大なものがあると評価されつつも、ほとんど無視されたままに放置されています。

しかし、実際にすべての人間の責任能力は平等ではないし、それを踏まえた権利の平等が現実に構想されるとしたならば、主体性の強度をめぐる個人の差異というのが集団の構成にどのような影響を与えているものなのかは、真剣に取り上げて論じられるべきでしょう。汪暉さんの言う「不均質なものの平等」という観点は、この石母田の議論と結びつけて自分なりに引き受けたいと思います。

今日、ヘゲモニーという概念をもっとも精巧に吟味しているのは、ラカンの影響を強くうけたエルネスト・ラクラウとシャンタル・ムフだと思われます。彼らによれば、ヘゲモニーとは一方的に上から下に向かって働くのではなく、上と下が相互に働きかけながら立ち上げられていくものです。[19] 丸山が言うような単一のあり方に収斂するような主体形成ではなく、さまざまなかたちでの主体化のあり方を踏まえながら、そして多くは個としての主体性ではなく、集団としての主体形成に同化されながら、そこに異質な要素を含み込みながら、主体が確立されていくことを指摘しているのだと思います。

ジャック・ランシエールによれば民主主義とは、公共圏から排除されていた民衆が外部から内部へと入り込むシステムだと言います。[20] そこに既存の制度を絶えず脱臼させていく余白としての、民主主義の可能性があると言えるでしょう。確かに、その限りでの民主主義であれば素晴らしいシステムと思います。でも、曖昧な意味を帯びた既成の言葉――「平等」であったり、「自由」であったり、「民衆」であったり――に託して、自分の我欲を無反省に肯

(18) 村上春樹『色彩を持たない多崎つくると、彼の巡礼の年』文藝春秋、二〇一三年、一八九頁。
(19) エルネスト・ラクラウ、シャンタル・ムフ『民主主義の革命――ヘゲモニーとポスト・マルクス主義』一九八五年、第四章(西永亮、千葉眞訳、ちくま学芸文庫、二〇一二年)。
(20) ジャック・ランシエール『民主主義への憎悪』二〇〇五年(松葉祥一訳、インスクリプト、二〇〇八年、一二九頁)。

［右］　東日本大震災被災地。瓦礫と化した被災者の日常生活の品々。
［左］　福島第一原発周辺。あたり一面に汚染土壌を詰めた黒いビニール袋がある。

定する行為が、しかもそれが民衆の側に立ったものだと僭称することが、ランシエールの言う民主主義ではないはずです。

公共圏に参入するということは個人の欲望が読み替えられ、一度否定されることで、主体のあり方が変貌を遂げていくことを意味します。他者と共存するという状態は、自分の欲望のある種の挫折、ラカンの言うところの去勢がおこなわれなければ実現できないものなのです。それが本来、社会の一員になることなのです。

第六節　来るべき公共空間

ここに私の撮った東日本大震災の写真があります。被災地の瓦礫の写真です。私たちは「瓦礫」と呼んでいますが、被災者にとっては大切な日常生活の品々なのですよね。その大切な日常生活があの日の津波と放射能漏れによって破壊されてしまいました。同時に、かつて日本が謳歌した経済的なバブルの価値観もまた、その虚妄が完全に暴露されてしまいました。ここで注目すべきことは、こうした精神的な危機を日本社会が迎えたときに起こってきたのは、精神的なよりどころとしての天皇制の再評価でした。個人による捉え返しのない、リターンをもたない、大文字の他者の一部になってしまいたい同化欲求ですね。

次は福島第一原発周辺の写真です。あたり一面の黒いビニール袋、これは放射能で汚染した土壌をここに運び込んで来ているのです。勿論、人間の姿はどこにも見当たりません。私がここを訪れた時には、痩せた野良猫が一匹さ迷っているだけでした。なぜ、福島だけに汚染土壌は運び込まれているのでしょうか。日本社会全体が受入を拒否しているからです[21]。

自分たちが、自分の家族が汚染されるのは困るから、あなたたちだけ汚染されてください、と。それが、私たちが得意になって口にする平等な民主主義の正体なのではないでしょうか。限定付きの人にだけ平等な社会。見て見ないふりを平気でできる人だけに公共圏の参入が許される平等な社会。それは、しょせん互いの我欲を認め合うだけの、身勝手な自己本位の社会なのではないでしょうか。私からすれば、リベラル・デモクラシーの正体、ここに極まれりといった感じです。

私はこの福島の町出身の女の子と話したことがあります。「いいですね、先生は。自分の意見がはっきり述べられるし、泣けるし。私たちこの村の人間は泣けないんです。故郷がないから、戻れる可能性がないから。戻れる可能性を失ったときに、感情は失われるんですね。」眼前でそう言われて、私は言葉を失いました。

こうした心を踏み荒らされた人たちに対して、確かに個々に試みはおこなわれているとはいえ、大局的に見て日本社会はなすすべがない状況のままにあると言えるでしょう。それはリベラル・デモクラシーが、自分の欲望を実現するためなら、落ちこぼれていく人たちを平気で切り捨てるシステムだからです。それがリベラル・デモクラシーに付随する現象だとするならば、こうした事態は日本だけに限られた特殊なものではなく、グローバル資本主義

---

(21) 東日本大震災の記述については、磯前順一『死者のざわめき――被災地信仰論』河出書房新社、二〇一五年。

経済に身を浸している社会の、いずれにでも起こり得る普遍的なものということになるでしょう。

その恩恵にあずかりながら、自分とは無縁の個人の倫理的姿勢としてこの問題を批判しているかぎりは、根本的な問題構造は露わになりません。自分もその一翼を担っている社会構造の問題として、当事者としての自己批判をおこなわなければ、抜本的に有効な批判は出てこないでしょう。村上春樹さんは、『色彩を持たない多崎つくると、彼の巡礼の年』（二〇一三年）という作品の中で次のように述べています。犠牲者が存在しなければ、社会は成り立たない、と。そのとおりだと思います。だとすれば、どのようなかたちで社会の犠牲者を位置づけたらよいのでしょうか。誰もが犠牲者にならない社会など存在しないとすれば、です。

近年、被差別部落関係の方たちと話す機会が個人的に増えてきて、そのなかで気づいたことがあります。部落運動の当事者たちのなかには、自分たちだけが差別の被害者だという言い方を慎む方たちが結構いるということです。一方、かえって高学歴の人たちの中に、自分の学歴に比べて自分の評価は不当だ。それは自分が不当な差別を受けているからだと思っている人たちが少なくないように思われます。周囲の評価に対して、自己評価がとても高いのでしょうね。

被差別部落出身の方の中に、差別は容易にはなくなるものではないという見解を持つ方が結構います。それは自分を差別している人たちの偏見が根深いからだけではないのです。その方たちによれば、長年差別を受けて来た自分たちも、自分たちが差別できる下の人間を作り出してきたんだ、と自己批判を込めて言うんです。

その方たちによれば、同じ被差別部落の中で、一番貧しい区域は「台湾」や「エチオピア」と呼ばれてきた場所です。台湾というのは、かつて日本の植民地だったから、日本人である部落民より下の人間だと軽蔑されている。エチオピアというのは、文明国である日本と異なってアフリカの野蛮な地域だから、やはり下だろうと蔑視している。部落民は日本社会の中で苦しい立場に追いやられてきたのに、その価値観は日本社会のものをそのまま引き継いでいるというわけです。

暴力に曝された人間が暴力を批判できるかというと、個人の暴力を批判することはできても、暴力に訴える論理そのものは反復してしまいがちだと言われています。その主体の無意識の行動を規定するほどに、自分を蹂躙してきた論理はその身体に奥深く浸透しているというのです。勿論、身体的な暴力だけではありません。精神的な暴力も含めてです。

彼の住む被差別部落には、沖縄人・コリアン・日本人の被差別民のブロンズ像が三種あります、そのなかで、いつも決まってコリアンのブロンズ像の指が折られているそうです。誰が折っているんだろう、現地を訪れた右翼的な日本人が折っているのかなと思って、犯人を捜したそうです。そして、なんと見つかった犯人は、自分の村の同じ被差別部落民だったそうです。彼は、本当に恥ずかしいと言っていました。

しかし、その犯人個人のことを恥ずかしいと言っているのではないんです。自分たちの中にある暴力性が恥ずかしいのだそうです。これだけ虐められてきたのに、人間の暴力性の惨酷さを誰にも増して味わわされてきたのに、同じことを他人に対して繰り返してしまうのかと。一方、その話を聞いた東京から来たあるフェミニストは、そんなこと許せませんよ、と女性として差別される自分の立場に重ね合わせて憤慨していました。

たしかにそうかもしれません。でも、その方と彼女の決定的な違いがあるんです。彼女はそうした怒りの発言をする時に、決して差別をしない側に自分を置いているんですよ。それこそ嘘だと思います。そのときに、個人の主体性が立ち上がる契機が消えてしまうんだと私は考えます。自分は純粋な、一方的な被害者だという言説の中に呑み込まれ、自分も加害者であり得るという現実を否認してしまうのです。それもまた幻想への引きこもり現象ではないのでしょうか。

この写真は東日本大震災でダメージを受けた三歳とか四歳とかの子供たちがその当時作った紙粘土細工です。ブルーの色の塗られた粘土の塊の上に「いたい」って書かれていますね。どういう意味かというと、ひとつは「遺体」。もし自分の家族とか周りの方が死んで、そのご遺体にブルーシートがかけられていたのを彼らは見ていたのでしょう。も

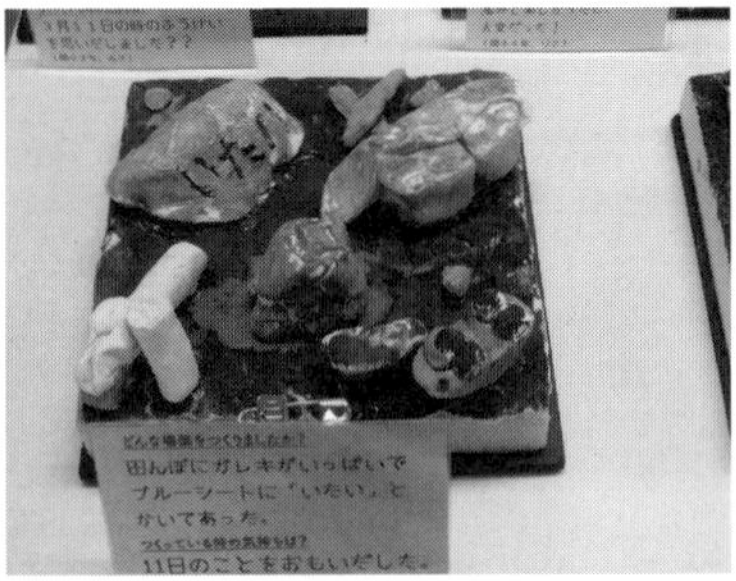

［右］ 東日本大震災の被災地の子供たちが作った紙粘土細工。「いたい」の文字がある。
［左］ 被災地の子供たちが五年後に作った紙粘土細工。彼らの町の未来の姿。

うひとつの意味は、「痛み」です。心が「痛い」と言っているのでしょう。彼らは幼くて、上手く言葉で表現できないから、あるいは言葉にするのには辛すぎて、非言語的な表現を通して自分の心の痛みを表現して、周囲にＳＯＳを発信していたのでしょうね。

一方、最後の写真はその五年後くらいに、成長した彼らが共同で作った新しい紙粘土細工です。自分たちの町の未来の姿だそうです。自分たちの街は田舎にあるから、大きくなって一度は仙台や東京といった大都会に出て行くかもしれない。でも、必ず戻ってくる。戻って来て、希望にあふれる町を作る。だって、自分たちの町なんだから。自分たちはその「痛い」という気持ちを味わったからこそ、必ず戻って来て、人々の表情に涙や笑いのある感情豊かな街を作るんだと言ったそうです。そうです、その町の下にはそのときも多くの「遺体」が埋まっているのでしょう。その悲しさや悔しさを引き受けてこそ、その絶望の上に綺麗な花が咲くのだと思います。

僅かかもしれないけれど、ここに主体性の萌芽というものが見えるのではないでしょうか。私はもうすぐ還暦ですが、残された時間を通して、そうした人たちと一緒に仕事をしていきたい、少なくともこうした方たちの眼差しに応えられるような仕事をしたいと思います。震災が起きてから現在に至る間、自分の学問が誰に向けておこなうべきものなのか、少しずつ確信に近いものに変わっていきました。それがいわゆる学者を自称する人たちから学問に見えようが見えなかろうが、もはやどうでも良いことだと思います。

自分が今日、韓国のソウルでこの話をしたのも、皆さんと被災地や被差別部落の方たちの見ている風景をつなぐためでした。その意味では、学者というのは、異なる経験を有する方々のあいだを取り持つ翻訳者としての巫女、ムダンやイタコのような存在なのではないでしょうか。それが少しでも、多くの人びとが抱える暗闇の中に光差す行為になれば、生き残った意味もできると感じています。

第二部　到来しつつある人文学——地域研究を越えて

第四章　戦後日本の国民国家と植民地主義——西川長夫の「主体の死」をめぐって

磯前順一

第一節　一九九〇年代の国民国家論

西川長夫の『植民地主義の時代を生きて』（平凡社、二〇一三年五月）が刊行された。本人曰く「最後の論集」になるであろう本書は、その言葉通り、これまでの研究活動を総括したものとして、「Ⅰ　国民国家再論」「Ⅱ　植民地主義の再発見」「Ⅲ　多言語・多文化主義再論」「Ⅳ　スタンダールと戦後文学」からなる四部構成をとっている。一九三四年生まれの西川氏は、現在まで第一線に立ち続ける研究歴の長い学者である。なかでも、一九九二年の『国境の越え方——比較文化論序説』の刊行以降、それまでのフランスの文学・思想および戦後の日本文学の研究にとどまらず、国民国家論の代表的論客として日本の人文学および言論界から大きな注目を集めてきた。

本稿も西川の国民国家論とその後の思想の展開に着目して、日本の近代、とくに戦後の国民国家的な言説を批判的に問題化する視点を模索してみたい。その意義を世界史的な文脈における日本の知識人の可能性という視点から論じてみたい。筆者にとって西川長夫は酒井直樹とならぶ一九六八年の体験を長い時間をかけて思想的に体系化していった研究者であり、その概念化行為が何をもたらしたのか、ここで検討してみたい。

『国境の越え方』が刊行された一九九二年は西川が五八歳の時であり、もうすこしで六〇歳に届こうかという年齢を考えると、日本を代表する知識人として名をなしたのは、同じ年齢の同窓生、安丸良夫らに比べると遅咲きと言えるかもしれない。安丸は一九七四年に刊行された処女作『日本の近代化と民衆思想』に収録された諸論文において、一九六〇年の安保闘争の体験を自分なりに思想的に体系化していったわけだが、西川の場合は、彼に決定的な影響を与えた一九六八年のパリでの体験(いわゆる「パリ五月革命」)を概念化するまでその倍の二〇年以上の年月を要したと言える。

それは柄谷行人が指摘するように、一九六〇年安保の体験に比して、一九六八年の体験とは身体・感性的なものに重きを置くものであったために、思想としての概念化を強く拒む傾向があったためと考えられる。しかし言語化を拒むような強烈な「体験」を、根気強い思想的咀嚼によって、「経験」へと概念化していったところに我々がまなぶべき西川の強靱な思考の特質があると言える。

事実、当時流行した日本の批評家や作家の名前として、渋澤龍彦、三島由紀夫、寺山修司、少し遅れて山口昌男らを挙げることができよう。この時期のフランスでは、西川の恩人であるロラン・バルト、ジャック・デリダ、ミシェル・フーコーら、後にポストモダンと総称される知識人たちが活躍していたのだが、同時代の日本で読まれていたのは、それ以前の世代に属するバタイユやジュネさらにはサドであった。

この時期の日本では、ポストモダン的な「主体の死」という主題よりも、マルクーゼに代表されるような、理性に対する肉体の復権という実践およびそれを鼓舞する思想が注目を集めていたのである。一方、西川はこの時期にバルトにパリに留学生として招かれ、五月革命に代表される一連の出来事に遭遇するなかで、日本の一九六八年とはまた異なる体験をすることになる。この点については、あとでもう一度触れることにしよう。

さて、国民国家論が日本で大きく取り上げられたのは、一九九〇年代に入ってからのことである。西川の著作も『国境の越え方』(一九九二年)を皮切りに、『地球時代の民族＝文化理論——脱「国民文化」のため』(一九九五年)、『国民国家論の射程——あるいは「国民」という怪物について』(一九九八年)、『フランスの解体?——もうひとつの国民国家論』(一九九九年)と、その約十年間で、国民国家そのものの批判から植民地主義との連関へと思考を深化させていった。

一九九〇年代に類似した主題で脚光を浴びたのは、多民族国家という日本帝国の記憶を呼び覚ました小熊英二『単一民族神話の起源』（一九九六年）、日本の「ナショナリズム」を批判した酒井直樹『死産される日本語・日本人』（一九九六年）、同『日本思想という問題』（一九九七年）、日本人論を文化ナショナリズムとして分析した吉野耕作『文化ナショナリズムの社会学』（一九九七年）、日本における国民意識の成立過程を説いた牧原憲夫『客分と国民のあいだ』（一九九八年）、従軍慰安婦問題を取りあげた上野千鶴子『ナショナリズムとジェンダー』（一九九八年）、歴史認識論争を牽引した高橋哲哉・小森洋一編『ナショナル・ヒストリーを超えて』（一九九八年）などであった。

すでに英語圏では一九八三年には、酒井のコーネル大学の同僚、ベネディクト・アンダーソンが『想像の共同体』（増補版は一九九一年、日本語訳それぞれ一九八七年と一九九七年）を、アーネスト・ゲルナーが『民族とナショナリズム』（日本語訳は二〇〇〇年）が相次いで刊行されていた。さらに、ホミ・バーバが編集した『ネイションとナレーション』（一九九〇年、バーバ論文の日本語訳のみ一九九三年）を加えると、アイルランドやインドなどの旧植民地を含む旧大英帝国の関係者から、ナショナリズムを論じる研究が、一足先に一九八〇年代から大きな成果をあげていたことが分かる。

なかでも日本の研究者に人気を博したのは、アンダーソンとホブズボウムであった[1]。日本ではアンダーソンの議論は、ネイションが想像の共同体であることを指摘しているから、そのイデオロギーの虚構性を批判しているのだ

（1）ここでのアンダーソンとホブズボウムをめぐる議論については、Jun'ichi Isomae, "Epilogue: Reimagining Early Modern Japan-Beyond the Imagined/Invented Modern Nation", in Peter Nosco, James E. Ketelaar, and Yasunori Kojima (eds.), *Values, Identity and Equality in Eighteenth- and Nineteenth-Century Japan*, Brill, 2014

という意味合いで受け取られていた。しかし実際には、アイルランド人であるアンダーソンにとっては、ネイションという想像の共同体を立ち上げることによって、大英帝国から国民国家として独立を勝ち取ることが急務の課題であった。

日本では、ナショナル・アイデンティティが近代に創造されたとする、ホブズボウムによる歴史的作為性の批判が大きな衝撃だったため、アンダーソンの議論も、「想像」と「創造」が同じ発音であることもあって、歴史的作為性を批判する議論のなかへと組み込まれてしまったのである。

しかし、歴史的作為性を指摘することが国民国家の根本的な否定を意味することにはつながらないことは、「創建から戦後の復興へと続く明治神宮の「伝統」とは、「創る伝統」にこそある」という、天皇制を軸とする国民国家主義者によって、二〇一三年の今なお積極的に利用されうる両義的なものであった。[2]

もちろん、西川にとっては、「天皇制こそは、アイデンティティ概念の中核をなす、「自己の連続と不変性」、つまりナショナル・アイデンティティという自我同一性を具現していることは、否定しようのない事実であろう」[3]。しかし、アンダーソン自身がネイションの肯定論者である以上、このような読み方は当然のことながら、日本でも出現可能なものであった。

たしかに、このような議論をイデオロギー的なプロパガンダとして退けることも可能であろう。しかし、そのような言説を戦後一貫して日本人として自己規定をする人びとが強く欲してきたことも事実である。西川が言うように、ナショナリズムとアイデンティティの問題は、自己の実存がかかっているが故に、「感情的イデオロギー的な調子をおびてしまう」[4]のである。

アイデンティティの危機を回避しようと、ナショナルな言説に回帰する傾向については、西川はすでに、「「日本文化」が仮にフィクションにすぎないとしても、それによって「日本文化」が意味を失うわけではない。「日本文化」は「国民」や「民族」と同様、その虚構性ゆえに、ますます強力な作用をおよぼすことができるからである」[5]

と、一九九二年の段階でその絶え間ない蘇生を予測している。

このような右派からの歴史性批判を逆手に取った巻き返しは、ネイションという共同体のもつ可能性と危険性を両義的に捉える、ポストコロニアリストのホミ・バーバのような議論を、日本の国民国家批判論者たちがしっかりと咀嚼できないままに、歴史の作為性を主に批判することで事足れりとする事態から生じた問題と考えることもできよう(6)。

結局のところ、日本の一九九〇年代に起きた国民国家論は、その理論的牽引者である西川や酒井が中心的な役割を果たさなかったにもかかわらず、従軍慰安婦や南京大虐殺の記述を含む教科書の書きなおしをめぐる歴史認識論争として、高橋哲哉や小森陽一や上野千鶴子らナショナリズム批判論者と、藤岡信勝や西尾幹二ら新しい教科書を作る会との、ナショナル・プライドをめぐる問題として展開されてきた。

ナショナリズム批判の立場にたつ上野千鶴子が、史実はどのような物語化も可能であるという構築主義の立場を議論のなかに導入した段階から、ナショナリズム肯定派もまた自分たちの物語も一つの選択肢としてまた肯定されうるという立場を手に入れたのである。明治神宮の伝統論のような言説もまた、ポストモダンが通俗化した価値の

(2) 今泉宜子『明治神宮――「伝統」を創った大プロジェクト』新潮社、二〇一三年、八頁。
(3) 西川長夫「VI　補論」『増補　国境の越え方――国民国家論序説』平凡社、二〇〇一年(筑摩書房、一九九二年)、四二二頁。
(4) 同右、二八一頁。
(5) 同右、二九四頁。
(6) ホミ・バーバ「散種するネイション――時間、ナラティヴ、そして近代ネイションの余白」一九九四年(磯前順一/ダニエル・ガリモア訳『ナラティヴの権利』みすず書房、二〇〇九年)。筆者のバーバ論については、磯前順一「ポストコロニアリズムという言説――ホミ・バーバ　その可能性と限界」『閾の思考――他者・外部性・故郷』法政大学出版局、二〇一三年。

相対主義が広まるなかで現われた、今日的な「日本回帰」のひとつである。彼らは、留学などで国際的な場で他者と接触すればするほど、「彼ら」と「私」という異なる主体を特殊主義の言説と共に立ち上げていくことになる。[7]

しかし、本来、一九九〇年代の国民国家をめぐる論争で議論の俎上に挙げられたのは、ナショナル・プライドの問題などではなく、戦後日本の国民国家に回収しきれない旧日本帝国の歴史をどう扱うか、国民国家という共同体のもつ排他的性格をどのように考えるべきかという主題のはずであった。

その点についても、西川が一九九二年の『国境の越え方』の段階から国民国家はつねに「「非国民」への反感」を内在させるものであり、「社会は差別を必要とし、国家は仮想敵を必要とする」と、その排他的性格を看破していた。[8]創られた伝統としての国民国家が、歴史的論理として正当性をもつか否かは議論の中核をなすものではなく、西川だけでなく、国民国家批判の立場にたつ論者にとっては、問題は他者の差別と排除という点にあった。だが、さらに西川の議論では、「他者」としての排除の問題だけでなく、国民として認定された者たちもまた殺人者になる可能性を有する点で、「国民」としての同化もまた大きな問題をはらむとされる。そして、西川は、「国民とは、国家によって祖国愛を強制された存在である。国民とは、祖国愛を、自己の生命を賭し、見も知らぬ相手を「敵」という名称ゆえに好んで殺戮するという驚くべき狂気にまで高めることを余儀なくされた存在である」と断言するようになる。[9]

興味深いのは、国民国家あるいはネイションが死の共同体であるとする点で、西川とアンダーソンとは見解を同じくする。しかし、そのような祖国のために死ぬということが、殺される他者の存在を念頭に置いたとき、その評価において両者は正反対の立場に立つのである。ただし、西川はアンダーソンらのように国民国家が現在も強固な体制であるとも、これから強固なものとして再建されるべきだとも考えない。彼は自分のような国民国家論が登場した背景を、次のように説明している。

国民国家の原理にもとづく地球上の古い秩序は、いま音を立てて崩壊しつつある。核ミサイルは容易に国境を越え一国民全体、あるいは地上の人類の大半を絶滅しうるだろう。……戦争や災害や圧制や経済的困難、等々による大量の難民と移民の群れが国境を越えている。……だが何かある具体的な事柄に直面したときのわれわれの反応は、驚くほど愛国的であり自国中心的である。国民国家の体制が足元から崩れているのに、あるいはそれ故にいっそうわれわれは国民国家のイデオロギー……に執着し、深くとらわれている。……「われわれ」と「彼ら」の二分法はどのようにして廃棄し、あるいはのり越えられるのであろうか。(10)

西川の関心は、国民国家が危機に瀕した暴力装置であるとしたならば、それをどのように越えていくのか、「現代の最大の思想的な課題」として、「国際化や異文化交流」の新しいビジョンを切り開くために、未来に向かって己の思考を展開していく。そのためにこそ、西川は日本帝国という植民地主義の過去に眼差しを向けることになる。

このように西川に牽引されるかたちで一九九〇年代に展開された国民国家論は、国史学における自己批判をも招くものとなり、東京を中心とする歴史学研究会では一九九四年に『国民国家を問う』、二〇〇〇年には『戦後歴史学再考――「国民史」を越えて』という共同論集が刊行された。後者には西川の論考も含まれており、「近代歴史学は国民国家の産物であり、……現に国民国家は崩壊しつつあり、歴史学も崩壊しつつある(11)」という、歴史家たちには

(7) 西川長夫『日本回帰・再論――近代への問い、あるいはナショナルな表象をめぐる闘争』人文書院、二〇〇八年。
(8) 西川前掲『増補　国境の越え方』一七、四七頁。
(9) 西川長夫『国民国家論の射程　あるいは〈国民〉という怪物について』柏書房、一九九八年、二八頁。
(10) 西川、前掲『増補　国境の越え方』一九―二〇頁。
(11) 西川長夫「戦後歴史学と国民国家論」『戦後歴史学再考――「国民史」を超えて』青木書店、二〇〇〇年、一〇七―八頁。

厳しい発言をしている。

前後して、関西の日本史研究会でも一九九八年に「「国民国家論」とその批判」という大会報告がおこなわれる。このような流れのなかで、近年の近代史研究は、国民国家史から帝国史へと、その視点を移行させるようになる。

しかし、その主題の変更が、「国民化のための強力な国家制度の一つであった歴史学は、いかにして国家批判をなしうるのか[12]」という、西川の問いに対する明確な回答を示しえたものとなっているかどうかは、疑問符が付されるところである。そこには帝国主義および植民地主義を、自らの主体構成(=解体)の問題としてどのように受け止めるかという動機が欠落しており、国民形成という動機を失った戦後歴史学は、いまや唯一残された遺産である実証主義へと雪崩を打って閉じこもっているように見える。

しかしそれでも、その結果戦後歴史学の核をなす「国民国家」という自己理解が、実は戦後に占領軍の政策によって生み落とされたものにすぎず、戦前には多民族国家として日本を捉える言説が、現実に植民地を多数抱える帝国体制と呼応して主流をなしていたという認識は広く日本の研究者に共有されつつある。西川の研究とともに、このような認識の転換をもたらした研究が、小熊英二『単一民族神話の起源』(一九九六年)であった。

ただし、小熊の議論においては、戦後の支配的言説である単一民族国家の代わりに多民族国家の言説が想起されるようになるものの、民族という単位が作り出される「同質性 homogeneity」そのものが分析されることはなく、複数の均質な民族が併存する多文化主義の理解の域をその議論は出ることはなかった。

同様の傾向は歴史認識論争においても見られた。そこでは、日本人と韓国人という各主体の単位が前提にされたままに、議論が進むほどに加害者と被害者という二つの主体は固定されてしまい、歴史的主体の境界線は乗り越えがたい強固なものになってしまった。

韓国と日本という二つの歴史的主体が、かつて同じ帝国の内部でどのように併存し、いかなる交渉関係を有していたのか、そのような異種混淆的なアイデンティティをめぐる問いは当時の歴史認識論争では成立し難かった。その意味で、彼らの左翼の議論の仕方は、現在の天皇制のもとでの国民国家回帰派と基本的に同じ論理であり、むしろ国民国家回帰派の議論の祖型を提供したとも言えよう。

デリダの影響を受けたポストコロニアリストであり、インド社会のマイノリティであるホミ・バーバによれば、彼らのようにネイションの是非を問う以前に、ネイションを同質的なるものとして想像させる言説のあり方を問題にしなければならなかった。その同質性として固定化された主体を、異種混淆的な場として想像し直すことが可能であれば、バーバにとってはそれをネイションとして呼び表そうが否であろうが、その共同性のあり方は排他的なものから、開放的なものへと抜本的な変化を遂げるはずであった。

このように国民国家論を主体構成の議論として日本の論壇で引き受けたのが、コーネル大学で教鞭をとる酒井直樹であった。デリダやジャン゠リュック・ナンシーの議論をふまえた酒井直樹は、問題は単一民族か多民族かではなく、民族という単位がもつ同質性であると説いた。酒井はそこに翻訳論を導入することで、民族が異質性に満ちた共同性へと脱構築する必要性を説いたのである。(13)

たしかに、その点で酒井の議論は、「起源の神話を打破しなければならない。「純粋な文化」は国民国家のイデオロギーが作り上げた幻想にすぎない。純粋な文化に対して雑種文化があるのではなく、文化とは本来、雑種的なものであろう。……国際化とは自‐他の変容である」(14)とする西川の理解に、ある程度共通する傾向を有していると言

(12) 同右、一一一頁。
(13) 酒井直樹『日本思想という問題——翻訳と主体』岩波書店、一九九七年、『日本/映像/米国——共感の共同体と帝国的国民主義』青土社、二〇〇七年。筆者の酒井論については、「外部性とは何か——日本のポストモダン　柄谷行人から酒井直樹へ」磯前、前掲『閾の思考』。
(14) 西川、前掲『増補　国境の越え方』三〇二頁。

えよう。

第二節　「主体の死」

西川とは年齢の隔たりはあるものの、酒井もまた一九六八年の学生叛乱を深刻に受け止めた知識人であった。当時東大の学生であった酒井にとって、一九六八年の体験は、やはりアカデミズムを始めとする一切の権力の批判であり、デリダやバルトあるいはフーコーによって宣言された「主体の死」をいかなるものとして受け止めたらよいのか、真剣に思考する格好の機会となった。

「もし真の反抗が起こるとすれば、それはアカデミズムの作法に精通し、その矛盾と空しさを徹底して味わった人たちの間からではないだろうか[15]」という、『植民地主義の時代を生きて』での西川の言葉は、アカデミズムから学問をどのように脱構築していくかを示唆する点で、一九六八年の体験のひとつの帰結を示している。

確かに一九六八年当時の日本においても、吉本隆明の『共同幻想論』が一世を風靡したように、批判すべき権威の対象としての国家や大学は勿論のこと、すべてのものが幻想でしかないというポストモダン的な認識もかなり流布していたと言えよう。全共闘の合言葉となった「自己否定」や「自己解体」もそのような意味を多分に含んでいた。

また、小説家の三島由紀夫が命を賭した天皇制も、彼が自決の直前に書き上げた『豊饒の海』（一九六五―一九七一年）の最後の場面が示すように、すべては幻想でしかないというニヒリズムの果てに選び直された虚構でしかない。ただし、多くの者たちは認識の荒涼たる広野で立ち止まり、自分たちの批判する権威こそが虚妄に満ちた幻想であり、自分たちの世界――バリケードの内側や、部族などのコミューン――は、古い権威に代わる真正なるものであるという、真理へのオルタナティヴな思考へと絡めとられていった。彼らは国家や大学あるいは資本主義社会を既存の体制に囲われた不純な内部として批判する一方で、その外部へと逃れ出るオルタナティヴな世界がこの世のどこかに存在すると探し求めずにはいられなかった。

その典型的な反応が、一九八三年に出版された浅田彰『逃走論』と中沢新一『チベットのモーツァルト』など、ニュー・アカデミズムと呼ばれる思潮における「主体の死」の解釈であった。浅田（一九五七年生）はドゥルーズを独自に読み込み、永遠に「外部」に逃走し続けることの爽快さを、中沢（一九五〇年生）はユングやエリアーデの影響のもと、大いなる「全体性」へと回帰することの素晴らしさを説き、グローバル資本主義に逃走するマルチチュードを重ね合わせた都会の若者たちに拍手喝采を浴びた。

確かに中沢や浅田の言説も「主体の死」の一つの解釈と言えるのだが、そこでは歴史的主体とは一切の無に他ならず、歴史的条件に拘束されないシニフィアンの自由な戯れが無限に繰り返されるだけだという認識に帰着していく。

しかし、そのような無垢な外部など何処にもないという現実を突き付けたのが、早くは一九六九年の連合赤軍事件であり、後には一九九五年のオウム真理教事件であった。自分たちこそが真実の世界に目覚めた者であるという認識に捕らわれたとき、その真実という大義名分の前に、自分たちが批判する体制的な権力と同じような暴力が、歯止めのきかないかたちで作動するという、無残な現実が露呈されていた。

事実、一九八五年刊の『異人論』において小松和彦（一九四七年生）は、中沢と同様に両義的な全体性を唱える人

---

(15) 西川長夫『植民地主義の時代を生きて』平凡社、二〇一三年、五八〇頁。

類学者の山口昌男（一九三一年生）の影響を受けつつも、共同体としての全体性の確保は、他者や異人といった外部を排除したり、内部を抑圧することなしには成立しないという、今で言うところのアガンベンの「剝き出しの生」に相当する問題を提起していた。

そのような認識が広まっていくとき、一九七〇年代以降の日本社会でも、自分自身も含め、いたるところに偏在する権力にどのように向き合うべきか（フーコー）、明晰な認識主体などはどこにも存在しないという認識を現実の中でどのように受け止めるか（デリダ）、といった問題が本格的に浮上してくる。

そのなかで、主体の死を最も深刻に受け止めた思想家として、柄谷行人（一九四一年生）と酒井直樹（一九四六年生）、さらに西川長夫（一九三四年生）の名前を上げることができよう。文学者まで視野を広げるならば、村上春樹（一九四九年生）と山尾三省（一九三八年生）の名前もそこに加えることが可能だろう。

彼らは日本の社会状況をふまえて「主体の死」とは何かという問いを、中沢や浅田のように、歴史の外部へと逃走することなく、己れの身体の歴史的拘束を引き受けたうえで、しかも制度化された自分の主体の脱臼を試みたのである。柄谷は『日本近代文学の起源』（一九八〇年）において近代文学に担われて来た内面の死を、山尾は『狭い道』（一九八二年）において部族という閉じたコミューンの死を、村上は『ノルウェイの森』（一九八七年）において恋人たちの無垢な共同体の死を説いた。

そして、一九九〇年代に入って、西川と酒井が国民国家あるいはネイションの死を宣言したのは周知のとおりである。一方、山尾は遺作となった『南の光のなかで』など、癌で逝去する二〇〇一年まで思索を深めていき、さらに村上は最新作『色彩を持たない多崎つくると、彼の巡礼の年』（二〇一三年）まで、一貫してその関心を持続し続けている。

もちろん、「主体の死」という共通の主題は存在するものの、その解釈のあり方の違いもまた厳密に検討されていくべきであろう。たとえば、同じポストモダン系の思想家と分類されていた柄谷と酒井の間では、柄谷のように人間は内部に閉じ込められているのだから、「外部」に脱出すべきだという理解と、むしろ内部と外部といった境界線自体が脱構築されるべきものであり、思考されるべきは境界線の消失した空間の「外部性」であるといった理解の違いがみられる。

柄谷にとって、かつては文学者にとって逃走や抵抗の場にみえた「内面」自体が、言文一致体という言語制度が作り出した言説に過ぎない。その結果、もはや内部に対する外部、あるいは外部に対する内部といったオルタナティヴな場など残存し得ないという徹底した真正さの否定が、柄谷の認識としてもたらされた。そこに遺されたのは、やはり歴史性が揮発してしまった「決定不能性」が、延々と続く相対主義の世界であった。ただ、浅田と異なって、そのような自閉した相対主義の世界に危機感を覚えた柄谷は、その外部へと跳躍しようと思想的「転回」をとげていく。(16)

酒井は、それに対して主体は自らとの関係において差異と同一性を反復させる二重体であり、差異化過程のなかで他者に対して脱中心化という代補作用を引き起こしていく。主体の歴史性を認めながらも、その自己差異化的な、主体の中心点を下降させて脱中心化させる過程を導入することで、酒井は「主体の死」を「人間関係の網の目」という歴史的文脈のなかへと再定位してみせたのである。

酒井にとって「ネイションの死」とは、単純にネイションの作為性を暴くものでなく、自己を特殊な国民性として固定化させる働きをもつと同時に、ネイションおよびそれを構成する人間という主体をもとに脱中心化させる両義的なものなのである。それは、かつて自らが宣言した「人間の死」を、「人間は、みずからの主体性を始終ずらすことを絶えずおこない、相異なり、けっして最終的なものとなることのない主体性、……そうした無限でおびただ

(16) 筆者の柄谷論については、前掲「外部性とは何か」。ただし、時期を見て本格的に論じ直したいと考えている。

しい一連の主体性においてみずからを構成することを絶えずおこなってきたのです[17]」と再解釈してみせたフーコーに近い試みとも言えよう。

村上や山尾も含め、一九八〇年代には「主体の死」とは、主体が存在しないということではなかった。むしろ、自我や理性の自明性を失わせしめるような、主体の力点の移動であり、脱中心化の動きを意味するものと理解されるようになっていた。それゆえ、山尾は一般社会から遊離したコミューンという閉じた主体の無垢な幻想に決別を告げ、自分の家族とともに、既成の地域の農村のなかへと主体の再定位を試みた。それが、ポストコロニアルの知識人、インドのガヤトリ・スピヴァックの唱える「批判的地域主義[18]」と重なり合い、故郷たる地域への愛情がネイションに回収されることなく、地球市民という意識へ開かれていくのは偶然ではあるまい。

村上にしろ、かつて一九六八年にバリケード内に夢見た無垢な共同体が、私たちの心のなかには否定できないノスタルジアとして働き続けるものの、現実に存在する人間社会の不平等、そこから生じる暴力的衝動といったものを自分たちの存在の中核をなすものとして受け入れていくことを説く。その点で、とくに村上の近年の作品は、自由と平等を唱えるリベラル民主主義的な国民とは異なる主体および共同体形成を試みるアガンベンの思想と接近しているようにもみえる。

では、西川の説く「国民国家という主体」の死は、どのように理解すべきものであろうか。彼の著作が相次いで刊行されていた一九九〇年代当時は、ほとんど酒井のネイション批判と区別されていなかったのが実情と言えよう。

しかし、西川の議論は周知のように「国民国家論」であり、「国民国家を前提とするかぎり、国民主義と国家主義は盾の両面であって、国民主義が最後まで国家主義に抵抗しうるとは思われない[19]」として、最終的に国家の階級的性質を問題する。そこに西川固有の議論の視座がある。

西川は一九六八年のパリ留学時に、バルトの「主体の死」のみならず、ルイ・アルチュセールの「国家のイデオロギー諸装置」という概念にも強く魅了され、一九七〇年代になるとアルチュセールの著作を次々と日本語に翻訳している。その解説の中で、「国家を抑圧装置と定義し、階級闘争の最終段階を国家の解体の過程……に置くアルチュセールの国家観」と「国家権力の奪取ではなく国家の解体と死滅を主張するアナーキスト的な学生たちの主張」を重ね合わせ、ともに「六八年五月が刻み込まれ」た思想と評したのは、西川の国家論の中核を理解するうえで極めて示唆的である。[20]

西川の認識においては、現実に存在の危機に瀕しているのは、国民国家が説く水平関係としての国民の同質性という言説の信憑性であり、国家そのものは強固な存在であり続けている。しかし、西川にとって本当に問われるべきことは、垂直の関係としての階級国家の「死滅」なのである。

それゆえ、「私は国内的には現在の日本社会自体に内在している差別の構造であり、対外的には国境の存在だと思う。社会は差別を必要とし、国家は仮想敵を必要とする。……民族や国民のイメージは結局は国家のイデオロギーが作りだした幻影であって、およそ実体とはかけ離れたものである」[21]と断言する。

一方、もう一人のナショナリズム批判の雄、酒井直樹はネイション論を翻訳論の関係から、主体の二重性および

(17) ミシェル・フーコー「ミシェル・フーコーとの対話」一九八〇年(増田一夫訳『ミシェル・フーコー思考集成Ⅷ 政治・友愛』筑摩書房、二〇〇一年、二三九頁)。
(18) ガヤトリ・チャクラヴォルティ・スピヴァク『ナショナリズムと想像力』鈴木英明訳、青土社、二〇一一年。筆者による批判的地域主義をめぐる議論として、「故郷への帰還――ガヤトリ・チャクラヴォルティ・スピヴァクから山尾三省、そしてジョルジョ・アガンベンへ」磯前、前掲『閾の思考』。
(19) 西川、前掲『増補 国境の越え方』二六三頁。
(20) 西川長夫「平凡社ライブラリー版 訳者あとがき」ルイ・アルチュセール『再生産について 下』二〇一〇年、三一三頁。
(21) 西川、前掲『増補 国境の越え方』四七頁。

主体相互の関係がはらむ逸脱運動として捉える。その違いゆえに、西川は「脱構築」ではなく、「解体＝再構築[22]」という言葉のほうを意図的に用いる。西川にとって国家とは自己差異化を引き起こす運動体ではないのだ。このような西川と酒井の理論的立場の違いは、スピヴァックが試みているようなマルクス主義の階級国家論と脱構築論をどのように接合していくのかという点で、日本のみならず、ネイション論一般における議論の難しさを指し示している。

私がこれまで強調してきたのはむしろ国民国家は国民主権を建前としてきたが、……「実質的な国民主権」を確立することができないような構造をもともともっているということです[23]。

国民主権の不完全さを指摘する西川のこの言葉を、国家の本質に由来するものだとすれば、国民主権は階級国家を死滅させることで、ようやく達成することのできるものだと解釈することも可能であろう。一方、それを主権そのものがもつ不完全性だと理解するならば、国家が死滅したとしても完全に平等な国民主権は達成されることがないということになる。

もちろん、「国民国家の相対化は国民主権の否定ではなく、国民主権の確立のためには、国民国家の相対化が必要だ[24]」とする西川は、前者、すなわち国家の死滅による主権の回復という立場をとる。そこに、脱構築の帯びる差異の相対主義へと陥らないように、「人間関係の「網の目」[25]」（ハンナ・アレント）を横位の差異の反復だけでなく、垂直な支配関係としての国家論に結びつけて考えようとする西川のリアリズムが存在するとみることもできる。西川にとって、主体の死は単なる差異の戯れに還元されるべきものではなく、あくまで何らかの主体という形状を留めた上での議論として「解体＝再構築」されるべきものなのである。

結局のところ、西川の議論は、「国民国家はその性質上、強力な国民統合のイデオロギーを必要としており、国民という一見政治的なイデオロギーと文明－文化という一見非政治的なイデオロギーとの二種を使い分けて体制の維持を図ってきた[26]」という、経済格差を生み出す国家組織のイデオロギー的隠蔽を徹底して暴き出す。

文明と文化という概念を議論の軸に据えることで、近代の日本国家が「国民としての古さと、民族としての純粋性を強調」する「文化」を表に掲げ、「道徳や人間性の進歩」といった一見普遍的な価値のもとにローカリティを撲滅する「文明」を裏に据えた、自らの特殊性を前面に押し出す国民国家を作り上げていったことを明らかにする[27]。

文明と文化はともにフランスに出自をもつ概念であり、「初めは世界市民主義的な主張に強く結びついていた」ものの、「国民国家の形成とともに……文明と文化の対抗的な性格が強調され」、「文明化論者が植民地主義者に転落したと同様、文化論者は帝国主義者に変質してゆく」共犯的な結末に陥ったと結論づける[28]。

その西川が『国境の越え方』で、サイードのポストコロニアル批評を継承しつつも、文化概念を事前化させている点を批判していったのは、日本の文脈のポストコロニアルへと、欧米のポストモダニズムを再定着させていった見事な手本を示すものと言える。西川は「文化や文明という概念自体が、オリエンタリズムと同根であって、同じ性質の攻撃性を内在しているということにかんしてまだ明確に自覚がなく」と指摘し、サイードの議論にもいまだ「西

(22) 西川、前掲『国民国家論の射程』二八八頁。
(23) 西川長夫『戦争の世紀を越えて――グローバル化時代の国民・歴史・民族』平凡社、二〇〇二年、一一八頁。
(24) 同右、一一八頁
(25) ハンナ・アレント『人間の条件』志水速雄訳、ちくま学芸文庫、一九九四年、二九七頁。
(26) 西川長夫『地球時代の民族＝文化理論――脱「国民文化」のために』新曜社、一九九五年、一〇六頁。
(27) 同右、六六、五一頁。
(28) 同右、四〇―四一、一〇〇頁。

洋中心的イデオロギー」の残滓がみられると批判する。

西川からすれば、サイードのオリエンタリズム論は、「知あるいは文化には本来的に他者に対する支配の意志が内在しているのではないかという疑問[29]」が不徹底なままに放置されているのだ。それが西川にとって看過できないのは、「サイードはオリエンタリズムを、相互性を欠く一方的な支配の観念体系として描きだすことに専念した結果、そうした変形や変換の相互性――文化間の交渉は一方的でありえず、他者の理解は他者を変形して受けいれると同時に自己を変形せざるをえない――についての考察を深めることができない[30]」ためである。それは、国民に取って代わる、来たるべき主体を「解体＝再構築」するさいに障害となると見なされた。

ただし、一九九〇年代の西川の議論においては、いまだ文明と文化の両概念を併置して論じることの意味がいささか曖昧であり、国民国家の問題から植民地主義への議論の展開において、論理的な道筋の明快さを欠いていた。その議論は、さらなる研究の新地平を切り開いた二〇〇六年の『〈新〉植民地主義――グローバル化時代の植民地主義を問う』（平凡社）で、国民国家は帝国主義と同時に存在するという認識へと辿り着くことになる。

ここに、小熊が言うような多民族国家から単一民族国家への移行ではなく、むしろ単一民族国家としての国民国家は多民族国家という制度かつ言説と併存することで、植民地主義の制度を遺憾なく有効に機能させることができるという見解が明確に提示される。すなわち、単一民族国家という特殊性は日本人中心主義を作り、多民族国家は多民族を同化する帝国を支える。しかし、単一民族は日本人が一級国民であり、東アジアの植民地の二級国民とは区別されるという認識にいたるのである。

このような国民主義と帝国主義を二重構造として考察する視点は、英語圏のポストコロニアル研究が概して転覆や横領といった、被植民者側の文化的抵抗に力点を置くのとは異なる独自のものである。むしろ、韓国の尹海東による国民主義的な歴史学が植民地主義と表裏一体をなすという指摘、あるいは酒井直樹による帝国的国民主義国家における普遍主義と普遍性の両義性といった指摘など、日本帝国に主眼を置いた東アジアの植民地主義の歴史から立ち上げられつつある議論と共通性を有する傾向と理解することができよう。

さらに西川は議論を「内国植民地」の問題として展開させ、その外部である植民地との関係のみならず、国民国家の内部の均質性自体を厳しく問い直す。西川は「内国植民地」あるいは「国内植民地」を「グローバル化時代の植民地主義」、すなわち「植民地なき植民地主義」の状況を端的に示す事態であると注意を喚起する。(31) 最新作『植民地主義の時代を生きて』のなかで、こう述べている。

植民地は遠い海外にあるものという古典的な前提、さらには独立した国の内部には植民地や植民地主義はありえないとする民族主義的な前提が、国内における植民地的状況、収奪や抑圧、差別や格差、等々、などの存在を見えなくしていることは事実です。……あらゆる大国が、そしてほとんどあらゆる小国が、様々な形で、中央と地方、あるいは中核と周辺という構造をもっているとすれば、国内植民地の存在は、国民国家に普遍的な現象ではないでしょうか。(32)

このような西川の理解に立てば、植民地主義とは国民国家の外部に存在するだけでなく、その内部にも本源的に存在するものである。だとすれば、帝国から解放されて国民国家を樹立したからといって、自分たちの内なる植民

(29) 西川、前掲『増補　国境の越え方』一二三頁。
(30) 同右、一二二―一二三頁。
(31) 西川、前掲『植民地主義の時代を生きて』二二九、二二八、五七五頁。
(32) 同右、二二九頁。

地主義からは依然として解放されたことにはならないのである。その点において、「植民地なき植民地主義」としての植民地時代の今日性を説く西川の立場は、まぎれもなくポストコロニアル批評家と同じ地平に立つものである。

そして、「大江健三郎は今も戦後民主主義のイデオロギーを支持していますが、私は六八年革命を経験して考えを異にするようになりました。戦後イデオロギーなるものもまた虚偽であり、戦後イデオロギーをその根底から覆して再考してみなければならない、というのが今の私の考えです[33]」と西川が語るのも、戦後民主主義の唱える平等と自由の理念そのものが、内国植民地化の推進を前提とした、周辺や地方への犠牲の上に成り立った国民国家の虚妄に他ならないことをはっきりと見抜いているからである。

なぜ、経済的な振興という大義名分のもとに、沖縄にアメリカの軍事基地が集中し、福島や青森などの日本列島の周辺地域に原発やその廃棄物処理場が容易に作られてしまうのか。そういった問題は、国民国家の説く国民としての均質性を批判する「内国植民地」という視点を持たなければ徹底して考えることはできないだろう。もちろん、そういった軍事基地や原発産業が、戦後の米国追従政策のもとに日本で推進されて来たことを考え併せるならば、内国植民地という視点は、同時に米国と日本、あるいは朝鮮半島や台湾を含む東アジア諸国との国際関係の不平等性をも捉え返すものにならなければならない。

第三節　植民地主義とポストコロニアリズム

一九六八年のパリの体験とともに西川の人生にとって見逃すことのできない大きな出来事として、日本帝国の植民地主義とその敗戦がある[34]。西川は日本帝国期に植民地の朝鮮半島で日本陸軍の軍人の子として生まれ、満洲に渡り、九死に一生を得て難民として祖国日本に戻って来た。それでも、戦後も皇国少年でありつづけた西川のアイデンティティが、若い教師との触れ合いのなかでいとも容易く崩れたこと。このような帝国の繁栄と瓦解という一連の体験を通して、国家のイデオロギー的動員力の強さと、その虚構性を西川は骨の髄から認識させられることになったのであろう。

彼が国民国家を批判するなかで、時折用いる「非国民」という言葉は、言うまでもなく、戦時期の大日本帝国の臣民が同朋であるはずの植民地および内地の人びとに対して均しく浴びせかけたものである。あるいは、自らを良き国民たらしめんと、自分自身を規律化させるための合い言葉でもあった。そのような強烈な体験ゆえに、日本帝国が生み落とした植民地の問題を忘却させてしまった戦後日本の歴史認識のあり方を、西川は占領期に始まる合衆国と日本政府の作り出した政治的合作の産物だと、その歴史的経緯を鋭く剔抉する。

戦後日本は、連合軍(実質的には米軍)の占領下にあって、権力と政治的イニシアティブをアメリカに委ね、旧植民地のすべてを放棄し、さらには戦争放棄を明記した平和憲法を制定することによって、朝鮮戦争によって(つまり朝鮮半島の住民の犠牲の上に)経済復興を実現したにもかかわらず、旧植民地の記憶を忘れました。侵略戦争と植民地支配によるアジアの諸地域における蛮行や住民の被害を忘れただけでなく、それらの地域への関心や想像力を失い、それらの地域の住民たちとの正常な関係を構築する努力を怠りました。……それが一般的な傾向であり、その傾向はいまも続いており、東北アジア文化共同体の可能性を阻む重大な要因になっていると

(33) 同右、二四四頁。
(34) 同右、二三三—二四七頁。西川、前掲『増補　国境の越え方』二九頁。

思います。[35]

過去の体験を四〇年かけて咀嚼するなかで、戦後の日本社会が見落としたものを、西川は帝国の末裔として、パリでの一九六八年の体験をふまえて語り直そうとする。宗主国の人間として東アジアの植民地主義を体験するとともに、アメリカに占領された植民地期の日本も体験するという意味では、西川長夫もまた、近代日本のポストコロニアル的歴史を生きてきた知識人であった。

西川だけでなく、その経歴を見れば、酒井直樹や村上春樹、山尾三省、さらに柄谷行人もまた、いずれも差別と差異に満ちた異文化体験を経たうえで、「われわれ」と「彼ら」の二分法」に陥ることなく、その境界線を言語化してみせた「越境者」なのだ。[36]

西川は一九六八年頃の日本社会については、「全共闘をはじめ日本の学生運動は旧植民地や在日朝鮮人、等々のマイノリティに対しては驚くほど鈍感でした。これは敗戦時に全植民地を放棄して、その後長期にわたって旧植民地への渡航が禁止されていたことにかかわっています」[37]と、その植民地認識の限界性を指摘する。

ベトナム戦争をアメリカ帝国主義の問題として批判する一九六〇年代末の日本の知識人の植民地認識から、長い時間を費やして、西川は自分自身の過去の問題として東アジアにおける日本帝国の問題を読み直すにいたる。彼にとって学問という営みは、理論的思考を拒絶した実証主義でもなく、既成の諸理論を合成して結論を捻り出す知的ゲームでもない。自分の体験した過去を長い時間をかけて咀嚼し、他者と共有可能な普遍的な思想へと概念化する骨の折れる作業であった。

一九六八年のパリでの体験を経由して、西川の国民国家論は東アジアの植民地主義の問題へと着地していく。こういったトランス・ナショナルな文脈のなかで、パリでバルトらから受けとった「主体の死」をめぐる問題群――アカデミズム批判・国民国家批判・植民地主義批判など――が、東アジアのポストコロニアル状況のもとへと移植されていった。ただし、ポストモダンが主体の死を説くものであるならば、ポストコロニアルは不在の主体を歴史的次元へと再節合を試みるものである。

その意味でポストコロニアリズムは主体の死を否定することなく、国家が作り出す排除と差別が歴史的主体の次元で作動する過程を批判的に捉えようとする。それゆえに西川は、浅田のような逃走論が国民国家に対する批判であると同時に、グローバル資本主義という現実に追従するといった、ポストモダンの負の側面をもつことを次のように指摘する。

ナショナルなものに対する闘争に賭けられてきたものは、いまやグローバリゼーションによって掠め取られ、多文化主義からクレオール主義に至る多様なアイデンティティのイメージは商品化されて流通している。……混淆的で流動的なクレオール主義は、多国籍企業や世界市場の論理とは必ずしも相反するものではなく、クレオール主義が観光の対象とみなされてしまう現実を忘れてはならないだろう。(38)

さらに、西川は言葉を継ぎ、「それは私たちがあらゆる規範から解放され、目の眩むような自由のなかに置かれたこと故の困難でもある(39)」として、このような異種混淆的な流動性からナショナル・アイデンティティへと回帰する

---

(35) 西川長夫『〈新〉植民地主義論——グローバル化時代の植民地主義を問う』平凡社、二〇〇六年 七〇頁。
(36) 西川、前掲『増補 国境の越え方』二〇頁。
(37) 西川、前掲『植民地主義の時代を生きて』二六一頁。
(38) 西川、前掲『〈新〉植民地主義論』二三四、二三五、二五九頁。
(39) 同右、二六〇頁。

ことなく、それを「主体の死」がもたらした自由の条件として、積極的に引き受けなければならない今日的状況だと理解する。その点で、西川が国民国家の死の向こう側に、その「解体＝再構築」として提示した主体の新しいあり方は、西川の思考が行き着いた地点として注目すべきものであろう。

「土地を支配すべき領土としてではなく、交通や混淆の場……として思い描き、境界を設定するのではなく、境界そのものにある両義性や流動性や混交とした豊かさをアイデンティティのモデルとするとき、ナショナル・アイデンティティの概念は崩壊せざるをえない[40]」として、西川はこう述べる。

一個人に特定の国の国籍を強要することのできる根拠はどこにあるのだろうか。……私がアルジェリア人でなく日本人でなければならない究極の理由は見出せないだろう。人びとが、それぞれに死ぬべき土地（したがって自分にふさわしく生きるべき土地）を求めて地球上を移動しはじめたら、あのいまわしい「非国民」という言葉もなくなるだろう[41]。

ただ、繰り返し言うならば、その異種混淆的な生がグローバル資本主義の運動を、同一性を拒む断片化された差異を称揚するイデオロギーとして再流用されてしまうことをも西川はその批判的思考の射程においていることを見逃してはならない。そういった差異の戯れとしての経済的運動を体現するのが、新自由主義を国是とするアメリカ合衆国であり、日本もまたＴＰＰなどを通して一層強固にその経済体制のなかへと、今や組み込まれようとしている。

このような偶発性に満ちた生のあり方は、まさにポストコロニアル状況がもたらした認識として、バーバやサイードの唱えた異種混淆的なアイデンティティを想起させる。さらに、そこから西川はアントニオ・ネグリのようなマルチチュード的な主体のあり方へと思考を展開する。

二〇一〇年に発表された『パリ五月革命私論』(平凡社新書)では、「六八年の重要な特色の一つは……イデオローグや大知識人の存在を否定あるいは拒否するところにあった[42]」として、当時留学していた彼自身が目にしたパリ街頭での学生叛乱の様子を次のように描写している。

> 突如、街頭に溢れ出した学生や若者たちは、警棒や銃をかまえる機動隊……や警官たちの暴力に対して投石を始め、やがて道路の舗石をはがしてバリケードを築き、路上の車に火を放って対抗し、他方では大学や劇場を占拠して、さまざまな行動委員会を作り、大集会(総会)を開き、労働者や市民に呼びかけて大抗議デモを組織し、ついには史上例を見ない大規模(一〇〇〇万人)で長期にわたるゼネストが現出する。こうした若者たちの自然発生的な運動が、市民や労働者たちの共感と支持を得ていたことは、集会やデモの群集の中にいても感じとられることであったが、もうひとつ忘れてはならないのは、彼らが世界的な連帯感の中で行動していたことであろう[43]。

そこにおける主体のあり方は、「共にあることの可能性。……ここで問われているのは、自由で自発的なコミュニケーションの可能性とそれを保証する条件であり、……そこでは私は独自であって同時に無名の存在である[44]」(傍点

---

(40)同右、二三四頁。
(41)西川、前掲『増補　国境の越え方』二一一―二一二頁。
(42)西川長夫『パリ五月革命私論――転換点としての68年』平凡社新書、二〇一一年、二四八頁。
(43)同右、一一頁。
(44)同右、四五二頁。

は磯前）という、ネグリの言う「コモン」としての「マルチチュード」のような形態を意味する連帯の可能性を示唆する。

ネグリのマルチチュードは、ジル・ドゥルーズの多様体（マルティプリシティ）の流れをくむ概念であり、そこでは脱領土化と領土化が、その都度の偶発性のもとに反復されるという。たしかに、浅田の逃走論の祖型となったネグリの議論は、どちらかと言えば脱領土化の側面が前面に押し出されたものであった。同様に『パリ五月革命私論』を読むと、西川も彼らと類似したマルチチュード的な主体を想定しているように見える。

こうして一九九二年の『国境の越え方』において国民国家論の口火を切った西川は、二〇〇六年の『〈新〉植民地主義』を転機として、植民地主義と国民国家あるいはグローバル資本主義との共犯関係を分析し、さらに二〇一〇年の『パリ五月革命私論』において、国家やアカデミズムといった権力に抵抗するマルチチュードの問題を論ずるにいたったのである。

国民国家論の内部に閉じこもることなく、国民国家論を始発点にしてこういった〈国民国家／植民地主義／学生叛乱〉というトライアングルをなす研究視座を確立して提示しえた点に、西川の学問的功績があることは疑いあるまい。西川の研究の集大成たる『植民地主義の時代を生きて』の主構成――「I　国民国家再論」「II　植民地主義の再発見」「III　多言語・多文化主義再論」――は、このトライアングルをふまえたものに他ならないのだ。

ただし、パリの学生反乱について西川は、マルチチュード的なニュアンスで解釈すると同時に、「彼らが労働者に通じる言葉をもっていないことを露呈する文体[45]」でしか語れなかった階級論的な限界も指摘する。さらに留意されるべきは、マルチチュードに関するネグリの議論に対して、それは「国家論」を欠くと西川が批判している点である。この地点において、西川の思考の跡を辿ってきた、ここまでの筆者の試みは行き止まりに突き当たることになる。

ネグリのように、マルチチュードと〈帝国〉を、ドゥルーズの脱領土化と再領土化の関係になぞらえて、必然的に代補作用を引き起こす反乱の契機として「主体の死」を肯定的に読み説くことができるのだろうか。西川の議論において、マルチチュードはどのようにしたら国家という階級支配機関、あるいはグローバル資本主義の代行者を転覆し、その死滅に追いやることができるとされているのだろうか。

国家論が主題として立てられることで、ネグリやドゥルーズの楽天的な脱領土化論をどのように現実的な重みをもって克服していくのか。そこに西川の関心はあるはずだが、その主張はいまひとつ明らかではない。そこで我々は一九六八年のパリの状況に引き戻されてしまう。作者の死からエクリチュールの散種をとなえたバルトと、国家の死滅を唱えるアルチュセールの思想は、どのようにして西川の議論のなかで理論的な接合を可能にしたのであろうか。

アルチュセールは、ジャック・ラカンに示唆を得て、イデオロギーに呼びかけられた人間は主体として固定されるとした。そのようにして、国家装置のなかに組み込まれた国民という主体は、謎めいた大文字の他者の呼びかけに対して、どのように振る舞っていくことができるものなのだろうか。構造主義以降の諸理論に通暁する西川は、他者の呼びかけから人間が解放される非イデオロギー的な瞬間が存在することなど、おそらく素朴には信じていないだろう。

そもそも国民国家という主体自体が、日本の天皇制のような大文字の他者の欲望に捕縛されることで成り立つものであったはずである。だとすれば、マルチチュードが再領土化されることで、階級装置としての「国家」やグローバル資本主義としての〈帝国〉ではなく、そういった搾取関係を伴わない〈コモン〉として組織化されることの可能性は、どのようにして見出すことが可能になるものなのだろうか。

(45) 同右、二〇七頁。

第四節　「私文化」および「多文化主義」と国民国家の解体＝再構築

おそらく、そこで西川が期待を寄せる「私文化」および「多文化主義」が、国家の支配的イデオロギーの転覆のために、現実的な積極的な役割を果たすことが期待されているようにも思われる。西川は、従来の「文化論には一般に主体の観点が欠落」しているため、「文化が「構造」をもつと同時に「変容」を続ける」契機として「文化創造者の行為」たる「自分文化あるいは私文化」という概念を導入する。(46)

文化は究極的には価値観の問題であるということだ。価値を決定するのは最終的に個人である。「私」の選択は一つの文化のなかで自己の位置を決定するだけでなく、一つの文化を捨てて他の文化を選ぶこともあり得るだろう。そしてそのような個のあり方が、より上位の文化の性質を変えてゆく。(47)

ここでの「私」や「個人」といった言葉の含意について、西川は小説家の坂口安吾を引きつつ、「個々人の「絶対的な孤独」に根を下ろした個々人の生き方の問題(48)」というふうに説明している。それは、固定化された主体としての個人ではなく、個人という形態は取りつつも、その存在根拠が「絶対的な孤独」によって無効化される不在の主体として考えられていることを示す。その後『パリ五月革命私論』において、「共にあることの可能性」が、「私は独自であって同時に無名の存在」と重ね合わされていることを考慮するならば、西川の言う「私」としての「個人」は、絶えず自己逸脱化する主体によって共同性を読み換えていく拠点であり、その共同性によって個としての主体もまた差異化させられていくものとなる。(49)

ここで西川の議論は、もう一人のナショナリズム批判の牽引者であった酒井直樹の議論に限りなく近づいていく。そこにおいて、もはや主体の「解体＝再構築」と「脱構築」は、デリダ的な酒井の「脱構築」とほとんど同意語に転じていく。

「二十一世紀にはますます重要になる理念であり思想である」と、多文化主義についても、「さまざまな矛盾があり批判すべき点は多い」と留保を付した上で、全体と各構成単位が相互変容を促しあうと考える点で、西川は「私文化」と同じような期待を寄せている。(50) ここにおいて多文化主義についても、「多文化主義の問題は、文化の多様性や自由の問題から、社会的公正や平等の問題に重点を移しつつある」(51) と解釈し直される。

それは、「黒人やヒスパニック系、アジア系、あるいは先住民など、合衆国における少数民族が自分たちの言語や文化の保持や自己主張をするときの拠り所に、多文化主義はなりえている」(52) という、「社会的公正や平等」を現実に実現するための観点からの議論なのである。

それは「遅れたとみなされる人々や地域に対する支配と搾取の正当化が図られた」(53)「文明化」の論理に対する批判の試みであり、そのような「支配と搾取の正当化」をはかってきた最大の組織こそが、西川の議論においては国家——国民国家であると同時に植民地主義国家——を指すことはもはや言うまでもないだろう。

(46) 西川、前掲『増補　国境の越え方』二九五—三〇一頁。
(47) 同右、二九九頁。
(48) 同右、三四六頁。
(49) 西川、前掲『パリ五月革命私論』四五二頁。
(50) 西川、前掲『戦争の世紀を越えて』二〇七、二二一頁。
(51) 同右、二一七頁。
(52) 同右、二二二頁。
(53) 同右、二二八頁。

このような多文化主義の論理のなかで、日本における在日コリアン民族主義も、「対抗的な民族主義は、もとの民族主義つまりナショナリズムと同じなのかどうかというと、僕は、そこに違いを見つけて救いたいような気持ちがあるわけです」[54]と、国民国家とは異なる可能性をもつものとして積極的な可能性が模索されていく。もちろん、このような在日コリアンの民族主義に対して、西川の友人でもある韓国人のポストコロニアル研究者たちからは厳しい批判が提起されている。

そこには、多文化主義が、西川のように絶えず自己逸脱化していく差異化運動として解釈可能なものなのか、それとも複数文化の併存を暗黙の前提とする各共同体の「均質で空虚な時間[55] (homogenous empty time)」(ベネディクト・アンダーソン)という同質性の論理を温存するものなのか、判断は分かれるところである。さらには、天皇による国民統合は、グローバル資本主義に抵抗する多文化主義のような空間を生みだし得ないものなのかといった、日本国内の問題までが再審に付されることになるのかもしれない。

結局は、「国民」や「民族」という漢語と「ネイション」という欧米語の関係が、かつて西川が「文化」や「文明」を翻訳語としてその政治的な歴史性を問題にしたように、同じように問題にされていくべきであろう。ネイションを「国民」と訳すのであれば、そこには「文明」的な普遍性の遂行者たる「国家」の意味が含まれることになる。

一方、ネイションを「民族」と訳すのであれば、そこには「文化」的な特殊性としての排他的性質が含意されることになる。このような漢語としての二重性を負うことになったネイションの翻訳の歴史が、日本の近代化過程の問題として、再度検討されていく必要があるだろう。

しかしそれは、「最後の論集」となるであろう『植民地主義の時代を生きて』を上梓し終えた西川の仕事ではない。その「あとがきに代えて」において、西川はこの書物の目的が、「自分の仕事の出発点(初心)を示すような作品と現在の最終地点を示す」ことにあるとしたうえで、「当然、最後の地点は思考途上であって必要な加筆や再考もできていないが……、その空白や混乱をそのまま残すことにしたい。私はここまでしか行きつけなかったのだから」と、後進の研究者に課題を受け渡そうとしている。[56]

それを今、私たちは引き受けていくべきであろう。そのさいに、「自分の文章の原動力は不正や理不尽なものに対する怒りではないか」と述べる西川の学問的動機は、その研究を支えるためにこそ、「自分の文章がある種の楽天性と幸福感に満ちている」という言葉とともに、われわれが受け継ぐべき根本姿勢であろう。[57]

戦後という言葉にすでに辟易されている方が多いと思います。たしかに戦後というのは、平和憲法をもった一つの国の一つの時代のひとりよがりでしょう。戦争放棄を宣言した日本だけに、あるいは戦いに敗れた枢軸国だけに、戦後があったのかもしれません。お隣の朝鮮半島では戦後まもなく朝鮮戦争があり、分断された南北はいまも戦時体制です。中国には戦争が絶えず、台湾はいまも戦時体制です。……第三世界と呼ばれる地域をも含めて、そして冷戦後も、世界は戦争が絶えず、そのなかで戦後という言葉が流通している日本は、何とも世界常識の欠如した脳天気な国です。しかし戦争のない「戦後」にもう一度固執して、戦争をやる戦前に回帰してゆく動きのなかで、「錯覚した戦後」を、「錯覚でない、戦争をやらない戦後」に組み直す道があるはずです。[58]

(54) 西川、前掲『植民地主義の時代を生きて』三七五頁。
(55) ベネディクト・アンダーソン『増補　想像の共同体――ナショナリズムの起源と流行』一九八三／一九九一年（白石さや他訳、NTT出版、一九九七年、三三三頁）。
(56) 西川、前掲『植民地主義の時代を生きて』五七九頁。
(57) 同右、五八一頁。

このようなトータルに日本の戦後を問い直そうとする姿勢こそが、西川をして、戦後イデオロギーに他ならない国民国家を植民地主義の文脈に置き直し、合衆国から与えられた平和憲法の意味を再定位しようとする困難な地点まで導いてきたのであろう。

もちろん、西川の説くその国民国家という主体の死は、その安直な放棄を約束するものなどでなく、依然引き続く植民地主義という世界史的な文脈のなかに、その主体を位置づけ直すことで、それを「解体＝再構築」する試みであった。主体の死が脱歴史的な外部への逃走や融解ではないのならば、それは主体の中心をなしてきた重心の移動を引き起こすことを意味するものとなろう。それが、東アジアにおける近代日本の体験を通して、フランスでバルトから提示された「主体の死」という主題に対する西川の回答に他ならないと、筆者には思われる。

そこに私たちが、アメリカの極東政策と日本政府の合作によって作り出された戦後日本の国民国家体制、およびそのイデオロギーとしての戦後民主主義の虚妄に対抗していく示唆も豊かな財産として含まれているのではなかろうか。

日本という国民国家を批判的に思考していくことは、プロテスタンティズムを問題化していくことでもある。合衆国から移入されたプロテスタンティズムは、天皇制という国家権威を批判する、内面の自由な領域をもたらしたことは確かである。しかしその一方で、内面という領域が確立されることで、近代的個人としての国民を宗教的な熱狂をもって、天皇という現人神という権威に回収する回路が設置可能になったことも事実である。

その天皇制のもとで日本の国民国家は、戦前には帝国として植民地を支配し、その人々の内面から天皇制に改宗させようと欲し、同時に北海道や沖縄といった内国植民地を日本国民として同質化させようと試みて来た。西川が批判してきた国民国家と植民地主義の共犯性というのは、国民国家の国民は平等であるという言説が信憑性を有するためには、むしろ植民地をその外部あるいは内部に抱える不平等な搾取が積極的におこなわれなければならないという資本主義経済のメカニズムを指す。その同質な平等性が天皇という神の眼差しの前でこそ初めて成り立つ、「一視同仁」という、例外な存在を前提として成り立つ平等性であったことを忘れてはならない。

戦後になって日本帝国が解体した後、アメリカが新しい帝国として日本の国民国家を植民地化すると同時に、日本人は自らもまた国民国家の主体として、平等性という幻想のもとに、内国植民地を搾取し続け、旧帝国の植民地と過去を共有する作業を放棄して来た。西川の仕事を、柄谷行人らによるプロテスタンティズムを介した国民国家の内面論とつないでいくことで、日本の国民国家成立に大きな役割を果たしたプロテスタンティズムの両義性――抵抗の契機になると同時に服従の回路になること――を、批判的に検討していく必要があるだろう。

そういった批判の彼方にこそ、プロテスタンティズムもまた、その豊かな潜勢力を具現化していくことができるのだ。それは、宗教の非政治性を信じることで、政治的なイデオロギーに絡めとられてしまうのではなく、むしろ宗教の政治性を積極的に主題化することで、その反政治的な機能を前面に押し出すものになるような気がしている。

(58) 同右、八七―八八頁。

第五章　地域研究の現在——近代国際世界とパックス・アメリカーナ

酒井直樹

第二次世界大戦あるいはアジア－太平洋戦争以降に成立した学問編制である地域研究（area studies）の以前には、国民史や国民文学に代表される国民研究（national studies）の大きな蓄積があったことを無視して、現在の地域研究の隆盛を語ることはできません。私たちが現在人文学（the Humanities）あるいは人文科学（human sciences）と呼んでいる学問群は、十八世紀に出現した近代大学において中心的な役割を果たしてきました。もちろん、人文学はそれ以前の大学でも重要な役割を果たしてきましたが、知の生産が「国民」と呼ばれる新たな共同体と緊密な関係を結ぶことは十八世紀以前にはありませんでした。近代の大学で、人文学は「国民」と密接な関係を持ち、国民のための知識の生産を担うようになり、やがて、「国史」（国民史）、「国文学」（国民文学）などの、国民を研究対象として、国民が同時に研究主体となり、それまで国民だけでなく外国の人々とも共有できたラテン語や古典中国語を敢えて放棄した上で、外国人には解らない国民語で読み、語り、論じ、そして書く、そのような国民研究と呼ばれる学問分野が成立することになるのです。

しかし、このような「国民研究」は今や大きな曲がり角に来ています。「国民研究」の内実が大きく変わり、これまで考えてこなかった様々な要請に応えなければならなくなってきたからです。しかし、「地域研究」と呼ばれる、「国民研究」とは対照的な学問制度にも、時代の波は襲いかかってきています。

日本研究そして地域研究については、これまでも何回か色々な機会に発表してまいりましたので、それらの見解も踏まえて、私の意見を述べさせていただきます。まず、「国民研究」と「地域研究」という試みを考える上で、次の三つの契機を見逃すことはできないでしょう。

一つは、最初に国民史、国民文学といった学問分野を中心にして、やがて民俗学や国語学などの学問分野が出来上がるわけですが、このような「国民」に関わる分野が出来上がる歴史的な来歴についてです。国民をめぐる知識の成立、これが第一の契機です。国民に関わる学問分野は、近代的な国際世界（International World）を背景としてできあがってきます。「国際世界」という新たな世界のあり方（Worldingあるいは世界図式と呼んでもいいでしょう）では、有史以来初めて、個々の国民という単位の枠内で知識が再構成されることになるわけですが、国際世界、すなわち、「国民という単位が並存するものとしての世界」とはどのようなものであり、このような国民の並存する体系としての国際世界はどのようにできあがってきたのでしょうか。これが第二の契機です。さらにアジア太平洋戦争・第二次世界大戦以降の日本研究を考える上で無視できないのが、アメリカの大学で発達した「地域研究」だと思います。一九四〇年台後半に始まった「地域研究」はまず初めにアメリカ合州国の高等教育で、さらに合州国以外の大学においても大変な成功を収めましたが、創立以来七〇年を経て制度として今や曲がり角に来ていて、危機的な状況に置かれていると私は考えています。現在の日本の人文学の置かれている状況を見ると、「地域研究」と日本研究は直接繋がっているようには見えないのですが、アメリカ合州国における地域研究の危機と日本の人文学の危機の間には並行関係を考えざるを得ません。これが第三の契機です。

幸いなことに、東アジアにおける日本以外の大学で「日本研究」を行うことは、明らかに「国民研究」の枠に収まりません。その意味では、明らかにこれは「地域研究」です。この点に少し触れて、日本国民の外あるいは日本国民とは無縁に行われる「日本研究」にはどのような可能性が孕まれているかを考えたいと思います。

第一節　パックス・アメリカーナの終焉

日本の国民がこれまで東アジアの諸国民と間で作り上げてきた関係は、近代国際世界の歴史的な制約のうえに成り立っていました。これはちょうど汪暉先生がいわれた問題と繋がってくる問題です。つまり、中心にあるのは主権、英語でいうとsovereigntyのあり方の変容とかかわってきます。十九世紀の半ばまでの日本とアジアの国々との関係は、十九世紀末から二十世紀、そして二十一世紀にわたる国際関係とは全く異なったものです。十九世紀半ばに至るまで、日韓関係は「国際関係」ではなかったからです。極東と呼ばれた東北アジアは朝貢外交と通俗化された朝貢秩序によって、様々な政権が共存していました。そこでは、近代外交の基本概念である、条約、領土、領土的国家主権などが、全く通用しない世界が形作られていたのです。中華帝国がその中心にあり、中国と日本の幕府や朝鮮の李王朝との間には平等な外交関係はありませんでした。

ここでひとつ確認しておかなければならないのは、国民、あるいは民族という単位そのものは近代になって登場したことです。例えば、日韓関係は、韓半島に住む朝鮮人と日本列島に住む日本人の関係とは考えられなかったのです。そのためには、国民主権あるいは人民主権を元に国際関係を考えるという「国際世界」の習慣が成立する必要があったからです。まず、日本人あるいは韓国民（朝鮮人）という国民あるいは民族の単位があたかも超歴史的に存在するという思い込みを一切拒否することが今日の私の発表の第一歩になります。

韓半島が日本の植民地支配から脱する切っ掛けとなる、アジア・太平洋戦争で連合国に対する日本の無条件降伏以来、いわゆる参照項（リファレント）としての「日本人」は戦前に比べると比較的安定してきたかのように見えます。というのが一九四五年までは韓半島に住んでいる人はみんな日本人だったわけですし、太平洋の島々やそれから台湾に住んでいる人も日本人でしたし、沖縄に住んでいる人も日本人でしたけれども、彼らの多くは（沖縄人は今でも日本人ですが、日本人であり続けたいかどうかは大いに疑問ですね）日本人をやめてしまったからです。そのお陰で、一九四五年以降は日本人という国民的同一性があたかも自然にあったかのような幻想が作り上げられてきたわけです。国籍を支える国民国家のシステムとしての国際世界が直ちに変わるとは思いませんが、しかし、国際世界を陰に日向に支えてきた条件はものすごい勢いで変わりつつあると思います。そして、このような変化の兆候をまとめて、私は、「パックス・アメリカーナの終焉」と呼びたいと思います。

「パックス・アメリカーナの終焉」に言及しておかなければならないのは、アメリカ合州国の全地球的覇権を考慮せずに、二十世紀後半から二十一世紀にかけての東アジアの歴史を理解することができないからです。合州国と連合王国の首脳は、第二次世界大戦中に、国際法の体系を再興するために国際連合という組織を新たに作り、それまでヨーロッパに限られていた国民国家の併存の体系を全地球の規模に拡大することになります。第二次世界大戦後、国際世界がヨーロッパ、北アメリカやロシアを含む限られた地域から一気に全地球に拡がったのです。この新たな前提の下に、韓半島の人々も、独立国民国家を作り（朝鮮戦争のために、韓半島が一つの国民国家となることはなかったわけですが）、国際世界の枠組みの下での合州国の一元的覇権が目論まれました。これがパックス・アメリカーナの基本図式です。そしてパックス・アメリカーナのもとで、日本人は東アジアの諸国民との間に一定の国際関係を作ってきたのです。この米国の覇権のもとで、いわば、これから申し上げますが、「下請けの帝国」として、これはもともとの言葉がempire under subcontractですけれども、日本の国際的位置と日本人の東アジアの人々に対する態度が形作られてきたと考えてもいいですね。この東北アジアの体制は七〇年以上続きましたが、いろいろの点で、破綻し始めています。大統領ドナルド・トランプの登場は、様々な意味で、パックス・アメリカーナの終焉を象徴しています。

この一五年程、私は何度か「パックス・アメリカーナ（アメリカによる平和）」の後にくる世界、つまり、「パックス・アメリカーナの終焉」が、東北アジアに生きる人々にとってどのような未来を切り開いてくれるかを考えようとしてきました。もちろん「パックス・アメリカーナの終焉」といったからといって、沖縄や韓国、日本本土から米軍基地が一夜にして消えてしまうとか、第七艦隊に代わって中国の海軍が西太平洋の通商海路の保護に当たるといった事態が、この数年のうちに一気に出現するなどと予想していたわけではありません。二十世紀後半のアメリカ合州国に匹敵する別の同格のスーパー・パワーを予想することは困難であるし、古典的な帝国的国民主義（植民地主義に活路を見出す国民主義）の時代は今や過去のものとなりつつあります。「パックス・アメリカーナ」という言葉で暗示されているのは、これまで韓国や日本の政治・経済や外交関係さらにアジア太平洋戦争後の韓国や日本のような主権国家の存在のあり方自体を考える上で、私たちが前提にしてきた国際関係や歴史的制約の総体のことで、この総体を「覇権（ヘゲモニー）」という視点からみたときに何がみえるかということでしょう。

それにしても、二〇一六年の連合王国のEU離脱の国民投票とアメリカ合州国の大統領選挙のお陰で、それまでの私の予想を超えて「パックス・アメリカーナの終焉」に向かって歴史的な時間が一気に加速した感があります。それ迄も合州国覇権の凋落の傾向は明らかでしたが、合州国の大統領府そのものが自国の凋落を促進するような政策をほとんど意図的と思えるような仕方で採り始めることになるとは、私は夢想することさえできませんでした。これまで米帝国主義にどのように対抗するか、どのようにして合州国の影響力を最小限に抑えるかをアジアの進歩的な知識人の多くは考えようとしてきたわけですが、ここにきて、アメリカ帝国自らが自己破壊行為に赴くといった、ある意味では滑稽な事態が現出してしまったのです。帝国が自殺行為をし始めてしまった感さえあるのです。そこで、私たちは直面している「パックス・アメリカーナの終焉」という、新たなヘゲモニー（覇権）の危機の事態を考察する上で、この事態が人文学の未来にとってもつ意味を考えてみたいとおもいます。そこでまず取り上げたいのは、一つには、人文学も含めた知識と知識の生産を支える人間の知る能力の問題です。

人間の知る能力を表す英語のintelligenceには、主に二つの用法があります。一つは、知識や情報を獲得する心的能力のことです。したがって、この用法ではintelligenceはしばしば「知性」と訳されることが多いわけです。これに対して、もう一つの用法は、軍事・政治的に価値のある情報を収集することで、この用法で使われた時、intelligence

は「諜報」と訳されるのが普通です。例えば、CIA（Central Intelligence Agency）にあるのは、この用法の最も典型的な例でしょう。したがってCIAは「中央諜報局」と訳されるわけです。[1]

Intelligenceについて申し上げたのは、現在の合州国の大統領府がこの問題と無関係ではないからです。一つには、現在〔二〇一九年〕の大統領が知性というもののひとかけらも感じられない歴代の合州国大統領の中では稀有の人物であるという点。政治家の中でもこれほど知性の欠けた人はないでしょう。ただし、ドナルド・トランプには、合州国の社会体制の変化が象徴されているだけでなく、現在の合州国社会の低学歴白人層の反知性主義が見事に反映しています。大統領選挙中から、政府内の諜報・外交機関は、トランプ就任への警戒の念を表していましたが、現在の大統領府は、これまでの専門的な知識に基づく典型的に近代的な統治体制からの脱皮の欲求を表している面が否定できないのです。従って、現時点でも、合州国行政府の主要な省庁の高級職の多くは空席のままです。トランプは、専門的な分野での人材とのつながりが少ないだけでなく、専門分野で有名な人材についてほとんど何も知識がないのです。専門知識なしに、どのように合州国の地球規模の覇権を維持していくのかは、全くわかりません。これは、大統領選挙の時期から明らかになっていたことで、トランプは現在の合州国社会だけでなく国際世界についても、驚くほど無知です。七三歳になるまであれだけ無知でやって来れたこと自体が驚くべきことで、おそらく彼には、合州国行政府の中で大統領の手元に上がってくる報告書を読む能力もないと思われます。この点で低学歴の宰相として鳴らした日本の田中角栄（在職一九七二〜七四）とは全く違います。大統領選挙中すでに、トランプは全く書物を読まず世界についての情報の大部分をテレビのニュース・ショウから得ていることは知られていました。また、彼には集中力がないので有名で、込み入った議論に数分以上ついてゆけないこともよく知られていました。合州国のニュース番組の中では、就任当初は大統領への遠慮もあって過度に見下すような表現は避けられていたのですが、三ヶ月を経過した頃から、彼を「バカ」（fool, idiot, stupidなど）と呼ぶテレビ解説者が次々に出てきました。今や、大統領に対する最低限の尊敬の礼儀も、吹き飛んでしまったようです。

トランプは、人種主義的な言辞のために有色人種の有権者には人気がありませんが、その代わり、教育の無い比較的貧しい白人層には絶大の人気を博しています。まさに、地球化と学歴社会の只中で将来への希望を失った白人層の期待を彼は担っており、また、トランプは彼らの言葉で語ることができる人気タレントです。彼らの劣等感を刺激せずに、彼らの人種的な優越意識や、高学歴層者や外国人への反感を語ることができるのです。しかし、資本主義が不可避的に生み出す社会問題をどのように解決するかという発想そのものはありません。一九三〇年代のファシズムとは異なった、新しいタイプのファシズムと考えざるを得ないのはこのためです。この点で、安倍晋三と似た側面を持つことは否めませんし、安倍とトランプはウマが合うようですね。テレビで放送された限りでは、オバマの傍らでは借りてきた猫のようだった安倍は、トランプと一緒にいると生き生きしているように見えます。

しかし、大統領一人の人格に合州国の国民政治の全体を表現させるわけにはゆきません。問題は、合州国の政策がintelligenceとの連関をますます失ってきていることです。おそらく日本でも報道されたのではないかと思われますが、選挙戦中から、トランプと諜報官僚（intelligence community）との関係は非常に悪かった。これは当然のことで、トランプの人気が、一方で、反知性主義の側面を色濃く持っていることと、他方、国際政治において、軍事・政治的情報の収集に基づく政策決定を行おうとしないことを、反映しているようなのです。

トランプ陣営の動きを見ていて気づくのは、戦後世界での合州国の独占的な地位のもつ覇権としての性格を全く理解していない点でしょう。合州国の諜報陣営の専門家がトランプに対して強い警戒心を表したのは、この為でしょう。そこには、ごくごく素朴な国民主義と「帝国の喪失」に由来する不安感が、無媒介的に結び付けられてしまっているのです。彼は「アメリカを再び偉大に」といいますが、何がアメリカの偉大さを支えていたかは判ってい

（1）日本のマスメディアでは「中央情報局」と訳されています。これは、連合国が日本を占領した時期の検閲の名残りでしょう。

ないのです。

（一―二）覇権としての「パックス・アメリカーナ」

「パックス・アメリカーナ」は、第二次世界大戦後の世界でアメリカ合州国のもってきた圧倒的な軍事・政治的な優位とこの優位に基づく国際秩序を示す言葉であると同時に、私たちが国際政治を考える上で当然視してきた諸前提をも意味しています。それは、まさにアントニオ・グラムシが考えた覇権（ヘゲモニー）の国際的な文脈における一例といってよいでしょう。例えば、戦後天皇制は、戦後の日本国家の存在そのものを考える上で「パックス・アメリカーナ」の一部であり、「パックス・アメリカーナ」の賜物《たまもの》であるといってよいでしょうから、この意味でアジア太平洋戦争後の覇権の典型的な帰結であるといってよいでしょう。天皇制は戦後「地域研究」として成立する知識の制度と深く結びついていますから、天皇制の分析は必然的に私たちを、intelligenceと地域研究との歴史的な連関の考察へと誘ってくれます。

もちろん、合州国の圧倒的な経済力、軍事力、さらにそれまでの帝国主義列強（連合王国、フランス、日本、オランダなど）が後退した結果、世界中で合州国の対抗する勢力がいなくなってしまった第二次世界大戦後の状況はもちろんのことですが、「パックス・アメリカーナ」の覇権性を考える上で、二つの契機を忘れるわけにはゆきません。それは、先に述べたintelligenceに関わっています。

まず、第一に知識を獲得し、了解し、分析する能力です。まさに「知性」に関わる能力です。合州国の大学制度は、この知性に関わる能力を拡充しつつ、多くの改革を遂げ、第二次世界大戦後に、ヨーロッパの大学とは異なった大学制度を次第に作り上げてゆきます。一九四〇年台後半に、それまでの合州国には、世界中の各地を研究し、了解し、分析する学問分野が存在していなかったことが如実に感じられました。つまり、それ以前の合州国には、アフリカや中南米、アジアなどから輸入した奴隷や低賃金労働者の末裔からなる有色人種の国内住民を、あたかも被植民地住民として統治するための体制である定住者植民地主義（settler colonialism）のもとで作られた知の体制としての「アメリカ研究」はあっても、連合王国やフランス、日本などで発展していた植民地研究が存在していなかったのです。しかし、第二次世界大戦後の合州国が、覇権者（ヘゲモン）として全世界的な規模で新たな国際世界を作り上げてゆかなければならなくなることは、合州国の政策決定者にとってほとんど自明の事実でした。世界を支配するために絶対欠かせないものは、世界に関する最良の知識を独占することでした。そこで、この知性の欠如を埋めるものとして、「地域研究」が提案されます。そして、「地域研究」は、人文・社会科学の基本構造として採用されて、それに伴って、大学で教えられる人文科学と社会科学は大きな変身を遂げてゆくことになります。

（一―二）規範的科学と西洋（the West）とその残余（the Rest）の言説

それ以前の人文学・社会科学では、（これは自然科学でも基本的には同じですが）、学問分野（discipline）は各々が、その学問分野が追求する知識の対象によって定義されていました。心理学は「心」（psyche）という対象を、経済学は「経済」（economy）という対象を、人類学は「人間」（anthropos）という対象を、それぞれ知識において追求する分野として制度化されます。つまり、学問の同一性はその学問の研究対象によって定義されてくるわけです。全宇宙は、このような対象によってなり立っていますから、大学とは、宇宙の対象を網羅的（universally）に研究する学問分野に分けられ、大学全体としては宇宙に対応する組織を持つ建前になります。単科大学（コッレジ）の集成として総合大学（ユニバーシティ）が成立するのは、このような仕組みを通じてです。まさにこの網羅性のために、総合大学は普遍性の場（university）と呼ばれます。創造神話（creationist myth）の力が衰える啓蒙期以降の近代大学では、大学は創造神から独立し、宇宙の総合性（universality）を象徴する権威へと変身してゆきます。

ところが「地域研究」は、近代大学の規範的科学（normative science）とは違った制度化の過程を含んでいます。地域研究には規範的科学の対象に当たる学問の同一性の起源が存在しないのです。その代わり、地域研究の同一性は「地域」によって限定されます。「地域」とは「領土」のことではありません。領土は、領土的国家主権（territorial state sovereignty）に由来する概念で、近代的な国際世界においてその有効性が保証された概念です。「地域」は領土と違って、領土的国家主権の支配下にある領域あるいは空間ではないことがわかります。「地域」には、地理的な空間と同時にそこに住む住民が含まれます。一般にこの住民は「原住民」と呼ばれ、その土地と強い結びつきを持つ人間たちであると理解されています。そこで、「原住民」の対照項として、自由に動き回れる人間、土地との結びつきをもたず、地域の風習や伝統を超越できる人間、すなわち「文明人」が想定されている点を忘れるわけにはゆきません。「原住民」とは、このような自由に動き回れる視座を担う自由人から見られた、地域に住み移動することのない住人のことで、原住民は自分たちの習慣や伝統に拘束された「遅れた人々」で、彼らは自分たちに慣例や制度を疑ったり、改革したりすることのない「伝統的」な人々を意味します。ですから、「原住民」とは、翻って、そのような普遍的で土地の拘束から自由になった者の眼差しを潜在的に前提しないと成り立たない概念です。

ここで、この講演の冒頭で触れた「国民研究」と比べてみましょう。「国民研究」は国民という研究対象を国民である研究主体が了解し、分析し、組織的な知識を打ち立て、その知識は当該の国民を資することになっていました。研究対象と研究主体は重なり合い、「国民研究」は国民のための、国民による、国民を対象とする知識の制度でした。主体という、自らを自らの手で創出するという、古典的な「主体・主観」（subject）の具現として学問がここでは素描されていたのです。これに対して「地域研究」では、研究対象が研究主体と一致することはありません。「国民」の外にいる、国民ではないものが研究するわけですから、研究対象と研究主体は分離されています。そこで生み出される知識も、「国民」に資するものではなく、むしろ「国民」を遠隔操縦する、リモートコントロールの制度であると言えるでしょう。したがって、「国民」あるいは「領土」と「知識」は全く別々の概念構成を意味します。

土地と住民のこの結びつきこそが、「地域研究」の基本構造となっています。「地域研究」は「地域の原住民」を研究する学問として出発したのです。その結果、「地域研究」は土地に固有の文化、伝統、習慣、言語、などを知識の対象とすることになります。ただし、「地域研究」の研究主体は「原住民」ではありませんから、「地域」の文化や伝統を生きているわけではなく、余所者として「原住民」に接近します。「原住民」はその土地の文化や伝統、歴史についての生きられた知識を持っていますが、原住民が持つ知識をそのままの形で獲得することが地域研究の目標ではないのです。そうではなくて、原住民のもつ原初的な知識を翻訳し解釈し直し整理した上で、提出することが地域研究の役割になります。「原住民」からえられた知識は、「文明人」である地域研究者によって変換され、組み直されなければならないのです。地域研究者は原住民とは違った人間ですが、地域研究者は原住民に接し彼らの知識を用いることができます。つまり、「原住民」とは、西洋の眼差しの下で姿を表す、一定の土地に居住する非西洋人のことで、原住民は「原住民の情報提供者」(native informants) としての利用価値があるからです。

そこで「原住民」という存在が出来上がってくる歴史を考えることが必要になってきます。つまり、「西洋」と「その残余」の言説を考えなければならなくなります。細かい歴史的な分析を端折って、結論からいうと、西洋(もともと「ヨーロッパ」と呼ばれるアジア大陸の西端を指した)とその残余とは、国際世界と世界の残りの間の差異を前提にした近代世界のあり方のことです。国際世界とは、領土的国民国家(十八世紀以前は国民なるものが存在しなかったので領土的国家主権を担う近代国家のこと)を単位とする、国際関係によって結び付けられた国家群からなる世界のことです。当初、国際世界はヨーロッパ(後に西洋とも呼ばれる)のことであり、国際世界以外の残余(the Rest)は、そのような領土的国家主権の支配下にない世界の残りの部分を指し、「原住民」とは、大雑把にいって、領土的国民国家主権下にない住民のことであるといってよいでしょう。つまり、のちにスチュアート・ホールと一群の植民地主義研究者が「西洋とその残余の言説」(the discourse of the-West-and-the-Rest) と呼んだ制度の効果に他ならないのです。地域研究は、西洋と残余の間にある眼差しの構造を再生産します。つまり、地域研究の学問体制は西洋と残余の言説を継承してきたわけで、そのような歴史的な制約に驚くほど鈍感でした。

現在このようなお話をさせていただいているのは、翰林大学の日本学研究所です。先ほども、翰林大学における日本研究は「国民研究」ではなく「地域研究」であると申し上げました。しかし、ここで行われている「地域研究」はここまで述べてきた合州国あるいはヨーロッパでの「地域研究」とは大きく異なっているように見えます。それは、韓国は西洋のなかにないからです。韓国の日本研究を担う研究者も自分たちを西洋人だとは考えないからです。あたかも「地域研究」の通常の来歴を裏切るかのように、翰林大学の日本研究は元宗主国の国民と自認する研究者が元植民地の原住民を研究するのではなく、全く逆に元植民地の研究者が元宗主国の国民を研究する体制を表明しているからです。つまり、この「地域研究」は、これまでの地域研究を内在的に批判する知識の体制であると考えざるを得ないのです。ここには「原住民」が「文明人」を逆に、研究する可能性が潜んでいるように思えるのです。

（一―三）近代の大学における人文学の位置

一般に人間の本性を考究する学問は人文学（あるいは人間科学）と呼ばれており、この二百年間人文科学は総合大学の中核の位置を占めてきました。とはいっても、日本を含む多くの国々では、近代化の要請に応えて、国家は工学や法学を重視することが多く人文科学が実用性を欠く学問として軽視される傾向はずっとあったわけですが、にもかかわらず人文科学は総合大学の中心に置かれてきたように思われます。しかし、近年になって、世界の各地で、人文学を軽視する傾向が顕著になってきています。ついには、政府の文部官僚の中にさえ、人文学なしに総合大学が成り立ちうるかのように考えているとも受け取られても致し方のない発言をする者さえ現れてきたのです。そこで、私たちはこの人文学と呼ばれる学問分野の歴史的条件を改めて考えてみる必要があるように思われます。

大雑把にいって、人文科学とは人間の本性に関する知識を生み出す学問分野の総体を指すといってよいでしょう。

人間の本性には多くの側面がありますから、人文学は多様な側面のそれぞれを専門に研究する学問分野へとさらに分類されます。ちょうど自然科学が、自然（＝本性）を研究する学問の総称であり、自然科学に含まれる個々の学問分野が、例えば物理学が自然の物理的な事象の知識を追求するのに対し、生物学は自然の生命現象の知識を追求する学問分野としての規定を受けることになります。存在者の全体としての宇宙（universe）は、近代になって、自然と社会、人間という三つの大きな分類系のもとに包摂されることになりました。この三つの領域は、それぞれ、自然科学、社会科学、そして人間科学（人文学）と呼ばれています。

十八世紀に近代的な大学が西ヨーロッパに成立して以来、人間の本性（人間の自然あるいはhuman nature）に関する知識は、二極構造、あるいは、二つの相反する傾向の交差点、に於いて生産されてきたといってよいのではないでしょうか。一つの極は、一群の規範的な学問で、これらの学問にはふつう地域や民族を表す修飾語がつけられることはありません。心理学や哲学が、これらの学問の典型的な例として挙げられるでしょう。このような規範的な学問は、一般に、humanities（人文学）と呼ばれていて、人間をその一般的な対象とする知識の生産を担う学問群とされています。いうまでもなく、人文学という名称は、humanitas（人間）一般についての学問という了解を表しています。これに対して、第二の極をなす学問群は、anthropos（人類）という対象についての知を生産する学問とされています。この種の学問の最も典型的なものは、人類学（anthropology）と呼ばれているわけです。Humanitasとしての人間が人類一般とされるの対してanthroposとしての人間は、地域や民族という特殊性を担った人間の意味で用いられているのです。したがって、第二の学問群には、インド哲学や中国倫理学のように、哲学や倫理学といった一般的な学問の名称に地域や民族を表す修飾語が必ず付けられることが多く見られるわけです。最近に至るまで、日本の大学では、この二極構造が受け容れられており、哲学は規範的な哲学がもっぱら西洋哲学を研究するのに対し、インド哲学や中国哲学は哲学科ではなく倫理学科や地域研究の学科で教えられる場合が普通でした。現在でも、北アメリカや西ヨーロッパの大学では、例えば中国思想を哲学科で専門に勉強しようとすることは実質的に不可能です。

中国哲学を勉強するために哲学科に入学した大学院生の例を聞いたことがありません。中国哲学を勉強したい者は「地域研究としての中国研究科へ行け」といわれるでしょう。

Humanitasを対象とする学問は、人間をその一般性において捉えようとしており、その限りで規範的な（normative）立場を内包しています。しかも、これらの規範的な学問はヨーロッパの伝統の中で育まれたもので、ヨーロッパの前世代からの業績を継承するものと考えられているといってよいでしょう。Humanitasとしての人間の本性を考察するこれらのヨーロッパ本来の学問について付言しておけば、その一般性と規範性はヨーロッパで最初に成立した国民国家の枠内で正統化されてきました。それは近代の大学が、国民国家に寄り添いつつ成立してきたからであり、国民国家の併存を支える国際世界がヨーロッパで初めて成立したからだといえるでしょう。

これとは対照的に、第二極をなす学問群は人間性の多くの側面を研究しますが、普遍的な人間性ではなく、anthroposとしての人間をその地域的、文化的、あるいは民族的特殊性において考察します。というのも、anthroposとしての人間は、ヨーロッパ以外の場所で、ヨーロッパ人にとっては異国的（エキゾチック）な特殊な人間であり、近代になってまさにヨーロッパ人が世界中を移動する過程で新しい土地で出会った「原住民」のことだからです。別のいい方をすれば、anthroposに関わる人文科学とは、ヨーロッパが世界の残余（The Rest of the World）との出会いに基づく経験の上に成り立つ学問という性格付けを得ていて、学問としての人類学（anthropology）の来歴はこのヨーロッパ拡大の歴史を最も見事に表しています。いうまでもなく、「地域研究」はこの系列にあります。だからこそ、翰林大学の「地域研究」は、地域研究の枠組みに収まらないのです。

（一―四）人類的差異

ここで、humanitasとanthroposから成り立つ二極構造そのものが近代に由来するものであることは改めていっておかなければならないでしょう。というのはヨーロッパという地域の意識が成立するのは、十六世紀のことであって、ヨーロッパの成立は新大陸の発見と深く関わっているからです。ヨーロッパという特権的な地域が出来上がるのは、これから述べる国際法の成立の事情と不可分です。さらに十八世紀になると、ヨーロッパの神話化が行われ、ヨーロッパが古代ギリシャに起源をもつ二六〇〇年以上の歴史を持つ文明であるという、今日広く受けられている「西洋史」の概念が成立することになります。特に十九世紀末になると、ヨーロッパは「The West（西洋）」と呼び直され、「西洋」は世界のその他（世界の残余（the Rest of the World））とは全く異なった文明、社会、人種であるという西洋中心主義の語りが、文明的に優位な地位を占める「西洋人」によってだけでなく、劣位を占める「非西洋人」であるアジアやアフリカの人々によっても主張され、「西洋対非西洋」の構図が、まさに世界中で受け容れられる全地球規模の「覇権」の要件の位置を獲得することになるのです。

ヨーロッパが世界の中心の位置を占めていると考える限り、ヨーロッパの人間は知の生産において基準の役割を担い、人文科学の規範を担うことになるのは、当然といえるでしょう。したがって、これまで、humanitasを研究する人文科学に規範的な資格を付与し、humanitasに関わる知識が普遍的な準拠とされたのとは対照的に、anthroposに関わる人文社会科学が派生的な、つまり二次的な位置しかあたえられなかったのは、驚くに当たりません。

このように見てくると、人文科学におけるこの二重構造に基づく知の生産が拠り所にしているのが「人類的差異」(anthropological difference）であることは否定できないでしょう。つまり、人類一般を措定した上で、ヨーロッパ文明が拠り所とする人間の本性とヨーロッパ以外の人間の本性に根本的な違いを認める立場です。人類的差異に依拠する限りにおいて、「ヨーロッパ的人間性の精神的形態」（エトムント・フッサール）あるいは西洋的人間性と呼ばれる特別な精神的な態度が、その他の全人類から区別される形でなり立っている、と主張することが可能になるのです。現在に至るまで、人文科学はこの「人類的差異」の原則に則って再生産されてきたといってもよいのではないでしょうか。そして西洋的人間性こそが普遍的な人間性を表現することになります。

ただし、ここで一言但し書きをあらかじめ言っておけば、ここで問題となっている人類的差異が事実認識に根拠を持つのか、それとも実践規範に根拠を持つものであるのかは、充分に注意しておかなければならないでしょう。

近世初頭のヨーロッパは世界中の他の地域と違って、その全体を一元的に統御する政体をもっていなかった点を看過するわけにはゆきません。ヨーロッパが成立した十七世紀は、まさにそれ以前に西ヨーロッパを統括するローマ教会の権威が崩壊する宗教改革の時期であり、三〇〇以上の王権が乱立する時代でした。帝国的な精神統合が失われ、群雄割拠する時代だったのです。この時期のヨーロッパは、当時の東北アジアとは鋭い対照をしめしています。東北アジアでは、中国の帝国が中心となり、周辺の王権の多くは朝貢関係などを通じて巨大な帝国の属国の役割を果たしていました。これに対して、ヨーロッパでは、王権が並立して、その中の一つの王権が他を圧倒して従属させるという帝国支配体制が起こらなかったわけです。もちろん十九世紀初めにはナポレオンが、さらに二十世紀にはヒトラーが、ヨーロッパを統一して帝国を作ろうとしましたが、ほんの数年でその試みは失敗に終わります。そして現在のEU（Europe Union）に至っており、その限りでは、非常に興味深い時期に至っているといえるでしょう。

現在、全地球的な世界像が初めて成立した時期のことを近代の端緒とする見解は広く受け容れられているのではないでしょうか。新しい地図制作法が発明され、航海術の急激な進歩によって、ヨーロッパ人によるアメリカの発見と、それまでにはなかった新しい形式の政治的正統性の出現を近代世界の特徴として考える論者は少なくありません。近代は初めて、普遍主義的な神政的権威なしに政体が併存する「ヨーロッパ」と呼ばれる地域が可能になった時代であり、そのヨーロッパが「アメリカ」（Americas）と自らを対比しつつ自己画定するようになります。「アメリカ」の発見が十五世紀末の出来事であり、宗教改革期の長期にわたる血みどろな内戦を経て、普遍主義的な権威の支配を打倒して領土的国家主権体制が「ヨーロッパ」にでき上がって来るのが十七世紀です。やがて、この「ヨーロッパ」は「アメリカ」だけでなく、「アジア」や「アフリカ」と自己を対比しつつ自己画定し始めます。

つまり、このような主権国家が並立する体制のもとで、初めて「国際世界」が成立することになったわけです。やがて、十八世紀になると、このような国際環境の中で、「国民」（あるいは「民族」）という新しいタイプの共同体が発明されてきました。まず英国の植民地であった北アメリカで、「アメリカ合州国」が人民主権の共和国として出現します。それからフランスでは革命が起こり、王制を打破することによって国民主権の原則のもとにフランス共和国が成立することになります。十九世紀になると、共和国の原則は世界各地に広がり、国民主権の原則が広く受け入れられ、国民－国家という形式が近代国際世界における正統な国家主権のあり方であるという常識が成立することになるのです。

（一―五）国民国家の成立と近代国際世界

十八世紀以来、ヨーロッパでは、国民国家を支える知の制度として、国民史、国民文学、あるいは歴史言語学といった学問が発達してきました。これらの言説は、人々に、国民という共同体に帰属し、国語という共通言語を受容してしまっていると感じさせるための制度的な枠組みを作り上げる上でかけがえのない役割を果たしてきました。人文学はそのような国民制作を担う学問群として、総合大学の中で重要な役割を担わされてきたのです。これらの学問は、もちろん領土的国家主権（territorial state sovereignty）によって統括された近代国家の領土と国民共同体に帰属する個人としての人間の間を有機的に結び付けるために教育・研究・芸術製作の様々な実践にかかわってきたわけです。この意味で、総合大学は「国民教育」の頂点を占めており、近代国家の主権の支配のもとにある領土内に住む人口を国民化する役割を担ってきたのです。ですから、西ヨーロッパにおける近代の大学の歴史は、国民国家の誕生と切り離して考えることはできません。問題となるのは、日本のように、十九世紀後半以降に国民国家の成立を見た多くの国民の場合です。明治以来の日本の人文学は、こうした、国民国家を内在的に支える制度を用意する役割を担ってきたと言っても言い過ぎにはならないでしょう。その意味で、日本の学問体制、教育制度は優れて近代的です。

そして、まず西ヨーロッパでは、十八世紀になると、国家の主権はその正統性の根拠を国王の血統や皇室の持続性にではなく、「国民」あるいは「民族」といった新種の共同体に求め始め、国民国家主権体制が現出することになるのです。この意味で、「国民」の成立と王の断首とは、近代の到来を象徴しています。

第二節　国民国家の空洞化と西洋の脱臼（Dislocation of the West）

そこで、このような人文学の歴史を配慮しつつ、冒頭で申し上げたように、人文科学が現在直面している諸問題を考えてみたいとおもいます。その手始めとして、私が教鞭をとっている合州国の大学における、人文学が直面している課題を考えてみたいとおもいます。とはいっても、合州国で進行中の人文学の改編と危機について総体的に語るには、能力の点でもまた知識の点でも、私はあまりにも不適格です。例えば、人文学のなかでもとくに巨大な学問分野となっているイングリッシュ（英文学あるいは英語学という、連合王国の南部に在住する民族に由来するこの訳語が的外れになってしまったと思えるほど、今では多様化してしまっている学問分野）や歴史学に全く無縁ではないのですが、だからといって、これらの学問が抱えている問題やいま起こっている変化を総括して語る資格は私にはありません。せいぜい私にできることといったら、これまで身近に目撃してきた比較文学、比較思想史、東アジア研究といった特殊で比較的小規模な分野での経験から、現在の人文学の変遷とその課題を推し量ってみせるぐらいのことでしょう。そんなわけで、この講演では、いわば斜に構えた姿勢から発想することをあらかじめ許してください。

北アメリカでは、もともと人文学は西ヨーロッパの人文学を輸入する形で発展してきました。したがって、現在は大きな分野に成長した「アメリカ文学」や「アメリカ研究」は二十世紀になって発達したものです。この点は、日本の人文学とは大きく違っています。もちろん近代的な国民国家の学問とは全く違うのですが、日本の場合、十八世紀以来の「国学」という学問の系統がありました。もちろん合州国の大学制度そのものは日本における近代的な高等教育制度よりずっと長い歴史をもっています。にもかかわらず、日本における「日本文学」や「日本史」の発達に比べてみると、合州国の「国民文学」や「国民史」の大学制度としての編制はずっと遅れています。人文学に大きな変化が起こり現在のような学問制度の骨組みが本格的にできあがったのは第二次世界大戦後であったといってよいでしょう。合州国の大学で実践されている人文学の現状を考えるうえで、戦後の大学の再編は無視することができないので、まず戦後の大学改革から説き起こそうと思います。

第二次世界大戦が終了するやいなや、合州国の国際世界における地政的な位置に大きな変化が起こります。工業生産や科学技術面での起業性という点では、すでに戦間期に世界の中心は西ヨーロッパから北アメリカに移りつつありましたが、第二次世界大戦における連合国の勝利（実質的には、アメリカ合州国の勝利）は合州国を「西洋」の中心に改めて位置づけることになります。それまでは北アメリカは「新世界」と呼ばれ、西ヨーロッパの「出店」にすぎず、北アメリカの知識人が「西洋」に帰属するという実感は薄かったといえるでしょう。ヨーロッパが本来的なものを表わすのに対し、アメリカは「借り物」に過ぎないという意識が合州国を外から眺めるヨーロッパ人や東アジア人だけでなく合州国の居住者の間にも永らく残存したのです。したがって、ヘンリー・ジェイムス、T・S・エリオット、エイズラ・パウンド、ウィリアム・フォークナーといった合州国出身の代表的な文学者の仕事に現われているように、合州国の知識人はヨーロッパに対する強い文化的・知的憧憬をもっていました。しかし、第二次世界大戦中に多くの学者（ユダヤ系の学者が多かった）が合州国に亡命したこともあって、戦後の学問世界では、合州国のいわゆる白人のあいだでは次第に自らが「西洋」の中心を占めているという意識が育ち始めます。

（二―二）大学の大衆化

そこで戦後の合州国の人文学にとって決定的な事件を二つ挙げておきましょう。一つは大学の大衆化です。大学で修学する社会層が大幅に拡大したことです。連合国占領下の日本で戦後改革の一環としておこなわれた新制大学制度は、実質的な意味で合州国の植民地である日本に合州国の最新制度を移植したもので、合州国で進行しつつあった大学改革の方向性を見事に反映しています。私は、合州国の大学が現在の世界的な地位を確立した、その始まりはこの辺りにあったのではないかと考えています。日本の新制大学を参照しつつ合州国での大学の改革を見てゆきましょう。

戦場から帰還した兵士の日常生活への復帰を促す処置として、職業援助、奨学金などを保証した通称「G・Iビル」（Servicemen's Readjustment Act, 1944）が施行され、多くの帰還兵への奨学金の給与がおこなわれました。合州国にとっても第二次世界大戦は総力戦であり、非常時の総力戦によって動員された国民を平常時の社会へどのように着地させるかは連邦政府にとって大きな課題でした。非常時から平常時への移行政策の一環として採られた「G・Iビル」は、戦後の合州国社会のあり方を考えるうえで決定的な役割を果したといってよいでしょう。一九四〇年代後半から朝鮮戦争のあった五〇年代初頭さらに六〇年代へと大学就学率が急増して、この急成長する需要に対応するために連邦政府の支援を受けて合州国の大学は急速な拡大を遂げるとともに大学の社会的な役割が大きく変わり始めます。と同時に、西ヨーロッパやそれまでの東アジアの社会とは違った、分厚い、それまでの労働階級とは違って、技術力をもった中産階級が、こうして可能になったのです。つまり、階層格差が比較的小さく所得格差の少ない戦後アメリカ社会が可能になります。拡大した大学生人口の教育に対応するために、自然科学、工学、社会科学だけでなく人文学も一気に拡張することになりますが、人文学の再編成も大学の大衆化とともに進行することになるわけです。しかし、現在は、このような戦後改革が一九八〇年代以降の四〇年間に後退し、階級格差は大きく拡大し、大学進学率も頭打ちになり、東北アジアの国々に追い抜かれることになります。この点でも、パックス・アメリカーナの後退は如実に見られます。

ここで、合州国で進行した大衆化した大学の構想が、合州国以外の土地で最初に定着したのは、ヨーロッパやラテン・アメリカではなく、東アジアであったことは注目に値します。

例えば日本では、一九五〇年代から六〇年代にかけて、社会的上昇流動性そのものを象徴する大学生の像が広く受け容れられるようになりました。大学修学が国民全てに与えられた潜在的権利とさえ考えられるようになるので、こうして「無階級社会日本」の幻想が成り立ったわけです。そこで国民の圧倒的多数が、義務教育である小中学校を出て高校に入り、最終的には自分の行きたい大学に入れるようになるかどうかは個人の努力次第で、その出自とは無関係に、人は社会の上層にのしあがることができると一般に信じられるようになったわけです。その結果、小卒、中卒、高卒、大卒という卒業証書そのものが個人の実力による社会的位階を象徴するものと看做されるようになり、自己責任の論理が国民規模で受容されることになりました。競争に基づく自由主義社会の原則が、東アジアで「学歴社会」として実現したのは日本が最初だったわけです。ここで「学歴社会」が近代的社会正義の実現の形態として受け容れられていたことを忘れてはならないと思います。競争こそが社会的な公正さの具体化と考えられたのであり、明治の初期に福沢諭吉が夢想したような資本主義の市場原理に基づく、個人化された国民社会が実現していったわけです。個人化と上昇流動性が保証されているという幻想を国民の大部分が信じるようになったのでしょう。

合州国においても同様であって、社会の流動性と社会的上昇可能性は、現在でも大学修学によって象徴されています。しかし、大学入学審査が異なった制度化を遂げたので、「学歴社会」がただちに入学試験と結びついて考えられることはありませんでした。(2) しかし、大学の大衆化が、合州国の社会を国民社会として実現しつつ、他方で「学歴社会」として再定義した点は同じであって、大学を卒業できなかった人々あるいは高校卒業証書しかもたない人々は、社会の上層への昇進の機会を奪われ、社会の底辺に縛り付けられているという一般的なイメージが受け容れられることになります。興味深いことに、国民社会の理念を実現するための手段として展開された「学歴社会」は、いつの間にか、全世界的な趨勢となり、国際資本主義の合理性を表わす制度として全地球に普及することになりました。「学歴社会」こそが、東アジアが先進地域となり、西ヨーロッパが後進地域であるとする逆転した近代化論が一九九〇年代に現われる状況を準備したといってよいでしょう。

私が記憶する限り、日本では一九六〇年代の国立大学の学費は学部生一人あたり当時の金額で年間一万円（今日の通貨に換算すると四万円ぐらいになるだろうか）以下でした。親の金銭的な負担能力とは独立に、将来国民的な指導者層の一員となる学生一人ひとりの自己努力と才能を報償すべきであるとする暗黙の国民的合意が当時は存在したのでしょう。このような国民的な合意に基づいて公立の大学教育が存在しました。公立大学の学生は選良であり、彼らは国民の犠牲によって教育を受ける代わりに、将来は国民の指導者として国民の福祉に奉仕するという了解が暗黙の建前として通用したのでしょう。つまり、国民国家における人文学の使命と国民統合の力学が、うまく統合されていた時代だったといえないこともない。したがって、人文学はこのような国民的な主体を制作するものとして、その存在を肯定されていたのです。人文学と近代的な国民主体のあいだには、いわば、蜜月的な相互肯定が存在していました。しかし、現在の人文学がおかれた状況は全く違うと言わなければならないでしょう。

合州国の大学は私立と公立――公立大学には州立大学、市立大学、コミュニティ・カレジ（community college）とユニバーシティ・カレジ（university college）などが含まれている――のあいだの格差が大きく、いわゆる一流の私立大学となると生活費を含まない学費だけで学部生で年間五九〇万円（二〇一七年現在）に及びます。州立大学は相対的に私立に比べれば学費は安いのですが、それでも最低で私立大学の四割程度（その州に住民登録がない場合は七割）の学費は払わなければならなりません。(3) そのかわり、私立大学には多くの奨学金が準備されており、とくに成績の優秀な学生（国籍や州の住民登録を問わないものが多い）や、社会的マイノリティー出身の学生、さらにベテラン（兵役を果たした帰還兵）などは、これらの奨学金を受けることができます。[4] また大学院生の多くは奨学金（大学授業料と生活費）を受けており、普通、人文学では大学院生は五年間の保証をもらえます。もっとも、一九五〇年代から六〇年代にかけては、相対的に学費が安かったし、大学修学人口の比率もまだ低く、合州国社会の階層的な収入格差も相対的に小さかった（人種格差や男女格差はずっと大きかった）ので、大学修学の経済的な負担が社会的に注目を浴びることは少なかったのに対して、ご存知のとおり、現在は学費の負担は深刻な問題で、近年の大統領選挙でも争点になっています。

大学の大衆化は、戦後の合州国社会が豊かな中産階級を育て上げた事実に随伴する現象でした。戦後の合州国社会は分厚い中産階級に支えられており、このような社会的な条件の下で、合州国の人文学は啓蒙時代のフンボルト大学の理念を踏襲した国民主体の養成のための学問・訓練所として成長してきました。しかし、一九八〇年代から、いわゆる新自由主義の方向で経済の再編が進むとともに階級格差が確実にひろがり、中産階級の崩壊が着実に始まります。それまで、大学に子弟を送り大学生の学費と生活を支えてきた階層の親たちの貧困化が着実に進行してい

（2）日本では入学審査を計量化可能な形態――ペーパーテストに過度の重点を置き論文審査や推薦状を軽視ないしは無視する――にすることで入学者の選択の公正さを担保したのに対し、合州国では入学審査に論文や推薦状等の計量化しにくい要素を残存させました。社会的公正さとは何かが、当然、問題となってきます。

（3）ちなみに、著者の住むニュー・ヨーク州では、人文関係の学部で、いわゆるアイビー・リーグの私立大学であるコロンビア大学やコーネル大学で年の学費が五二、〇〇〇〜五四、〇〇〇ドルであり、ニュー・ヨーク州立大学で州居住者は三五、五〇〇ドル、州非居住者は五二、〇〇〇ドルとなっている。

（4）一流の私立大学が世界中から優秀な学生を集められるのも、これらの奨学金（学費の全額免除のうえに月額二〇万円程の生活費がつく）によるところが大きい。

ます。この三十年間、学資の値上がりは確実に国民の平均収入の伸びを越えており、いまや大学に行くこと自体が富裕層の特権となりつつあるのです。現在大学修学人口の比率は頭打ちになり、子弟を大学に送ることのできない親たちの層は確実に拡大しつつあります。抜群に優秀だったり特技をもっていれば奨学金がとれるからよいのですが、その他の、親の資力に頼ることができないにもかかわらず大学に行きたい若者は、学資ローン（政府のローンと私立の銀行ローンの両方がある）に頼らざるをえません。しかし、大学卒業生の就職が厳しいだけでなく、大卒の資格をもっていても、昔のように、相対的に高い給与を期待できない状況では、在学中に借りたローンを支払えない失業大学卒業生が次々に生まれることになります。

このような趨勢にあるために、一般に大学の経営はますます苦しくなってきています。しかし、いわゆる一流大学では、入学応募者の数も質も向上し寄付金も一昨年は最高の総額を記録したといわれています(5)。一流大学にかぎって、なぜこのような偏った好況が起こるのでしょうか。答えは意外と簡単です。それは大学教育が地球化してきており、膨大な数の留学生が合州国の大学に入学するからであり、また留学生の多くは海外の富裕層の子弟であり、合州国の大学が合州国国民社会に奉仕する大学から世界の富裕層に奉仕する大学へと変身しつつあるからでしょう。もはや大学を導く理念は国民社会を指導する選良の養成と国民文化の育成にはかぎられなくなってきています。したがって合州国の大学は、国民社会の「学歴社会化」にではなく国際社会の「学歴社会化」にいまや棹差していると考えざるをえないのです。国民社会の大学から国際社会の大学への変身は、合州国の人文学の性格を大きく変えつつあるといってよいでしょう。そこで問題となるのが、国民国家の大学という建前としての正統性と国際社会の「学歴社会化」を支える大学の役割をどのように調整するかになるでしょう。

（二―二）「地域研究」の展開

戦後のアメリカ合州国の人文学にとって、もう一つの決定的な重要性をもつ展開は「地域研究」の成立です。先に述べたように、地域研究とは一般的に、第二次世界大戦後に合州国で成立した合州国の世界戦略を支える学問分野の総称で、高等教育機関（大学及び大学院）において広く制度化されました。例えば、地域研究のなかでも一九四〇年代から七〇年代にかけて急速な発展を遂げた日本研究は日本という「地域」を研究する学問分野であり、この学問分野を専門とする者は一般に「Japanologist（日本研究者）」と呼ばれています。地域研究にはこのほかに、ソ連研究（ソ連崩壊後はスラブ・ロシア研究）、ラテン・アメリカ研究、アフリカ研究、中国研究、南アジア研究、中東研究、東南アジア研究などがありますが、これらの地域は最初に述べた人文学の二極性に基づいて選択されていて、地域は「西洋」の対極にあるものとして認知されています。逆にいえば、地域研究の対象となりうることが、ある社会や文化が「非・西洋」あるいは「残余」（the Rest）に属することの証しとなるのです。[6] すなわち、地域研究は地域についての専門的な知識を生み出すだけでなく、陰画として「西洋」の自己画定のための知識を生産する役割を担っています。合州国が「新世界」から「西洋」の中心に躍り出た時期に「地域研究」も合州国の大学で制度として成

（5）*USA Today* (9 September 2012) によると、二〇一一年の合州国の大学基金の総額は四〇八〇億ドル（三二兆二三二〇億円）以上に及ぶといわれており、二〇〇八年に始まった不況時の損失から三年を経ずに完全に回復したといわれている。

（6）スチュアート・ホールは、近代的な知の成立に世界の地政的な区分が決定的な役割を果たすことを指摘しています。近代の植民地主義の成立は、同時に、「西洋」と地球上から「西洋」を差し引いた「非・西洋」あるいは「残余」(the Rest) のあいだの線引きの成立でもあったわけです。Stuart Hall "The West and the Rest" in *Modernity An Introduction to Modern Societies*, Stuart Hall, David Held, Don Hubert, & Kenneth Thompson ed. Blackwell, 1993: 185–227.

立することになったのは偶然ではありません。連合王国や日本などの旧帝国主義勢力は、第二次世界大戦以前には植民地管理のための学問制度をすでに発達させていましたが、合州国には植民地研究を専門とする高等教育機関がなかったことに第二次世界大戦中に気がついたわけです。日本研究はその最も典型的な例ですが、第二次世界大戦中に諜報活動と占領行政のために、日本専門家を養成し始め、これが戦後に「地域研究」としての日本研究になるわけです。

そこで、「地域研究」を、学問分野として存在している社会学や哲学、経済学、心理学などと同列に存在する学問分類系と考えることはできません。それまでの学問分類とは異なった原理によって分類された地域研究においては、旧来の意味の学問分野が二重に併存することができるのは、このためです。そこで「地域研究」には社会学者、歴史家、言語学者、経済学者、文学研究者などが学問分野の違いを越えて帰属することができることになります。つまり、地域研究は学際的な学問のあり方を可能にしたわけです。そこで、学際的な学問編成を支えるために、異なった学問分野に帰属する専門家が共有する能力としての地域言語読解力が重要な意味をもつことになり、地域研究は言語教育を軸に制度化されることになります。言語教育の分野で人文学はその重要性を確保することになるのです。地域言語に習熟することのない者が地域研究の専門家と看做されることはほとんどありませんし、地域研究の制度化の結果、地域言語への習熟を地域研究者としての資格として固執する研究者が続出することになります。人文科学や社会科学の理論的な素養をもたないにもかかわらず、もっぱら言語の習得だけで地域研究者の資格を主張する者が、理論的には優れた専門家を排除しようとすることが頻繁に起こることになるのはこのためです。しかし、アフリカ研究や南アジア研究、東南アジア研究などのように、明らかに地域共通の言語が存在しない地域があります。にもかかわらず、地域研究は、日本研究に典型的に現われているように、地域をある民族言語や国語を均質に共有する文化の単位と看做す偏執に捉えられているのです。その典型的な形態が国民性研究と呼ばれる、初期の地域研究の支配的な研究形態でした。国民性研究の最も有名な作品がルース・ベネディクトの『菊と刀』です。一見すると地域を統合する共通言語が想定できるかのように考えられるソ連研究、中国研究、ラテン・アメリカ研究、韓国研究などは、この偏執からなかなか逃れられません。そこには、二つの歴史的な理由を考えておかなければならないでしょう。

(一) 地域研究に先行して存在した人類学や民族学、アフリカ・東洋研究、南洋研究などのいわゆる「未開社会」の研究で、共同体内に均質に普及した文化を想定することが広くおこなわれ、文化の統合性が言語の統合性として理解されてしまうことが多かった。共同体、文化、言語がその統合性の点でしばしば混同して想定されることがあったからです。例えば、日本民族が日本文化を共通にもち、日本語がその共通性の証しとして依拠される、といった論理が昭和期だけではなく明治以前の時代についても適用されることになります。このような明らかな混同が放置されたのは、先にも触れたように自由に動き回れ因習に縛られない観察者である人類学者や民族学者と、伝統に拘束され合理的な知性を欠いた観察対象である「原住民」の共同体のあいだに想定された想像的関係によるところが大きいでしょう。これは植民地主義関係であり、エドワード・サイードの『オリエンタリズム』は、十九世紀以来の中東研究の延長としての地域研究に内在する、認識論的な構図としてのこの植民地主義関係を見事にえぐり出した傑作として知られています。

と同時に、地域の国民主義はこの関係と共犯性を作り上げます。このような想像的な植民地主義関係に依存しつつ、国民主義は均質な民族文化のイメージを作り上げるのです。自らを原住民と認めることで、このような民族主義(=国民主義)は「オリエンタリズム」を内面化してしまうのです。「日本人論」と呼ばれた日本文化論は、このような「オリエンタリズム」の内面化の最も見やすい例でしょう。

(二) 近代に現われた民族・国民国家では、国民共同体内に均等に普及した国民文化と国民全てが話す国語が重なりあうものとして想定されることがしばしば起こります。先ほど「国民性研究」の歴史的来歴についても述べたように、国民国家では、国民共同体、国民文化、そして国語が重なりあうことが、あるべき本来的な状態として想定されますが、この建前が経験的な現実としばしば混同されるわけです。国民国家特有の空想が、非西洋社会やいわゆる伝統社会に投影されたとき、地域をある国語を均質に共有する文化の単位と看做す偏執が容易に結果することになったとしても、驚くには値しません。さらに、国際世界（国際、すなわち文字通り国民国家の併存としての世界）のないところでは国民国家が存在できない点も配慮しておく必要があります。つまり、国民国家の建前と現実の混同が地域に向かって投影されるとき、そこには国民国家の併存として世界をみようとする願望が働くことになるのです。

いろいろな側面で、「地域研究」は国民史や国文学などの「国民研究」の遺産を取り込みます。ただし、そこでは研究対象と研究主体は別々のものとして、捉えられています。ですから、韓国における日本研究のような「地域研究」はとても重要な例外と考えざるを得ないのです。

（二―三）地域研究としての日本研究

そこで、日本研究の例をもとにして地域研究の歴史を簡単に考えてみましょう。日本が異国趣味の対象として合州国の富裕層の関心を引くことはありましたが、第二次世界大戦に到るまで欧米での日本研究は連合王国やオランダなどヨーロッパで発展していて、アメリカ合州国で日本を研究する大学人の数はごく少数でした。国家の政策として日本研究が始まったのは、合州国と日本が交戦状態に入った一九四一年以降であって、アジアや合州国内での日本のプロパガンダの影響の分析、日本軍の通信を解明するための諜報員養成、諜報活動のために日本語を理解できる要員を確保すること、などの戦争目的に直接結びついた活動が日本専門家の主要な舞台でした。戦争という状況で初めて「地域」をめぐる知識の重要性が認識されたのです。さらに、日本人の行動を系統的に説明するために、日本の歴史と文化に関する知識が必要とされ、ルース・ベネディクトのような有名な文化人類学者も動員されたわけです。真珠湾攻撃のあった翌年の一九四二年には、すでに日本占領のための政策と戦後天皇制の構想が論じられており、合州国の日本研究は、当初から、日本占領のための知識生産の制度としての性格をもっていました。地域研究には、合州国の世界戦略に奉仕する知識生産の制度としての性格は当初から刻印されていたのです。すなわち、この「地域研究」においては諜報としてのintelligenceが知識の探求としてのintelligenceに先行したわけです。

連合国の勝利と朝鮮戦争以降の日本経済の急速な回復によって、高等教育制度の一環としての日本研究はその基盤を樹立します。日本を近代化の優等生とみる「近代化論」が地域研究を席捲したのは、冷戦が全世界を覆う既成事実として成立するこの時期で、近代化論が日本を近代化の見本として称揚した背景には冷戦の現実があったのです。社会主義にたいして寛容な民主主義勢力が日本国内で政権に影響を与えることをいかにして防ぐか、日本が中国やソ連に接近しないように合州国の側に繋ぎ止める方策は何か、脱亜入欧の行動原理をいかにしての敗戦後の日本に維持させるか、が日本研究の重要な課題になりました。日本占領のために天皇を利用することを戦争中に提言するなど、天皇制温存の推進役であったエドウィン・ライシャワーが日本大使として東京に就任したのも安保闘争直後の一九六一年でした。この時期には、近代化論の優れた仕事として注目されたロバート・ベラの『徳川時代の宗教』などが出版されています。ベラの仕事は、国民性研究が近代化論へ変身する過程を洗練された仕方で示しています。近代化論は、いわゆる「伝統」社会がいかにして進歩の軌道に乗り、あるいは乗り損ない、近代化を成就するか、あるいは近代化に失敗するかを、社会科学的な方法論を駆使して論じていて、冷戦下の自由主義経済圏正当化の歴史観を見事に表明しています。

近代化論が地域研究を席捲した理由として、地域研究がその基本構造としてアメリカ合州国の世界戦略の正統化の任務を引き受けている点を挙げなければならないでしょう。さらに、世界中の社会を伝統的傾向と近代的傾向の二つの対立する要素によって分類し、伝統的社会は資本主義的合理性を受容する能力に欠けるとし、近代的社会は伝統的傾向を近代的合理性が克服することによって進歩を実現したとする露骨に植民地主義的な世界観を肯定した点も挙げなければならないでしょう。しかし、このような史観は、戦後の日本の近代主義史学ととくに齟齬するものではなかった点は注意しておきましょう。

戦前の世界史が西ヨーロッパを人類の発展史の頂点に位置づけたとすれば、近代化論は近代化の可能性をもつ全ての社会は、いずれは、アメリカ合州国社会を模倣するようになるとする歴史観を臆面もなく披瀝しました。地域研究の知識生産には、このような西洋中心主義とアメリカ合州国の国民的自慰の性格が構造として内在していたので、一九七〇年代には少数の研究者による批判が現われてきていますが[7]、大多数の日本研究者は在来の研究姿勢に疑問をもちませんでした。一般的にいって、地域研究者には理論的批判能力が欠けていたからで、さらには地域研究が合州国の研究者にとって愛国的な知的作業であったからです。彼らはお国のために一生懸命頑張ったわけで、中国やソ連、日本といった地域を研究する地域研究者を内面で支えていたのは、合州国同胞の理想や利益をいかにして世界規模で促進するかという帝国主義的な愛国主義の願望でした。地域研究は合州国の一元的な世界支配を原理として保持していたのです。つまり、合州国という国民国家の主権が全世界を統制し、おのおのの地域には国民としての自律性を許す見返りとして、個々の国民国家の国民的な統合性は合州国の広域支配に奉仕するかぎりで許されるような世界を作り上げることでした。ですから、表向きには植民地主義に反対するという錦の御旗を掲げることができたわけです。これは、第二次世界大戦後の植民地主義がつぎつぎに崩壊するこの時期に、民族主義から反植民地主義の牙を抜くために必要な操作であったとも考えられます。ですから、一九八〇年代の光州事件に到るまでの韓国の国民主義を見てみればよくわかるように、韓国が合州国の遠隔操縦を受けた実質的な植民地であって日本の植民地から合州国の植民地へと移行したという認識は抑圧されてしまったのです。戦後の日本にも同様な事情がありますこの意味で日本は、合州国の全地球的な覇権にとって最も優等生的な国民・民族主義を作り出したといってよいでしょう。

(二—四) 人文学の危機

しかし私たちは、いまや、「パックス・アメリカーナ」の黄昏を迎えています。それだけではありません。国際社会の「学歴社会化」に促されて人文学の地球化が起こっているのです。「地域研究」は斜陽産業になりつつあります。この事実から出発して、現在の合州国における人文学の課題を考えてみようと思います。そこで地域研究に起こっている改編を考えてみましょう。

人文科学の国際化は、優秀な学生を世界の各地から合州国の大学に引きつける結果を生んできました。地域研究にとって、優秀な学生を「地域」から獲得することは学問の再生産にとって死活問題になりつつあります。ところが、「地域研究」と地域でおこなわれている「国民史」や「国民文学」は、同じ資料・同じ文献を研究しているにもかかわらず、構造的な違いがありました。例えば、日本文学を専門とする地域研究者は源氏物語から夏目漱石、村上春樹に到るテクストを読み、日本人日本文学研究者の仕事を参照します。そのかぎりでは、彼らは、同じ文献・同じ研究に携わっています。しかし、地域研究者と日本在住の日本人研究者のあいだには基本的な態度の違いがありました。すでに述べたように、日本の「原住民」の研究者が日本史や日本文学の言説に加担しているのに対し、地域研究者は常に余所者として、地域の原住民の言説からは疎外されることを選びとっていたのです。それは、地域研究者が自らを常に「地域」の外に位置付けていたからです。そこには、スチュアート・ホールの言葉を再び借りるなら、「西洋」(The West) と「残余あるいはその他」(The Rest) の分離があったのです。もちろん、「西洋」と「残

(7) 日本研究に限っていえば、一九七〇年代以降の、ジョン・ダワー、ハリー・ハルトゥーニアン、マサオ・ミヨシ、テツオ・ナジタ等の人々による地域研究批判は注目に値します。

余」の分離は地政的なものと考えられていますが、この分離によって普遍的な理性を担う「ヨーロッパ人という人間性」が想定されていた点は再確認しておきましょう。つまり、人類的差異によって、ヨーロッパ的人間ついで西洋という人間性が成立することになったわけです。地域研究者が自らを「西洋人」（あるいはヨーロッパ人）[8]と自己画定するかぎり、地域研究者と原住民の研究者のあいだには「人間としての差異」（anthropological difference）が想定されなければならないことになります。ヨハネス・ファビアンの言葉を用いて言えば、地域研究者は原住民の研究者とは違った時間を生きていることになるのです。[9]その結果、地域研究者は原住民の研究者を「土着の情報提供者」と看做す習慣からどうしても抜け出せないのです。このような地域研究者と土着の研究者の分離は、たんに合州国の人文学だけでなく、戦後の日本の人文学をも長く支配してきました。戦中の作品『日本政治思想史研究』から戦後に発表された『現代政治の思想と行動』や『忠誠と反逆』に収められることになる諸論文では、[10]丸山眞男は西洋を理念化して、日本社会の後進性と非近代性が、理念化された「西洋」との対比によって語られることになります。ここで語られた「西洋」は決して、経験的な範疇ではありません。むしろ、形而上学な範疇ですが、丸山自身はこの点を十分に検討しようとはしませんでした。

つまり、「西洋」と「残余」の構図が見事に受け容れられていて、西洋と日本の違いが、丸山の日本社会の分析の枠組みとなったのです。まさに地域研究が依存していた植民地主義的な知の構図を、原住民の研究者が自ら補完的に裏打ちすることになったのです。丸山政治学が、戦後日本の代表的思想的当為であったのは、この点からも納得がゆきます。このような補完的な関係を私は「文明論的転移」と呼んできましたが、一九六〇年代から七〇年代にかけて流行った日本人論に代表される日本文化論は、先にも述べたように、国民性研究（一九五〇年代から六〇年代の地域研究で全盛時代を迎える）との転移的な関係を露骨に示していました。

ただし、このような文明論的転移現象は日本の学界に限ったことではありません。とくにここで注目しておかなければならないのは、アジア人という自己画定に伴って措定された「西洋人という人間性」です。西洋人には科学を支える合理性の精神があり、「残余」からやってきた原住民の研究者には備わっていない理論的な理性があるとされていたのです。西洋人も原住民もともに知識を求めます。しかし、原住民が経験的な知識を蓄積し、先人の築いた知識を盲目的に踏襲し蓄積するのに対し、西洋人の知識の求め方には特徴があるとされます。それは、獲得した知識を反省しかつ批判して、知識の求め方そのものをたえず検討し改変するのです。自分の先輩や教師の言辞に背いても、西洋人は知識に対する批判的な関係を維持しようとします。そしてこの知識に対する態度を「科学的な合理性」と考え、このような合理性は西洋人にだけ備わっているとしました。つまり、「西洋人という人間性」には理論的な理性が備わっていて、「残余」からきた原住民の研究者には、知識を求める能力はあっても、知識を反省し批判し、批判することを通じて知識のあり方そのものを変えてゆく理論的な理性への使命感が欠けているとされたのです。この理論的理性は、一昔前まで、哲学と呼ばれた学問に集中的に表現されていて、このような理性のあり方から、西洋だけが哲学を生み出すことができ、また「西洋人という人間性」が哲学の伝統を支える歴史的使命を表わしている[11]、とされてきたのです。第二次世界大戦後には、哲学と西洋を表立って結びつけることはおこなわれな

---

(8) ヨーロッパと西洋を同一視することはもちろんできないのだが、西洋中心主義（Eurocentrism）という視座からは、とりあえずヨーロッパと西洋を同一視してもよいだろう。ヨーロッパと西洋の歴史的差異については、既に論じてきたので、ここでは繰り返さない。

(9) Johannes Fabian, *Time and the Other - How Anthropology Makes its Object*, New York: Columbia University Press, 1983.

(10) 戦中に『国家学会雑誌』に掲載された『日本政治思想史研究』では、丸山眞男のスタンスは少し違っている。そこでは、日本と中国の違いは、西洋と非西洋の違いに重ね合わせて理解されているのに対し、戦後の丸山は日本を非西洋の側におくことになる。

(11) 例えば、エトムント・フッサールの現象学には、このようなヨーロッパ的人間性の使命として「理性の目的論」の構想が描か

くなりましたが、にもかかわらず、理論を西洋の独占物と考える根強い習慣は、地域研究という制度のなかに逆説的な形で生き続けることになります。

知識の生産において、西洋人は絶えず自らを乗り越え、自らを作り変えます。つまり、西洋人には真の意味での歴史があるのに対して、非西洋人には歴史がないとされるのです。西洋人だけが歴史的人間であり、自らの力で現にある自己を乗り越え自己を作り直すことができるのに対して、非西洋人は無歴史社会に生きている、ということになるわけです。かつての文化・社会人類学(非西洋社会を研究する学問)には、この歴史的社会と無歴史的社会の対比が刻印されていたのはこのためで、例えば日本文化論は、この人類的差異の前提を「原住民」の側から確認してみせる作業だったのです。

ところが、一九八〇年代に始まる人文学の地球化は「西洋」と「その他」のあいだの分離を維持することを、ますます困難なものにしてしまいます。合州国の大学では「地域」から学生がやってきて人文学に参加し始めます。始めは「土着の情報提供者」として従属的な地位におかれていたのが、やがて、原住民の研究者のうちでもエドワード・サイードやガヤトリ・スピヴァックやレイ・チョウのような優れた理論的な研究者が輩出することになります。これらのいわば「原住民」の優秀な研究者が「地域研究」ではなく「比較文学」で登場したことは、十分に記憶されるべきでしょう。サイードも、スピヴァックも、チョウも、他の研究者に比べて理論的な能力において劣っているなどと主張することは全くできません。むしろ、これらの「原住民」研究者の登場によって、それまで看過されてきた事実が理論的に白日に曝されたのです。このために、地域研究者のなかには、これらのポスト・コロニアル理論の研究者たちを排除しよう、彼らが導入する理論的反省を無視しよう、という傾向が驚くほど強くなります。

一九七〇年代から九〇年代にかけてのこれらの原住民の理論家の活躍は次のような秘密を暴露してしまったのです。「西洋人」の研究者が理論的な能力をもっているのに対し「残余」からやってきた原住民の研究者は実証的な知識の蓄積しかできない、理論的な反省を通じて学問のあり方そのものを変えてしまう力がない、などという「西洋」と「その残余」の分離を支えていた「人類的差異」には何の根拠もないという事実です。人類的差異は、近代国際世界が植民地主義によって統合されたという歴史的な来歴以外にその説明を見いだすことはできないことが明らかになってしまったのです。理論的な理性は潜在的に世界の全ての人々に均等に分配されていて、哲学が西洋特有の学問形態でなければならない必然性はどこにもないし、理論が西洋人の得意技である必要もない。確かに近代以前にはイスラム社会で古典的ギリシャに由来する哲学という制度は温存されてきましたが、この来歴には西洋を特権化する理由は特に見つからない。西洋人だけが理論的でなければならない歴史的な理由を見つけることはできないのです。むしろ事態は逆であって、「地域研究」で西洋人として自己画定してきた研究者に理論的な能力が欠けている場合が多く、彼らの知識を求める仕方は、まさに「残余」のそれであって、経験的な知識を蓄積し先人の築いた知識を踏襲するのに急なあまり、知識のあり方への反省も批判もおこなわれないのが実情ではないでしょうか。

アジアからやってきた学生の多くが、彼らの教師よりずっとよく人文学の理論になじみをもっていて、学問に対してずっと批判的な態度をとれるといった、「西洋」と「残余」の役割分担が逆転するような事態がますます頻繁に起こるようになってしまったのです。いまや保守的な地域研究者の多くを特徴づけるのは、奇妙な仕方で物神化された「理論」への恐れであり嫌悪であるといってよい。つまり、「西洋」と「残余」の分離そのもののもつ欺瞞性が、ここにきて隠しようもなく露呈してしまったのです。(12)

れているし、ヨーロッパ的人間性の運命はマルティン・ハイデッガーの哲学的な当為の全体を貫くテーマであった。ヨーロッパ的人間性への関心は、もちろんその基調は戦前のものとは異なっている。

(12) このような現状で、人文学でとくに「西洋」あるいは「ヨーロッパ」という文明論・人種論的範疇を用いなければならない理由はなくなってきている。「西洋」が多義的であり、戦略的にそのつど違った意義をもつことを歴史的に解析する作業が必要だろう。この作業を私は「西洋の脱臼」(Dislocation of the West) と呼んできた。

「地域研究」が直面しているこの危機から、二つの重要な帰結を導き出すことができるでしょう。その一つは、当初の地域研究が前提としていた合州国を西洋の中心として地政的構図──合州国の遠隔統治（あるいは帝国主義政策）の対象として「地域」を設定する構図──がいまや維持できなくなってきているのです。

私が翰林大学における「地域研究」の潜在性に注目した理由をわかっていただけるでしょう。もし、これからも地域研究が生き延びるとしたら、まず「西洋」と「残余」の分離そのものを基本から考え直さなければならないでしょう。「地域研究」がパックス・アメリカーナに従順に奉仕する学問であるのなら、その余命は長くないと思います。と同時に、「西洋」で生み出された理論的な知識を地球の周辺部の「地域」に応用するという発明‐応用の構図から、理論的理性を解放しなければなりません。つまり、理論が生み出されまた理論が改編される現場として「地域」を再定義しなければならないのです[13]。ということは、西ヨーロッパも北アメリカも「西洋」という特権的な位置を剥奪されて改めて「地域」として登場できるようになるでしょう。ということは、地域研究だけでなく、人文学一般について、「西洋」と「その他」の分離はいまやその有効性を失ったといわなければなりません。

ガヤトリ・スピヴァックは「ある学問の死」を語っていますが[14]、ここで「ある学問」とは比較文学のことです。私たちは、同じように、「地域研究の死」を語らなければならないのではないでしょうか。しかし、その死を語るからといって、「地域研究」の価値を一方的に否定することはできません。なぜなら、「地域研究」は、第二次世界大戦後に一方で新しい衣装で現われた植民地主義の統治技術であったにもかかわらず、すくなくとも人間の多様性の自覚を表わしていたからです。だからこそ、韓国のような環境において、地域研究は未来を持つはずです。

人間には多くの生き方や考え方があり、ある地域の人々の生は、多くの努力なしには理解することができません。人と人とはお互いに理解できない者として出会うのであり、人と人の社会性の始まりは非共役性です。人と人が出会い、社会的な生を打ち立てるためには、だから、お互いが非共役的にあることを克服するための知的な努力が必要であり、知的な努力の上にしか永続する社会関係を打ち立てることはできません。しかも、これらの地域はその多様性にもかかわらず、あるいはまさに多様性があるゆえに、お互いに交渉し、お互いから学ぶことを止めることはないでしょう。すなわち、地域研究の死とその再生の鍵を握るのは、一言でいってしまえば、「翻訳」の問題系なのです。[15] 非共役性を克服するために必要な能力を知性（intelligence）と呼ぶならば、この知性ははっきりと諜報としての知性から分離されなければなりません。

しかし、アジアからの研究者が積極的に理論を学びつつある傾向を一面的に謳歌するわけにもゆきません。というのは、「西洋」と「その他」の分離がもう一つの分離によって代置されつつあるからです。「地域研究」で、実証的な知識を蓄積しつつ同時に知識の批判と反省をおこなうことのできる人々がそのような批判的な理論的能力をもたない人々と弁別されるのは、西洋人とアジア人、ヨーロッパ人と非ヨーロッパ人、白人と有色人といった文明や、文化、民族、人種による区別とは無関係であることが次第にわかってきたからです。ある社会的環境におかれ一定の躾や教育を受ければ、学生たちは学問的な素養を身につけてきます。そこでは民族的な出自やどの文明で育った

(13) 人文学を有用性の視座から正当化することはほとんど不可能であろう。しかし、人文学の正統性にとって「理論」が決定的な重要性をもつことは疑いがない。ただし、人文学における「理論」は自然科学や工学で使われる理論とは決定的に異なっている点は注意が必要である。人文学において「理論」は「応用」と対比される概念ではない。自然科学でいわれるような、実証的な特殊例を総括する一般性として「理論」が考えられているわけではないからである。人文学では、「理論」と実証的経験との関係は、古典論理でいう「類」（一般性）と「種」（特殊性）の関係ではなく、普遍性（universality）と単独性（singularity）の関係にある。人文学における批判的な知性のあり方は、このような普遍性に基づく「理論」によるところが大きい。

(14) Gayatri Chakraborty Spivak, *Death of a Discipline*, New York, Columbia University Press, 2005.

(15)「地域研究」と文化理論の接点を目指して構想された多言語シリーズが『トレイシーズ』である。現在、中国語、韓国語、英語、そしてスペイン語で発行されている。このシリーズで中心的に扱われているのが翻訳に関する問題系である。

かということよりも、文化的な環境を享受する条件があったかどうか、知的な関心を奨励する雰囲気があったかどうか、さらに本を読むとか音楽を聴くといった贅沢な時間の使い方を許してくれる人々に囲まれていたかどうかのほうが、個々の学生の理論的な感受性を決定するうえで文明や人種よりずっと大きな役割を果たすことになります。

一昔前は、「本棚のある家庭」に育った生徒と「本棚のない家庭」に育った生徒の学業における進歩の早さの違いとして語られた「文化資本の差異」が、ここにきて、国際的な規模で顕在化しているのです。国民社会の学歴社会化ではなく、国際社会の学歴社会化を考えなければならないのはこのためです。白人であることやヨーロッパ系であることが、人々の理論的な潜在的能力を決める度合いが少なくなるに従って、「地域研究」は国際的な階級格差をその選別の原理とする学問へと変身しつつあるように見えます。中国であろうとインドであろうと、ある種の文化資本を与えられた学生は、実証的な知識を獲得する能力だけでなく理論的な能力も獲得します。古典中国語から普通話はもちろんのこと広東語や上海語にも習熟した合州国生まれの中国研究者が、中国からやってきたばかりの大学院生に「オリエンタリズム」について質問を受けて窮するといった事態が頻繁に起こりつつありますが、これは地域研究者の多くが実証的な知識を蓄積してきたにもかかわらず理論的な議論を消化するために必要な文化資本を欠いていたからなのです。地域研究者はサイードもスピヴァックもチョウも読んでこなかったのであり、読んでも了解することに困難を感じていました。ところが、東アジアではサイードもスピヴァックもチョウも一部の知識人のあいだでは広く膾炙していて、西洋中心主義の批判が常識となりつつあります。

「地域研究」の現状を考えるとき、この学問分野では、人種主義のバックラッシュが起こってもおかしくはありません。地域研究者の多くはいまだに西洋人として自己画定していますが、その実質はすでに失われているのです。「西洋」と「残余」の分離を維持するために、彼らは、自然化された文明、文化、民族、あるいは人種の自己画定へ向かうでしょう。この人種主義へ回帰する運動は世界的規模で起こっています。「地域研究」を考慮せずに現在の人文学を理解することはできません。と同時に、「地域研究」の改編なしにこれからの人文学を構想することもできないのです。東アジアの地域研究が、このような人種主義への抵抗の拠点となることを期待して止みません。

第六章　形式的包摂、人種資本主義、そして脱植民地的知の地平
——ハルトゥーニアン『マルクス・アフター・マルクス』から考える[1]

平野克弥

今日のお話では、ハリー・ハルトゥーニアン（Harry Harootunian）の形式的包摂の解釈をとおして見えてくる新たなグローバルヒストリーの可能性を探りながら、それに関する二つの問題を考察します[2]。その一つは資本主義と人種主義の関係性、もう一つは近代的知の植民地性です。

第一の問題は、資本主義の非資本主義的共同体、とくに先住民社会の「自然経済」あるいは「生存維持経済」に対する強奪や収奪、またそこに住む先住民の隷属化や殺戮を形式的包摂の一形態として理解した時に、原‐包摂、つまりいわゆる資本の本源的蓄積のモメントを人種主義とつなげてどのように考え直すべきかという問いに関わっています。この問いに関して、ハルトゥーニアンは深く立ち入って論じていないのですが、形式的包摂という分析概念をグローバルな観点から掘り下げて考察した時に避けて通ることができない問題でしょう。換言すれば、ハルト

（1）本論考は、二〇二〇年一二月に出版された『アリーナ』二三号（中部大学）に掲載された書評「グローバルヒストリーと史的唯物論の新たな射程」を大幅に加筆修正したものである。
（2）Harry Harootunian, *Marx After Marx: History and Time in the Expansion of Capitalism* (New York: Columbia University Press, 2017).

ゥーニアンのローザ・ルクセンブルク（Rosa Luxemburg）、アントニオ・グラムシ（Antonio Gramsci）、ホゼ・カルロス・マリアテギ（José Carlos Mariátegui）の読解が暗示し、そこから掘り下げて考えるべき問題は、まさにこの人種主義と資本主義の関係性ですし、この問題系は、近年、グローバル・サウス（Global South）という観点から盛んに議論され始めています。グローバル・サウスは、黒人史研究、南米植民地史、北米およびオーストラリアの入植者植民地主義（settler colonialism）、先住民史、奴隷貿易史、パレスチナ占領の研究などを通して、マルクス主義の階級史観や「資本の自己増殖の純化」という認識だけでは説明しきれない資本主義と人種主義の関係性を探究してきました。今日は、ハルトゥーニアンの *Marx After Marx* に始まり、ルクセンブルクに立ち返りつつ、人種資本主義（racial capitalism）という分析的視点に着目することで、形式的包摂が開示するグローバルヒストリーの展望について考察していきます。

さらに、グローバル・サウスが問題にしてきたのは、マルクス主義も含めた近代的知が、非近代的知（人間やそれを取り巻く世界に関する多様な認識のあり方）を破壊してきた歴史です。グローバル・サウスは、これを近代的知の植民地性あるいは近代における認識的ジェノサイド（epistemicide）と名づけ、それを乗り越える視点を追究してきました。これが、本日の発表で取り上げる第二の論点であり、脱植民地的知の創造に取り組んできた南米出身の思想家たちの重要な作品を紹介する形で新たな人文的知の地平を考えてみたいと思います。

第一節　マルクス以後のマルクス（*Marx After Marx*）

ハリー・ハルトゥーニアンの *Marx After Marx*（二〇一五）は、ヘーゲルの普遍的歴史（universal history）にかわってカール・マルクスが構想したグローバルヒストリーの射程の広さと深さの再評価と、その現代的意義の探求を目的としています。それは同時に、欧米諸国でのマルクス主義理論――ペリー・アンダーソン（Perry Anderson）が西洋マルクス主義（Western Marxism）と呼んだ「商品形態」とそれに伴う「物象化現象」（reification）の分析を特権化した分析視点――への異議申し立てでもあります。つまり、*Marx After Marx* は、マルクスが『資本論第一巻』の第一編で展開した商品形態とその物神崇拝（fetishism）を資本主義社会の普遍的な法則＝支配形態としてきた解釈のあり方への挑戦でもあるのです。西洋マルクス主義は、ジェルジュ・ルカーチ（Georg Lukacs）が『歴史と階級意識』のなかでマルクスの言う商品形態を資本主義社会特有の物象化現象としてとらえ、商品形態が近代の社会関係を質から量、具体性から抽象性、使用価値から交換価値へと再編し、人間の生をその根元から均質的で断片的なものにすると論じたことに始まり、その後テオドール・アドルノ（Theodor Adorno）やマックス・ホルクハイマー（Max Horkheimer）、ユルゲン・ハーバーマス（Jürgen Habermas）に代表されるフランクフルト学派の近代および啓蒙主義批判へと引き継がれていきました[3]。

また、近年では、アントニオ・ネグリとマイケル・ハートが『帝国』（二〇〇三）で、グローバリゼーションを労働の「非物質化」の過程――つまり労働がサービス、知識、コミュニケーションなどの非物質的な財を生み出すそれへと変貌する過程――として論じたことはよく知られています[4]。現代世界のグローバル化をポスト産業社会の浸透と定義した上で、生産性、富、社会的余剰は、言語的、コミュニケーション的、情動的ネットワークを通じて生み出され、コンピューターのシンボル解析からインターネットのデジタル世界、さらに相互作用の「情動労働」にまでその範囲は及んでいるといいます。特に情動の生産と操作を伴うサービス産業は、安心感、幸福感、満足感、興

（3）Perry Anderson, *Considerations on Western Marxism* (London: Verso, 1976).
（4）アントニオ・ネグリ、マイケル・ハート『〈帝国〉』水島一憲、酒井隆史、浜邦彦、吉田俊実訳、以文社、二〇〇三年。

奮、情熱、さらには共同体における絆といった非物質的な領域の商品化を前提にしているという意味で、現代的な物象化作用のありさまを最も象徴しています。ネグリとハートは、これらの「商品」を生み出す労働が身体的な「搾取」を前提とする近代の生産様式とは全く異なるそれに根ざしていると論じて、これを労働の非物質化と呼んでいるのです。こうして、生活のあらゆる側面、あるいは生そのものの商品化は進行し、資本は人間の内面を通して世界を均質化（近似化）していくのだと結論づけています。

西洋マルクス主義やネグリ・ハートに代表される商品形態による物象化という議論は、こうして、資本主義が世界を均質化あるいは同質化（homogenize）していくありさまに注目し、その過程を実質的包摂（real subsumption）として概念化してきました。

ハルトゥーニアンは、このような実質的包摂論に疑問を呈しながら、資本の拡張は世界を均質化させてきたのではなく、無限に多様で異質な差異（heterogeneous difference）を包摂しながら、それらを温存し、動員し、再編することで世界の至る所に不均等性（unevenness）や異種混交性（heterogeneity）を生み出してきたと主張します。その論拠として、資本主義的生産様式が非資本主義的共同体――封建的農村社会や「未開」とされた先住民社会――を飲み込んでいく過程を分析するためにマルクスが使った概念、形式的包摂（formal subsumption）に注目します。*Marx After Marx* は、形式的包摂をマルクスから出発し、ルクセンブルク、グラムシ、マリアテギ、そして、山田盛太郎や宇野弘蔵の思想の中に読み解くことで、資本主義が、歴史的、文化的、社会的に異質な共同体に遭遇した時に、それらの異質性をどのように自己増殖のシステムに取り込むのか、どのような社会的変容や編成を引き起こすのか、またどのようにそのシステムの不完全性、矛盾、行き詰まりを乗り越えようとするのかという問いを投げかけているのです。

第二節　異質性の包摂——温存と破壊

資本主義の増殖と拡張に伴う異質なものの包摂は、それを完全に破壊するのではなく、利用できる要素は積極的に温存し、動員し、作り変えることを目指します。なぜなら、ルクセンブルクが論じたように、資本の拡大再生産の運動は、資本−賃労働の二範疇の関係性では実現できず、つねにその「外部」、つまり、非資本主義的環境や社会層（non-capitalistic strata）に依存しているからです。しかし、資本による異質なものの包摂のあり方は、それが非資本主義的社会と遭遇するタイミングやそれを取り巻く環境、またその社会に特有の政治的・経済的・イデオロギー的状況によって異なります。そこに資本主義と非資本主義社会が遭遇するときに伴う不確定性（indeterminacy）、あるいは歴史性をみてとることができますし、近代社会形成を複雑な異種混交性の生産として把握すべき根拠を見いだせるとハルトゥーニアンは主張するのです。世界を飲み込もうとする資本のグローバルな動きと非資本主義社会や社会層のローカルな異質性との出会い。それは、複数の非同時代性（異質性）の同時代的な融合によって重層的で異種混交的な時間性とそれに伴う歴史を生み出してきました[5]。

こうして、近代世界は多様な異質性に刻印されたローカルな世界がグローバルな資本運動に包摂されると同時に、グローバルな資本運動がローカルな異質性を温存しながらそれに寄生するといった状況を作り上げてきました。この観点に立って、ハルトゥーニアンは、「マルクスがヘーゲルの普遍的な歴史に変わって、正真正銘の世界史（グローバルヒストリー）の展望を提示した時、〈特定の場所に根ざした存在（local being）〉を〈普遍的な存在（universal being）〉へと転換すること、つまりそれは特定なものを普遍化し、普遍的なものを特定化することの重要性を強調していた

(5) Harry Harootunian, *Marx After Marx*, pp. 26–27.

のだ」と主張します。[6] 彼にとって、このグローバルとローカルが弁証法的に絡み合う関係性を築く事態こそ、資本の運動が生みだしたグローバルヒストリーの可能性の条件だと言えるでしょう。

従って、「封建的遺制」や「封建的残滓」は近代化の遅れや歪みを言い表すものではなく、資本主義社会であれば一般的に見られるローカルとグローバルの弁証法がもたらす現象に他なりません。資本主義の発祥の地とされるヨーロッパやその制度をより純化してきたアメリカ合衆国でさえも「遺制」や「残滓」は存在してきました。*Marx After Marx* は、この文脈で、山田盛太郎を評価しつつも、日本の封建的遺制を特殊な「型」として非歴史的に理論化したことを批判します。その一方で、農業問題を論じながら「資本主義は、その発生、発展、確立に障害とならない限り、旧社会の残存物をも許容するのである。そればかりではない。時には逆に、かかる残存物の温存をさえ求めることになる」と論じた宇野弘蔵を形式的包摂論を深化させた理論家として高く評価しています。[7]

当然ながら、ハルトゥーニアンが提唱するグローバルヒストリーは、資本主義が非資本主義的社会層の異質性を温存する過程ばかりではなく、それに対して最も壊滅的な力を行使する植民地支配をも視野に入れています。これは、上で引用した宇野の「障害とならない限り」という条件表現が含意する論点に関わっています。つまり、資本主義が、その生成と発展に大きな障害となる非資本主義的社会に遭遇した時に、その遭遇はいったいどのような事態をもたらすのでしょうか。*Marx After Marx* は、ローザ・ルクセンブルクが『資本蓄積論』のなかで「資本主義は、植民地諸国に対しては、最も重要な生産手段の暴力的な占領を、自己の死活問題だと結論する」[8] という主張をもとに展開した「自然経済との闘争」あるいは「自然経済にたいする絶滅戦」の議論を膨らませながら、資本主義にとって不都合な生産形態や社会関係に向ける容赦ない暴力を形式的包摂の問題として考察を進めています。[9]「自然経済との闘争」とは、非資本主義社会、特にいわゆる「原始的な社会形態」にとって生活の源であり、生産手段そのものであった大地を自然資源獲得や農業開拓のために先住民から強奪し、商品経済へ導入すること、また、必要であれば、先住民をその大地から追放し、絶滅へ追い込むことを意味します。[10] ルクセンブルクの言葉を引けば、「先住民たちの原始的で社会的な結合こそ、その社会の最も強固な防壁であり、またその存在の物質的基礎であるから、資本の手始めの方法として生じるのは、資本がその伸展の際に衝突する非資本主義的な社会的結合の組織的計画的な破壊および絶滅である」ということになります。[11] ハルトゥーニアンによれば、ルクセンブルクは、「資本がヨーロッパ以外の社会を統合しようとする時、自己の発展にとって障害であるものを根絶させるような政策を必ず伴っている」ことを誰よりも的確に理解していました。[12]

Marx After Marx は、ルクセンブルクの理論に依拠しながら、封建社会の資本主義社会への移行が誘因する貧農のプロレタリア化――生産手段の収奪と労働力の商品化――とは対照的に、自然経済との闘いは先住民のプロレタリア化を伴うことはほぼ無かったのだと主張します。つまり、英国の囲い込み運動のように、生活手段や生産手段の強奪をとおして先住民を商品交換の循環の中に統合し、伝統的な生産形態を商品生産へと変容させることはなかったのです。自然経済との闘いは非資本主義的生産形態の根絶（「非資本主義的な社会的結合の組織的計画的な破壊および絶滅」）を意味し、それゆえに、その形態に依拠してきた人々は、幾度となくジェノサイドを経験してきたのです。

確かに、資本主義と出会うことで、多くの非資本主義社会は壊滅状態へと追い込まれてきました。いわゆる原始

（6）同書 p. 237.
（7）同書 p. 192.
（8）ローザ・ルクセンブルク『資本蓄積論』、太田哲男訳、同時代社、一九九七年、七八頁。
（9）同書七八頁。
（10）同書七七頁。
（11）同書七八頁。
（12）Harry Harootunian, *Marx After Marx*, p. 100.

的蓄積における経済外的強制を指してマルクスが「残忍な力」(brute force) と呼んだ収奪あるいは強奪、またはパトリック・ウルフ (Patrick Wolfe) が白人移民による先住民からの大地の略奪と占有をさして「抹消の論理」(logic of elimination) と呼んだセトラーコロニアリズム (入植者植民地主義) は、北米やオーストラリアを始め、世界各地で近代の萌芽期に幾度となく繰り返されてきたジェノサイドを説明しています。[13] ハルトゥーニアンがプロレタリア化と区別して「自然経済との闘争」に独自の論理を見出す視点は、ルクセンブルクの以下の極めて重要な洞察に基づいていると考えられます。

「資本主義的蓄積は、全体として、具体的歴史的過程として、二つの異なる方面をもっている。第一の蓄積は、剰余価値の生産場所において、——すなわち工場において、鉱山において、農耕地において——及び商品市場において、遂行される。蓄積は、この方面のみから観察すれば、一個の純経済学的な過程であって、その最も重要な段階は資本家と賃金労働者との間で演じられるのであるが」、他方、「蓄積の他の一面は、資本と非資本主義的生産形態との間で遂行される。その舞台は世界劇場である。……ここでは、まったく隠すところなく公然と、暴力、詐欺、圧迫、涼奪があからさまに行われる。そして、政治的な暴行や力試しのかかる混沌のもとで、経済的過程の厳密な法則を発見するのは、骨の折れることである。」[14] (傍点は引用者による)

そして、この「資本蓄積の両方面は、資本そのものの再生産条件によって相互に結びつけられているのであり、それらが一緒になって初めて、資本の歴史的生涯が生ずるのである。」[15] (傍点は引用者による)

ルクセンブルクは、サミール・アミンが述べたように、資本主義の「外部」、つまり、非資本主義的生産形態への依存性 (「政治的な暴行や力試しのかかる混沌」) に注目することで、「中心部と周辺部の関係が資本主義的生産様式の内部機能に固有の経済メカニズムではなく、同生産様式と様々な社会構成体との関係であるため、原蓄メカニズムを保持していることを見抜いた」のです。[16] 言い換えれば、中心＝資本による労働の搾取（労働力の商品化）と周辺＝外部の壊滅的包摂（先住者の強奪と排除）という二つの回路（circuit）は、一つの円環（loop）となって資本主義の創出から再生産まで継続する本源的な蓄積構造を構成しています。[17] だから、ルクセンブルクは、「資本主義にとって、もっぱら〈平和的な競争〉が、すなわち、資本主義的生産諸国の間で行われているような合法的な商品取引が、資本主義的蓄積の唯一の基礎だと希望を持たせるような指示をすることは、空論的な錯覚に基づくものである」とし、「資本は、単にその創成期においてだけでなく今日に至るまで、歴史的過程としての資本蓄積の恒常的方法である暴力以外の問題解決を何も知らない」と結論づけているのです。[18]

この理論的立場は、資本が一つの生産様式のもとで世界を均質化していくという幻想を打ち砕き、包摂が重層性

（13）マルクスは「残虐な力」を『資本論第一巻』で以下のように定義する。"power of the state, the concentrated and organized force of society, to hasten, as in a hothouse, the process of transformation of the feudal mode of production into the capitalist mode, and to shorten the transition" (London: Vintage, 1976): 915–916. Patrick Wolfe, "Settler Colonialism and Logic of Elimination" in *Journal of Genocide Research*, vol. 8 (London: Taylor & Francis, 2006): 387–409.

（14）ローザ・ルクセンブルク『資本蓄積論』（下巻）長谷部文雄訳、岩波書店、一九三四年、一九六―一九七頁。

（15）同書一九七頁。

（16）アミール・サミン「国際貿易と資本の国際的な流れ」、『新国際価格論争』原田金一郎訳、拓植書房、一九八一年、一一八頁。

（17）もちろんこの二つの回路を円滑に運用し、資本蓄積の円環を維持していくことには無理がある。そのためにアルチュセールのいう国家イデオロギー装置は必要とされ、法や警察、官僚制や軍隊などの暴力的機構が存在するのだ。この論題も、ルクセンブルクによって切り開かれたものであるが、十分には深められていない。この点に関しては、また別の機会に取り上げてみたい。

（18）ローザ・ルクセンブルク『資本蓄積論』太田哲男訳、七九頁。

（「平和な競争」と「暴力による解決」）を保ちながら資本の拡張再生産を実現していくことを見事に言い当てています。後述するように、このような暴力に晒されてきた先住民社会は、徹底的な破壊を通して均質的な商品世界の中に統合されてきたわけではないことを確認しておきましょう。先住民の多くは、収奪と破壊の後には、保留地に移動させられたり、観光用の見せ物にされるなど、差別や商品化の荒波に飲み込まれていったのですが、その一方で自らの生活様式や世界観を保持するために、国民国家制度の周辺に身を置きながら、自己決定権あるいは自治区の確立を主張してきた歴史を持っています。これもまた、商品形態の論理が世界の全てを自己の論理の中に包摂し、従属させるものではないことの証だと言えるでしょう[19]。

資本の「外部」である自然経済への闘争の問題へ話を戻します。私がここで論じてみたいのは、そのような闘争がなぜ、「まったく隠すところなく公然と、暴力、詐欺、圧迫、略奪があからさまにおこなわれる」事態を伴うのかという問いです。*Marx After Marx* は、この問いに直接答えることはないのですが、ルクセンブルクの蓄積論を含むマルクス主義一般もまた、これに正面から向き合うことはありませんでした。この公然と行使される残忍性を本源的蓄積や形式的包摂の構成要素として考えてみた時に、資本主義は単なる商品化という物象化現象に止まるものでなく、ある特定の暴力形態を自らの存在条件として抱え込んでいることがはっきりと見えてきます。

第三節　人種資本主義

近年、北米黒人史研究や先住民史研究を中心に注目を集めている人種資本主義（racial capitalism）という分析的視点は、この問題と正面から向き合ってきました[20]。まず、資本の本源的蓄積過程において、貧農の囲い込みと先住民社会の入植者植民地化（settler-colonization）はどちらも生産手段あるいは生活手段の剝奪（dispossession）を前提としていますが、剝奪の狙い、方法、結果においてその二つの歴史的経験には決定的な違いがあることを強調しておきたいと思います。資本主義生産様式の導入をめざした囲い込みは、農民や労働者から生産手段を奪い、その手段を商品化させながら彼らを賃金労働者へと変質させますが、自然資源の搾取や「開拓」を目的とした入植者植民地化は先住民たちを無用な、排除すべき人種・人口へと作り変えるのです。パトリック・ウルフの言葉を借りれば、「労働の搾取を前提とした社会関係は、人的資源の供給を継続的に必要とする。それとは対照的に、先住民の領土を強奪することを前提とした社会関係は、その土地の先住者たちが二度と戻ってこないことを要求するのである」[21]。前者は資本蓄積に必要な廉価な労働力の供給源として相対的余剰人口、つまりマルクスの言う産業予備軍を生み出しますが、後者は自然資源の獲得や大地開墾のために無用で排除されるべき「野蛮人」、つまりヒューマニティーの外部におかれる「半人間」を作り出します。先住民がプロレタリア化されずに資本主義の「障害物」となるのは、狩猟採集を主とする先住民の労働形態と生活様式が、私有財産制をもとに貨幣的付加価値の創出をめざした資本主義制度の確立を妨げるからです。私有制とその拡張を人類の進歩の証とし、それ以外の人間と大地との関係性（特に遊牧民のそれ）を「誰も住んでいない土地」＝*terra nullius*（無主地）とした近代の主権国家思想は、まさに、入植者植民地主義による「非西欧世界」の侵略と強奪を必然的な文明化の過程だとしてきました[22]。ルクセンブルクは、「無主地」

(19) 近年、この論点に立って書かれた作品に、ウェンディ・マツムラの『生きた労働への闘い』（法政大学出版局、二〇二三）がある。
(20) 最初に racial capitalism の概念を議論した記念碑的著作は、Cedric J. Robinson, *Black Marxism: The Making of the Black Radical Tradition*, North Carolina: The University of North Carolina Press, 1983.
(21) Patrick Wolfe, *Traces of History: Elementary Structures of Race*, Verso, 2016, p. 3.

の持つ強奪性についてアメリカ大陸の例をとりながら次のように説明しています――「鉄道、すなわちヨーロッパ、主としてイギリスの資本は、アメリカの（移住）農業者を一歩一歩と、連邦の東部と西部のはてしない広野に案内したが、そこでは彼は、（農耕に携わらない無用な）インディアンを、鉄砲やブラックハウンド（猟犬）や火酒や梅毒をもって根絶し、また、暴力を振るって東部から西部に移し、彼らの土地を「無主地」として横領し、開墾し、耕作した。」[23]（傍点は引用者による）

しかしながら、もし、残虐な暴力の行使の理由が生産形態の本質的な対立にだけもとめられるならば、この暴力の矛先は資本主義の障害とみなされる全ての共同体や人間に向けられるはずです。しかし、現実は違いますね。略奪、リンチ、極端な搾取や奴隷化といった容赦のない剥き出しの暴力とその自然化は、いわゆる有色人種と呼ばれる人たちに向けられてきたのです。この暴力の行使と人種主義の関係は単に偶然的なものなのでしょうか。本源的蓄積の構成要素である「公然の暴力」と人種はどのような関係性をもっているのでしょうか。

ここで、ナンシー・フレイザー（Nancy Fraser）とマイケル・ドーソン（Michael Dawson）の間で交わされた人種資本主義についての議論を簡単に振り返ることは有意義でしょう。西洋マルクス主義を代表するフレイザーは「正統化の危機？」という論文のなかで、資本主義社会の創生と再生産を可能にしている背後の条件とその文脈――彼女はそれを資本主義の「隠れ屋」と呼んでいるのですが――を次のように論じています。「資本主義の背後にあるすべての条件は、資本が機能するために必要なばかりでなく、資本主義自体が存続するための必要条件であり、その条件の一つ一つは独自の（支配）論理をもっている一方で、闘争と抵抗の潜在的な源泉にもなっている」[24]。これに対して、アフリカ系アメリカ人による市民権運動やアメリカにおける人種主義を研究してきたドーソンは同意を示しながらも、フレイザーの「隠れ屋」をめぐる議論には「強奪や収奪といった恐るべき暴力についての話」が欠落していると指摘します。そして、フレイザーの「この〈隠れ屋〉の物語はいまだに続いている」という重要な指摘は、「恐るべき暴力の話」を中心に再構築されるべきだと反論しました。[25] ドーソンによると、強奪や収奪という暴力は、公然と行われてきたにもかかわらず、公に認知されることがない、いまでも継続している資本蓄積のメカニズムであり、マルクスのいわゆる「表の話」である労働者の「搾取」と並行しながら検討されるべきなのです。そして、ドーソンはつぎのように結論づけます。[26]「資本主義を根本的に理解することは人種の隠れ屋、つまり奴隷制、植民地主義、アメリカ大陸における大地の強奪、そして大虐殺は、人種化をとおしてなされた人間の区分――優れた人間と劣った人間の存在論的分別――の考察なしに成し遂げられない」[27]（傍点は引用者による）。ドーソンにとって、この人種的な分別は「市場において自らの労働を売り競争する権利を持つ「十全な人間」と徹底的に差別され、搾取され、遺棄され、殺される人間との差異化」という形で顕在化するのです。[28]

（22）Terra nulliusにかんしては、以下を参照。Andrew Fitzmaurice, "The Genealogy of Terra Nullius," *Australian Historical Studies*, vol. 38, Taylor and Francis (2007): 1–15; Randall Lesaffer, "Argument from Roman Law in Current International Law: Occupation and Acquisition Prescription" in *European Journal of International Law*, Vol. 16 no. 1, Oxford (2005): 25–58; Yogi Hendlin, "From Terra Nullius to Terra Communis in advance" in *Environmental Philosophy*, 11:2, Philosophy Documentation Center (2014): 141–174.

（23）ローザ・ルクセンブルク『資本蓄積論』長谷部文雄訳（下巻）、一〇八―一〇九頁。

（24）Nancy Fraser, "Legitimation Crisis? On the Political Contradictions of Financial Capitalism," *Critical Historical Studies*, 2, no. 2 (Fall 2015), University of Chicago Press, pp. 157–189.

（25）Michael C. Dawson, "Hidden in Plain Sight: A Note on Legitimation Crises and the Racial Order," *Critical Historical Studies*, 3, no. 1 (Spring 2016), University of Chicago Press, p. 147.

（26）同上。

（27）同上。

（28）同上pp. 147–148.

ドーソンの洞察に従って、私は次のように論じてみましょう。もし私たちが「裏の話」、つまり継続する非公式的な蓄積のメカニズムを資本主義分析の前面へ押し出し、人種主義がどのようにそのメカニズムの存続を可能にしているのかを理解しようとしない限り、「十全な人間」と彼ら・彼女らの搾取の物語だけが私たちの歴史理解であり続けるでしょう。新たなグローバルヒストリーの全貌は、収奪され遺棄されていった人々の物語を「十全な人間」の物語との関係において理解する時にはじめて明らかになるでしょう。それは、本源的蓄積には少なくともプロレタリア化と人種化という二つの物象化の論理と過程が存在し、後者が、いわゆる「有色人種」とされた人々に生体的劣性を押し付けることで極度の差別、貧困、搾取を生み出してきた事態を認識することでしょう。地球規模では、これらの人々が圧倒的多数であったことも想起すべきでしょう。ドーソンが主張するとおり、いまでも、人種主義の暴力は、社会・経済的弱者に対する虐殺や警察による拷問、また強制的な国外追放など様々な形をとって継続しています。だから、この資本主義社会の残虐な側面は、歴史の進歩の過程に現れては消えていく一過性的なものでもないでしょう。「残忍な力」は、深く商品化された「先進地域」の「平和的な競争」という日常において「隠れ屋」として視覚化されることはほとんどありませんが、資本蓄積の世界的なレジームを持続する上で今なお変わることなく中心的な役割を演じ続けています。「残忍な力」は、旧植民地社会、あるいは「南」にだけ存在する蓄積の手段なのではなく、旧宗主国、あるいは「北」の中にも点在しつつ世界的な蓄積のレジームを下支えしているのです。米国でアフリカ系アメリカ人や先住民たちが、依然として極端な貧困地域に住み、ヨーロッパ系アメリカ人たちよりも警察による尋問や暴力に晒される危険が遥かに高い事実は、そのことを物語っています。

近年の人種差別の横行は、人間を肌、文化、慣習などによって分類し統治する人種化という権力作用が、資本主義制度にとって必要不可欠な構成要素であることを明示しています。資本蓄積が必要とする労働、土地、あるいは生/身体の暴力的な包摂は、資本の論理あるいはその純粋な運動だけでは達成できません。それは国家（警察や金融機関を含めた）という機構の介入がなければ、成し遂げることはできないからです。生活手段・生産手段を生活者・

生産者から奪う本源的蓄積過程は、国家や警察、金融機関が法の名の下で行う差別や排除と密接につながっています。人種化の政治は、この包摂の暴力（包摂＝差別）を秩序化＝自然化するために存在しています。人々はどんな「人種」として分類されるのかによって、暴力の度合い、その頻度の違いを経験するのです。

この暴力の経験における違いは、資本が遭遇する所与の社会的・経済的・イデオロギー的条件によるでしょう。この点において、ハルトゥーニアンが形式的包摂で論じた「不均等性」、つまりグローバルな事態がローカルな差異として表出し、ローカルな状況がグローバルな問題として顕在化するという視点が重要な意味を持ちます。人種主義とはローカルな社会的、経済的、イデオロギー的な条件を深く反映すると同時に、人々の選別化、差別化を推し進めるグローバルな統治体制でもあります。この立場は、マルクルやエンゲルスが『ドイツイデオロギー』において資本主義の生産力の普遍的な発展と商品形態のグローバルな拡散を想定しながら、無産階級を世界史的な存在として描き、歴史の複雑な様相を階級史観に還元しながら共産主義者の国境なき連帯と世界革命の可能性を論じた立場と異なります。世界が果てしなく均質化し、その均質性が国境なき連帯の条件として機能することを想定している『ドイツイデオロギー』のような立場は、資本による均質化過程を普遍化することで、人種主義や性差別によって世界が分断化・階層化されていく事態を説明できません。これに対して、形式的包摂の分析的視点は、資本主義の世界的展開が様々な所与の歴史的差異を飲み込みながら動員し、あるいは破壊する過程に注目することで、世界のグロテスクな非対称性とそれに伴う多様な経験や状況認識、また抵抗の可能性を理解し、提示する可能性を孕んでいます。[29]

繰り返し述べておきたいと思います。資本主義の「発展」や「成熟」によって、このような人種主義が消えさる

（29）Karl Marx & Frederick Engels, *The German Ideology* (New York: International Publishers, 1995), p. 56.

ことはないのです。それどころか、資本主義の危機が深まるなか、人種化された少数者に向けられる暴力は先鋭化する一方です。もし、実質的包摂論が唱えるように、資本主義が商品形態の拡散をとおして世界の均質化を促進するのであれば、人種をはじめ、民族、ジェンダーといった差異化を遂行する記号やそれに伴うステレオタイプは消滅していくはずですね。しかし、現実はその反対です。それゆえに、シルビア・フェデリチ（Silvia Federici）は、「資本は、単にその創成期においてだけでなく今日に至るまで、歴史的過程としての資本蓄積の恒常的方法である暴力以外の問題解決を何も知らない」という先に引用したルクセンブルクの洞察を引き受けながら、本源的蓄積を以下のように再定義しています――本源的蓄積とは国家による〝残忍な力〟や〝むき出しの暴力〟の「持続」を意味し、それはまた、「労働者階級における差異と分断の蓄積によって人種、年齢、ジェンダーにもとづくヒエラルキーが階級支配を構成」する事態を指すと。[30]（傍点は引用者による）

もし、マルクスが人種化の政治と資本主義の相関性に注意を向けていれば、彼がインドの植民地支配について言及したように、資本主義が「社会革命」の名の下に「未開地」や「非文明国」を封建的紐帯から解放するなどと言うことはできなかったでしょう。[31] 確かに人類の一部の人間、とくにヨーロッパ系の白人男性（あるいは彼らを規範として近代化の「恩恵」に預かった男たち）は封建制の社会的軛や搾取構造から「解放」されたのかもしれません。しかし、先住民や奴隷は何よりも生体的理由を根拠に徹底的な収奪と排斥の対象となってきました。彼らにとって、資本主義や帝国的国民国家制度との遭遇は、社会的、あるいは実質的な死の宣告に他なりません。*Marx After Marx* が切り開いた形式的包摂という分析的視点は、これまで圧倒的に無視され、排除されてきた人々の経験を世界史の前面に押し出し、私たちの生きる世界の非対称性が、富の蓄積の際限ない欲望によってもたらされた血まみれの歴史から生まれ出たものであることを想起させます。そのような想起は近代という時代の根本的な捉え直しを要求します。*Marx After Marx* は、マルクスが構想した世界史の可能性に立ち返りつつ、それを乗り越えて行くような可能性を孕んでいます。マルクス思想の妥当性は、永遠不滅の真理などではなく、歴史的に規定されているものであり、そういった意味で、*Marx After Marx*（マルクス以後のマルクス）に現れる「マルクス」は、揚棄されたマルクスでなければならないでしょう。そこから見えてくるグローバルヒストリーは、「隠れ屋」が隠れ屋でなくなる歴史でなければならないでしょう。それは、「世界」の理解をラディカルに再構想する知的取り組みを意味しています。

「平等」、「自由」、「民主主義」をグローバルな理念（普遍的な理念ではなく）として語ることは、この歴史的に生成されてきた圧倒的な非対称性という構造を理解し、それを変革することがなければ、北側（資本が集中する都市や国、あるいは個人）だけが繰り返す詭弁であり続けるでしょう。来るべきものとしての「平等」、「自由」、「民主主義」は、多様な社会と文化を包摂してきた資本主義の全体性、あるいはその非対称的関係性の根本的問い直しを通して、再考される必要があります。

（30）Silvia Federici, *Caliban And The Witch* (NY: Autonomedia, 2014), pp. 63–64.
（31）マルクスが先住民を〝自然の風景〟の中に位置づけ、彼らの世界観や生活形態に深い独自の人間性を見出さなかったことをパトリック・ウルフは、「アメリカにおける資本主義の発達が最も純粋な形態をとったと論じることで、マルクスもこの先住民の消去に加担した。それは、ヨーロッパ（の資本主義発達の歴史）がなければ、意義ある歴史は存在しない」という歴史意識を反映していたとしている。Patrick Wolfe, *Traces of History: Elementary Structures of Race*, p. 23. また、マルクスのインドについての言及は、カール・マルクス、大内兵衛・細川嘉六監訳「イギリスのインド支配」および「イギリスのインド支配の将来の結果」『マルクス・エンゲルス全集』九巻（大月書店、一九六二年）を参照。

第四節　脱植民地的知（Decolonial Knowledge）の創造へ

発表を終えるにあたって、今日述べさせていただいた問題意識のもとに書かれ、英語圏で注目されてきた三つの論点を紹介したいと思います。まず、ウォルター・ミニョロ（Walter D. Mignolo）の *The Darker Side of Western Modernity*（二〇一一）について簡単に述べておきます。[32] ミニョロは、近代において物事を知ったり考えたりすることが西洋的な知の構造と合理性によって支配されてきたとし、これを認識的世界の植民地性と呼びます。本書は、このような植民地性からの解放を探求しているのですが、ミニョロの主張は、グローバル・サウスのナショナリストたちが西洋中心主義批判を通して繰り返してきた土着主義、あるいは民族主義とは異なります。非西洋社会は、奴隷制、資本主義、帝国的国民国家体制に包摂されることでそれまで培ってきた知性や感性のあり方を破壊されてきたわけですが、ミニョロはその破壊的過程との格闘を通して生み出されてきた「近代」に注目します。この立場は、ポストコロニアル研究のそれと類似しているように見えますが、ミニョロはポストコロニアリズムを多様な植民地的経験や近代知の植民地性を「ポストコロニアル」というカテゴリーで一般化してしまったとして、批判的に捉えています。近代的知の植民地性とその地政学的認識構造からの脱植民地化は、ポストコロニアリズムが「異種混合性」（hybridity）（ホミ・バーバ）やヨーロッパの地方化（provincializing Europe）（ディペシ・チャクラバルティ）として理論化してみせた「西洋」の分散化や相対化によって成し遂げられるものではなく、ローカルな歴史的経験に根ざした知の探究と文化生成から始まると主張します。ミニョロは、ラテンアメリカ社会（ミニョロはアルジェリア出身の思想家）に特有の歴史や知的状況を吟味することなしに西洋の批判理論を受け入れることは、知の植民地性を温存させる結果をもたらすと言っているのです。

この視点は、ブラジル出身の人類学者ダルシー・リベイロ（Darcy Ribeiro）やインドの歴史学者パルタ・チャタジー（Partha Chatterjee）が、西洋の植民地支配が世界を根本的に再編成した際に生じた傷痕の中に非均質で非類似的な複数の近代性を見出していった取り組みと類似しています。チャタジーはこの問題をナショナリズムに焦点を当てて論じていますが、非西洋世界におけるナショナリズムの形成は、西洋とは異質な社会コード、文化範疇、思想的枠組みによってなされたものだと主張します。インドがイギリスの植民地支配のもとで経験してきた差別、抑圧、搾取を詳らかにし、知識人や民衆がそれとの格闘を通して生み出した独自の思想を学ぶことなしに、インドナショナリズムを理解することはできません。西洋の nation（民族あるいは国民）やナショナリズムをめぐる言説は、インドの思想形成やそれが持つ可能性、またそれが抱え込んでいる矛盾などを分節化することはできないというわけです(33)。

The Darker Side of Western Modernity は、リベイロやチャタジーの議論と親和しつつも、それらとは異なる二つの分析的視点から知の植民地性を論じています。第一に、ヨーロッパ啓蒙思想の「革新的」思想家たち、特にカントのような思想家に着目し、彼らの哲学が内在させる知の植民地性の論理を紐解いていきます。啓蒙思想家たちは、「非西洋」（非キリスト教社会）を近代ヨーロッパ文明の「他者」として位置づけることで、ヒューマニティーの外部として排除、あるいは支配してきたばかりでなく、まさにその排除・支配によってヨーロッパという自己を形成してきたのだと論じています。第二に、このような西洋の認識構造とそれを前提としてきた近・現代社会は、すでに膠着状態に陥っており、九・一一のテロは皮肉にも西洋覇権の終焉を告げる出来事であったとしています。九・一一は、資本主義諸国が搾取、戦争、収奪を通して富の際限なき蓄積と拡張を求めてきたことの一帰結なのです。そしてそれは、地球規模で進む文化、共同体、エコロジーの破壊とも深くつながっています。

マルティニークの詩人でネグリチュード運動のリーダーの一人であったエメ・セゼール（Aimé Césaire）が、ヨーロ

（32） Walter D. Mignolo, *The Darker Side of Western Modernity* (Durham: Duke University Press, 2011).
（33） Partha Chatterjee, *Nationalist Thought and the Colonial World* (Minneapolis: University of Minnesota Press, 1995), pp. 1–35.

ッパにおけるナチズムの台頭を「ブーメラン効果」だと表現したことはよく知られていますね。つまり、一六世紀以来、ヨーロッパが非西洋社会に対して行ってきたジェノサイド（奴隷貿易、搾取、収奪、虐殺）がナチズムとしてヨーロッパに舞い戻ってきたという理解です。ミニョロはこの立場を踏襲しながら、近年のヨーロッパやアメリカにおけるテロの脅威の激化は、グローバル・サウスに対する何世紀にもわたる破壊行為のブーメラン効果なのだと主張します。

現代の人類が生き延びるためには、まず、世界秩序を構成してきた知の植民地性を打ち砕くことが必要であり、近代によって破壊され、周辺化され、忘却されてきたローカルな知や感性の様式、あるいはコミュニティーのあり方（例えばアンデスの共同体的生活）を活性化させ、脱資本主義的な世界に向けて水平に繋がっていくことが必要なのだとミニョロは言っています。ミニョロがキャサリン・ウォルシュ（Catherine E. Walsh）と二〇一八年に出した共著 *On Decoloniality* では、近代が生み出したさまざまなフィクション（成長、発展、無限の豊かさ、自然の克服など）や原理（自由主義、個人主義など）を放棄すること、資本主義が駆り立てる競争や国民国家の支配を乗り越えること、西洋的理性に基づく普遍主義に代わってローカルな知と実践を基礎に協働的な営みを水平に繋いでいくことを唱えています。それは、ニナ・パスカリ（Nina Pacari）、フェルナンド・ママニ（Fernando Huanancui Mamani）やフェリックス・パコ（Felix Patzi Paco）といった先住民族の思想家たちが、人間を多種多様な生命体の一部として捉え、大地や宇宙との互恵的関係性の中で考えてきた立場に通じているでしょう。(34)

ちなみに、同様の問題意識のもとに書かれた日本関係の書籍として、テツオ・ナジタ（Tetsuo Najita）の *Ordinary Economies*（『相互扶助の経済——無尽講・報徳の民衆思想史』二〇一五）を挙げておきます。(35) ナジタは、アジア諸国に何世紀にもわたって続いてきた講の歴史を、江戸時代後半から明治時代初期にかけて実践された慈悲無尽講や頼母子講の営みの中に見出していきます。講は人間と自然の互恵性を原理としながら、競争や利益主義とは全く異質の「相互扶助」の思想を実践していました。重税や飢饉で窮地に立たされることが多かった農民たちが、命を与えてくれた自然への報恩として、命を養うことを目指して協働していたのです。講の「相互扶助」の思想は、明治時代に入って資本主義体制が確立される中、「因習的」で「非合理的」だという理由から否定され、講のほとんどは、利子を通して資本を蓄積していく近代的な銀行制度に包摂されていくことになります。しかし、講の一部は、経済的活動から「自然の恩に答える」＝「命を養う」という道徳を切り離すことはできないとし、西洋的な自由民主主義（所有的個人主義）とは対極的な「個」が水平に繋がっていくことを目指す協同民主主義の運動を牽引していったのです。

また、アイヌ民族が平等や均衡の上に立って人間と自然の互恵性を重要視してきたことも、ここで想起すべきでしょう。アイヌの先住権問題や環境問題に取り組んでいたアイヌ刺繍家のチカップ美恵子は、アイヌ・モシリ（人間の大地）に込められた意味を次のように書き綴っています。「アイヌ・モシリという言葉には〝人と人〟〝人と自然〟の共生が息づいている。アイヌ民族は大地にも、心にも国境をつくることなく、ボーダレスに生きてきた。そして、そこには〝個〟としての尊重やいたわりがあった。人は一人では生きられるものではない。怒りや喜びなど、喜怒哀楽を共にすることで生きているという実感がともなうと思うのである。人とかかわり、その魂に触れることで、人は輝きもする。アイヌ・モシリというのは大地との共生を表す言葉である。自然であることがごく当たりまえだったということである。自然とは大地から生まれ出たあるがままの存在で、光り輝く生命のさまをいう。生命のサイクル〝生命のめぐりの環〟のバランスがとれている状態がアイヌ・モシリであろうと思うのである。人が自然を、あるいは人が人を支配するということはできない。人間たちも自然の中の一つの生命体にすぎないという謙虚さが言葉に表れている。[36]」

（34） Walter D. Mignolo & Catherine E. Walsh, *On Decoloniality* (Durham: Duke University Press, 2018), pp. 1–11.
（35） テツオ・ナジタ『相互扶助の経済――無尽講・報徳の民衆思想史』五十嵐暁郎、福井昌子訳、（みすず書房、二〇一五）。

ここで紹介したい二つ目の論点は、ボナヴェントゥラ・デ・ソウザ・サントス（Boaventura De Sousa Santos）の*Epistemologies of the South: Justice Against Epistemicide*（二〇一四）に見出すことができます。[37] ソウザ・サントスは、ミニョロ同様に、西洋の知がいかにわたしたちの世界観を支配し、植民地化してきたのかを論じています。正義の問題をグローバルに考えることは、認識的正義を世界的に実現していくことでもあると言います。では、ソウザ・サントスの言う認識的正義とは何でしょうか。それは、西洋の経験を中心に紡ぎ出されてきた批判理論（西洋マルクス主義も含めて）が、正義のための闘争や運動を説明し、推進するための効力を失ったことを認識し、これまでとは異なる形で批判理論の構築を目指すことだと言います。つまり、資本が集中してきたグローバル・ノースを特権化する理論に代わって、グローバル・サウスが脱植民地化の取り組みを通して鍛え上げてきた思想や理論に目を向けるべきだと主張するのです。しかし、これは、南北関係を転倒させて、グローバル・サウスの経験を特権化し、その覇権を築こうという試みではありません。近代の世界認識に染み付いている植民地主義的、人種主義的、帝国主義的無意識を視覚化させ、マルクス主義の帝国主義・植民地主義批判でさえもこの無意識から完全に自由でなかったことを明らかにし、その膠着を紐解くことから知の脱植民地化は始まると言います。その上で、北側の批判理論と南側の批判理論、民衆的な知と科学的な知、宗教的な知と世俗的な知、都市と農村、女と男、クィアとヘテロの間を行き来しながら、対話と翻訳を通して多様な知と実践の関係性を明らかにしていくことが、認識的正義、脱植民地的知への道を開くのだとソウザ・サントスは訴えています。このような横断的な対話と翻訳が、彼が言うところの「知識の生態学」（ecology of knowledge）の根幹です。

「知識の生態学」は、「知る」という行為が真理や普遍的法則などでは決して説明がつかないという自覚のもとに、無知の知をその言葉の真の意味で実践することを意味しています。つまり、世界を「知る」という行為は、デカルトやカントが夢見たように普遍的な理性によって導かれるものではなくて、無数に存在する世界と人間の関係性を理解する様式なのです。「知る」ことをその無数性、多様性において学び続け、「知ること」そのものを無限に複数化していくこと、そのような学びの姿勢を「知識の生態学」と呼びます。このような無限に多様な「知」のあり方は、近代的知の普遍主義によって抹殺され続けてきたわけですが（これをソウザ・サントスはepistemicideと呼ぶ）、それゆえに、奴隷制や植民地支配によって蹂躙させられてきた世界中の先住民族や「黒人」たち、また脱植民地運動のために立ち上がった人々が紡いできた「知」のあり方は、近代的知の膠着と限界を打ち破る可能性を示唆してくれると言います。

特に、先住民族の多くは、自然を独自の生命体として理解し、それが人間に分け与える生命力を神聖なものとして敬うことを忘れませんでした。人間は大きな命の循環の一部なのであり、この循環のネットワークに関わるすべてのものは能動的存在なのです。そのような循環のネットワークなくして人間の命は成り立たないという認識を先住民族らは長年自らの世界観としてきました。この世界観は、西洋的・資本主義的知が「発展」という名の下に自然を命の循環から切り離し、搾取の対象としてきた歴史とは対極をなしています。例えば、一九九三年に北海道の二風谷で開かれた『アイヌモシリに集う――世界先住民族のメッセージ』に参加した米国アベナキ民族（Abenaki）のトム・ドストゥ（Tom Dostou）は、文明社会が推し進めてきた自然破壊について次のような言葉を残しています。

私たち先住民族の創造主は、私たちの母なる大地を決して破壊してはならない、私たちに命を与えてくれた母を壊すようなことをしてはならないと教えてくれています。なぜなら、私たちの亡骸はそこに戻っていくからです。そこに、私たちの祖父母が眠り、子供たちもまたそこに帰るからです。私は、そのような母なる大地を一ポンドの金や銀のために売り払うことはできません。そのような権利もないですし、もしそのようなことを

（36）チカップ恵美子『アイヌ・モシリの風』（ＮＨＫ出版、二〇〇一）二四八頁。
（37）Boaventura De Sousa Santos, *Epistemologies of the South: Justice Against Epistemicide* (London: Routledge, 2014)

すれば、母を売春のために売り払うようなものです。「土地を売れ」とヨーロッパ人は言いますが、彼らは母なる大地を売るということが、何を意味するのか理解していないのです。どのようにして、私たちの命のもとである母の血（川）、母の髪（緑）、母の骨（岩）を売ることができるのでしょうか……私たち先住民族には、工業化を成し遂げた人たち、力を持ってしまった人たちに次のようなことを理解させる道徳的また精神的な責務があります。私たちは物質的力を持たず、軍隊も無ければ、刑務所もない、爆弾や核兵器も所有していません。わたしたちは物質的にはまったく無力な人間です。わたしたちが持っている力と言えば、生きとし生けるものを生み出した母なる大地と創造主への精神的な責務です。つまり、声なき者たちのために声を上げることなのです。魚やカリブー〔北アメリカに生息するトナカイ〕や鳥、あるいはこれから生まれくる子供たち、後世の人たちの声に代わって声を上げることが私たちが人間として果たすべき責務なのです。その責務をお金で売り渡すことなどできません。私たちにとって、お金など意味がありません。お金は食べられませんし、飲むことも、吸うこともできません。これら命あるもの、命を養ってくれるものこそが、あなたや私を人間にしてくれるのです。私たちの血や肉体は、大地にある物体と同じものでできているのです。私たちの呼吸は、母なる大地の呼吸なのです。私たちは、母なる大地と一体なのです。

私は大地に頼って生きています。私は動物とも魚とも話ができるし、創造主に自分の必要なものを請い求めることもできます。木とも虫とも話ができます……私たちはそのような動物たちと対話をし、木々の心を読み、岩の気持ちを読み、それらと対話できるのです。私たち先住民族はそれぐらい大地と親密な関係を持っているのです。ですから私たちは母なる大地をレイプしたことなどありません。しかし文明人はいわば自分の母親をレイプしたのです。あなたたちは母なる大地から自分の欲しいものだけ奪い、彼女の墓場に唾を吐きかけたのです(38)。

このような先住民族たちの世界認識のあり方は、今後、北側「先進国」が目指している環境主義（持続的成長という修正主義、つまり資本主義を資本主義によって乗り越えるような立場ではなく）とどのような対話を築いていくことができるのでしょうか。近代にとって異質な知であり続けてきた世界観（コスモロジー）を現代に向けてどのように翻訳していけるのでしょうか。ソウザ・サントスは、そのような取り組みこそが脱植民地的知（知識の生態学）が目指すものなのだと主張しています。

最後に、ソウザ・サントスの言う「知識の生態学」、つまり無限に多様な知の間で行われる対話と翻訳が、グローバル・ノースによって支配されてきた学問の世界では全くと言っていいほど実践されてこなかったことへの異議申し立てを紹介しておきます。これは、カナダの先住民族出身（Métis／メティス）の人類学者・芸術家、ゾーエ・トッド（Zoe Todd）が、二〇一三年の二月にエディンバラ大学で行われたブルーノ・ラトゥール（Bruno Latour）の講演を聴きにいった際に書き記した抗議文です[39]。ラトゥールはこの講演で、気候あるいは気象は独自の知覚能力を有する生命体として考えられるべきだと語ったのですが、その主張がグリーンランドやカナダに住むイヌイット族の世界認識、特に人間をさまざまな生命体（気候、大地、植物、空気、水、月、太陽、昆虫類、動物たち）との関係性の中で理解するコスモロジーと酷似していることにトッドは驚いたと言います。ラトゥールの思想の核心とも言える「存在論的転回」が、世界各国の先住民族の世界観と深い親和性を持つ以上、ラトゥールはそれと真剣に向き合い対話する

(38) 二風谷フォーラム実行委員会編、『アイヌモシリに集う』（栄光教育文化研究所／悠思社、一九九四）一三〇―一三三頁。原文は英語。訳は著者による。

(39) Zoe Todd,“An Indigenous Feminist’s Take on the Ontological Turn: ‘ontology’ is just another word for colonialism (Urbane Adventurer: Amiskwaci) ”https://umaincertaantropologia.org/2014/10/26/an-indigenous-feminists-take-on-the-ontological-turn-ontology-is-just-another-word-for-colonialism-urbane-adventurer-amiskwaci/

必要があるとトッドは主張します。しかし、ラトゥールの講演は、先住民のコスモロジーに関して何一つ触れることなく、スコットランド出身の研究者と「ガイア」思想を論じるに留まってしまいました。トッドは、ラトゥールを「斬新」で「偉大」な思想家として敬う数百人の聴衆を横目に、失望と怒りを抱きながら会場を後にしたと言います。

トッドは、白人（ヨーロッパ）社会を世界の知の拠点であると盲信し続ける近代的学問のあり方に植民地主義を感じ取ってきました。批判理論や世界の概念化は常にヨーロッパから発せられるという前提をなんの疑いもなく受け入れてきた近代の学問は、非ヨーロッパ社会をその特殊性において民俗学や人類学の研究対象として扱う一方で、抽象性や論理性を求められる思想や哲学とは全く無関係な場所として扱ってきました。白人男性が「存在論的転回」を語ると、それは、「世界的な」パラダイムとなり、先住民族の知識人、特に女性がそれに相応する哲学や認識的世界を語ると陳腐な発話として周縁化されてしまう。そのような非対称的な知の構造が近代の学問の根底に横たわっています。先住民の知識人は、人間と動物、人間とモノの関係は常に対等であり、相互的であり、総和的であると理解し、ネットワーク的関係性の中で「認識論」も「存在論」も思考し続けてきました。そのような知のあり方を「野蛮」と呼び、それを差別し破壊してきたのは、ヨーロッパの近代的知なのです。それにもかかわらず、今になって先住民族的世界観を自分たちが「創造」したかのように語りだすことは、あまりにも自己反省の意識を欠いた欺瞞ではなかろうかとトッドは記しています。トッドの主張は、近代的知のあり方への批判において、ソウザ・サントスの言う「知のジェノサイド」と、ミニョロの「知の植民地性」と深く共鳴するものであり、「知の生態学」の必要性を前面に押し出す立場であると言えるでしょう。

ヨーロッパ、いや北の先進国の知的世界が、多様な知のあり方、存在のあり方、認識のあり方の重要性を否定し続け、自らが常に創造的・批判的思想の中心であるかのような姿勢を保ち続ける以上、「無知の知」に基づく対話や翻訳は、儚い理想として終わるでしょう。その結果、サントスやトッドが知の非対称的関係に見出したジェノサイドの論理は、異質なものを隷属化し、抹消する傾向をさらに強めていくでしょう。近代的知はいまだに人種主義を自らの存在条件として抱え込んでおり、植民地主義はそれを維持するための制度であり続けています。

だからこそ、来るべき「自由」、「平等」、「民主主義」もまた、知の脱人種化、脱植民地化を必要としています。でなければ、これらの理念は、どのように脱構築を繰り返しても、「先進国」が繰り返す、欺瞞に満ちた普遍主義であり支配の道具であり続けるでしょう。

第三部　新たな主体性のために——平等をめぐる対話

討論　理念としての平等

第一節　平等と主体化過程

司会（宋碩源）　総合討論に入りたいと思います。司会を務めさせていただきます慶熙大学校の宋碩源と申します。よろしくお願いいいたします。以上、第一部と第二部の二つの部会を通して、磯前先生のものを基調報告として、酒井先生、汪暉先生、平野先生の各先生にそれぞれ報告していただきました。近代国民国家から植民地主義、ポストモダンまでという射程で、主体の問題などを伺ってまいりました。

たしかに、お話しいただいた話題は四人の先生方それぞれでしたが、方向性は一つにまとめることができると思います。酒井先生や磯前先生は、アメリカや日本、特に日本のことを中心に、そこに見られる内向きな傾向について報告していただきました。他方、汪暉先生には、中国の一帯一路の戦略に見られるように、もっと外に向かっていく道をお話しいただきました。

東アジアの近代というのは、それ以前の前近代の朝貢システムからウェストファリア条約システムに変わっていくときに、個人レベルで万人は法の前で平等であるというその理念が、実態はどうであれ成り立つわけです。それは国家間の国際関係において、万国は、国際法の前で平等であるということですね。繰り返しになりますが、これは、一方で、実態を表しているわけではありません。

しかし、その国際法というのは国際規範というものを作る側の国と、それに従わせられる側の国に分けられます。西洋諸国——すなわちイギリスあるいはその後のアメリカ等——は国際的な規範を作る側の国でした。そのアメリカが今、トランプ現象の中で、大統領の選挙でも全く外交の問題を語らなくなり、国内の問題に集中するような状況になっている。その一方で、中国は習近平総書記の下で外に向かって、大国志向型の外交を行なっています。

そして、平野先生には資本主義経済という根本的な運動体の形式的包摂、つまり資本主義社会が、それが及んでいない外部の社会を取り込んで、彼らの犠牲のもとに自己増殖していく包摂過程を剔抉していただきました。そこでは国民主権を謳う国民国家でさえもが、あるいはそうした国民国家こそが、主権を付与しない他者を排除することで、その内部に平等な民主主義社会を、その内部においてさえ幻想にせよ、想像可能にしたのです。まさに自己欺瞞のシステムとしての主権国家における平等主義の働きですよね。さらに、汪さんの発表につながる形で、近代の価値体系やシステムを超えるような脱植民地的知のお話もしてくれました。

以上、こうしたことを踏まえて、ここで議論すべき話題は非常に多いと思います。まずは、内向きに向かっている引きこもりの国民意識について語っていただいた酒井先生の方から、中国の今の一帯一路の戦略といったものを念頭に置きつつ、日本の外交について、アメリカのことも含めて少し話していただけますでしょうか。それから四人の先生を中心に議論していただきたいと思います。

酒井直樹　今日の発表では、日本とそれから連合王国——イギリスとしばしば誤称されます——それからアメリカ合州国の三つを参照にしつつ、そのなかで特に日本で起こっている問題に焦点を合わせました。これらの三つの国で今起きていることを考えますと、汪暉さんと平野さんがおっしゃったように、平等という考え方が大きな曲がり角にきているのではないかと思います。

確かに平等というのは「法の前の平等」という語句に典型的に現れているように、国家との関係で個人は同じ取り扱いを受けるべきである、という要請が含意されています。そこには機会における平等、それからもちろん、結果における平等——つまり同じ仕事をした人は同じ収入を得るべきであるというものですね——などを含めた多くの形式があります。いずれにせよ、ぎりぎりまで突き詰めて考えてみると、平等というのは形而上学的な観念であって、何が平等であり何が不平等であるかを決めることは一見簡単に見えて実はとても難しい。経験的にある事態が平等の原則に合致し、同時に別の事態が平等の原則を犯しているということは、実はその前後の歴史的な展開を知らないと語れないのではないか。

社会生活は様々な差別によって成り立っています。家族内の人間と家族外の人間は平等な取り扱いを受けません。あるいは、入学試験に受かった学生は平等の待遇を要求できますが、入学試験に落ちた学生が排除されることを、私たちは当然のこととして受け入れます。

そこで、平等という現実をめぐる歴史的な展開の例を挙げてみましょう。

例えば、三〇年前にはたぶん韓国でも日本でもそうだったと思いますが、同性愛者が社会的に差別されていて、彼らが結婚という制度に入れないということをわざわざ問題にするような議論そのものがなかった。同性愛者が差別されることは当然であり、差別の現実自体が不可視であって、異性愛者は同性愛者の平等を全く無視していた。同性愛者たちも結婚の制度に関して平等でなければならないと主張することも、平等の原則に違反するような現実の存在についても、全く問題視されてこなかった。もちろん、同性愛者はそのような社会のあり方はわかっていたけれど、改めて告発することはほとんどなかった。

さらにそれ以前に遡ってみると、同じような経緯で、男女が平等ではなかった。例えば、女性が選挙権を持たないということが問題視されることもありませんでした。これらの事例を挙げると直ちに見えてくるのは、平等というのは、いつでもある政治的な活動の中ではじめて問題になってくるものだということだと思います。別の言い方をすれば、平等とは、社会を変えようとする仕事の文脈で初めて現出する何かであると言えないでしょうか。

それにも関わらず、磯前さんがおっしゃっていましたが、明治維新の段階で、日本の国家は原則として平等の理念を受け入れるのですね。例えば、四民平等の原則を宣言します。ただ、その時は、その内実としての平等はほとんどわかっていなかった。それで何をやったかというと、実は基本的には、磯前さんがいわれた天皇の眼差しの前の平等を定式化したと思います。

天皇の眼差しと個人との関係を基本にして平等を制度的な原動力とすることには、実は明確な起源があります。密かに日本の政府は、キリスト教における牧人の眼差しの前の、具体的に言うと「牧人の前でのさまよえる子羊」というごく私的な看る－看られるの関係を平等のモデルとして採用したのです。

そのことを、鋭く解析してくれたのが、ミシェル・フーコーでした。フーコーは一九七〇年代の後半の段階で牧人権力、つまり牧師を中心として遂行されるタイプの権力のことを考察しました。牧人権力というものは、群れから離れて孤立してしまった一匹のさまよえる子羊に対して牧人が加護をして、子羊を群れへと連れ帰る寓話でしょう。そこで重要なのが、牧人は多くの羊をまとめて率いてゆきますが、牧人のさまよえる子羊に対する眼差しは、群れという複数の羊からなる集団にではなく、さらにさまよえる子羊と群れの中にいる他の羊との関係にでもなく、たった一匹の子羊だけに注がれており、牧人の加護・配慮は終始群れから孤立した限りの一匹一匹の子羊に対するものであって、そうすることによって子羊たちがその牧人に対して「個」として進んで従属するようなあり方です。キリスト教の宣教師が中国で用いた布教のための寓話とその漢訳を、日本の天皇制は丸々採用しました。

それが「一視同仁」というものです。一視というのは眼差し（gaze）ですよね。つまり、たった一人の牧人の眼差しが一人一人の個人に向かっているから、逆に言うと全ての個人は平等だという考え方が牧人という一者を媒介にして可能になってくる。しかも、この眼差しの前に晒されるのは、あくまで個としての人間です。「さまよえる子羊」とは、親や兄弟あるいは親族といった身近の近親者から切り離された孤立した羊であり、牧人の眼差しは、このような孤立した「個人」に注がれ、そこで「同仁」、つまり同じ慈悲が確保されるという構図です。「個人」がこのようにして可能になります。それと同時に、今度は、個人という形でバラバラになっている者たちが、逆に国民という共同体の全体に帰属することができる。バラバラである限り、孤立している限りで、人はある共同体に帰属しなければならないという原理です。ですから、同時にそこで親族の絆から切り離された個人からなる共同体としての国民というものが、始めて構想可能になってくるわけです。

今日の磯前さんの報告というのは、その点で非常に興味深く面白い視点ですが、最初に汪暉さんが述べたような形での平等観が、これからどこまで維持し続けられるのかは、ちょっとわからないですね。そういった意味で、平野さんが話された平等という考えが生み出す権力関係を検討してみる必要があるでしょう。いずれにしろ、日本の近代化の場合には、確実に一神教のヨーロッパのキリスト教の構造を取り入れたわけです。

もちろん、日本の国家はそのことは一切明言しないで、密かに盗作して、そしてあたかも自分たちは、全然キリスト教とは関係ないかのように振る舞いましたから、日本ではキリスト教者は韓国等に比べてずっと少ないですね。その点では、平等の問題はそんなに簡単には処理できないという気がします。

汪　暉　酒井さんの平等に関する議論について、少しコメントしたいと思います。今、酒井さんと磯前さんはともに、現代社会において平等概念が誕生するプロセスは、主体が誕生するプロセスと同じであると述べられました。

今日、平等の問題は、平等の限界、平等とcitizenship、すなわち平等と市民、平等とnation state、国民国家、平等とlegal rights、すなわち法的権利と関係していると思います。

より端的に言えば、平野さんの発表にも関わりますが、平等の概念とは、ブルジョア階級社会が生まれた際、商品交換を前提とした交換主体のことです。交換は平等を前提としていますが、この人は裕福であの人は貧しくとも、社会形式上、彼らは平等であればこの交換を成り立たせることができます。言い換えれば、平等は一般的に、今日のいわゆる商品と資本主義社会の誕生に伴って現れた概念です。

しかし、この概念は全世界に広がっています。つまり、国家の関係、人と人との関係はすべて法制度化されたのです。この意味で、これは純粋な形式的平等の概念を提示しています。

形式的平等の概念が生みだした結果は、その他の社会形態を不平等へと貶めたことにあります。あるいは、階層制です。その他の社会的関係は、形式的平等の概念的視野の下でのみ、不平等であると判断できるのです。平野さんが発表された、グローバルサウスからの「知の脱植民地化」という視点は、まさにそのような判断の上に立っていますね。ただし、これらの関係の本質が平等に反するとは限りません。これはすべて、現代における平等観がつくりだす観点によって決定されます。

しかし、十九世紀から二十世紀以降、近代以降の社会では、労働者階級による労働闘争、平等の権利のための女性の闘争、抑圧された民族が平等な地位を獲得するための闘争など、同じ地位を勝ち取るためのさまざまな社会闘争では、平等が闘争のための主要なスローガンとなっていきます。これは、私たちが今日の平等の問題を議論するにあたり、新しいジレンマをもたらします。一方では、この平等の概念は、植民地主義、帝国主義、ブルジョアジーの概念から、徐々に社会的闘争の概念に変わりました。この変化は主体化のプロセスでもあるのです。

したがって、今日、私たちはひとつの問題に直面します。一方では平等の限界を認識し、他方では、もし平等を放棄すると、社会闘争の連帯や団結をどのように政治問題にしていくのかということを放棄することになります。また第二の側面として、平等の概念が徐々に疑問視されるようになると、反対にその静態的構造への対立面、すなわち階層関係が再び合理化されるときに、私たちはどのようにそれと向き合うのでしょうか。

まさにこのために、十九世紀末から、平等の概念を放棄せずに再定義しようとする思想家がいました。たとえば仏教について考えてみましょう。中国語の平等の概念は、完全に仏教からのものです。このような平等概念は、西側の平等、ヨーロッパの平等、equalityとは同じ意味ではありません。そこでは存在論的、宇宙論的に、すべての人々、すべての人々だけでなく万物、万物は本質的に平等であると理解されます。

そこで、私は章太炎を取り上げました。章太炎は清代末期に仏教の平等概念と荘子の求奮の概念、すなわち万物斉同という概念と、あらゆる不平等を平等化するという概念を混ぜ合わせ、新しいラディカルな概念を提唱しました。この平等の概念は、従来の平等の意味をある程度改めることができます。どうしてでしょうか。

もし万物斉同であるなら、第一にそれは通常の主体性の概念を改めることになります。平等とはすべて人と人とのあいだの平等でした。そのため、もしこれに万物斉同、あらゆるものの平等が含まれるとすれば、人類と自然との関係を再定義することになり、これは新たな平等の問題に関わることになります。伝統的な平等の概念は、人類と自然の関係には及びません。したがって、今日のように人類と自然の関係に変化がみられ、平等について再定義する必要があるならば、まず生態の多様性を否定するのではなく、そして文化の多様性を否定するのではなく、平等の観点から多様性を考慮することです。これが人類と自然の関係です。平野さんが紹介された、サントスの「知の生態学」も同じような問題提起をしているのだと思います。

第二に、平等に関する伝統的な議論は、一般的に人と人とのあいだ、国家と国家とのあいだにおける形式的な平等のみを考え、人と未来との関係については考えてきませんでした。たとえば、今日の私たちの豊かな生活のために、環境問題や海洋汚染、森林伐採などが発生しており、これは人と人とのあいだの関係だけには収まらない問題です。それは私たちの未来の世代、未来との関係を含んでいるのです。未来はまだ主体ではありません。新たな主体を形成していません。しかし、この意味で私たちと未来の関係、そして私たちと未来の人との関係はどのように平等であるのでしょうか。これは新たな次元の問題となってきます。一つの側面です。

文化に関していうと、私たちが目撃する今日の戦争や制裁は相手に損害を与えるものですが、これらは人権の平等性を打ち壊すという名のもとに始まったものでもあります。戦争は歴史的遺産や歴史的記憶など、私たち人類とその歴史との関係を含む多くのものを破壊しました。この観点から考えるならば、私たちは平等の概念を改めて拡大する必要があるかもしれません。

かつてアマルティア・センは、「何の平等か」と題する有名な論文を書きました。彼が後にどのような議論を展開したかはわかりませんが、これは最初のステップでした。「何の平等か」の後に、多くの異なるものを追加することができます。その中で章太炎が一九一〇年に新たに提示した「万物斉同」は、新たな平等観として意義深いものです。彼は、今日の私たちが直面しているジレンマに対して再考を求めます。平等の限界についての思考を放棄せず、あきらめず平等の別の次元について考えることができます。

もしこの概念を放棄したならば、二十世紀に達成された脱植民地化の成果や、他の抑圧された社会階級、およびその支持者が成し遂げたこと、こうした平等をめぐる闘い、そして獲得された成果を、今日どのように受け止めればいいのでしょうか。そしてこれらの成果を、実質的に階層化された世界において、形式的平等の概念や合理化を加えて改めて用いるのではなく、新たな平等観にどのように取り入れることができるのでしょうか。これが、平等の異なる次元の意義を強調する理由です。

平野克弥　今の汪さんの重要なご指摘を引き継ぎつつ、酒井さんが提示された主権をめぐる問題をグローバルな文脈で考えてみたいと思います。汪さんがご指摘された通り、平等という理念は、極めて両義的な歴史を辿ってきました。酒井さんが言われた主権とは、まさに国家間に平等という原理を導入しつつ、実は極めて非対称的な近代世界を生み出してきました。主権という国際規範を作るものとそれに従属する者という論点が出ましたが、まさに、主権国間の平等とは、そのような規範をつくる西欧諸国（キリスト教諸国）にとっての平等であり、それに従う非西欧社会にとっては圧倒的な差別、排除、支配を意味する原理でした。つまり、十八世紀以降、世界が「国」を単位として主権を持つ者と持たないものに分断されていくわけですが、これを国際法の用語で言えば、「主権国」と「無主地」（terra nullius――誰も住んでいない土地）の関係になります。この「誰も住んでいない土地」という概念は、主権概念が生み出し、主権概念を生み出した反対概念であったと言えるでしょう。国際法によって「無主地」とみなされた社会は、西欧諸国がウェストファリア条約体制によって築いた法の下の平等という原理から完全に排除されているばかりでなく、まさにその原理によって侵略、占有、淘汰されるべき存在となります。

少し言い換えてみましょう。西欧諸国がウェストファリア条約体制によって作り上げた主権原理は、近代世界を構成する最も基本的で普遍的な原理として国民国家体制を自明のものとしたのですが、この普遍主義のもとで、主権を持つもの、持たないものという新たな非対称的な力関係（asymmetric power relation）が作り出されていきました。国際法は、主権を持たない者、特に、先住民や遊牧民社会を後者に属するものとして位置づけ、長年生活を営んできた大地をいわゆる「誰も住んでいない土地」と定義しました。したがって、主権を前提とする近代社会にあって、先住民社会は「国」という地位すら持たず、生存への権利が保障されることはありませんでした。主権国家による「無主地」の占領と併合は、他国への侵略として見做されず、法的に正当な行為とされていったのです。

国が主権を獲得するとは、何を意味するのでしょうか。少なくとも二つのことが考えられます。第一点は、ある特定の領域、特に領土を占有し、そこに住む者たちを法律や命令によって統治する権利を手に入れるということ。これは、きわめて常識的な主権概念です。第二点は、そのような統治する権利を死守できる社会を作り上げるということですね。換言すれば、国家主権は、ある領域に対して排他的支配権を確立し、他国からの干渉を排除するために、戦争の枠組み(frames of war)として新しい社会、またその構成員を編成することを要求します。それは、人々の内面に国家と個人、全体と個が切っても切り離せない関係であるという価値観、思考、情動を植え付け、戦争ができる社会と制度を作り上げていくということです。このような戦争の枠組みにとって障害となる社会や人々は、文字通り、主権国家の敵、あるいは無用な存在として差別、排除されていくわけです。多くの先住民は、この論理によって、「劣等人種」としてジェノサイドを経験しました。

セトラーコロニアリズム(入植者植民地主義)による先住民の収奪と排除は、文明史観、近代化論、国民国家論、あるいは資本主義史によって「歴史の必然」のように語られてきましたが、その自明化は、人種主義がもたらしたイデオロギー効果です。進歩と遅滞、文明と野蛮という近代の歴史観の根底には、自然淘汰の論理を普遍的な真理とする進化論が存在していましたし、先住民の征服、支配、殲滅はそのような歴史観にしたがって必然化されてきました。

主権の論理は、「野蛮」な人種は知性の欠如と文化の未熟さゆえに自己決定権をもたないと彼らの生存権を根底から否定してきましたし、資本の論理は、「無知蒙昧」な人種は農耕などをとおして自然を改良し、富を生み出す理性を持たないとし(例えばジョン・ロックなど)、かれらはいずれ自然消滅する運命にあるという見方を前提としていました。それは、植民地主義による先住民の収奪を「いわゆる原始的蓄積」、つまり「資本の前史」として論じたマルクスやマルクス主義もある程度共有していた認識です。

明治日本もまた、非キリスト教文化圏に属する国として、主権が認められていなかったゆえに、不平等条約を押しつけられ、植民地化の危険にさらされました。それへの対応として、天皇を中核とする主権国家が構想されました。

磯前さんと酒井さんが話された平等原理としての天皇制をこの観点から考えてみると、ヨーロッパ諸国がキリスト教の「神」の概念をもとに主権国家間の平等関係を作り上げたこと、また、国内においては主権者である王や女王が領民一人一人とparens patriaeの関係（人民の父・親として慈愛を持って領民の安全を守る関係）を築いていったことに繋がっています。天皇の眼差し＝慈愛という平等の原理は、主権原理を入れ子構造のように国際関係から国内における統治形態にまで適応していくことで生まれました。近代における主体形成は、酒井さんが議論されてきたように、集団であれ、「個」であれ、主権原理と切り離して考えることはできないでしょう。

主権原理がもたらした凄まじい収奪と暴力を背景に、汪さんがおっしゃった平等を原理とする脱植民地運動や奴隷制廃止のための闘争の歴史があったわけです。私も、汪さんに共鳴するのですが、ヨーロッパ啓蒙主義が生み出した本質的に矛盾する平等原理を脱構築し流用したさまざまな脱植民地運動は、平等思想を考える上で極めて重要な遺産であると考えます。実際、脱植民地化（decolonization）や脱植民地的（decolonial）という言葉は、近代社会において規範化されてきたさまざまな価値や思考、生活様式からの解放を意味するようになり、最近のジェンダー研究、クゥイア研究、先住民研究、また、いわゆるポスト・ポストコロニアル研究でも頻繁に使われ始めています。

さらに、我々が直面している自然の搾取や破壊を視野に入れた時、アジア社会や先住民社会が独自に生み出してきた平等思想、特に、人間中心主義を超えた思想から学ぶことも、脱植民地的な取り組みの一つですね。それは、非西洋や前近代への回帰ではなく、近代が破壊し忘却した思想や生活様式の筋道をもういちどたどる中で、何を暴力的に否定することで近代社会が生まれ、成り立ってきたのかを理解する作業であり、その抹消された遺産から現代と未来に向けて何を学び取れるのかを探求することです。

第二節　謎めいた他者と主体化過程

司　会　平野先生、ありがとうございました。以上の三人の先生がたの平等に関する提言を念頭において、次の問題に移りたいと思います。

磯前先生の場合、謎めいた他者が、どうしても主体が生起する時に必要であるということをおっしゃいました。日本が戦後、日本人としての主体を作り直すときに、謎めいた他者として、日本に住んでいる在日の韓国人とか被差別部落の人たちが果たした役割についてお話しされました。

ちょうど一か月くらい前、私は一冊の興味深い本を手にしました。日本で出版され、韓国語に翻訳されたもので、『家族写真をめぐる私たちの歴史――在日朝鮮人・被差別部落・アイヌ・沖縄・外国人女性』という本です。日本で言う「戦後」、日本で日本人としての主体を作る時に、こういった謎めいた他者たちが必要であったというのが磯前先生のお話だったと思うのですが、逆に謎めいた他者たちが、日本に住んでいて自分たちの主体を形成する時に、日本人と認識したかということについて、ここにはヒントになるようなことが出ていると思われるのです。

彼らは一生懸命自分たちの記憶を呼び覚まそうとして、昔の家族写真――自分の親、あるいは、祖父世代の写真――を取り出し、それと同じ服を着たり、あるいは、同じポーズをとって、三〇年、四〇年後に写真を撮るのです。

それでまた、彼らの後を継ぐ三世、四世に伝えていくということになるんですが、主体と謎めいた他者のことを考える時に、日本に住んでいる被差別部落民とか、在日の人とかの関連で、日本や日本人という概念はどのような役割を果たしてきたのか、もう少し話を進めていただければと思います。

磯前順一　第一に、謎めいた他者というものは、普通の他者とは違うというのが私の理解です。例えば、在日の方とか被差別部落の方と、いわゆる日本国民と呼ばれている人たちのマジョリティの関係というのは、酒井さんが共形象（co-figuration）と名づけたような、非国民だったり、非日本人のようなイメージがあるという関係ですね。それはあくまで個人と個人の関係、あるいは集団と集団の関係です。

しかし、今日、謎めいた他者の例として出したのは天皇制の話だったわけで、それは酒井さんがいみじくも牧人権力として捉えたように、こうした個人対個人の関係とは大きく性質を異にするもののように思われます。天皇制の場合、何か自分が意識できない、自分と違うとか違わないか意識する以前の、自分の主体の生成そのものを規定してしまう何ものかなのです。それがシニフィアン——意味を与える表象記号——として、場合によっては在日コリアンとかアメリカとかもそのように機能する場合があるわけですが、私の報告においては、何よりもまず天皇制というものが、戦後日本においても日本国民という主体を作ったといいたかったわけです。

それに対して、在日コリアンの方とか、被差別部落民の場合には、特に関西では同和教育でそういう人に対して差別してはいけないよとか厳しく教えていますが、それはそういう個々の主体が成り立った後での次の段階において、個別対個別の関係で、個としての他者に対する倫理が問題にされてくるわけです。

他者と言っても、こうした二つの認識段階があるのだと思います。最初は私も他者という言葉を、個体としての他者に対する倫理という文脈で用いているだけでした。差別は、自分たちがきちんとした態度をすれば止められるでしょうといった、通俗的なヒューマニズムの意味においてです。しかしよく考えていくと、自己と他者の関係というのは、在日や部落民といったマイノリティをそれぞれの理由で成り立たせている複数性（plurality）の空間、すなわち公共圏に放り込まれた人たちが、本来、相互理解などできない非共約的関係として生成したにもかかわらず、差別という関係も含めて、なんらかの関係を有する共約性にすでに支えられてしまっている。それを支える場を成り立たせしめている力を、謎めいた他者の眼差しと呼ぶことにしたのです。

その過程で、酒井さんの「一視同仁」論に導かれて、ジャック・ラカンの大文字の他者、そして小文字の対象aという考え方はとても参考になりました。被差別民や在日コリアンたちは、本人の自己意識は別とすれば、日本の社会にとっては謎めいた他者というよりは、固定した意味を転覆しうる残余、すなわち小文字の対象aに当たるのでしょうね。

謎めいた他者については、主体がそのような眼差しを意識して必要としているというよりは、そういうところに放り投げられている、投企されている。気づいたときには、すでにそのような場の中に自分がいるという存在になっている。主体のほうが、謎めいた他者によって規定されているのだから、能動的な関係ではなく、あくまで受動的な関係として成り立つのですね。自分が能動的なのが個別の他者との関係。しかし、自分があくまでも受身で、それに対するリターンとして二次的に対応することになるのが、謎めいた他者との関係なのです。

具体的な例で述べると、あいつは嫌だなぁとか、あいつを差別しようという際の他者が、被差別部落民だったり外国人のマイノリティだったりするわけですけれど、それは主体が能動的に差別しているわけですね。それが謎めいた他者という別の範疇の他者を考えたときに、私のなかで「他者論的転回」という認識論的転回が起きました。

そこで酒井さんが指摘されたように、その眼差しというのが、おそらく自分を規定する謎めいた他者からの眼差しを帯びていて、自分が眼差されていることを気づかないうちに、その眼差しの中で、「私は日本人だ」と思ってしまったりするわけですね。すでに、本人が気づいた時にはそうなっているのです。それを大人になっていく過程で、物の見方を学ぶことで、その眼差しからある程度自由になりながら、物を考えたり活動ができるようになる可能性も生じてきます。では、その眼差しから解き放たれるために、何が必要とされるかというと、私の限られた経験からすれば、「声」でした。それも酒井さんがすでに、最初の著作である『過去の声（*Voices of the Past*）』のなかで述べています。

声と眼差しというのは、おそらく違う効果を持つものだと思います。眼差しというものは、気づかないうちに自分の背後からこちらを見ているものですね。一方、「声 Voices」というのは、かすかに聞こえてくるんです。酒井さんが指摘しているように、あくまで複数性の声です。東日本大震災の被災地に行っても、泣いていたり、笑っていたり、かすかに声が聞こえてくる。その声を聞くことで、自分が知らない他者の声を聞くことで、自分の認識を修正していく。その眼差しに対して声が聞こえてきて、その声をきちんと「翻訳（translation）」をしていくことで、自分を謎めいた他者の眼差しから解放していく。その意味では、やはり声というのは、大文字の他者である「他者の眼差し」に対して、小文字の対象aと捉えるべきなのでしょうね。

問題はその声の聴き方、あるいは眼差され方です。声を聞かないために耳を塞ぐとか、眼差しを完全に遮断するというのは無理だと思います。日本の東北地方の被災地に行くと、そうした眼差しや死者の声に憑依されて苦しんでいる人たちは、当然のことながら沢山います。保証金が入ってギャンブルにはまっちゃった人とか、自分の死んだ家族の声が聞こえて、生きていて申し訳ないから自殺する人とか、理由は様々ですが、かなりの方が苦しんでいらっしゃいます。

だからこそ、どのように声を聞くかが問われなければならないのだと思います。例えば、毎晩、自分は幽霊が見える、と。霊が出てきて、お父さん、私と一緒に死んでくれという声が聞こえて苦しいんです、というような例があります。でも、それは、その方が死者の声を正しく聞いているかというと、私は違うと思うのです。私と一緒に死んでくれっていうのは、現われる幽霊に対して「おまえの言い方は間違っているよ、お前は本当は、お父さん、私が死んだ分も代わりに生きてくれと言いたいんだよ」、と本人の言葉とも違ったふうに聴いてあげなければならない。それが意味の読み替え、酒井さんが主体の技術の問題として捉えてきた「翻訳」行為の意味だと思うのです。

韓国にはムダンがいて、日本にはイタコがいますが、そうしたシャーマンとしての熟練者は、自分の耳に聞こえてくる声を鵜呑みにせず、その裏にある、あるいは心の奥にある、声を発する当人さえ読み取れていない声を聴き取ってあげる技術に長けているのでしょう。翻訳というのは、まさしくそうした読み取りの技術だと私は思います。

そういう風に声を聞いてあげた時に、「あぁ、自分も死ぬべきだった」という気持ちに変化が訪れる。そういう翻訳の技術によって、主体のあり方が変わってくるのです。それは、謎めいた他者の眼差しと、また別のところから聞こえてくる、かすかなざわめく声々に対して、自分がどういう風に捉え返していくのか、自分を開いていくのか。まさしく主体の技法なのです。そこに酒井さんの指摘する牧人権力に対する、対抗の可能性も生じてくると私は感じています。

酒井直樹　一点だけちょっと強調しておきたい点があります。国民共同体ができると平等の原理が成り立ちますけれども、それと同時に、国民共同体を作るためには外国人を排除することがどうしても必要になってしまいます。つまり外国人に対しては平等の原則を適応しない。外国人を排除することによってしか、国民あるいは民族は作り出せない。外国人を排除するかぎりではじめて平等が近代国家においては確保されるという建前ですね。

そのように排除された外国人は、しかし、自分たちの国民共同体に帰属する限りで国際世界（international world）における主権国家の間の平等によって救済されることになっています。つまり、国際世界においては、個人の間の平等だけではなく、国家の間の平等があるからです。国際世界とは、主権国家の間で国際法によって相互の国民の権利を保障する体制だからです。ところが、主権国家を持たない人々はどうなるのか。まさに平野さんが述べた、近代の国際世界の裏面を考えざるを得なくなります。

さらに、平等の別の用法を考える必要がでてきます。平等の一番わかりやすい例は、等価交換の原則のもとに遂行される商品交換に見出されるでしょう。贈与交換とは違って、商品交換は等価、つまり、同じ価値を交換するという建前で行われます。その際に建前としての平等は国民共同体内に制約されません。しかも、商品交換は平等を裏切るような現実を生み出すことが多いことはよく知られています。

汪暉さんがいわれたように、現実に資本主義というのは、商品交換を基本形態としています。ところが、実質的には商品交換をしていくと、格差・不平等はどんどん拡大する。それはもう十八世紀に、アダム・スミスの段階でわかっていたわけですね。それで、現在の地球規模の資本主義において、格差に被害者たちが何を要求するかというと、やはり平等を要求する。その時の論理として、彼らは平等が保証されているはずの国民共同体・民族共同体を強烈に願望することになる。

その時に、一番困ったことは、このような共同体は外国人を差別すること以外では、最終的には平等の幻想（平等の制度化ではなくて）を保障できない。そうしますと、その段階で必ず起こってくるのは、移民排除の論理ですね。ただし、国民共同体の内と外は、最終的には、空想の審級でしか区別できません。

その最も典型的なのはファシズムでしょう。一九二〇年代から三〇年代のヨーロッパで大恐慌がありました。その時に、「ヨーロッパ人のためのヨーロッパ」を作ろうという主張がヨーロッパ中に広がりました。ヨーロッパに本来住んでいるヨーロッパ人と、ヨーロッパの外から来て今はその内に住んでいる非ヨーロッパ人を区別して、非ヨーロッパ人には出て行ってもらおうという運動です。

その時にヨーロッパ人ではないくせにヨーロッパにいる非ヨーロッパ人の一番の象徴、あるいは、アジア人のくせにヨーロッパに住まう典型的な例として注目されたのがユダヤ人であったわけです。ヨーロッパは国民共同体ではありませんが、ここでもその内と外は空想の位階でしか成り立たない。そこで、外からヨーロッパに侵入し、ヨーロッパには決して同化しない者たちの象徴としてユダヤ人が理解されたわけでしょう。

実質的な体験として、ユダヤ人が何か悪いことをしているということではないのです。ユダヤ人に騙されたとか、ユダヤ人に職を奪われたという、具体的な体験があるわけではなくて、空想的な審級で、ユダヤ人陰謀説が機能するわけです。在特会の移民排除運動が、同じような仕方で、空想の審級でその支持者層に訴える仕掛けとユダヤ人排斥運動の間の類似性に、気がつかれた方は多いのではないかと思います。

現在世界の各地で起こっている移民排除の運動には、「ひきこもり」あるいは「内向性」とでも言ったら良いのでしょうか、ある共通点があるのではないかと感じています。それは、かつて英国の文化研究で論じられた「帝国の喪失」(loss of empire)にも通ずる現象ではないでしょうか。「帝国の喪失」とは一九七〇年代に始まり、二〇一六年のブレクシス(BREXIT)に如実に現れた、かつての植民地帝国の国民が植民地を喪失することによって、自らの帝国臣民としての自負を失い、排外的な行動によって失われた宗主国国民としての自信の欠如を補完しようとする排他的な行動や心的状態を生み出す状況でしょう。大英連邦の場合、主に一九四〇年代から一九五〇年代にかけて、アジアやアフリカなどに多数あった英国植民地は次々に独立しましたが、植民地喪失後二〇年間ほどは、連合王国国民が自分たちの国がもはや植民地宗主国ではないという自覚をすることはありませんでした。ところが、一九七〇年代になって、この自覚は突然やってきます。その最初の兆候は、植民地宗主国民としての特権を喪失したことを、移民や外国人の所為にする移民排除や排外主義の運動です。ちょうど一九七〇年代は連合王国がヨーロッパ共同体に遅ればせながら加入した時期で、ヨーロッパ共同体の単なる一員として扱われることを通じて自分たちが「もはや帝国ではない」ことに気付かされるのです。その後四〇年以上、連合王国はヨーロッパ共同体に留まりますが、「帝国の喪失」にまつわる国民の怨念は面々と続きます。そして二〇一六年になって、ついに、国民の自信喪失は反ヨーロッパの世論として爆発し、経済的には英国経済に多大の損失が与えられることが明らかに予想されたにもかかわらず、EU(European Union)の脱退の国民投票として現実化します。

日本の場合も、太平洋戦争での敗北の結果、日本はその植民地を失い帝国の地位からの脱落を経験しますが、冷戦下の合州国の極東政策のおかげで、朝鮮戦争以降合州国の極東の帝国主義政策のお先棒を担い「下請けの帝国」として帝国の威信だけは辛うじて維持することを許されます。その結果、日本国民の間では、韓国や中国といった、かつて植民地化したアジアの国々に対して、合州国の威光を背に着た優越感だけは維持されてしまうのです。ところが一九九〇年代になって、「慰安婦問題」を筆頭にした戦争責任／植民地責任問題に直面すると、「帝国の喪失」の現実に直面しなければならなくなりますが、正面から対処することを拒否する反動的愛国者が力を得てしまう。そこで起こったのが、「ひきこもりの国民主義」と私が名付けた現象でした。

アメリカ合州国は、連合王国や日本と違って、植民地を喪失することによって「帝国の喪失」の事態に直面したということはできないでしょう。確かに、かつてフィリピンやハイチなどの植民地を支配していましたが、第二次世界大戦後の国際連合を基本とする新たな国際世界において、北大西洋機構や日米安全保障条約などの集団保障体制（collective security system）を樹立することによって、西ヨーロッパや東アジア、さらにラテン・アメリカの国々などを属国化し全地球規模での覇権（ヘゲモニー）を樹立した結果、第二次世界大戦後にも実質的な意味での植民地帝国の地位を維持します。まさにパックス・アメリカーナと言われる所以です。にもかかわらず、合州国も、現在、「帝国の喪失」に類似した事態に直面しているのです。ドナルド・トランプをめぐる米国共和党の変質に代表される、合州国に如実に見えるファシズムへの傾向を、私は連合王国や日本などに見られる、いわゆる先進国における「帝国の喪失」の一環と考えています。

これらの「帝国の喪失」に見られるのは、これまで近代的国際世界を維持してきたさまざまな位階の秩序が変化してきたことに対する怨恨です。後進国と先進国、有色人種と無色人種、宗教的反理性と科学的理性、第三世界と第一世界、などといった人類を分類する範疇が、歴史的に遅れた人々と先を行く人々の差異に基づく発達史観、資本主義の展開が生み出す貧富、上下の秩序に沿って整合的に秩序づけられている、とする近代世界特有の思い込みが維持できなくなってきている。十八世紀以降の国際世界は、これらの位階を西洋中心主義の下に統合し、西ヨーロッパが工業化の先頭をゆき、ついで北アメリカが世界の産業の中心となるという歴史的語りによって纏め上げられてきました。主に西ヨーロッパと北アメリカに住むとされた白人（無色人種の典型）は、同時に科学的理性の担い手であり、産業化された社会を担い、最も文明化されていて、技術的熟練を備え、まさに第一世界と呼ばれる先進社会の構成員であるのに対し、有色人種とされたアジア、アフリカ、あるいはラテン・アメリカの人々は「遅れた人々」であり、白人を模倣すべく運命付けられた、（第二世界がほぼ消滅した現在では）未開発の第三世界の住民にすぎないとする、西洋人・白人中心的な空想が通用してきたわけです。

ところが、「帝国の喪失」と呼ばれた事態は、これらの分類と分類の範疇の間の位階秩序の妥当性そのものを疑うことを人々に強いてきます。そもそも白人と言っても、科学的理性とは無縁の人もいれば、産業化社会で上昇志向に必要な技術的熟練や科学的教育などの文化資本を持たない者はいくらでも居る。彼らは、必然的に競争に敗れ、相対的な貧困に悩まされます。さらに、中国や韓国の例に見られるように、資本主義において急速に成功する人々と比較するとき、そもそも白人なる範疇は概念的な整合性を持つのかが疑わしくなり、そもそも歴史的な恒常性があるのかどうかもわからなくなる。白人と呼ばれる人々のうちに多くの格差があり、白人と言ってひとまとめに分類することができないことを否が応にも教えてくれます。

一昔前には東アジアの後進国と言って近代化の遅れの象徴のように扱われていたのに、すでに最近の日本の例でも明らかになっているように、日本の個人当たりの平均GDPは、これまで後進的であるとされた台湾や韓国のGDPに追い抜かれている。全く同様な事態が合州国でも起こっていて、合州国内の低学歴の白人低所得層は、合州国内の第三世界を構成してしまっていて、これまで近代世界の階層化を支えてきた人種、近代化、貧富、科学的理性、といった上下秩序の位階がもはや機能しないことを、ありありと示してきてしまっているわけでしょう。

興味深いことに、近代国際世界を空想の次元で支えていた、分類や位階の秩序が崩壊したと感じられるときに再来するのが、人種主義の旧態依然とした上下関係なのです。まさに、白人の優位という思い込みが現実によって拒否された時に起こるのが、人種主義を再興しよう、白人という同一性にしがみつこうとする白人至上主義なのです。富においても、知識においても、科学的判断力においても、自分の自信を維持できなくなった時、これらの「負け組」の白人が最後の拠り所にしようとするのが、彼らの人種的同一性という空想の位階であり、トランプ支持層を動かしているのは、白人労働者層の白人としての不安（white anxiety）であり白人至上主義でしょう。この意味で、合州国における「帝国の喪失」は、一方で近代国際世界の変質と結びついており、他方で「ファシズムへの傾向」に起結すると考えざるを得ないのです。

それがアメリカだけではなく、世界中の多くの国で起こっている。日本のように移民が少ない社会でも、韓国でもお聞きになったかもしれませんが、在特会が街頭デモをやって、移民を排除しようとするわけでしょう。在日を追い出せと言って、あるいは台湾から来ている中国系の人を追い出せと言って。しかし、彼らは移民について何も知らないし、知ろうともしない。

だから今、世界中で起こっている問題が、いわゆる空想の審級での政治の問題が強烈にできてきて、それは、おそらく磯前さんがいわれた主体化の問題と深く関わってきていると思います。

磯前順一　本当に酒井さんのおっしゃるとおりだと思います。司会の宋先生が聞かれた国民から排除された人たちがどう思っているかということについてですが、自分の知っている範囲で話すと、大阪の被差別部落の人たちのところに一九三〇・四〇年代に朝鮮半島から移民として入ってきた朝鮮人の人たちがいます。土地が安いのと、被差別部落の人たちの住む土地で、安価な労働力として需要があるので、一番底辺層の労働者として入ってきます。

そうすると、同じ地域の隣接した区域に住んでいるにも関わらず、被差別部落の人たちは自分たちは日本人だという認識のもとに、朝鮮から来た人たちにお前たちは日本人じゃないだろうという主張をして、差別が始まったといいます。先日、汪暉さんとも酒井さんとも現地に行きましたが、現在でもそれは続いているんですよね。

そこに入ってきたのが、放射能問題で福島県から移動して来た人たち。彼らが放射能を伝染させるとして、また現地の人達と葛藤を抱えるのです。その差別の論理は、自分たちの方が純粋な日本国民に近いのだというものです。だとすると、日本国民という、謎めいた他者のアイデンティティから漏れた人と漏れない人が出てくる。でも、それは酒井さんが言うような偶発的なものなのだけれど、それが必然という形をまとって、個別の他者として姿を現してくるのでしょう。

それに対して、このからくりに自覚的な人達は、自分たちの中にこそ、その暴力性があって、その論理に憑依されて差別を繰り返していると言います。けれども、そういう人たちは極めて少ない。自分の主体が、謎めいた他者の眼差しに捉えられていないと、不安で仕方ないからです。そこに、丸山眞男以来の、戦後の世俗主義的な主体性論の限界があるように感じています。

司　会　日本におけるアイヌや沖縄人、あるいは在日の人や被差別部落民のことなどを考えると、どうしてもその中にも日本人とそうした人たちとの間で、差別・排除があって、また彼ら自身の中でも差別・排除があります。最近よく耳にする多文化主義という言葉は、そのような差別や排除の重層性を考える上であまり役に立ちません。日本における社会的弱者の立ち位置や彼らの間での複雑な関係性を理解する上で、今おっしゃった「謎めいた他者」や「空想の審級」の観点は重要ですね。そうした人たちが、天皇制をどう見ているかということも非常に興味のあるところです。平野先生、いかかですか。

平野克弥　そうですね、磯前さんや酒井さんがおっしゃったことに付け加えて、簡単に指摘しておきたいことは、国民国家という共同体の中で作動する排除という平等原理と世界の非対称性の中から生まれてくる平等思想や運動を区別して考える必要があるということです。つまり、排除や差別を通して「私も同じ国民になりたい、そう扱われたい」という願望をうみだす共同体的平等原理と人間として対等な立場、またそれを前提にした相互理解と尊重を要求する平等思想とを区別する必要があるということです。

私も明治政府によるアイヌ民族の同化政策をめぐって論じたことがありますが、「一視同仁」は確かに、排除を前提とした平等原理に基づく統治のためのイデオロギーであり、排除あるいは周辺化された人々は、自ら進んで天皇の赤子になろうと兵士になったり、強烈な愛国者になっていきました。日露戦争の時、アイヌの男たちが日本帝国にとって有益な臣民であることを立証するために、自ら進んで「天皇の兵士」になっていったことはよく知られています。

これは、アメリカの黒人男性が、南北戦争以来、人種差別から自由になりたいと軍へ志願してきたこと、さらに、一九七〇年代以来、全米女性機構（NOW）が、女性を徴兵や戦闘職から排除することは、国家のために命を落とすという特別の任務を女性から奪うことだと主張してきたことにも通底している問題ですね。最近では、LGBTQ運動も、平等（市民権）という論理のうえに立って同様の主張をするようになってきています。

国民的な平等原理が生み出す排除が、排除されたものたちに「平等に扱われたい」、あるいは平等が保障されている国民共同体に属したいという欲求を生み出すわけですね。磯前さんがご指摘されたように、被差別者が差別する側に転嫁する可能性がこのような心理状態の中に常に存在するわけです。これが「謎めいた他者」が生み出す主体化という効果なのだと思います。だから、抑圧者対被抑圧者と固定して差別の問題を考えることは、差別の構造を誤認し、それを無自覚のうちに再生産しかねません。

国民的共同体に「平等」に属するとは、国のために戦う権利、ひとを殺す権利を手に入れるということなのですから。差別される客体から差別する主体への転換が起きてしまうのです。あるいは、客体と主体が共存するような状態ですね。

その一方で、世界の圧倒的な非対称性——これは前述したように、主権原理や資本主義／植民地主義／奴隷制が生み出したものですが——への抗議や抵抗、例えば脱植民地化運動から生まれた平等思想は、基本的に、征服者・植民者である西欧人や日本人による支配からの解放を求める運動でした。その運動が求めたものは、人間としての尊厳をベースにした隷属化や搾取からの解放としての自己決定権（self-determination）ですね。

これは、国民国家が促す平等＝同化・動員という事態とは、状況もそれに伴う政治も異なるものです。フランス植民地主義からの独立を目指して闘ったベトナムの革命家ホーチミンは、植民地的資本主義は自らの犯罪と搾取の醜悪さをおおい隠すために、平等や友愛を語るのだとヨーロッパ啓蒙主義の矛盾を看破し、この「平等」の宣教師たちが実際どのようにそのスローガンを実践しているのか見てみろ！　と書き残しています。

ヒューマニズムを高らかに唱えてきたフランスは、野蛮な行為——村を焼き払い、村人を拷問し、婦女子をレイプする——を何の罪悪感もなく繰り返すフランス人兵士を支持している、これこそが彼らの言うヒューマニズムなのだ、とホーチミンはフランスのヒューマニズムを徹底して批判しています。この残虐な植民地支配とそのための戦争は、その後、アメリカ帝国によって引き継がれていきます。

ベトナム戦争で闘ったフランス兵士とアメリカ兵士の多くは、ＰＴＳＤ（心的外傷後ストレス障害）で苦しみます。アメリカの調査によれば、一〇〇人中三〇人の兵士がＰＴＳＤだと診断されています。彼らは、兵役を終えた後は、ひどいうつ病に罹ったり、全く廃人同様の生活を余儀なくされました。湾岸戦争の時も、ＰＴＳＤに苦しむ若者たちを多く生み出しましたね。彼らもまた、国民国家体制の犠牲者だと言えるでしょう。

つまり、フランス領マルティニークの詩人エメ・セゼールが指摘した通り、「平等」を唱えた欧米諸帝国（ここに日本帝国も入ります）は、平等という排除と差別の原理によって、被植民地者ばかりでなく、自国民をも非人間化してきたのだということです。セゼールは、植民地支配や植民地をめぐる帝国主義戦争をさして、他者を蹂躙するものは自らが野獣になるのだと言っています。

幸徳秋水も一九〇一年に執筆した『二十世紀の怪物　帝国主義』で同じようなことを指摘していますね。帝国主義は、帝国の繁栄の名の下に、若者たちの虚栄心、好戦のこころ、野獣的本能を扇動し、発揚し、最終的に彼らを破滅へ導くと。そして、そのような兵役に駆り出される若者は、ほぼ、貧しい家庭の出身だと。アメリカの徴兵制は、まさにその構造を今でも持続していますね。この点も、平等あるいは正義を考える上でとても重要でしょう。

もちろん、脱植民地闘争の後に生まれた社会は、それに献身した革命家や庶民の理想からほど遠いものであったことを忘れてはならないでしょう。被植民地社会が独立した後、国内において植民地体制を温存させる形で、新たな人種差別や経済的搾取構造、独裁体制を生み出しました。これは、独立運動を闘っていたフランツ・ファノンが既に予見していたことです。酒井さんがおっしゃるように、国民国家の平等原理とは常に排除と差別を伴うものであることは、この例からもわかります。

もう一点だけ簡単に述べておきます。汪さんと酒井さんがおっしゃった商品の等価交換——ブルジョア的平等原理——の問題ですが、マルクスが批判したように、自由主義経済が前提とする市場経済はまさにそのような幻想を前提に動いているということですね。

本来、等価関係を結び得ない交換不可能なものをあたかも交換が可能であるかのように見せてしまう構造が資本主義社会を成り立たせているのですが、そのような商品形態の裏に隠れているさまざまな差異や不平等を可視化したり、自由主義経済が前提とする市場経済の幻想を打ち砕くのもまた、理念としての平等思想だということを考えてみる必要があるでしょう。平等ということは、抽象的なレベルだけでなく、具体的なコンテクストのなかで考える必要があり、それによって、その思想がもつ重層性が見えてくるのではないでしょうか。

第三節　理念としての平等

磯前順一　酒井さんと平野さんが、汪暉さんが出してくれた平等という考え方に関して、それを受けた形でそれをどう理解したらいいかという、平等という理念の位置づけ直しを行ってくださいました。その内容をもう一度確認した上で、再び議論に入りたいと思います。

ひとつは、平等という理念は形而上学的なものであるという指摘がありました。ジャック・デリダの言うところの「真理」と「法」の関係を、私は想起しました。現実に介入するためにこそ、現前することのない翻訳不能なある種の理念として平等が必要なのだと受け止めました。そうした理念は、真理と同じように、具体的な政治的な状況の中でこそ、現実世界を照らし出し批判する効力を持ちうるということだと思います。

現実というものは実際には平等な関係で支えられているのではなく、不平等な（unequal）あるいは不均質な（uneven）ものである。だからこそ平等という「理念」が現実に介入することで、その不平等な状況を相対化する役割を果たすことができるというお話であったかと思っています。

その流れを受けて、平野さんが平等という理念には抽象性と具体性という、その内部に両義的な性質を収めおくものだと話してくれたのだと受け取りました。ここまでの私の理解を糺す意味も含めて、まずは酒井さんにもう一度お話をしていただきたいと思います。

酒井直樹　わかりました。平等というものは、これは伝統的な哲学の言葉で言うと理念であって、概念ではないということです。つまり概念というのはある現実について対応する、その意味では経験的に実証可能なある事態を表しますけれども、平等の場合はそうでないですね。

逆にいうと、平等というものを考えるときには、いつでも歴史を考えざるを得なくなります。つまり、ある時期には全く不平等であることが当然であって、人々が全く当然視していたのに、ある段階でもってその平等の問題が告発される。その典型的な例として、私が申し上げたのが同性愛の人たちですね。今では同性愛の問題というものが平等に関する最も重要な問題になっているのに対して、私たちは三〇年前にはそんなことはほとんど考えさえもしなかった。つまり、不平等であるということさえ考えなかったのです。

その意味で、絶えず私たちは平等というものをある政治的なというか、歴史的な行為によって問題化する。その歴史的な行為を導くために、いつでも未来に向かってそれを投企するためのものとして、理念としての平等があると思うんですね。

これは磯前さんの問題とも関わりますけども、日本の場合には近代化の重大な一歩として天皇制を平等の原理として導入しました。まあ、いろいろな議論がありますけど、天皇制そのものが基本的に近代的な制度だと思います。天皇制は天皇家の系譜とは別の制度です。天皇制を導入することで、それまであった身分制度というのが一応、全部拒絶されたわけですね。天皇制の明治時代における導入と、四民平等という考え方が出てくるのは重なるわけです。

なぜかというと、それは、当時の知識人が熱望した、国民という共同体を新たに作り上げることだったからです。それまでは、国民という共同体が存在しなかったわけです。国民という共同体を作り上げると、法の前での平等という概念が、はじめて意味を持ち始めました。現実に平等であったかそうでなかったかとかそういうことではなくて、ある理念として広く承認されたわけです。平等の理念を受け入れることによって、近代の国民国家における一番基本的な構造ができあがるわけです。そして、その時に天皇制が導入されたわけです。

国民が成立すると同時に、ある特定の国民共同体に帰属しない外国人は別の国民共同体に帰属するという建前が成り立つことになります。つまり、国民に帰属しない個人は別の国民に帰属することになるわけです。ここで、複数の国民が併存する国際世界を背景にして、個人としての国民と個人としての外国人の区別が樹立されてくるわけです。

国際世界とは、複数の国民共同体が併存する体制であり、一つの国民という集団は別の国民という集団とは、はっきり分離されていて、それぞれの国民国家の領土が国境によって隔離されているように、個人としての国民も外国人とはキッパリと差別されることが、国際世界では原則として打ち立てられるわけです。その上で、単に一つの国民に帰属する個人が平等であるだけでなく、複数ある国民共同体は、国際世界においてはお互いに平等であるという建前が成り立つことになります。これらの建前を保証していたのが、ヨーロッパ公法（JUS PUBLICUM EUROPAEUM）であり国際法の体系なわけです。ところが、国際世界に帰属することにできない人々はどうなるのか、といった問題が残ります。

平野さんが指摘されたように、ここには「無主地」（terra nullius）にまで及ぶ問題があります。現在、近代の国際世界の定住民植民地主義の問題が、パレスチナとイスラエルの間で綿々と続いている。つまり、このような国民の平等な併存の体制は、領土的主権国家をもつ国民の間でだけ成立するもので、主権国家として国際世界に帰属しない領土に住む住民は、外‐国‐人にさえなれないことになります。実際、第二次世界大戦に至るまでの世界では、「国民」の住む地域より「国民になれない」住民の住む地域の方がその面積でずっと大きかったわけです。だから、外国人に向かっては平等とは言わないわけです。その条件をもって、平等が確保される。それが国民国家という制度ですね。しかし、それではもはや済まないのではないか、そのようなことが起こってきていると思います。すでに第二次世界大戦後には、国連憲章などによって、国民国家内の平等を補う形での普遍的な平等が定義されています。それは、国民共同体を超えた平等であるわけですが、国際連合そのものが国際法の再生と使命を担っている。その限りで、限界がある。

現在、平等の限界についての議論が最も激化しているのが、先に申し上げたように、移民に対する反移民人種主義だと思います。彼らは、もう公然と移民を差別しようといい始めているのです。それは国民主義の原理とは矛盾しないので、非常に深刻な問題を提示していると思います。その典型的な形というのは。一般に私たちがファシズムと呼び表しているものです。実は平等といった理念そのものの中に、ファシズムの可能性が内在しているというふうに考えざるを得なくなる。その時に私が考えていたのは、天皇制のようなものが、細かい点については私が書いたものを読んでいただければわかると思いますけども、キリスト教の考え方を密かに盗作して作り上げていったということなのです。

ただし、ここで、天皇制が古代キリスト教への回帰によって成就したと言いたいわけではありません。それは時代錯誤でしょう。日本で天皇制を実現するためには、近代に発明されたさまざまな技術が使われているだけでなく、国際世界の中でいかに植民地化を防ぐかという課題があったのです。世俗化が進展しつつあったヨーロッパでは、「牧人権力」の残滓は急速に公的な場から消滅していきました。さらに天皇制の主導装置としての「牧人権力」は、国民皆兵、普通選挙権、国民教育などの近代化の政策の中でその具体的な制度化が進められてゆき、個人が国民へと帰属する際に機能する想像的な力学が普及してゆく過程で平等は大きな役割を果たします。私たちが、平等のポリセミー（意味多価性、polysemy）を考える上で、「牧人権力」は見逃すことのできない一つの位階（sememe）となっています。

そういう意味では、ミシェル・フーコーが古代キリスト教における権力構造の「牧人権力」と呼んだものが、実は近代になって起こった天皇制の中にも見事にあるわけです。この問題を考え始めると、このような権力としての平等というのは単に肯定して済む問題ではなくなります。この問題も含めたうえで、平等を批判的に再検討する必要がでてくる。そういうふうに感じました。

もちろん、ヨーロッパの場合はそういうふうにいかないのです。なぜかというと、少なくともフランスやイギリスの場合には革命を経ていますからね。このような国王の眼差しで、平等を保障するのではなくて、いったんそのような国王を処刑するわけですよ。実は、その構造そのものはヨーロッパでも簡単には壊れなかったわけですけども、少なくも日本の場合はそういう過程を、ついに一回も経なかったのです。

　私は、韓国の場合はそれをやっていると思うのです。少なくとも、大統領をいわゆる罷免するところまでは何とかやったわけですから。それが一回も日本の場合はなかったので、こうした形の天皇制の構造はそのままずっと温存されてきたと考えざるを得ないと思います。


磯前順一　ありがとうございます。二つポイントがあったと思います。まず一つは、平等というのは概念ではなく、現前不能な理念ということでした。これは、我々の円卓会議のテーマであった、「到来しつつある社会（coming society）」の"coming"ということと、「理念（idea）」ということが同じだろうということですね。「到来しつつある」というのは、ジョルジョ・アガンベンの「到来する共同体（coming community）」という言葉から示唆を得たのですが、酒井さんの言う「到来しつつある理念（coming community）」というのも、決して現前はしないんだけれども、現在に向かって到来しつつあるんだという意味だと思います。

　決して現在には到来しないということを確認した上で、でも来たりつつあるということなんですね。やはり酒井さんの指摘した牧人権力と同様に、きわめてユダヤ・キリスト教的な理念ですね。「啓示（revelation）」というものが理念としてやって来て、現実を照らし出すということです。ここで、平等というものの理念的な位置づけが確認できました。これは、民主主義の理念を考える上でも、非常に大事だったと思います。

　二つ目は具体的な例として、天皇制と国民国家という問題が出てきました。酒井さんが言うように、天皇制がある種の平等な理念を提示したわけです。私の報告と重ね合わせると、天皇という謎めいた他者の眼差しによって、一視同仁に眼差されることによって、国民という主体に理念的な平等がもたらされるということです。それが恐らくは、アガンベンが言うところの「主権者（sovereign）」、主体が法的な主権者として公共圏に参入するということだと私は考えています。

さらに酒井さんが問題にしたのは、平等という理念のもとにファシズムが成り立つという危険性でしょう。このファシズムをハンナ・アレントが述べたように「全体主義」と理解すれば、平等というのは「均質化」された「全体主義」となりますね。そこで民主主義がポピュリズムに転じる危険性も出てくるのでしょう。

さて、以上の問題整理をしたうえで、すでにご報告で平等性の問題に触れた汪暉さんに、酒井さんの提起された平等の理念性、そして平等とファシズムとの関係性についてお考えを聞きたいと思います。

汪　暉　報告の中で、私は「万物斉同」という思想について語りました。このことはまた、翻訳不可能性の問題と関係していると思うのです。平等はいかにして翻訳できるのでしょうか。「万物斉同」という思想は、中国の古典思想に見られる「事物をみる眼差し」の考えによるものです。この論では、事物は動的な主体であるため、単に人間の欲求を満たすための手段であるという人間中心主義的な解釈はできないのです。

ヨーロッパの思想においては、「万物斉同」というテーゼは汎神論の周辺にしか位置づけられません。ただし、「万物斉同」という観念は、神（God）の概念と何の関係もありません。この思想の起源は、道教の代表的な思想家である荘子（369–286 B.C.）と、大乗仏教における唯識瑜伽行派が提唱した唯識思想に遡ります。

「万物斉同」という思想では、「万物」というカテゴリーに人間は暗黙裡に取り入れられています。この考えでは、人間と事物、あるいは事物同士の間にある差異は排除されません。むしろ、そのような差異そのものが平等のための前提条件だと考えられるのです。

要するに、「万物斉同」とは、事物の眼差しから生じる普遍的な平等概念のことです。このような考えは、二つのことを意味します。ひとつは、人類と事物の間に存在する不平等は、人間同士の間に広く行き渡っている状況を鏡のように映し出していることに由来するということ。もうひとつは、不平等な関係は、実際には言葉や名前、あるいは情動によって生じるということです。

本来、事物は具体的な特殊なものや特異なもの（singularity）を失ったとたん、それぞれの機能が（人間の目的にとっての有用性に応じるかたちで）実体に変容します。例えば、人間中心主義的な視点から、近代的な平等観は、人間が主体であり、事物は客体であるという状況を生み出します。その結果、客体の世界は、潜在的に機能している価値の階層的序列のなかに組み込まれていってしまうことになるのです。

近代社会では、この種の潜在的に機能している階層的序列は商品化という形態であらわれます。実は、それがアマルティア・センの考えに対して私が疑問を覚える理由でもあるのです。というのは、アマルティア・センは、平等に対する従来の疑問の持ち方を批判したと言っているからです。彼は機会の再配分や潜在能力の平等を主張しています。一方で、例えば新疆やチベットなど中国の少数民族が住む地域の人々の多くは、多数の言語で話せる凄い能力を持っています。

しかし、実際には標準中国語と英語を話す能力、つまり、十分な給与を得ることのできる職業や学歴と交換可能な能力だけが能力として認められます。その意味では、そこで起きていることもまた、ある種の商品フェティシズムなのです。能力は、商品化に由来するフェティッシュな関係と依然として固く結びついていることが現実なのです。それゆえ、私たちはこのような問題を改めて考え直す必要があります。

そのため、既に一九一〇年代の時点で、魯迅の教師であった章太炎（一八六九—一九三六）が、「万物斉同」という思想を可能にした認識論的な革命について考えようとしていました。

章太炎は、次の通り述べています。「人は事物について話す際、事物はすべて平等である。それは、ただある種の共通感覚を示したに過ぎない。というのも、そこには物事の善悪という価値の問題が介在していないからである。またそれは、事物が、言葉なしに話され、名前なしに名指され、あるいは情動なしにただ感覚的に経験されるからである。」言葉や名前とは異なり、あらゆる感覚は同じものです。これこそが、「万物斉同」という思想の真の意味です。

以上を踏まえた上で、酒井さんの言う「一視同仁」の問題に戻ることにしましょう。邵雍《シャオヨン》は、十一世紀の宋朝の時代に仏教から深い影響を受けた儒学者です。ここで彼の文章をまず引用しておきましょう。「我々が事物を観察するやり方は、眼で見るのではない。眼ではなく、心で見てとるのだ。より正確に言えば、心でもなく、原理(理、lǐ)に則って見てとるのだ。ここで言う原理とは、内なる原理のことである。」

昔の仙人が、あらゆる事物の情操を統一できたのは、その思慮深い見識によってに他なりません。思慮深い見識とは、事物を「我」の視点からではなく、事物の視線から見るということです。しかし、我々は事物を見るとき、実際にはそのとき使用している存在を見ているのです。これは古くから存在する問題です。

人類の平等に関して事物の分配という視点からのみ行われる議論は、たとえこのような分配が多様な方法で実施されたとしても、事物の所有形態が煎じ詰めれば支配と不平等の真の源泉であるということを論証できないのです。商品交換をもとにした平等概念においては、確かに人間同士の間にある種の関係が表現されますが、しかしこの関係における人間は、ただの事物とみなされます。したがって、「事物」という観念は、人類と事物の間の名指し名指される関係を拒否し、そうすることで「事物」の疎外を否認するものです。

とはいえ、名指し、現れる関係が超克されたあとには、いかなる差異が残るのでしょうか。実は、そこで初めて世界が無限にバラエティに富み、ユニークであることが呈示されることになるのです。こうしたユニークさは、名指しと現れを結び合わせる鎖によってもたらされた一次的な差異を拒絶します。これこそが自由です。またこの洞察は、共同体主義と「万物斉同」というテーゼの違いを明確にすることを可能にします。

ここで、上記の思想を西洋の思想家の考えと比較してみましょう。まずはニーチェです。ニーチェは、人類の優位性という妄想の背景に、惑わしやごまかし、偽り、へつらいがあると指摘しています。彼は次の通り述べています。「われわれは、樹木とか、色彩とか、雪とか、花とかについて語る場合に、そうした事物そのものについてなにごとかを知っていると信じているが、しかしわれわれが所有しているのは、根源的本質とは徹頭徹尾一致しないところの、事物の隠喩以外のなにものでもないのだ。」

隠喩は現実の存在物（entity）とは対応関係にあるものではなく、隠喩から逃れ出る存在物こそが特異なものなのです。ニーチェによれば「自然は、いかなる形式も、いかなる概念も知らず」――例えば、人間の過度に一般化された概念は「真理」として固定化されたものと異なって――「人間にとっては近づき難い、定義しえないXだけである。（中略）あの原始的な隠喩《メタファー》の世界を忘却することによってのみ、もともとは溶石のような流れとして人間の想像力《ファンタジー》という根源能力から流出してきた形象の塊りが、固定化し凝結することによってのみ、この太陽、この窓、この机が真理それ自体であるという根強い信念によってのみ、要するに人間が主観であることを忘却し、しかも芸術的に創造する主観であることを忘却することによってのみ、人間はいくばくかの安らかさと、確かさ、首尾一貫性をもって生きることができるのである。」（西尾幹二訳「道徳外の意味における真理と虚偽について」）

その意味で、ニーチェの立場は平等の思想に敵対するものでした。名前とはそもそも、「大文字の（他者の）眼差し」に他なりません。ゆえに、名前を定義することは不可能です。現実とはつねに識別不能であり、構成された複数の思想のあいだの関係性としてのみ特定が可能になるものなのです。

煎じつめれば、ニーチェが感じている根本的な不満とは、客体を基礎にして表現される外界に向けられた科学者の思考およびこれに関しての過大評価に対してです。この思考は、名前から、それが指示される作用を奪い取りながら、自らを構成していくものであり、多くの思考を妨げることになります。それゆえ、認識論の視点から、ニーチェの思想は章太炎のそれといくら重なるとしても、前者は平等の観念に対して反対的な立場をとっています。

現代におけるヨーロッパの思想家の一人であるアラン・バディウは、シルヴァン・ラザロを挙げながら次のように述べています。「思考の可能性は、主に三つの根本的な発明により、名前を「通じて」――とはいえ、その名前が名指されることなしに――分配される。これらは、一、名前には、定義はない。二、あらゆる規定は、陳述

（ステートメント）によって与えられ、これらの陳述はそれじたいが伝えるカテゴリーによって思考可能になる（このカテゴリーは思考の特異的な内部性（singular interiority）にしか存在せず、これに対して概念（concept）はつねに特異なものとしての名前を犠牲にする）三、名前は場所を所持する。」

そして、「名前は存在し、それによって我々は理解する。他方、特異なものは存在するものの、それを名づけることはできず、出現された場所によってしか理解できない。」実際のところ、バディウはいくつかの点においてニーチェの考えと類似しています。章太炎の思想の特徴的な点は、特異なものと平等性の概念を再定義した上で、それらの統合を目指したことにあります。

「万物斉同」という思想は、これからさらに二つの方向へと発展していくことができるでしょう。一つは、これまであまり注目されてこなかった複合的平等（complex equality）と複数的平等（pluralistic equality）に関する課題においてです。その狙いは、これらの異なった平等観に内在する人間中心主義的な要素を排除することで、人間と自然の関係性を議論の対象にすることです。

実際、この問題はエコロジーと多くの点において類似しています。エコロジスムとは、単に人間中心主義を超克した一種の自然フェティシズムではなく、次世代への正義について考えることを可能にする自然史（natural history）という観点から人間とその行動を位置づけた一種の観察方法のことであります。

二つ目の次元は、それ自体の－中での－差異（difference-in-itself）に関してです。このそれ自体の－内での－差異は、平等の前提条件として機能します。平等としての差異は平等を理解することは、この差異を名前と現れの関係性の中に組み込むことを意味していません。こうした理解では、差異はもっぱら階層的序列の関係に従属させてしまうだけとなります。また、平等は差異を排除することと同義でもありません。

「万物斉同」という思想においては、平等とは名前と現れの範囲のなかにある差異を克服することを意味します。また、差異の－中での－平等（equality-in-difference）は、国家と社会に直接的に組み込まれた名前と現れを克服することに関係しているゆえ、この思想は現れによって縛られることのできない活発な政治的な概念であると解釈できます。

報告の中で、私が万物斉同に関する複雑さについて二つの次元で考えた理由もまた、ここにあるのです。一方では、ニーチェ、フーコー、そしてカール・マルクス、さらに章太炎に導かれて、ブルジョア的な平等観を批判しました。同時に、社会的な闘争のため新たな平等概念を作り上げることは、必要かつ急務でもあります。平等思想がなければ、具体的かつ実際の社会的な闘争の場面において、人々は確信を失います。こうした状況のなか、万物斉同という思想は理念となります。

司　会　三人の先生のうちのどなたか、汪先生の言われたことを会場の聴き手のために、もう一度、咀嚼して述べていただけますか。

酒井直樹　汪さんの挙げた最初のポイントというのが、「特異性（singularity）」と「個物性あるいは個人性（individuality）」をはっきり分けるということですね。それができなかったからこそ、今まで考えられてきたことは失敗したわけです。なぜかというと、個物性というものは、少なくともある何かそのものの概念として名付けることができる物として提示される。それに対して、特異性というのはどういうことかというと、ある意味では共約不能なもの、つまり一般の概念で同一化しようとするとそういう時に必ずズレてしまうもの、そういう意味なのですね。もともと特異性っていうのは、そういった「運動」のことでした。

その中で、僕自身の言葉で要約してしまうと、そのようにズレること、つまり特異であるということ、あるいは単独性であるということの中には、必ず汪暉さんが言われたように脱構築の契機がある。それはどういうことかというと、いい得たと思った瞬間にそれがいい得ていないということがわかることが必ず出てくるということなのですね。平等といったときには、平等が実は平等ではないという運動を必ず含んでいないとだめなのです。逆にいうと、平等を問題にするときには、平等の有意味性（あるいは概念性）を支えているヒエラルヒーが実はある、階層がある。

典型的な例を挙げましょう。軍隊に行くと階級が同じであれば、平等になれるわけですよね。ところがその階級が平等でありうるのは、実は上下関係がものすごく厳密にできあがっているからなのです。そこで考えられている平等っていうのは、必ずこの平等を破壊するような仕方の平等でなければいけない。

そこから汪暉さんがいったように、系列としてはニーチェとかミシェル・フーコーだとか、そういう人たちがその線に沿って議論を展開してきたわけです。ジャック・デリダもそうですね。その中で、ニーチェは平等に反対したわけです。その時に彼が反対したのは、まさに平等というのは実はそういった形で階層化、差別のシステムそのものを必ず提示してしまう。あるいは実動化させてしまうことについてでした。

そういった意味で、汪さんは、一九一〇年に魯迅の先生であった章太炎の発言を引用されたわけです。ある意味では仏教の教義と、儒教や道教の中にあったような思考というものを総合して、すべては同じであると説いたのです。全てが比較不可能であれば、その限りで全ては同じだろう。ということは逆にいうと、すべてについて同じように、同時に我々は何も語らないのだということでもあるんですね。そういった仕方の問題提起することによって、はじめて平等というものがもう一度具体的な行動における原理として採用することができるようになるだろう、と。

だからまあ、例えばニーチェだとしばしばエリート主義者といわれるのですけど、そんなことは全然ないのです。逆にニーチェが徹底的にやろうとしたのは、キリスト教の批判だったわけですね。この階層と平等の関係について、ずっと考えをめぐらしてきたのが平野さんですよね。平野さんはどのようにお考えですか。

平野克弥　汪さんが提示された「差異のなかでの平等」という差異、あるいは酒井さんの言葉を使えば特異性（singularity）を前提とした平等という理念について、いわゆるグローバルサウス（Global South）の視点から考えてみることで一つの応答にしたいと思います。それは、汪さんが「実際の社会的な闘争のための平等理念」と呼ばれたことを引き継いで考えてみることでもあります。ご存知の通り、世界は前代未聞の不平等と貧富の格差に満ち溢れています。これが、植民地主義と資本主義が四〇〇年もかけて作り上げてきた世界の姿です。グローバルサウスは、かつてわたしたちが第三世界と呼んだ南半球に位置する旧植民地国を指しているのではなく、北にも南にも存在する貧困や搾取の構造的な繋がりを指します。世界で一番豊かな国といわれるアメリカ合衆国では、第三世界のスラム街と同様の貧困地域があちこちに存在しますし、もっとも貧しい国の一つとされるナイジェリアは実は世界の大富豪ランキングで常に上位を占めています。このように、経済先進国対途上国といった国を単位とした単純な二項対立では説明できない不平等の構造が、世界中を覆い尽くしています。グローバルサウスの視点は、このような世界の社会経済的非対称性を前景に押し出すと同時に、それぞれの社会が抱え込んでいる歴史的・文化的な特殊性（singularity）を十分に理解することの重要性を強調します。わたしは、このグローバルサウスの立場を汪さんが言う「差異の中での平等」の一例だと考えています。

わたしは、表象、あるいは翻訳不可能な特殊性というのは、このような複雑に入り組んだ世界に蔓延する不平等の諸構造とそれを支える物象化された意識（reified consciousness）に関わる問題だと考えます。確かに、等価関係におくことのできない特殊性を均質性（たとえばマルクスが言う労働時間）という原理に還元することで、あたかも交換できるかのような幻想を生み出し、商品と商品の関係が成り立つわけですが、これと同じような事態が国民的共同体という幻想の等価関係性にも見て取れますね。国民国家とは、雑多な諸個人や社会が、あたかも、国語や民族文化といった同質的紐帯を前提とすることで成り立つホモソーシャルな共同体です。酒井さんが言うように、特殊性はそのような幻想にズレを生み出しますし、それは、磯前さんが言われているような意味で脱構築のための契機になります。わたしは、歴史をこのような表象、翻訳不可能なものを指すメタファーだと理解し、歴史学を脱構築的な知的運動だと捉えています。歴史(的経験や時間)は、つねにsingularであり、それを完全に理解したり、その意義をめぐって最終的な審判を下すことは不可能です。スピヴァックが言うサバルタンも、そのような理解・表象不可能な存在として提示されています。

グローバルサウスは、このようなsingularな事態、経験、歴史的状況をできるかぎり理解しながら、世界を覆い尽くす不平等の諸構造とその関係性を解き明かしていくことを目指しています。その視点を支えているのは、磯前さんが言及されたように、デリダ的な意味での「来るべき平等」あるいは「来るべき正義」でしょう。理念としての平等と正義ということです。そのような視点がなければ、私たちの現実を取り囲むさまざまな問題について「不平等である」、「不正義である」と語ること、理解することが不可能になります。また、雑多なsingularsとその非対称的な関係性に目を向けず、不平等や不正義の構造にたいして無関心でいることは物象化された意識(ブルジョア社会が商品形態のみで世界が構成されていると思い込むように)を強化していくことにつながります。確かに、現実と理念の緊張関係を失い、そこに完全な一致を実現しようとすることは、全体主義を招いてしまうでしょう。

天皇制は、そのような理念と現実の差異、あるいは齟齬を消去し、理念を現実とし、現実を理念として社会編成を行うという意味で、平等のイデオロギー性を最も顕著に体現しています。それはナショナリズムにも言えることですね。平等主義の中にファシズムがあるという酒井さんのご意見は、この問題を指摘されているのだと思います。大切なのは「来るべき」ことを知的な営みだけでなく、実際の社会的な闘争や運動の中で持続していくことですね。そして、平等という理念が、同一性を意味するようになれば、常に新たな排除と差別、あるいは、階層を生み出すことを自覚することが重要です。先ほども言いましたが、平等と解放を求めて脱植民地化を成し遂げた社会が、皮肉にも、新興ブルジョアと軍部、そして旧宗主国の資本のもとで、最も権威主義的で抑圧的な支配構造を生み出してきたわけですから。しかし、また、そのような構造への闘いも、平等の理念に導かれています。そういった意味で「来るべき」は「終わりなき」を前提としていますね。

第四節　平等と国民共同体

磯前順一　おそらく、私たちの話の背景をなしているのは、ジャック・デリダをどう読むかなんですよね。脱構築というものをしっかり考えておかないと、「来るべき社会」だけでなく、平等や民主主義というものがすべて実体視されてしまう。実際には不平等な現実の上で、理念として平等を掲げて活動家として現実に動いているとか。あるいは「特異性」というものも共約不能な現実の関係が前提とされていて、だからこそ共約可能なものを打ち立てようとするわけなんですよ。

だけれども、そこに生じる葛藤や矛盾が抜け落ちてしまうと、「到来しつつある社会」を現実社会の実体にすり替えて語ってしまう危険性がある。あくまで平等というものは社会での具体的な状況のなかで、それを脱構築するかぎりで有効なものに過ぎないんですよね。自分の理解では、前期のデリダのような、まずは自明の真理とされたものを脱構築するという姿勢に拘泥していると、通俗的なポストモダンの相対主義に陥ってしまいます。

あらゆる真理がどんどん相対化されていった挙句に、その空白部に不平等なものや全体主義が入ってきかねないと思うのです。私の身近な学問の世界なんかは、すでにそうなっていますよ。だからこそ、そこでどのように脱構築の行為を現実に介入させていくのか。それが、後期のデリダが実践した現実への関与の仕方だったと思います。

シンギュラーなものとインディビジュアルなもの、ネームとノー・ネームとの間の関係で考えていくことが、一体どのようなことなのか。その原理のあり方を今日確認したかったんです。そこが抜けてしまうと、みんなの平等を実現するためには、突出した判断力を持つお前さえがいなくなってくれればよいとかの結論にもなってしまう。それは全体主義ですよね。結局のところ、自分たちの間に競争原理を持ち込もうとする突出した個人を排除することで、自分たちが何も考えなくてよい怠惰な平等状態を保障してくれる統治者を望む。そんな結果をもたらしかねない。

そうではなくて、平等は不平等な現実の中でこそ、その現実に批判を加える理念として働くという位置づけをきちんと確認しておきたかったのです。その典型が、酒井さんの述べた天皇制と国民国家の関係になります。明治時代に天皇制を用いることで国民国家が作られたわけですが、その時に被差別部落の人たちは、「新平民」という名で呼ばれはじめました。依然として彼らは不平等な社会状況に置かれていましたが、それでも平等になる権利があるはずだという主張ができたのは、やはり天皇制という制度があったからなんだということでしたね。

中世日本の史料を読んでいると、「非人」、つまり非人間と呼ばれていた人たちは、自分たちの差別が不当だという意識を持つことができなかったことに気づきます。もちろん、自分たちの置かれた状況の中で、苦しみを感じているわけですが、だから自分たちを平等に扱うべきだという主張に転じていくことができなかった。そういった発想を当人たちも周囲の人たちも持つことがなかった。現世でのこうした差別は、前世の業がもたらしたものだから、自分のせいだ、仏罰だという論理に回収されてしまっていたのです。差別は不当なものとして認識しがたいものになってしまうんです。

それでは、自分の被っている差別はどこで解消したらよいのかというと、神仏のもとで救われたいという発想になってしまい、現実社会を変えようという考えにならないんです。平等という理念は常に限られた現実の状況の中で機能していくわけですから、状況と理念の緊張関係が失われてしまうや否や、かつて丸山眞男が「ずるずるべったり」と記述したような、のんべんだらりとした現在の日本社会の、民主主義概念の下での平等観が出てきてしまうのだと私は危惧しています。

機会の平等ではなく、結果の平等。何も努力しなくても、努力した人と同じ結果を与えろという考え方というよりは、正確に言えば曖昧な感情であり、正体の摑みがたい社会の雰囲気です。だから、客観的思考で討論しても、感情的に拒絶されてしまう。

そうなると、汪暉さんや酒井さんや平野さんが提示した平等の理念とは、おおよそ別物になってしまいます。我々が平等を語るとき、あるいは来るべき社会を語るときには、この点を十分に自覚しないと、とんでもない結果がもたらされることになってしまいかねません。今の日本は既にそうした空気に包まれていると断言しても過言ではありません。おそらく、戦後日本の民主主義の掲げてきた平等の理念の行き着いたところが、このような討議的理性を排除したところに成り立つ平等の感情的世界なのでしょう。

次に、この会議を主催してくださった翰林大学の徐禎完先生に天皇制の問題について、考えを述べてもらいましょう。天皇制が平等をある時期には作り出すことも確かだとは思うのですが、それはあくまで国民国家内部の平等にとどまるものであって、植民地の人間ははじきだされてしまうのだと思っています。そうした天皇制を超え出る、あるいは国民国家を超え出る平等の理念について、植民地の経験からはどのように考えていくことが可能なのでしょうか。

徐禎完　主催校の立場から発言させていただきます。天皇制ですが、私の研究している日本の能は近代以前の歴史において中上流階級のみがやるものである。近代の能の復興の起点となった能楽社結社の時の規約草案に、「中等以上の歓娯」とあったが、のちに「中等以上の」を削った。しかし、その後も「中等以上」や「中上流以上」という言葉は使われていました。基本的に四民平等という言葉を発した時点で、すでに四民平等という概念は作動していないのです。

実際に芸能を中心に見てみますと、いわゆる下から上がってくるものではなく、権力が芸能を掌握して、国民国家の偉観を表象するに相応しい芸能を選別して国家芸能として育成して保護する。実はこのような構図や展開の裏には、江戸時代からの庶民の芸能や遊芸、いわゆる近代化を達成しつつある国家に相応しくない下品な芸能は、権力が統制・管理・排除していたのです。徹底的に権力は、選択して育成している。

そういう中では、基本的に四民平等の理念は根付かない。それは下から上がってくるものではなく、上から来るものなのですから。そして、その「上」の頂点は、もちろん天皇制に支えられた天皇です。江戸時代の式楽の時は一度も問題にされたことのない演目〈大原御幸〉が、近代に入って「不敬」という理由から上演を禁止されたり、数多くの曲が本文と演出の改訂を強要されたのも、徳川将軍から天皇へと権力の中心が変ったからです。

もちろん、一視同仁や八紘一宇のように、天皇を頂点とした臣民は全て平等であるという宣伝戦もありました。しかし、日本を外して韓国の話を例に挙げた場合も、例えば韓半島が統一された時には南と北の人たちはお互いに平等だと感じるだろうかという問題と同じですよね。酒井先生のおっしゃったように、条件や政治的主体の問題から、そのまま平等を現実に分かち合えるものではないと思います。

民族的に同じであるからという理由だけで、相互が平等であると感じるものでもないと思います。東西ドイツも同じで、統一から三〇年も経ったにも拘らずいまだ西と東には格差があります。同じ民族であるということで、同質性を感じる部分や親近感を覚える部分も確かにあると思いますが、だからといってそれが即「平等」へとつながるわけではない。ましてや帝国時代の在京城日本人と朝鮮人の関係を見たら、そこに平等という感覚は初めから存在しなかったと言っても過言ではありません。

京城の日本人の中で謡曲をやっていたのは、全体の一パーセント未満にすぎませんでした。植民地での能楽史の研究を始めた当初の私の予想は、八紘一宇に代表される同化の対象である朝鮮人ということを前提に考えれば、日本の伝統文化を植民地朝鮮に積極的に植え付けて、朝鮮・朝鮮人を日本人化して帝国の臣民として統合することで帝国を経営するのですから、能や謡曲などの芸能が文化装置として動員されるのであろうと予想していました。ところが現実は全くその逆で、能・謡曲は血統的日本人である大和民族であるということを証明する境界線であり、バロメーターとして機能していたのです。

植民地朝鮮の京城の場合を挙げると、在京城日本人社会の中で能や謡を嗜む一パーセントの最上流層があり、その下に中下流の日本人がいた。その下に朝鮮人の居場所があったが、その中でも上流と下流層に分かれていた。これら京城住民に対しては「平等」というものを宣伝しているが、それはあくまでも天皇制運営ための、植民地統治のためのシステムであって、それが実際に一般の民衆にまで浸透して、さらにはそれが実際に意識されていたわけではない。能や謡曲をもって「日本精神の国粋」と称していたにもかかわらず、実際は「日本」を代表するほど浸透しておらず、むしろ「日本精神の国粋」とするために浸透させようとしていたのが現実でした。「平等」の場合は、浸透させようとした意志すらなく、宣伝戦の道具以上の意味は持たないと見るべきであろうと思います。

このように能や謡という切り口から見ても、天皇を頂点とする皇民のもとに平等であるというのは政治的なレトリックであり、現実には絶対服従を要求する天皇と国家・軍部があるのみで、平等なるものは存在していなかった。能や謡は、その逆の線引きの装置として機能していたのです。

当時、日本が近代国家としてかかげる平等というのは、実現することが問題なのではなく、政策でもなく、宣伝戦であったと見るべきではないのか。政治的な、または統治のための平等というのは、汪先生のおっしゃるレベルの平等ではなく、ただ単に政治的道具として使っているだけだと言える。ただし、ここで看過してはならないのは、ヒエラルヒーの獲得のために人は競争相手を退けようとする点です。

関東大震災時の朝鮮人虐殺や、帝国解体後の在日韓国朝鮮人に対する日本政府の対応。今日に至っては、人権を守る民主国家という看板を掲げながらも、在日韓国朝鮮人や特定国家や民族に対するヘイトを野放しにするなど、内部ではその看板に拮抗する力が展開されてきました。国民国家という構図の下で、表には「平等」や「人権」を掲げながら、差別やヘイトあるいは虐殺などといった負の歴史が展開されてきた点を看過してはならないのです。

酒井直樹　私は国民共同体というものが、いつでも空想的なものだと考えます。一昔前に、ベネディクト・アンダーソンは想像の共同体と言っていましたね。ただ、これを馬鹿にできないのは、たとえば磯前さんがいわれたように、「穢多・非人」、その人たちが新平民として「日本人」になったという状況が生み出された事実です。しかしそうすると、その時に彼らは自分たちが日本人になったのだからと言って、今度は韓半島から来た人たちを公然と差別する。その差別を行うときには、新平民は日本人として強烈な自己主張をしているわけです。そういう感情がないと国民共同体は作れませんからね。

では、現実に何が起こったかというと、そういった連中が特攻隊になったり、戦場に行って敵の兵士を殺したりする、ものすごい忠義心を発揮するわけです。世界中の国民国家で、マイノリティが愛国少年になった話は沢山あります。有名なのは、第二次世界大戦中の日系兵士でしょう。そこまで思いつめて、自分は「日本人」であろうとするわけです。しかしそれが実際に起こる部分というのは、想像あるいは空想のレベルなんですね。だからこそ、近代の国民国家というのは強烈な力を持つわけです。だから、二十世紀になってわかったのは、何百万って人間が、お国のために互いに殺し合って最後まで引かないことですね。たとえば第一次大戦の場合だったら、数百万人がドイツ側とフランス側で、徹底的に最後まで死ぬまで殺し合い続けるわけですよ。

それだけの物凄い力を出すっていうのは、まさに国民という制度があるからです。もちろん韓国でもそうでしょう。徴兵制度が未だに存在していて、だからこそ、国民の団結が可能になるわけです。そのようにして、近代の国民共同体の現実は作られてきていますから、平等というのは単なる口実じゃなくて、揺るぎない現実ですよ。

だから逆に、人をこれだけ動かすことができるわけですけれども、同時に大変な暴力を内在させている。

先ほど平野さんも言及されていましたが、たとえばアメリカ合州国では、国民皆兵制度は休止されていますが、アメリカ市民であるために移民の連中っていうのは軍隊に志願して、それでイラクやシリアに送られて、今でも彼らは自ら死んでいくわけですよ。死なずに帰ってこられれば、彼らはものすごく自信を持って私もアメリカ市民だというわけですよね。日系兵士の例は挙げましたが、あの論理を作り出したのは、近代の国民国家です。それは馬鹿にならないのです。というか、全く否定なんかできないですよ。

徐禎完　今の韓国にも同じような面がありまして、国家と愛国という問題です。愛国を否定してしまうと、韓国内では立ち位置を確保することがなかなか難しくなります。そういう環境の中で、支配されていく部分は確かにあります。おっしゃるように実現すべき理念というかたちで、制度的には平等を保障しているわけです。実際に国民になる人間はそれを信じ込むわけですね。

酒井直樹　そうです。ただね、それを馬鹿にできないんですよね。

徐禎完　今の韓国社会における「平等」の課題としては、両性平等の問題。多文化共生の問題。私は、「多文化」ということば自体、「単一文化」を基本にしている点で差別的要素があると思っていますが。東南アジアなどから来る労働者問題。あるいは中国から来る朝鮮族はもちろんのこと、脱北民に至るまで、さらには学力による差別の問題など、様々なところに社会の課題が存在しています。

その中で一つだけ取り上げると、東南アジアからの労働者の問題は、個人的にはとても大きなものだと思っています。私なりの理屈を申しますと、韓国人はご存知のように植民地時代に深刻な差別を受け逼迫を受けた経験があるわけなので、逆に韓国人はそのようなことは決してしてはいけない、学習しなければいけないと思うのです。自分たちが苦渋を嘗めさせられたことを同じようにやっているのではないかと。あまりにも理想的願望なのかもしれませんが、された分、経験してきた分、他人にはしないというか、自制できたらとは思うのですが、やはり国民国家の枠組みの中では、自分の立ち位置のヒエラルヒーを確保するためには、できないんだろうなと……。

酒井直樹　だから、今まさにおっしゃった通り。そういった意味での差別と平等の概念は、同じコインの裏表のようになるのです。国民国家を作った時、それはもう避けられないと思うんですね。ですから、先ほど少しいいましたが、部落民は朝鮮人差別に加担しているけれど、彼らはものすごい愛国者ですよ。ところが、そのように差別された韓半島の人たちが、今度は皇国の兵隊になるために自ら命を捧げるわけですよ。そうした心理機制が想像の審級で働かないと、国民国家ができるはずがないと思うのですね。

磯前順一　「平等」というのは非常にきれいな言葉のように見えるけれども、そこに切り離すことのできない表と裏があるわけですよね。ただし、あくまでも表と裏はきちんと峻別されなければならないのです。なぜならばデリダが述べているように、現実には現前しないはずの理念としての平等が現実の状態と混同されていってしまうと、平等という真理の名前の下に、何も文句を言わせない独裁的な暴力が行使されることになる。平野さんが指摘したとおり、理念が真理にすり替えられてしまうわけです。

しかも、その空想的な働きというのは、ラカンもいうように、きわめて現実的な効力を有するんですね。リアルなものとして想像の世界、感情とか情動を動かしていくのです。それは想像でしょう、気をつけていますよと言っても、自分の中の情動的な働きはそう簡単に止むことはないのですから。こうした想像力の問題を現実的なものとして受け止める中で、私たちは来るべき社会というものを、すごく隘路なんですけど、その隘路のなかに身を置かざるを得ない以上、緊張感を持って注意深く考えていく必要があると思います。困難さや絶望に裏打ちされない思考というものは、所詮は身につかないものなのですから。

それを東アジアの例を踏まえて西洋世界との絡みで考察していくところに、地域研究と人文学という西洋的な二分法を脱臼させた新しい学問がすでに生まれつつあるように私は予感しています。それを具体的に指摘したのが汪暉さんだったと思います。汪さんが議論の出発点とされたのが、東アジアの宗教や思想の伝統の中にも、良くも悪くも平等という考え方があって、西洋だけの独占物ではなかったということでした。当然のことながら、東アジアだけでなく、世界各地でいろいろな形で平等を探求する試みがあったのでしょう。東アジアに話を限っても、儒教や仏教にみられる平等の理念がキリスト教的なものをひっくり返すという可能性もあるということが論じられましたね。

これは、次の機会に具体的なかたちで考えていければと思います。それが東アジアの具体的例を踏まえて、特殊例としてではなく、局所から立ち上げられた例として、西洋が中心に担ってきた擬似普遍の学としての人文学を開かれた場へと脱構築していく実践になるのだと思います。そこに、酒井さんが冒頭で述べてくださったように、地域研究を〈普遍－特殊〉の組み合わせから脱臼させていく道があるのです。平野さんはどうお考えですか。

平野克弥　わたしも磯前さんに賛成です。現前しない理想としての平等や正義、民主主義などを現実と混同してしまう、あるいはそのようなユートピアが現前するかのように語ることは、ファシズムやナショナリズムがすることですね。エルンスト・ブロッホは一九一八年にナチズムの到来を啓示するかのように、ユートピアの両義的な可能性を考えた人ですが、ファッショ的全体主義がユートピアニズムの運動であったことを見抜き、社会主義者たちが「いまだ・ない」ものを希求する人々の心情を理解しなければ、ファシズムが勝利するだろうと警鐘を鳴らしていました。

ユートピアは文字通り、どこにもない理想郷、「いまだならざるもの」という意味です。ブロッホはこの「いまだならざるもの」を腐敗した現世を超越する彼岸という意味ではなく、人間による変革の精神として理解していました。ですので、ブロッホにとって、理念はつねに「来るべき」ものによって繰り返す変革運動ということになりますね。そして、それが運動であるということは、それが現実との緊張関係を絶えず保持しているということです。

人種主義、排外主義、ナショナリズム、ファシズムというイデオロギーは、理念と現実との差異を消去しようとするがゆえに、空想（ファンタジー）として人々を動員する力を発揮します。あたかもこの世に満ち溢れる矛盾や不正義、悲しみや怒りが一掃されて、極楽浄土が目の前に現れるかのようにこれらのイデオロギーは振る舞います。ラカンやアルチュセールから学んだスラヴォイ・ジジェックは、このようなファンタジーが現実の堪え難いトラウマから逃避するための「夢」＝イデオロギーとして効力を発揮すると指摘していますね。

グローバリゼーションという世界資本主義が、世界のすべての人を豊かにするという空想＝ユートピアもこの問題系のなかで考えられます。一九八〇年代、ちょうどポストモダニズムが流行っていた頃は、このような論調がかなり力を持っていました。貧困がこれだけ現実的な問題となった現代では、そのような空想を信じる人はほとんどいないでしょうけれど、ポストモダニズムが先進国諸国の知識人たちを魅了していた八〇年代、つまり、日本が投資や投機に明け暮れて、まるでマネーゲーム——記号の戯れ——から富が自動的に生み出されると思い込んでいたこの時代に、このような空想がかなり力を持っていました。

記号の戯れが経済の領域を支配することで、日本企業の生産力・競争力を実際に支えていたＡＳＥＡＮ諸国や韓国の労働者たちの存在は周辺化され、さらに、グローバルサウスの構造（新自由主義を通して）が世界的に深化・拡張していた現実は可視化されませんでした。マネーゲームというバーチャルな世界で生み出される富が、実際の資本と労働の関係を見えなくしていたのでしょう。

ポストモダニズムも同様に、かつての植民地帝国であった資本主義諸国と旧植民地であった途上国との非対称的な関係（これは、政治、経済、文化、環境、食料、エネルギーなどすべての領域に及びます）、あるいは国内における貧困や新自由主義がもたらす弊害を全く視野に入れることなく議論を進めていました。フレドリック・ジェイムソンもポストモダニズム論のなかでこのようなグローバルサウスの問題を取り上げることはなかったのですが、しかし、彼がポストモダニズムを「後期資本主義の論理」だと指摘したことは重要です。

それは、ポストモダニズムが、いわゆる先進地域に住む人間の最も物象化された意識であったことを暗示していたのでしょう。こうして見てくると、富と権力が集中する「北」からのみ平等や正義、民主主義を語ることは、啓蒙思想やポストモダニズムが犯した失敗を繰り返すことになりかねません。世界のどこにいようとも、私たちはさまざまな雑多性や特殊性を抱え込みながら、なんらかの形でつながり、いま直面するさまざまな問題の当事者であり続けるのですから。

その意味で、酒井さんを受けて磯前さんがおっしゃる西洋的二分法（普遍と特殊）を脱臼しなければならないという意見には大賛成なのですが、それは、ヨーロッパを脱中心化するだけでは成し遂げられず、近代の認識の枠組み、あるいはそれを成り立たせている前提をグローバルな非対称性のなかで再考し、脱植民地化するような取り組みが必要なのだと思います。

ベトナムの独立宣言でホーチミンは次のようなことを言っていました。ヨーロッパは自らが作り上げたヒューマニティや正義の理念とはまったく正反対の行動を取ってきた。彼らは、我々から民主的な自由を奪うこと、我々の国を破壊することは、彼らが言う正義と人道主義の理念とは矛盾しないと主張してきた。私たちは、この非人間的な扱いから自由になるために命がけで戦うのだ、と。また、アメリカ合衆国の市民権運動のリーダーであり詩人・劇作家であったジェイムズ・ボールドウィンは、黒人差別の歴史を振り返りながら、合衆国で「ネグロ」であること、またそれに自覚的であることは、ほとんどいつも怒りとともに生きているということだと言っています。

法のもとの平等を原理とするアメリカ合州国で、なぜあれほどまでに黒人に対するおそるべき差別と暴力が公然とおこなわれてきたのか、彼はその事実に怒りをもってこのように発言しているのです。こうした平等の二重の原理、ヒューマニティの二重の原理が四〇〇年もの間、近代という時代を規定してきたことの意味を問い直してみる、そしてそれらの理念を鍛え直してみる必要があるでしょう。その結果、どのような理念、あるいは理念と現実への向き合い方が立ち現れるのか僕にはまだわかりませんが、汪さんが主張されているように、その必要性があることだけは間違いないでしょう。

第五節　地域研究と国民国家、その功罪

司　会　次に第二部の地域研究をめぐる議論のなかで、酒井先生がおっしゃった研究所のあり方について、各先生方の所属する研究所のことを、具体的に述べていただけますか。新しい交流ネットワークを目指して何をどうすればよいか、それぞれの研究所でなにができるかといったことをお互い議論をしていけば良いと思います。共通する文化認識やそのうえでの交流のやり方などが話し合えると思うのです。

日文研と翰林大学の日本学研究所、それから清華大学の高等研究院。どういった風な交流が考えられるかということから、始められたらよいのではないでしょうか。ここでは、本会議の主催者である翰林大学の徐所長から口火を切っていただいて、それからお互いに議論していただきたいと思います。

徐禎完　まず、酒井先生のお話に私は基本的に共感を覚えます。私事になりますが、一九八四年に留学することになり、中世文学を研究したいという目的で、東大と筑波大が留学先の候補にあがりました。当時の韓国は民主化以前で海外渡航の自由がありませんでした。留学も自由にできる時代ではなく、いろいろ厳しく苦労した記憶があります。結局、悩んだあげく筑波大を選んだのですが、その一番の理由は自分のやりたい分野に関する先生方が筑波の方が揃っていたことでした。東大は東大で魅力的だったのですが、「自分の専門」を優先させて筑波大にしたのです。

筑波で初めに入ったのは大学院修士課程の地域研究科でした。しかし、そこを一年でやめてしまいました。留学生なのに退学届を出して、博士課程文芸・言語研究科を受験し直したのです。試験に受かれば留学を続けることができますが、もし落ちたら帰国しなければならない背水の陣でした。酒井先生のおっしゃる「地域研究」と「国民研究」を私の場合に当てはめると、「地域研究」をする地域研究研究科に入り退学して、「国民研究」をするとも言える文芸・言語研究科に入り直したのです。

両研究科の雰囲気は全く異なり、前者は西洋からの外国人留学生も多く、自由に学び交流する雰囲気の研究科でした。ところが後者の場合、当時は「教授」という名称を使わず「文部教官」という、いわゆるバリバリの国学といいましょうか、いわゆる帝国時代以来の日本の「国文学」の硬直した上下関係がはっきり出た、硬く重い雰囲気で圧倒されるところでした。

その後、文芸・言語研究科を卒業して一九九二年に今の翰林大に赴任したのですが、二年ほどすると内的葛藤を感じるようになりました。当時の雰囲気は今申し上げたように、硬く重い雰囲気で圧倒される環境の下で日本の院生との凄まじい競争を勝ち抜いて、研究の方法論や視点あるいは問題意識の設定の仕方まで、様々な学知を修得したのですが、院生として教わり学ぶ間はそれで問題なかったものの、帰国し赴任して、院生から突然教える側の教授になったあと、日本の近代学知のままで研究し教育することの意味について悩み始めたのです。

留学中の現役の時はこのようなことを考える余裕さえありませんし、必死に方法論や見方を教わったり資料を解読したりするだけで、精一杯でした。ところが翰林に赴任して、韓国で韓国の学生を教える立場になってみると、院生の時に教わり修得した日本の国立大学の学知や方法論をそのまま続けることは、一種の自己矛盾として感じられるわけです。日本人ではないけれど、日本国民の院生に要求される素養と方法論とを身につけ、それを以て評価される大学院生活が留学生活だったのです。

これは例えば、植民地時代に朝鮮人の学生が日本の文学を勉強して、日本の学生を凌駕すると評価されたのと同じ状況と言えます。いわゆる日本の国学的な研究方法と目線をそのまま韓国にもってきて、韓国の学生に植え付ける行為になるのです。それは韓国社会に必要なことでもなければ、学生も必要としないばかりではなく、理解もできない。すると、自分の研究は何だったのか、ここで自分が何を教え、研究すればよいのかわからなくなってしまうのです。自分の研究の意味を、自分でも見出せないことから起こる葛藤でした。

今日の酒井先生のお話を伺っていて、当時の自分のことが思い出されたわけです。しかし私のケースは、国民研究を一生懸命学んで卒業して教員になった時に、その「国民」にはあっちの国民とこっちの国民があるという多元的な現実の認識方法が、「国民研究」そのものに設定されていなかったところに問題がありました。もちろん、あっちとこっちを適宜切り替えるといった便利な方法も教わっていませんでした。

酒井先生の今日のお話と直接関わってくる部分ですが、それでは外国からの留学生には国文学として日本文学を学ぶ訓練や教育は不要で、あくまでも外国からの留学向けのプログラムを設定してその目線の範囲で訓練し教育すればよいのか、という疑問が発生します。また、もしそのようにした場合、院に進学して、国文学として日本文学を研究する日本の学生はどれくらい確保できるのかという、今日の大学院がどんどん廃れていく現実問題に直面することになります。この問題は日本だけの問題ではなく、韓国やアメリカ、どこも同じフォーマットで考える必要があります。

その点、「地域研究」となると、筑波大の地域研究研究科の雰囲気からもわかるように、「グローバル的」という特徴とひきかえに、いわゆる国学的な研究の深さを犠牲にしなければなりません。私が筑波大を出る頃には、既に筑波大の学部卒業生は院に進学してこずに、日本人院生は全て筑波大以外からの進学者になっていました。その後も日本人院生の数はどんどん減り、大学院在籍生の大半を留学生が占める状況となり、それと連動するかたちで「国文学」や「国語学」といった名称も使われなくなり、「日本文学」「日本語教育」「日本語学」などの名称になっていきました。

自国の文学・語学という一国主義的な発想からもう少し開かれた感覚といいましょうか。文学・語学の中の「日本の文学・語学」といった、日本の「外」を意識するようになったとも言えると思います。これをグローバル化と称賛することも確かにできるとは思いますが、自国文学や自国史の研究者の不在と、いわゆる地域研究と国民研究の質的ギャップの問題——特に、この問題は社会科学領域よりは人文科学領域で著しいのです——をどのように埋めていくのかという課題が、今後、学生の人口が減っていくなかでますます重要になってくると思われます。

ここで一つ酒井先生にお伺いしたいのですが、アメリカの場合はどうなのでしょうか。人文科学の場合は昨今の「人文科学の危機」などから人文学を統合、あるいは融合する試みがなされているようですが、その一方で「アメリカ文学」や「アメリカ史」といった分野は強固に維持されていますね。

酒井直樹　徐先生、外国人学生が日本の大学で出会う問題について、大変興味深いお話をありがとうございます。一番最後のご質問からお答えします。戦前のアメリカでは、もともと国民研究が極めて未発達でした。「新世界」と呼ばれたアメリカ合州国は、自らをヨーロッパの国民国家と同列に考えられなかったのでしょう。国民文学としてのアメリカ文学というジャンルは戦争前には十分発達していなかったのです。戦後に、アメリカ文学という分野、あるいはアメリカ史という分野が次第に独立していきました。しかし、この三十年くらいですね、そこに大きな変化が起きています。

結局、何が起こったかというと、アメリカ文学の中に英語以外の言語、それから様々な移民の文学が全部入ってしまったのです。その意味では、アメリカ文学の展開は非常に面白いんですよね。アメリカ文学と称されてはいるんですけれども、ますます国籍不明の研究分野になってきているのです。逆にいうと、マイノリティ・スタディーズと重なるところがどんどんと増えてきています。ですから、アメリカ研究に入った人たちはある意味では、自由に自分がやりたいことを研究してもいいことになります。

私がシカゴ大学の院生の時には、アメリカ文学あるいは英文学ではシェイクスピアは必ず読まされていました。しかし現在では、アメリカ文学や英文学でシェイクスピアを教える人はとても少ないのではないかと思うんですね。国民の文化・伝統を担う国民文学という考え方から脱皮しつつあるのでしょう。その代わり、何が起こるかというと、カリブ海の文学だとか、アジア系アメリカ人の文学であるとか、あるいは黒人の文学であるとか、そのような形でいろいろなマイノリティの文学が入ってきているんです。その意味では、国民研究や地域研究の枠組みをもうすでに脱してしまったということとしてよいでしょう。それでは、アメリカ文学が解体してしまったかというと、そういうわけではないのです。

それから、日本の場合はそれが一番厳しく出てきていると思いますが、今日本の大学で国史、いわゆる日本史、それから国文学において、日本文学や日本歴史を教えている人たちの最大の問題は、大学院の人たちの半分以上が日本人ではない学生であるにもかかわらず、彼らにどのように教えたらいいのかを全然訓練されていないことだと思います。というのは、そもそも今本当に行わなきゃいけないのは、日本人でない学生に向かってどのように日本史や日本文学を教えなければいけないのか、そもそも、なぜ国史や国文学が存在しなければならないのか、どのような来歴で、国史や国文学が国民皆教育の中でこれほど大きな位置を占めるようになったのかということを、考えることです。そもそも、外国人に向かって国史や国文学を語るとはどういうことなのかを教師が考えてこなかった。

ところが、その努力を未だに研究者たちが全然してないのですよ。だから、私が先ほど申し上げたように、そういう状態である以上、もうそうした学問分野は潰してしまったほうがよいと思います。いったん潰したうえで、訓練のできていない人たちには辞めてもらったほうがいいと思うのです。アメリカの日本研究の中でも、中国から来た学生、それから韓国から来た学生、それから台湾から来た学生たちが、ますます主流になってきていますからね。だから将来は彼らが日本研究を担うようになるでしょう。私はそれでよいと思います。

こうした国際的状況を視野に収めた上で、日本において日本史あるいは日本学の学問制度を作ればいいわけであって、そういうことができるような体制にどんどん変えていかざるを得ない。もう衰勢するという感じではなくて、現実がそうなのですから、すでに他の選択肢はないということをはっきり日本の大学に宣言する必要があるのですね。その段階で、今度はいい研究をする人を育てればよい。

個人的なことですけど、一九七〇年代の始めに私は日本のこと、日本の文献を研究したかったので、いくつか日本の大学院に応募しました。何を研究したかったかと言えば、非常に面白い文献が日本にはたくさんあるので、それを基本的にはヨーロッパの考え方や、あの当時特に私が関心をもっていたいわゆるポスト構造主義の考え方でやってみたかったのです。そうすることで、ポスト構造主義を西洋中心的でない方向にさらに推し進めたかった。しかし、日本の大学院に応募しても、全然相手にされない。どこも入れてくれなくて、仕方がないので、アメリカの大学に応募するのがいいよと友達に言われて応募したら、応募するや否や「金は全部出す、すぐに来い」と返事が来ました。それでアメリカに行ったのです。だから、アメリカに行って研究するつもりは始めは一切なかったのですね。

だから、研究のやり方というのはいくらでもあると思います。過去の日本の研究者の例を振り返ってみても、たとえば京都学派の哲学者たちは、特に日本思想を研究するつもりはなくて、もちろん数少ない例外はいますが、基本的にはただ哲学や思想研究がやりたかったわけです。それから、国文学の系列で有名な、京城大学で教えた時枝誠記という人は、我流の現象学を国語研究を通じて自前で作ってしまったわけですよね。ああいうことをやった人たちが、一九二〇年代から三〇年代にかけて沢山いました。

この形でもって、学問を将来組み立てていけばよいのであって、とくにその古い地域研究や国民研究にこだわる必要はないと思います。それから知的にも、アメリカの中で、学問制度に対する批判意識の低い、古い立場の地域研究の人たちの能力はどんどん衰退しています。今度は特にアジアに限ることなく、例えば私の学生の一人はブラジルから来て、日本と韓国について研究しています。それから、イギリスから来た学生もいます。日本研究は日本生まれの研究者によって研究されるべきである、という根拠は全くありません。日本以外のところからやって来た人たちをどんどんすくい留めるような研究機関を作っていけば、それはそれで十分やっていけるのではないかと思いますね。

司会　こうした問題にきちんと対処できるようにするためには、酒井先生もおっしゃったように、やはり財政的なバックアップが不可欠だと思われます。今、お二人の先生がいわれたその地域研究ということでは、徐所長は文学研究者ですから、人文学や社会科学とはちょっと違うと思うんですね。私については、徐先生は私の政治学を人文学として紹介して下さりましたが、社会学とか政治学として括ったほうがよいと思っています。社会科学で地域研究を考えるときは、例えばこういう問題があります。私は日本の政治を勉強したのですが、これは地域学なのか政治学なのかという問いがつきまとうのです。

一五年くらい前に、ある韓国の先生に尋ねられたときに、地域研究は社会科学ではないんだという話をしたことがあります。その時に社会科学という言葉で思い起こされたのは、京都大学東南アジア研究センターの所長をつとめた矢野暢さんという先生が、地域研究というのを前面に打ち出して研究をなさっていたことでした。当時の東南アジア研究センターの先生の構成をみますと、語学や文学はもちろんのこと、政治学とか経済学とか東南アジア、インドネシアの経済とかタイの政治とか、また農業とか農学とか工学の先生たちがいっぱい集まって、タイあるいはインドネシア、マレーシアなどの地域を研究していた。それは非常に学際的な研究になったので、そういうふうなやり方ですれば地域研究ということになるのかもしれません。ただ、政治学を勉強しながら、研究対象を日本に決めたということであれば、それは地域研究とは言えないんじゃないかなということもおっしゃっていました。

矢野先生は、学問的には地域研究というものの水準、特に日本で東南アジア研究の水準を上昇させた多大なる貢献者だと思います。しかしこれから先、社会科学と人文科学から見た地域研究との接点ということを考えると、どのようなことが考えられるかというのがとても気になります。磯前先生どうですか。

磯前順一　最近のことですが、日文研の属している人間文化研究機構――この組織を介して日文研は文科省に属していると理解すればよいと思います――では、人文学を中心とした学問を行うということを主張する中で、社会科学を切り離してしまいました。しかし私は、それは危険な考え方だと思っています。

社会科学が、社会的存在という観点から人間の本質を考える学問だとすれば、やはり人文学は社会科学と切り離すことはできないのだと思います。人によっては、人文学が考究する人間とは、社会から切り離されても残る個としての存在形態を普遍的なものとして扱うものだと考えるようです。しかし、本当に人間の存在を社会から切り離して考えることができるのか。そこをきちんと議論しなければならないと思います。そもそも社会科学と人文学の関係がどのような学問の歴史の中から生じてきたものなのかを、きちんと議論しないままにこうした言葉が一人歩きしている状態は、学問的に極めて退嬰的な状態にあると言ってよいと思います。

司　会　翰林の場合は「日本学研究所」という、日本という特定の国名が入った研究所を有しています。確かに日文研の場合も、もちろん「日本」という名前が書いてありますが、日本人が日本の研究をするだけではなく、世界のあらゆる地域から研究者を招くなど、様々な交流を行っていますね。その中で、翰林大学日本学研究所が進めているような、東アジアにおける日本帝国時代の研究については、どのように考えられているのですか。そういった面で、日文研は東アジアの中にある日本という存在をどのように捉えようとしているのでしょうか。

磯前順一　日文研にとっては、東アジアの中での日本という研究主題は、極めて身近でかつ重要な観点だと思いますね。実際に、旧満州地域に関する研究者や、植民地期の朝鮮半島に関する研究者や、日本帝国の研究者など、国籍を問わずに招く例が多いと思います。その意味では、日文研にとっても日本研究は、まず東アジアのポリティクスのなかで捉えていかなければならないものになっているでしょう。

一方で、京都学派の第三世代とも言える流れを汲む研究者たち、先ほどの酒井さんの言葉を用いるならば哲学の普遍的な営みとしてではなく、日本学という特殊性の枠組みの中で、自己規定をする研究者も少なからずいます。その人たちも東アジアに言及せざるを得ないのが現在の状況なわけです。しかし、その東アジア研究というものは、どうしようもなく日本中心主義になってしまうんですね。

日文研はその創設が時の総理大臣の中曽根康弘によってもたらされたために、しばしば政府がその運営方針や構成メンバーの顔ぶれに介入してきたのではないかと言われてきましたが、無意識に根強い願望を除けば、表立った動きとしてはそのような事態はあまりなかったようです。今の国際化状況の中でも、政府は具体的にどのようなイデオロギーを打ち出しなさいとか、どのような思想を持つ研究者を揃えなさいといったことで口を挟むことはありません。

むしろ、日文研に対して人間文化研究機構や文科省が国際化時代における日本研究のあり方を尋ねてくると見たほうが、現実を正しく把握していると思います。私は酒井さんが先ほどいわれた考え方とほとんど同じですから、自分が個人的に国の問いに対して答えることはできます。事実、委員会等を通してそうした考えを表明してきたことも幾ばくかはあります。ただそれはあくまで私の考えであって、研究傾向に広い幅を持つ日文研の構成メンバーの中で、自分の考えがマジョリティーになることはありません。お前が個人の考えを述べるな、と内部からいわれたこともあります。

既に皆さんご存知のことですが、抑圧的な全体主義でもあるナショナリズムは外からやってくるだけでなく、むしろ内側から自発的に立ち上がってくるところに最も危険な部分があるのだと思います。こうした動きは、日文研内部と言っても、所長や副所長といった上から出てくるものではないのです。むしろ一般の教員から、下から沸き起こってくるところに、今日「人文学の危機」と呼ばれている問題の根深さがあるのだと思います。

つまり、酒井さんのおっしゃったような国際化の改革が所長などからトップダウンで行われる一方で、それに対する反動が一般教員から起きてきて、国際化に目を閉ざそうとしているのです。さらに面白いことに、そこに外国籍の研究者も加わります。自分の内向きのアイデンティティに対して、他人に口出しをさせないようにするという願いを持つ点で、日本人であれ外国人であれ、どの国籍を持つのかといったことはまったく意味をなさないのです。それなのに、外国人を招けば、外国人と企画すれば、国際的な催しが成立すると考えている人たちがかなり存在しているのは、まさに深刻な状況だと思いますね。

私は個人的に、酒井さんの言うように、本当の意味で国際化に堪えうる優秀な人材だけ残して、他の研究機関の人たちと合流し、新たな日本研究のために国際高等研究所を作り直すのが一番時間のかからない方法かなと思います。勿論、そんな考え方をしている私自身が一番先に困った存在になってしまう危険性が高いんですけれどね。

司　会　そういう風な事態になると、誰を残して、誰をカットするかという問題が出てきますね。

磯前順一　酒井さんがご自分の研究経歴を語られたので、私もすこし自分の経験を語らせていただきたいと思います。私は学部を卒業してから結婚して、数年間、高校の教員として働いていました。茨城県の底辺校で、生徒指導に明け暮れる状態に音を上げてしまい、大学院に行って、学位をとって大学の先生になろうと思いました。好きな研究をしてお金がもらえると、当時の世間知らずの私は甘く考えていたのでしょうね。それで、東大の国史学科を受けようと思いました。

でも、国史は当時は人気があって、「東大の学部からの持ち上がりで定員が埋まってしまうから、受けても受からないよ」といわれました。事実、受けたのですが、受かりませんでした。ところが、どこの大学の学部を卒業しても、点数さえ取れれば受け入れてくれるところがあったんです。それが宗教学科だったんですね。

今から考えると、これが良かった。宋先生がおっしゃった問題と関係するのですが、エリア・スタディーズという意味ではなく、研究対象の地域として、たまたま日本を選択しているに過ぎない。基本は西洋と同じ宗教学の原理に基づいている。逆に、西洋キリスト教に過剰に傾いた特質を「宗教（religion）」学は有しているので、日本という症例を研究することで、西洋中心主義的な「religion」という概念を問題化していくことができるといわれたんです。

そうすると、イギリスで行う自分の講演会で、英国国教会の研究をしているイギリス人とも話ができる。イスラムの研究をしているタラル・アサドさんとも、西洋的な世俗化をアラブ地域と東アジアがどのように違う形で受容していったのかを討論することもできる。その共通項として、自分たちにいまだ影響を与え続けているキリスト教的な「宗教」概念があるからです。だから、その共通項をめぐって批判のありかたを比べることができる。

そのとき、「宗教」概念をどのように批判するかというと、そのように一見普遍的な機能を帯びていたものと、それが分節化された個々の局所的な場における「特異なもの（singularity）」なものの絡み合いを考えていくのです。ポストコロニアル状況とは、文字どおり、宗主国から解放された後も旧植民地には宗主国の影響が残り続けるということです。また、植民地の独立を認めた後も、宗主国には植民地の残滓が残り続けるということでもあります。

だとすれば、帝国主義にかかわりを持ってしまった国々は、むしろその影響を通して旧帝国の離れた土地の人びとども交流が可能になるコミュニケーション手段を手に入れたということになるのではないでしょうか。それが国際化という現象の中核をなすものだと私は考えています。こうした発想法を取ることのできる研究者こそが、これからの国際化の時代を生き延びていくことでしょう。そして酒井さんの言葉を借りれば、理論的な態度がなければ実証的な研究はできないし、実証的な態度で論理的に考えることができなければ理論になることもできないということなのだと思います。

徐禎完　たとえば、「日本研究」「日本学研究」といった場合、一方では「美しき国ニッポン」に代表される優れた文化・文学論や評価を期待する動きがあり、他方でナショナリスティックな束縛から離れて批判的分析を好む動きがあります。

前者の場合は、「国際」としての活動を好む傾向があります。しかし、日本研究の国際会議あるいは国際的研究といった場合、日本人研究者に加えて、私のような近代日本の学知の研究方法を修得した日本留学経験者を集めて議論すれば、それで果たして本当の意味での「国際」になるのかという疑問が私にはあります。むしろ、韓国や中国あるいは英国の中世文学の研究者が集って、国籍ではなく分野の多様性によって、はじめて「国際」的な状況が達成されるのではないでしょうか。

結局、「日本」という国民国家的な束縛の下での「国際」は、本来の意味での「国際」ではなく、海外からの同意を得る作業であったり、海外への広報作業に留まる場合が多いことを忘れないでおきたいと思います。それは、今後の私たちの研究所の日本研究・日本学を考えるうえでも、重要な課題になってくると思われます。

汪先生にお聞きしたいのは、清華大学では基本的に高等研究院に授業の開設権があるのかということです。今後、私ども研究所の運営の参考にしたいと思います。

汪　暉　私たちは各学部と連携し、大学が同意すれば高等研究所の名義で授業を開講することができます。しかし、私たち独自では大学院生を募集しません。各教員には大学院生がいますが、大学院生の所属はそれぞれ各学部に分かれています。しかし高等研究所の名義の下で、コースを開設することができます。

酒井さんが先ほどおっしゃったように、多くのコースが意義のあるものであり、私たちはそれらを開設することができます。しかし、学位は異なります。どのような学位があるかというと、日本研究、韓国研究、経済学、政治学、これぐらいです。学際的な研究に対しては、現時点では教育部から大学に至るまで難しく、そのような学位を与える術がありません。

さらに一点補足すると、私たちは現在、清華大学、コロンビア大学、コーネル大学、デューク大学、バージニア大学で、ひとつのパッケージプログラムとしてのジョイント・コースを作りたいと考えています。しかし、今直面している問題は、中国教育部がダブル・ディグリーを受け入れておらず、アメリカの私立大学は一般的にジョイント・ディグリーを受け入れていないことです。国際化を進めるためには、学生たちにも異なる環境で、たとえばある学期は一年間コーネル大学で、次の一年は清華大学で教育を受けさせなければなりません。このためには三種類の単位取得の方法があると思います。

一つ目の方法は、ダブル・ディグリーです。たとえば、清華大学とコーネル大学、または翰林大学と私たちの大学が連携します。私たちの学生が翰林大学でも学び、翰林大学からも学位を与え、私たちもまた学位を与えます。しかし、中国教育部は一般的にダブル・ディグリー制度を認めていません。一つの博士論文には一つの学位のみが与えられるべきで、二つの学位を与えることはできないと考えているからです。
二つ目の方法は、私たちがたとえば翰林大学やコーネル大学と連携し、共同で一つのジョイント・ディグリーを設けることです。しかし、アメリカの私立大学は通常、ジョイント・ディグリーの設立に対して消極的です。ヨーロッパの大学はこの点に関しておそらく大きなリスクはないようです。
三つ目の方法は、各大学がそれぞれの学位を設けることです。ただし、提携する各大学機関は、六つの大学が共同でプログラムを組み、共同で学位を証明する必要があります。六つの大学がそれぞれにおいて、当該学生が学位を取得することを承認しなければなりません。このような提携について、現在議論しているところですが、まだ実現には至っていません。

司会 実に興味深いことをご指摘下さりましたね。私が知っている限りでは、例えば韓国の延世大学と日本の慶應大学の間でダブル・ディグリーが成立しています。問題は、この共同のコースが独立した学科単位としてではなく、学科横断的な共同コースを新しく作り、それと慶應義塾大学の特定の学部との間で成立させるということですね。
汪先生がおっしゃったような、中国とアメリカのダブル・ディグリーということを考えるときに、それが果たして研究所をベースにできるものなのか、あるいは特定の学科や学部ではないといけないのか。とりあえず、研究所には学生がいないと思うので、どうなるのかというのを、中国の事情に即して伺えればと思います。

汪　暉 学位はすべて大学が設けるもので、清華大学はジョイント・ディグリーを受け入れています。いくつかの学部では、清華大学と他の某大学、すべて具体的な学部や学科とのあいだで、ジョイント・ディグリーを設けています。しかし、学位自体は中国において、大学からは推薦されるのみであり、中国の学位はすべて教育部の学位となります。国立大学であれば、教育部による学位となります。修士課程においていくつかの大学では具体的な学科が各カレッジ内にはありますが、学部単独では独立できず、必ず大学を通す必要があります。

ジョイント・ディグリーの設立は、機関と機関のあいだで行われます。たとえば、私たちの研究所と翰林大学日本学研究所が共同で一つプロジェクトについて協議する際、プロジェクト案を大学に提出し、学術委員会における審議を受けることになります。審査を通過すると、それが可能になります。したがって、このジョイント・ディグリーとは、大学により決定されるものなのです。

司会　ここでは地域研究のはらむ問題点を梃子にして、国際的な日本研究の新しいあり方、特に新しい組織作りに考えを巡らせてみました。こうした組織的な基礎があってこそ、先ほどの平等と民主主義を問い直すプロジェクトも、現実に前に進めていくことができるのだと思います。長時間にわたり、ありがとうございました。

汪暉氏との対話——新しい平等の実現に向けて

磯前順一

第一節　阪神・淡路大震災——国民国家の余白

中国を代表するポストコロニアル世代の政治思想史家、汪暉氏が二〇一九年一月十六日から三十一日まで京都の国際日本文化研究センターに滞在し、レクチャーおよびセミナーとともに、筆者らと所外活動を行った。京都到着の翌日にあたる一月十七日、私たちは震災の追悼セレモニーの開かれている神戸市を訪問した。

最初に訪れたのが多くの市民の集まる東遊園地。震災の起きた時間で止まった時計を抱えた海の女神像、東北地方から送られた雪でできた地蔵菩薩像、「一・一七」の文字をかたどった竹の灯篭などを見学した。竹灯篭では、一つの灯篭から別の灯篭へと火を移していく儀式に、人と人を繋ぐ共同性が構築される端緒を見た思いであったと汪氏は言った。最後に向かった「慰霊と記憶のモニュメント」では、水面に花びらを共に浮かべ、祈り、犠牲になった方たちの名前の記された壁面に頭を垂れた。

東アジアにおいて「宗教（religion）」という言葉が西洋のキリスト教の意味合いを多分に含みこむものであることは、今日の宗教研究では国内外を問わず周知の事実である。では、「その影響を受けながらも、完全には回収されない余白を含む言葉にどのようなものがあるか」という質問を汪さんから受けた私は、「近代以前から存在する「信仰」や「信心」という言葉が思い出される」と答えた。その影響が西洋か非西洋かという議論よりも、そうした要素があいまっていかなる主体を作り上げているのかを論じた方がより有効であろうという点で、私たちは見解を同じくしたのである。

次に、被害のもっとも甚大であった長田区に移動した。ＪＲの駅前には広大な青色のビニールシートのうえに、ペットボトルで作った蠟燭台が「ながた」という文字を象っていた。人の集まりは東遊園地にくらべると、夕方のセレモニーだからであろうか、いまだまばらであった。その端には長田の特産である、なめし皮をもちいた和太鼓が並べられ、夕方のセレモニーで音が轟くのをいまかと待っているかのようであった。

そこから皮革製品を作っていた町工場のあった地区に足を運んだ。地震が誘発した火災によって灰燼に帰したこの街は、震災から二十年以上を経た今も復興のさなかにあった。否、精確に言えば、復興が途中で止まった状態にあった。かつての個人の零細経営を中心とした皮革産業ではなく、それを一極集中した経営に切り替わりつつある。そして、乗り遅れた家々は、今も空き地になったままであった。良くも悪くも、震災が資本の一極集中化を推し進めたのである。

東遊園地では垣間見ることのできなかった、復興のもたらした影の部分を目の当たりにした汪氏は、次のような感想を語った。

「国民国家の外部、他国民との間にも搾取や排除の事態が立ち現われることはよく指摘されている。しかし、ここで見られるのは、おなじ国民国家の内部で周辺化されるマイノリティや被災者の問題だ。国民国家は外部に周縁を作るだけでなく、その内部に周縁を作り出す。人間が亡くなった後の追悼や記憶のありかたにも格差があることがよく分かるね。」

国民国家は、均質な国民の産出を欲しながらも、その内部のいたるところに余白を含みこんでいる。余白があるからこそ、それを抵抗の拠点とした社会構造の改革もまた可能になるわけだが、そうした余白の場所に割り当てられた人間は容易に社会の大勢を占めマジョリティからの差別の対象になりやすいことも事実であろう。

第二節　公開講演会――東アジアの近代

翌日に催された日文研の公開講演会では、汪氏は「「世紀」という思考の始まり――初期二十世紀中国における帝国主義、ナショナリズム、コスモポリタニズム」という講演を行った。

そこで議論されたのは、「世紀」という西洋キリスト教的な時間観念が本格的に導入されたのは、中国においては二十世紀が初めてであったこと。同時にこの時期になって、東アジアと西洋、アフリカ、南アジアなど横の地理的な同時性の空間や思考法が成立したこと。当初東アジアの知識人たちは、西洋近代を普遍と考え、自らの歴史的伝統を「特殊（the particular）」と考えたわけだが、それは西洋列強による植民地化の危機のもと、西洋のオリエンタリズム的な眼差し――すなわち西洋のみを「普遍（the universal）」と考える見方――を内面化したものでもあった。

こうした西洋中心主義的な近代の捉えかたを汪氏は批判し、近代とは西洋だけが独占する単数の“modernity”ではなく、複数の“modernities”であること。それゆえ、「普遍」と「特殊」という対概念で捉えるのではなく、「普遍」と「単独（the singular）」という組み合わせのもとに、その二重構造を考えるべきだと述べた。ここで言う「単独」とはそれぞれの地域に固有の歴史があるとする見解であり、〈西洋＝普遍／東洋＝特殊〉といった二項対立を脱臼させる働きを促す。そこでは、単独と組み合った「普遍」とは西洋に専有されたものではなく、固有の歴史をもつ各地域にみられる、他者へ開かれようとする働きを指すものとなる。

東アジアにおける近代をどう捉えるか。言うまでもなくそれは汪氏の思考をめぐる中心主題である。そこに各地域の近代を、「普遍」と「単独」の組み合わせとしての「二重の歴史」と捉える汪氏ならではの視点がある。それは西洋のオリエンタリズムの眼差しのもとに同質化された非西洋の歴史を、異種混淆的な歴史として蘇生させる試みでもある。ただし、それは単に異種混交性を唱えるのではなく、どのような要素がいかなる配合で組み合わされているかを具体的な歴史に添って考えるところに、汪氏の思考の特徴がある。東アジアにおいては近代以前の朝貢システムと、西洋近代的な帝国主義的国民国家の重なり合いが、二重の近代を構成していると考えたのだ。

この近代の二重性をめぐる議論は日文研の創設に尽力した桑原武夫の明治維新論とも密接な関係を有する。桑原が議論したのは井上清や遠山茂樹やマルクス主義者の講座派の明治維新論であった。そこでは近代化論が前提とされて、日本の成長が謳われることになる。両者の違いは、西洋的近代への進み具合が西洋よりも遅れているか、比肩し得るものか、はたまた進んでいるかという違いにすぎなかったと、今となっては考えることもできよう。

汪氏が問題としているのは、こうした西洋的価値規範を「普遍」として考える西洋的近代主義である。その点では、日本中心主義は西洋中心主義を反転したものに過ぎず、〈普遍／特殊〉という二項対立を反復したものに過ぎない。そこに「停滞」と映ずる非西洋的特質が「単独」のものとして読み替えられるべきだと汪氏は新たな視点を提示するのである。言うまでもなく、それは西洋的な要素を配した非西洋の特殊性を強調するためのものではなく、西洋的と非西洋的な要素の、独自の組み合わさり方を指すものなのだ。

こうした汪氏の近代批判は、タラル・アサドが唱える「複数の近代」あるいはガヤトリ・スピヴァックの唱える「複数の、他者なるアジア（other Asias）」といった概念に呼応する点で、西洋近代のヘゲモニーを脱構築するポストコロニアル研究者ならではの理解と言えよう。ただし、汪氏の理解は単なる複数性や「多重性（doubling）」を指摘するにとどまらず、単独性こそが普遍性に開かれた入り口をなすことを指摘した点で、ともすれば相対主義に陥りがちなポストコロニアル思想を、「非共約的なものの共約性（commensurablity of the incommensurable）」という意味での普遍的なコミュニケーションの場に推し進めたものと言えよう。

それゆえに、汪氏は通俗的なポストモダニストが声高に叫ぶ主体が要らないといった立場は取らない。むしろ、どのように政治的な次元において主体を構築するかという視点から、現在の中国社会では語ることがタブー視されがちな中国の文化大革命など、東アジアの歴史を読み直していく。

主体とはしばしば誤解されているように啓蒙主義的な西洋的個人を指すものとはかぎらない。集団や社会を単位としても、人びとは何がしかの主体を形成しようと試みており、その政治的次元を「主権者（sovereign）」と呼ぶのである。グラムシの言うところの、ヘゲモニーによって構成された「歴史的ブロック（historical block）」もまた政治的主体の典型的なものである。主権者とは言うまでもなく、公共空間における社会的権利を主張することを認められたものなのだ。

こうした主体あるいは主権を形成し得ないとき、人間は排除されたり、あるいは社会的権威の一部に容易に取り込まれていく。こうした主体の構築は、すでにアルチュセールが指摘するように重層的になされており、例えば性的マイノリティがマジョリティに抑圧される社会的存在である一方で、ときに高学歴を修めることで恵まれた社会的地位に就いていることも珍しくはない。近代が複数性のもとに存在するように、主体もまたその内部に分裂や亀裂を抱えた非同質性を本質とするものなのだ。ただ、そうした自己の主体を走る亀裂に居心地の悪さを感じる人びとは、自分を一方的に、それがマイノリティであれマジョリティであれ、何かと同一化を図ることで自己の安心を得ようとする誘惑に曝されることになる。

第三節　被差別部落——政治的主体の形成

そんな議論を私と汪氏が本格的に行ったのは、一月二十六日に大阪・阿倍野の四天王寺から足を延ばして、葦原橋にある被差別部落を訪問した時のことである。「毎年日本を訪れているけれど、これまで被差別部落を案内してくることはおろか、そうした地域が存在することを教えてくれた人もいなかった。実際には存在しているけれど、見えない存在された地域が日本にも存在していることが実感できた」。そう言って汪氏は私にお礼の言葉を述べた。

その会話は四天王寺のお堂の下に住んでいたとされるハンセン氏病者、さらに周辺の被差別部落の人たちが受けた苦しみに話は及んだ。賎民が聖なるものによる救いを必要とするように、聖なるものもまた自らが存在するためには賎なるものの存在を必要とするのである。

汪氏の「政治化（politicizing）」とは「政治的状況への参入（involving）」を意味するものであり、カール・シュミットの議会制民主主義批判を意識しつつも、その「敵／友」の二分法を脱臼させた上で提起されていた議論である。主体を形成し得ないとき人間は権利を喪失する。汪氏はそれを「脱政治化（de-politicization）」と呼び、中国や日本を含めて、現代社会に顕著な傾向であると懸念した。この点は、二十九日に行われた汪氏の著作をめぐる読書会で確認された。しかし、シュミットに与しないからと言って、汪氏がヒューマニズムをもろ手を挙げて支持することはない。

汪氏はそうした立場を取らず、ニーチェやマルクスやフロイト以降の「人間の死」と呼ばれるような、主体の存在形態を規定する社会構造そのものを問題とする。ただし、主体は構造に根ざして族生するものであり、主体が構造に自己反省的に介入することも可能である。そこにおいて、「政治的主体」を形成する契機が生じると汪氏は考える。もし、そうした主体の存在ものを拒否するならば、人間という個物は社会構造に呑み込まれたままになるだろう。主体に対する「批判（criticism）」は大切なことであるが、それが今日多くの識者が躓いているような、主体そのものの「否定（negation）」とは混同されてはならない。

これまで日本の知識人においては、「批判」と「否定」の概念はしばしば混同されてきた。それは後期ポストモダンからポストコロニアルの思想が日本に根づかなかったことと密接な関係を有することであろう。そこでは主体は単に否定されるものではなく、汪氏が言うように「本質なき主体（subject without essence）」として歴史的文脈の中に縫い込まれているものとして理解される。

デリダが早くから指摘したように、「遅れ（difference）」とは「停滞」にもなるが、脱構築への「潜勢力（potentialities）」

にもなる。なぜならば、「遅れ」こそが「差異化（differentiation）」をもたらすからである。こうした観点に立つとき、差異は普遍の逸脱としての「特殊（the particular）」ではなく、それぞれに普遍への開かれを秘めた「単独（the singular）」であると汪氏が述べることも理解されよう。

そこでは必然は偶然であり、偶然は必然となる。単独性とは他者から屹立する存在ではなく、あくまで「人間関係の網の目」（アレント）のなかで中動態として存在するものなのだ。言うまでもなく、こうした汪暉氏の単独的なものの理解は、ドゥルーズとガタリ、その影響下に思考を展開したネグリとハートの流れを汲むものであろう。その意味で、汪氏はデリダの脱構築とフーコーの主体のテクノロジーのみならず、ドゥルーズやネグリの単独性の思想を踏まえて、東アジアの近代を捉えなおすポストコロニアルの思想家なのだ。同様に、東アジアの近代経験をポストコロニアルの観点から読み直した思想家として、韓国の尹海東と金哲を挙げることができる。尹がハーバーマスの公共性論を、金がエリクソンのアイデンティティ論を植民地の経験から読み直したのに対して、汪氏は主体を単独性から読み直した思想家と評することができよう。

以上のように、汪氏と私は被差別部落を歩きながら語りあった。そこから、「新しい主体性のかたち（new form of subjectivity）」、歴史的ブロックの存在形態が模索されていくことになるのだ。事実、すでに現実の社会では、表象力の有無を分岐点とする「知識人」と「民衆」という二項対立がすでに脱臼にされている事態が看取されるという。シュミットが指摘したように国民国家は〈敵／味方〉の二者択一を前提とする。しかし、ここでは国民国家の内部において〈敵／味方〉をこえた「わたしたち（us）」という共同性が開かれる可能性があると汪氏は感じ取る。その実践の公共空間が神戸の東遊園地であり、長田駅前であり、各地の被災地の祭祀空間ということになる。この新しい主体化をめぐる汪氏と私の会話については、三十日に行われた磯前による被災地における主体化に関する報告「Without You ――あなたのいない世界を生きて」にさいして討論されることになる。

第四節　磯前報告——新しい主体化のかたち

「ポストコロニアリズム」は大都市の住むポストコロニアル知識人の自己正当化の物語に堕落してしまったと私に語ったのは、ガヤトリ・スピヴァックであった。その批判を踏まえて、スピヴァックはグラムシらの西欧マルクス主義を軸として構造論を踏まえた主体との往還関係へ議論を展開すべきだと主張した。それが、いささか明瞭さを欠いた「批判的地域主義（critical regionalism）」論であった。だが、汪氏に至って、いよいよそれが主体と構造の往還関係という具体的なかたちで叙述が展開されたのである。

その流れに即して、「国民国家の内部に存在する周辺的存在」と、被差別部落民や被災者を汪氏は捉えた。「ポストコロニアルとは何か」という私たちの議論のなかで、「ポストとはいまだ実現しない解放の、未達成状態」と私が述べたところ、汪氏は同時に「周辺から内部への動き」でもあるという見解を挙げた。それは政治理論の議論に長けた汪氏ならではものであろう。

「おまえはどう考える」。汪氏からの問いに対して、主体と構造は根っこを同じにしながらも、亀裂を有する。その亀裂から、他者の声は聞こえてくる。個人の声だけではない。神の声であり、社会の声である。その声をどのように自分の主体の存在形態に応じて分節化していくか。周辺の人々の文脈に批判的に介入させていくのか。そこから「分節化行為（articulation）」としての「表現（expression）」が生じる。

それはアレントが「人間の活動」の二要素として挙げるように、「発話と行動（speech and act）」からなる。抽象的な発話である学問だけでなく、身体実践から生まれる芸術、儀礼を中核とする信仰行為など多岐にわたるものである。そうした分節行為から主体は生まれ落ちる。被災地で死者の鎮魂のために建立された無数のモニュメントは、そうした主体を新たに分節化する表現行為なのである。それが、宗教学者としての私の死者論、被差別論の導かれるところである。そう言うと、汪氏は大きく頷いた。

しばしば誤解されるが、主体とは自我と同じではない。自我を含みながら、そこには還元しきれない身体的や情動的な土台を含むものである。人間という個物は純粋意識を思考する「主体」（＝主観）と身体的な「シュタイ」の二重性として理解されるべきだと述べたのは酒井直樹だが、汪氏の、そして私の主体もまたこうした広義の存在なのである。それこそが、まさしく汪氏の言う「本質なき主体性（subjectivity without essence）」なのだ。

ポストコロニアル研究は三つの世代に分けて考えることができる。第一世代は今、八十歳台のラナジット・グハたち。彼らは国家に抵抗する人民を本質主義的に打ち出した。第二世代は七十歳台の酒井直樹やスピヴァック。かれらは本質主義批判であった。

そして第三世代は自分たち、五十代後半だ、と。空洞だが、存在する主体が歴史的文脈の中で接合されていく主体化の議論を、社会構造論を踏まえて行う。それは、もはやポストコロニアル研究と呼ばず、新たな主体化論と呼ばれるべきものかもしれない。それは個人の主体やアイデンティティだけを指すものではない。むしろ新たな共同性を志向するものである。異種混淆的な「私たち」とでも呼ぶべきものであろう。

再度確認すれば、主体とは個人とは限らない。共同体や社会なども単位となるものである。被災者や被差別民、移民や障害者などさまざまな立場の人びとが政治的な場に参入する。その場はつねに他者の参入へと開かれており、個人の主体の境界線を越え出るものとして、「超越（trans-cendence）」あるいは「翻訳（trans-lation）」という機能が作動している。

“trans-”とは“inter-”とは区別されるものである。“inter-”が「学際」や「国際」、といった個々の単位を自明の存在とした上で、その交流を推奨するものであるとしたならば、“trans-”とは個々の単位を前提としつつも、その境界線を脱臼させていき、個々の主体の再編をよぎなくする作業だからである。「こうした参入行為こそが政治であり、異種混淆的な共同性なのだ。まさに私たちが神戸や蘆原橋で見た、相互参与的な（inter-action）共同性だ」と汪氏は言った。

相互参与的な人間関係を軸とする点からみれば、「スピヴァックがグラムシの言葉を借りて述べた、サバルタンを知識人が代理表象できるか否かという問題設定自体が、今では適応しないものである」と言う汪氏の批判は重要である。知識人の統合力が落ちている現在では、代理表象力の回復を前提とした議論ではなく、表象とは異なる「分節化」のあり方が模索されるべきだと言う。私もまた被災地のモニュメントや造形物を主体の分節化行為として報告したのだが、こうした造形物もまた、言語による代理表象を必要としない分節化行為として新たな主体化を推し進める契機になると共に話し合った。

それは内部あるいは外部から、公共空間の秩序を再構成する動きを促すものとなろう。では、そこで汪氏の述べる「自由と平等」とはいかなるものなのか。他者への開かれとして、個々の主体を超え出る「超越（transcendence）」機能。他人だけではない、自己もまた乗り越えられるものとなる。なぜならば、自己もまた自分にとって謎めいた他者に他ならないからである。その超越機能によって、異種混淆的な、新たな主体が表象作用を伴わず形成される。「そこに希望がある」と、汪氏は言った。

それは生きた人間だけではなく、記憶から零れ落ちた死者やマイノリティ、被災者や戦死者。さらには自分の心の中の死んでしまった記憶を掘り起こす行為なのだ。実のところ、公共空間とは、その外部に追いやられた様々な死者によって支えられた空間である。汪氏の滞在中、私たちはともに被災地や被差別部落を訪れた。そこで作られた数限りないモニュメントこそ、彼らの過去の記憶を掘り起こし、取捨選別を行い、未来への希望へと変容させていく場なのだ。

モニュメントだけではない、詩の朗読やコーラス、ダンス、太鼓の演奏、灯篭に共に火を灯す行為、死者の名前の刻まれた壁の前で献花する行為。こうした鎮魂の儀式こそ、明日を生きる希望を、自分一人ではなく、「共に生きる空間（space of interaction）」を押し開くものとなるだろう。死とは確かに一つの生命の終わりではあるが、同時に新たな生命のもとに引き継がれていく。一つの命が私たちの眼前から消えるとき、その命は私たちの心の中に住みついて、主体を変容させていく。その意味では、新しい生命の端緒でもあるのだ。

　虚空を漂う霊魂を、今この場所に縫いこむ作業。それを古来人々は、招魂あるいは鎮魂の儀式と呼び表して行ってきた。それは自我意識の固着化を解きほぐし、他者に自己を開いていくものである。同時に「大文字の他者」に自己を同一化させてしまうものでもない。他者の眼差しに規定されつつも、それを捉え返すことで、主体が生まれる瞬間なのだ。

　アレントはそれを「人間関係の網の目」に規定された「行為体（agent）」と、古来の人々は「神仏による救済」と呼んだ。いま私たちは、その行為を「新しい主体のかたちの分節化（articulation of new forms of subjectivity）」と名づけよう。それが第三世代のポストコロニアル研究だと汪氏と私は話し合った。

第五節　汪氏の提言をうけて——不均質な平等へ

　ただし、主体は永続的に固定された状態で存続するものではない。それは「人間関係の網の中」で、他者との相互関係の中で生まれては変化し、ついには消えていく。生きている間もまた、ドゥルーズが言ったように「生成（becoming）と解体（dissolution）」を繰り返すものなのだ。私たちの表現や職業が多様であるように、その形成のかたちもまた多様なものがある。

「回心（conversion）」とは主体化の、新しいかたちへの跳躍を意味する名前なのだ。私がそう言ったとき、汪氏は、それが「転向（conversion）」と呼ばれる事態が起こるとき、その跳躍は既成の言説へと固着化した事態へと転落していくと、付け加えた。たしかに、主体形成を完遂し得ないこと、成し得ないことも珍しくない。むしろ、そのほうが人間一般の存在形態である。だからこそ、グラムシは知識人のヘゲモニーを軸に大衆の関係を「歴史的ブロック」として、石母田正と藤間生大は、個と集団の調和が取れた共同性を「英雄時代」という主体化形態に託して語った。それは「表象」を軸にしたものと思われがちだが、政治行動、さらには石母田らの場合には日常生活の振る舞いも含めたものであった。まさにアレントの言う「言動と行動（speech and act）」である。

さらに安丸良夫によって、神がかりした教祖による宗教教団、ばくち打ちなどのアウトローによる一揆の指導、表象とはメカニズムの異なる母集団との結びつきが提示された。教祖は、世間師と呼ばれる通俗道徳を身につけた人物であり、表象力を操る知識人とは主体の分節化のかたちが異なる。たしかに、丸山ら近代主義者の主体化論のようにあらゆる人びとが全体を俯瞰する表象力を備えた主体になるのは困難であろう。

しかし、安丸の議論を敷衍すれば、すべての人間がそうなる必要もない。それぞれの人間の能力の多様性に応じた、例えば僧侶、看護師、編集者、販売業者、製造業者など、主体の分節化のかたちを形成していけば良いのだ。その多様な分節化の形が重ね合わされるとき、その集団は異種混淆的な平等を形成することになる。

現代社会の主体形成において憂慮すべき問題は、知識人と民衆という二分法が作り出す表象力の有無にあるのではない。むしろ知識人に限らず、それぞれの職掌における分節化能力の高低差が問題とされるべきなのだ。表象力の高低差はあくまで知識人の間の問題に限定されたものであり、社会を牽引する有機的集団の劣位を決定する問題までには及ばないと見るべきなのだ。今や知識人の問題を過剰評価するよりも、汪氏の言うように、さまざまな分節化能力を有する人々の間の連携を模索すべきときなのだ。

ハリー・ハルトゥーニアンは、それをグラムシに倣って「不均質さ（unevenness）」と呼んだ。不均質さとは能力の多様さでもあるが、その優劣でもある。多様さとは水平面での拡がりのみならず、垂直面の上下関係でもあるのだ。それが水平面の不均質さを意味するとき「多様さ」と呼ばれ、垂直面の不均質さを意味するとき「優劣」となる。後者は「差別」へともつながっていく。こうした主体形成の多様性と深度を視野に置いたとき、新たな可能性とそれに伴う深刻な問題が生じていることが分かる。

現在のグローバル資本主義の半身である消費主義社会は、さまざまな機会へと社会のある一定層の人々の可能性を開け放ったことは事実である。人々はある程度のお金さえあれば、教育の機会も商品購入の機会も手にすることができる。しかし、そこでは数量化された欲望によって、その欲望の質は問われることが無くなった。

知識人に限ってみても、かつては表象の責任を伴う学知への接触は、いまでは既存の概念の消費の機会にすぎなくなった。「批判理論」を僭称する無批判な知が闊歩しているのは承知のとおりである。誰でも接触可能になった変わり、劣悪な知が横行することになったのだ。安丸の言うような「主体の跳躍」、主体の質的変換を伴わない知の学習というものが主流になったのだ。

学ぶことへの覚悟が問われない時、主体は自らを変容するのではなく、既存の我欲を知を通して実現することしか考えなくなる。民主主義とは個人の声の実現であるという通俗的な民主主義者がいるが、次の点で決定的に誤っている。自らの声が公共空間に参入するさいには、自己批判を介した変容が必要であるということの認識の欠落である。自らの我欲に盲従する時、もはやその主体は知的な批評性を失っており、消費主義的な欲望に呑み込まれた手先に過ぎない。

個人の欲望を肯定するための、無反省な知。そうした言葉を振り回す研究者。それをどう評したらよいのだろう。確かにそれが知の大衆化の弊害であることは間違いがない。しかし、それが表象力と異なる分節能力の多様化という不均質さをも生みだした現実を考えるとき、知識人の表象力の失墜を補ってあまる分節化能力の多様性が顕在化してきていることも、汪氏が指摘するように事実であろう。そこにも質の優劣は必然的に伴うものであり、知識人の問題はむしろその氷山の一角と受け止めるべきなのだ。

多様な分節化能力において同時的に起きる優劣の問題を踏まえた、新たな社会的平等の形成。それが来るべき社会の可能性であり、課題と見るべきものなのである。知識人がこれまでの優位性を手放した今、彼らに多くを望んでも始まらない。新たな連帯のかたちを広く模索していくべきなのだ。これが、第三世代のポストコロニアル研究者の担う研究主題である。二週間の討議と訪問を経て、汪氏と私はこうした結論に辿り着いたのであった。

あとがき――世界が右傾化するなかで

平野克弥

世界の右傾化とポピュリズムの台頭は何を意味するのだろうか。この現象を民主主義に敵対するイデオロギーの挑戦と見るのか、民主主義に内在する矛盾と見るのか、その意見は分かれるところだろう。しかし、もし、民主主義に内在する矛盾こそが民主主義の最大の敵であるとすれば、この二つの観点は密接につながってくる。おそらく、この問題を解く鍵は、民主主義の根底にある「平等」と「人民主権」という理念を、民主主義に関わるもう一つの理念「自由」との関係で考察してみることにある。

政治思想の分野では常識となっているが、「平等」と「自由」は本質的に相容れない傾向を孕んでいる。自由が個人の意思決定や自己表現、または経済的所有権を意味する一方で、「平等」は自由が生み出すさまざまな格差や階層といったものを是正し、支配と被支配の力関係を解消しようとする。この矛盾する二つの理念を基盤に「人民主権」を打ち立てる立場が「自由民主主義」ということになる。

今、世界を席巻しているポピュリズムは権威主義的な様相を呈しているものの、実は、それが「民主主義の蘇生」を目指す運動であることに注目すべきだろう。リベラルな言論人や進歩的メディアがポピュリズムをファシズムだと一蹴してしまうのは、あまりにも短絡的すぎる。世界の右傾化は、現前する民主主義の「平等」、「自由」、「人民主権」の原理が機能不全に陥り、それへの不満として新たな権威主義が「民主主義」の名の下に覚醒していると見るべきではないか。リベラリストたちは、良識的で道徳的な市民、知識人、政治家、官僚が結集すれば、「非理性的」で「過激」な右派を民主主義の討議の場から追い出し、ポピュリズムのような不合理な情念を抑制できると考えているのかもしれない。しかし、問題はより構造的で根源的である。

実際、新自由主義によって世界資本が私たちの日常の隅々にまで浸透し、それが「所有的個人主義」のイデオロギーを加速させる形で前代未聞の格差や階層を生み出してきた結果、「平等」や「人民主権」の理念はこれまでになく形骸化されることになった。新自由主義は、資本の「自由」を個人の「自由」と混同させ、自由の謳歌は、とめどない資本の蓄積と拡張の同義語になってしまった。これによってはじき出され、切り捨てられた大衆は、民主主義に失望し、怒り、ポピュリズム運動のうねりに引き込まれている。

新自由主義は、大衆を経済的敗者にしただけでなく、文化や教育の領域からも締め出してきた。米国でも日本でも、良質の大学教育が上層階級にのみ許された「社会資本」、「文化資本」になってしまった現状は、大学という制度が格差社会や階級社会の再生産に大きく加担していることを意味している。特に、桁違いの学費を要求する米国の名門校は、世界中の富裕層の子弟が学ぶ場となり、「選ばれしもの」=「エリート」集団にのみ奉仕する機関になってしまった。トランプの支持者たちの多くが、良質な高等教育から排除され、世界資本によって破壊された南部や中西部農村の出身者、また荒廃した工業地帯の労働者であることは決して偶然ではない。民主党の支持者や米国メディアは、トランプ支持者を揶揄して“white trash”と呼ぶことがあるが、この差別用語が「アメリカ南部の貧しい無教養な人たち」を意味することを考えれば、それは、皮肉にも、米国の圧倒的な格差と激しい階級化の現実を映し出していることになる。そして、トランプ支持者を白人労働者に限定して考えることは間違っている。多くのラテン系、黒人系の労働者もまた、トランプの「庶民的な素振りや話し方」に親近感を持ち、彼こそが庶民の味方であり、アメリカ経済を再生させ、雇用を作り出してくれる救世主だと信じ込んでいる。

教育から構造的に排除されてきた大衆は、ＡＩによって生み出される虚偽報道や偽情報の消費者である。思考よりも感情を、事実よりも情動を原理とするＳＮＳやネットの世界は、無教養な大衆や極端なイデオロギーに傾く人たちをターゲットにしながら、理性に基づく対話や事実を踏まえた検証、つまり民主主義の手続きにとって最も基本的な作法を蝕んでいく。嘘と悪意に満ちた煽動が、民衆支配の新たな原理となる。二〇二〇年の大統領選挙を「盗まれた」というトランプの主張は、今、有権者の三割以上、トランプ支持者の七割以上が「事実」として受け入れている。仮に、今秋の大統領選挙でカマラ・ハリスが勝利しても、トランプ陣営とその支持者たちはその選挙結果を承認しないだろう。あらゆる手段を尽くして、それを無効化し、権力奪回を図るに違いない。この四年の間に、トランプは多くの大衆を味方につけてきたからだ。

これは、ここ三〇年近く、民主党が「中道」の名の下に徐々に右寄りになり、労働者階級を見捨て、新自由主義的立場を取り続けてきたツケでもある。民主党が二〇一六年の大統領選挙でトランプに勝利できたはずのバーニー・サンダースを切り捨て、ヒラリー・クリントンをノミネートしたことが米国政治にとって一つの大きな転機であったことは間違いない。サンダースは、米国民主主義の危機は、前代未聞の経済的、社会的、文化的格差と不平等に起因していると主張し、その是正に長年取り組んでいた。最低賃金の引き上げ、大学ローンの返済免除、大学授業料の無償化、政治献金の廃止を唱えたのもサンダースであった。しかし（それゆえに）、彼は、巨大資本と結託している主要な民主党議員たちから「過激」で「危険な社会主義者」というレッテルを貼られてしまった。一方で、クリントンは「女性」であるというアイデンティティを全面に押し出しながら、巨大資本と特権階級に寄り添う選挙戦を進めたのである。クリントンに対して「女性は大統領に向いていない」というジェンダー的偏見があったことは確かだが、それ以上に、彼女の階級問題への無関心が、多くの労働者やマイノリティー（特に黒人労働者）を疎外する結果となった。こうして、クリトンは敗れ、トランプ（現象）は勝利を収めた。

米国民主主義の最大の問題は、この「貧しくて無教養な人々」がどのように生み出され、見捨てられてきたのかという問いを回避してきたことだろう。新自由主義的な社会のあり方を問わない姿勢は、民主党にも共和党にも共通しており、米国政治が巨大な資本によるロビー活動（政治献金）によって動かされてきた現実を反映している。それはまた、米国社会や教育機関において資本主義批判がタブーであることと深く関わっている。

トランプ支持者や他国のポピュリストに共通しているのは、新自由主義が生み出してきた階級問題、社会的・文化的排除の問題を、移民問題や人種問題に転化し、ナショナリズム（排外主義）に訴える姿勢だ。言い換えれば、ナショナリズムは、社会の階級化の問題を移民や人種の問題へとすり替え、階級問題を覆い隠す。ナショナリズムの「転化」と「すり替え」の構造は、国の美しい過去や偉大さといったファンタジー――"Make America Great Again!"――を駆り立てつつ、問題の核心に蓋をかぶせる。ポピュリストは、「我々がこの惨めな状況に追い込まれたのは、移民、外国人、有色人種のせいだ」、「我々の国を盗み取ろうとしている敵を排除し、国を我々の手に取り戻せ」、「ＬＧＢＴＱが私たちの社会とその道徳的基盤を破壊しようとしている」と叫ぶ。このポピュリズムの叫びを利用し、動員する人間が「人民」のカリスマ的指導者として立ち現れる。最も人種主義的で、資本主義的搾取を体現するトランプがその犠牲者であるはずの大衆によって支持されるねじれ現象はこのようにして生まれる。ポピュリストが目指す新たな「民主主義」が独裁的様相を呈する権威主義であるという矛盾は、ナショナリズムの置換作用によって中和化される。

＊　＊　＊

民主主義は、主権者たる人民が、理性的であり、寛容であり、社会の多様性や異質性を重んじ、開かれた討議によって社会を創造していく政治過程を実現し護持する能力を備えているという前提の上に成り立ってきた。リベラル系知識人たちは、この前提をもとに、ポピュリズムは民主主義とは背反するものだというだろう。しかし、ポピュリズムもまた、ある種の「平等主義」を渇望する人民的情動をそのイデオロギー的原動力にしている。それは、ルサンチマン的平等主義というものだ。ポピュリズムは、メインストリームから弾き出され、踏み躙られ、また沈黙させられてきたことへの大衆による復讐であり、報復なのである。それは反エリート主義、さらに排外主義・移民排除という形をとって現れる。彼らが怒りの心象の中に夢見る平等とは、経済的、知的、政治的エリートなき世界なのである。だから、ポピュリズムのリーダーは、常に彼らの言葉を話し、彼らの世界観を代弁し、彼らのように振る舞う人物でなければならない。リーダーへの親近感、親和性こそがポピュリズム政治の情動的基盤である。リーダーがどんなに知性に欠け、日和見主義者であり、利己的であり、政治的に無能な人間であったとしても、大衆に寄り添い、大衆性を体現し、あるいはそれを効果的に演じられれば、彼・彼女は運動の磁場になりうる。

近代の歴史、そして現代の世界的情勢は、平等という理念なき民主主義が自己崩壊の道を辿ることを明示している。市場経済、特に私たちを取り囲んできた新自由主義体制が生み出す差別や搾取、格差や貧困、疎外や孤独といったより構造的で本源的な問題に真剣に目を向けない限り、民主主義は必ずファシズム＝ポピュリズムの亡霊を呼び覚ますだろう。ワイマール時代のドイツを生き、ナチズムに追われて米国に亡命した哲学者エルンスト・ブロッホは、ファシズムがユートピア運動であることを看破し、それは日常における欠如や不満、人間の心理の奥底に潜む言葉にならない苦痛や不安を糧に増殖し続ける病、あるいは闇であることを理解していた。ブロッホにとって、個人とは未完成なものであり、「より良い人生の夢」によって、そしてユートピア的な充足への憧れによって生かされている。「明日は今日よりも良い日になるだろう」という願いは、さまざまな形をとって現れる。白昼夢、おとぎ話や神話、大衆文化、文学、演劇、あらゆる形態の芸術、政治的・社会的ユートピア、哲学、宗教——伝統的なマルクス主義がそのイデオロギー批判によって、しばしば神秘化、あるいは虚偽意識として一蹴してきた生活・文化領域——には、資本主義のもとでの生活のあり方や構造に疑問を投げかける、よりよい生活のヴィジョンを投影する解放の瞬間が含まれているという。ブロッホによれば、イデオロギーは「ヤヌスの顔をした」両面性を持つ。イデオロギーは神秘化や情動操作などの支配の技法を駆使する一方で、社会批判や進歩的な政治を推進するためのユートピアの残滓や欠片を抱え込んでいる。歴史はそのような残滓や欠片が持つ可能性の宝庫であり、それは未来の行動のための生きた選択肢でもある。そして、「今」というこの瞬間は、これらの可能性の潜伏期間と傾向によって部分的に構成されている。つまり、「今」は現在に潜在するがまだ実現されていない可能性、そして現在から未来へ向かう動きの傾向を示す兆候や予兆を内包しているのだ。

ファシズムは、現在への不満と「より良い人生の夢」というユートピアが持つ弁証法的心象を巧みに捕獲し、利用しながら、人々に「解放」の夢を与えつつ、解放の可能性を奪い取る。新自由主義のもとで生まれたユートピア的な充足への憧れは、決して不合理なものでも尊大なものでもなく、経済的、社会的、文化的な差別や排除なき世界の実現、明日への不安に苛まれることのない生活の確保という極めて人間的な欲求だろう。その欲求に応答できてこなかったツケが現代人の日常を脅かしている。「自分さえ良ければいい」「まずは自分」という利己的な価値観や生き方を第二の自然（人間の本性）としながら、世知辛い冷酷な日常生活を成り立たせている資本主義社会を私たちは受け入れてきてしまった。ポピュリズムは、このような社会に蔓延する満たされない諸要求を結集させることで生まれた忌み子なのだ。それは、私たちの苦痛と不安を引き起こしているものは何かという構造的な検証を回避し、アイデンティティ政治の論理を援用して世界を「敵」と「味方」に二分することで、前者を悪魔化する。そこから醸成された憎しみは、愛国的人民の名の下に新たな権威主義を産み落とす。そして、新自由主義の犠牲者である大衆は、自分の不幸を生み出してきたその体制に寄り添い＝従属しながら、見当違いの「敵」——移民、外国人、LGBTQなど——を糾弾し、排斥するようにと焚きつけられる。現実の誤認と原因のすり替え、それがポピュリズムのイデオロギー的効果なのである。

＊　＊　＊

インドや第三世界の貧困、またその背後に横たわる植民地主義と向き合ってきたガヤトリ・C・スピヴァクは、民主主義を「判断の訓練に基礎をおく政治の形態」と定義している（『いくつもの声』人文書院、七五頁）。民主主義は、企業や巨大資本、つまり資本主義的利害関係から自由でなければならず、市民権や言論の自由に基礎付けられた「知性を自己批判的に検証する」（同書、七六頁）習慣で成り立つ政治形態なのだと論じている。さらに、民主主義は、すべての人が教育を通してそのような検証の習慣を身につけ、理性的な判断ができる社会を目指すものだと主張する。

本書で論じられている「万物斉同」（「平等としての差異」）や「知の生態学」は、スピヴァクがいう「知性を自己批判的に検証する」習慣をすべての人が持ち得ることを前提としていると同時に、その習慣を育むための必要条件でもある。なぜなら、「万物斉同」や「知の生態学」は差別や排除なき世界理解を目指すものであり、そのような世界理解を可能にする人文知は、他者の他性、自己の内なる他性に耳を傾け、自らの固定された世界観や価値世界、生活世界を打ち破るための謙虚さ、勇気、開かれた精神を必要とするからだ。世界の多義性、重層性、それらが生み出す矛盾や対立、あるいは親和性や相関性などと向き合い、対話を続けること、そして、これまで想像すらできなかった生のあり方を発見し、これまでの自分を変えていくこと、それこそが知性の自己批判的検証なのだ。

自己顕示欲と自己中心的態度が蔓延する世の中は、自らの声にしか耳を傾けることがないモノローグ（独話）が支配する教条主義を生み出す。モノローグは、自分の立場からものを見、発話し、他者を固定化する閉じられた言葉の群れである。ロシアの思想家ミハイル・バフチンは、世界はポリフォニー（多声的関係性）から成り立っているという。「私」という存在は、他者との関係において初めて意味をなし、他者の意識や声について考えることなしに「私」は存在しない。「私」は他者の意識や声と語り合い、他者に応答することで生まれる意識的存在なのだ。その語り合いや応答は、自己を他者の他性に開き、「私」は新たな「私」を発見する。他者の他性を自己の意識に同化したり、そこから締め出せば、他性は自己を閉ざし、凍りついて、完結した「他者」として沈黙するだろう。そのような世界からは、知性を自己批判的に検証する習慣、あらゆる真摯な対話は姿を消す。私たちは今、モノローグが支配する世界の到来を許すのか、それとも対話的世界の復権を目指すのか、その帰路に立っている。

追記

二〇二四年十一月五日に行われた米国大統領選の数日前に「あとがき」をしたためた。選挙の翌日にこの追記を書いているが、「あとがき」で記した私のポピュリズムに対する見解は変わっていない。多くのメディア（CNN, NBC, ABC, New York Times, Washington Post, LA Times）の歴史上稀に見る接戦という予測に反して、トランプが圧倒的な勝利を収めたことは、メディアそのものが、大衆や彼らを取り囲む現実から切り離された言説的バブルであることを証明した。開票速報が流れる中で、テレビに出演していた「気鋭」の論客たちが困惑した表情を浮かべ、トランプが民主主義にとって極めて危険な存在であることを繰り返す光景は印象深かった。彼らの焦燥や怒りは、トランプを選んだ過半数の有権者に共有されることはないだろう。テレビに出演していた民主党のブレインの一人がハリスの敗因を分析しながら、ＬＧＢＴＱの問題などで左に寄りすぎたこと、バイデン政権から十分に距離を取れず、変化の旗手として有権者にアピールできなかったことなどを列挙していたが、それも、民主党が新自由主義体制のもとで生じた米国社会の構造的問題を全く理解していないことの表れである。トランプの勝利は、新自由主義によって深く分断され、階層化された米国社会の帰結なのであり、サイレントマジョリティによる反逆なのだ。トランプは、大衆のルサンチマン的平等主義を懐柔しながら新たな権威主義体制を築いていくだろう。米国社会はさらに「敵」と「味方」に分断され、前者への猛烈な統制と弾圧が進められるかもしれない。「理念としての平等」に基づく対話と社会的創造の可能性はさらに遠ざかり、言論や信条の自由さえも消滅の危機に瀕していく可能性が高い。

世界は不正に満ちている　階層、平等、新たな人文知

2024年12月25日　初版第1刷発行

著　者　磯前順一・酒井直樹・汪暉・平野克弥

発行所　一般財団法人　法政大学出版局
〒102-0071 東京都千代田区富士見2-17-1
電話 03(5214)5540　振替 00160-6-95814
組版：HUP　印刷：日経印刷　製本：誠製本

Printed in Japan
ISBN978-4-588-15142-2

著　者

磯前順一（いそまえ・じゅんいち）　国際日本文化研究センター教授。宗教研究。ロンドン大学、ハーバード大学、チュービンゲン大学、ルール大学ボッフム、チューリッヒ大学、北京日本学研究センター、同志社大学などで客員教授および客員研究員を務める。著書に『近代日本の宗教言説とその系譜――宗教・国家・神道』（岩波書店、2003年）、『闇の思考――他者・外部性・故郷』（法政大学出版局、2013年）、『死者のざわめき――被災地信仰論』（河出書房新社、2015年）、『生者のざわめく世界で――震災転移論』（木立の文庫、2024年）など。

酒井直樹（さかい・なおき）　コーネル大学名誉教授、人種主義・国民主義研究、比較思想史研究。著書に『過去の声――一八世紀日本の言説における言語の地位』（コーネル大学出版会、1991年／日本語訳は以文社、2002年）、『死産される日本語・日本人――「日本」の歴史－地政的配置』（新曜社、1996年）、『日本思想という問題――翻訳と主体』（岩波書店、1997年）、『希望と憲法――日本国憲法の発話主体と応答』（以文社、2008年）、『ひきこもりの国民主義』（岩波書店、2017年）など。

汪暉（おう・き／ワン・フイ）　清華大学人文学院教授、清華大学人文与社会科学高等研究所所長。中国近現代文学、中国思想史、現代中国論。ハーバード大学、スタンフォード大学、コロンビア大学、東京大学、ボローニャ大学、ハイデルベルク大学などで客員教授、またベルリン高等研究所、スウェーデン高等研究所などで高級研究員を務める。日本語訳に『近代中国思想の生成』（岩波書店、2011年）、『世界史のなかの東アジア――台湾・朝鮮・日本』（青土社、2015）、『世界史のなかの世界――文明の対話、政治の終焉、システムを越えた社会』（青土社、2016）など。

平野克弥（ひらの・かつや）　カリフォルニア大学ロサンゼルス校（UCLA）歴史学部教授。近世・近代文化史・思想史。人種資本主義、定住型植民地主義研究。ミシガン大学、同志社大学、京都大学、国際日本文化研究所などで客員教授、客員研究員を務める。著書に、『江戸遊民の擾乱――転換期日本の民衆文化と権力』（シカゴ大学出版会、2014年／日本語訳は岩波書店、2021年）、『原発と民主主義――「放射能汚染」そして「国策」と闘う人たち』（解放出版社、2024年）、訳書にテツオ・ナジタ『Doing思想史』（みすず書房、2008年）、ハルトゥーニアン『アメリカ〈帝国〉の現在――イデオロギーの守護者たち』（みすず書房、2014年）など。

翻訳者および編集協力者

徐禎完（ソ・ジョンワン）　韓国翰林大学校教授。能楽史研究。
村島健司（むらしま・けんじ）　尚絅大学現代文化学部准教授。
藤本憲正（ふじもと・のりまさ）　ベトナム国家大学ハノイ校講師。
小田龍哉（おだ・りゅうすけ）　同志社大学非常勤講師。
ゴウランガ・チャラン・プラダン（Gouranga Charan Pradhan）　龍谷大学博士研究員。
大村一真（おおむら・かずま）　国際日本文化研究センター機関研究員。